de uitleentermijn loopt af op:

PROF. DR. H. P. H. JANSEN

Levend Verleden

De Nederlandse samenleving
van de prehistorie tot in onze tijd

Uitgeverij Scheffers

Copyright tekst © 1983, 1996: Prof. Dr. H.P.H. Jansen
Copyright deze uitgave © 1996: Uitgeverij Scheffers bv, Utrecht
Copyright omslagfoto © 1996: Noordbrabants Museum, Den Bosch
Omslagontwerp: Marjo Starink/Studio Cursief, Amsterdam
Lay-out binnenwerk: Irma Hornman/Studio Cursief, Amsterdam
Redactie & produktie: Tijn Boon, Amsterdam; Marc Konijn, Den Haag; Jet Matla, Utrecht;
Annemarie Moens, Amsterdam; Jelly Renkema, Boxtel.
DTP: Uitgeverij De Geus bv, Breda
Druk: Drukkerij Wöhrmann, Zutphen

ISBN 90 5546 407 4 * NUGI 641

INHOUDSOPGAVE

Een aantal belangwekkende onderwerpen is behandeld in speciale
artikelen, die dan ook een afwijkende vorm kregen

'Wij zijn als dwergen die staan op de schouders van reuzen,' zo plachten de middeleeuwse schrijvers en geleerden hun verhouding tot hun antieke voorgangers te karakteriseren. Ze bedoelden er dit mee: misschien hadden ze niet dezelfde talenten en scheppingskracht als hun illustere voorbeelden, maar ze konden wel profiteren van alles wat dezen ontdekt en uitgevonden hadden. Zo zou het de tegenwoordige Nederlanders ook kunnen vergaan bij de aandachtige beschouwing van het leven hunner voorvaderen. Hoe inventief moeten de mensen uit de prehistorie niet geweest zijn om alleen maar in leven te blijven, met wat voor opofferingen zullen de schrijvers en schilders uit de zeventiende eeuw hun scheppingen hebben moeten uitvoeren, wat een vermetelheid hebben de vroege zeevaarders getoond die met nauwelijks zeewaardige notedopjes onbekende oceanen opvoeren. Van hun inspanningen profiteert de huidige generatie. De nieuwe samenlevingsvormen, de parlementaire democratie, de technologische vernieuwingen waarmee de vorige geslachten aarzelend hebben geëxperimenteerd, zijn voor ons gemeengoed geworden. Ook wij staan, al dan niet als dwergen, op de schouders van onze voorgangers.

Er is een tijd geweest dat de vaderlandse geschiedenis diende om een gezond nationaal besef aan te kweken. Dat kan niet meer de eerste bekommernis van de historieschrijver zijn. Op dat gezonde nationale besef is een reactie gevolgd en velen willen heden ten dage vooral het machtsmisbruik en de uitbuiting in het verleden aan de kaak stellen, waarbij vooral de hooggeplaatsten het moeten ontgelden. Natuurlijk is er ook in vroeger tijden veel egoïsme en wreedheid gedemonstreerd, maar men kan alleen maar met een heel strenge toepassing van tijdgebonden normen aannemelijk maken dat die vroeger frequenter voorkwamen dan tegenwoordig. In dit boek wordt echter, als daarvoor aanleiding is, onbekrompen getuigd van bewondering voor het Nederlandse volk in vroeger tijden. Onze voorgangers moesten veel meer moeite doen om aan hun dagelijks brood te komen en in leven te blijven dan wij. Zij zijn daartoe in staat gebleken, en daardoor bestaat onze huidige Nederlandse samenleving en is deze in hoge mate bepaald door de prestaties van dit voorgeslacht. In zoverre is dit verleden ook in ons nog levend.

De historici zijn tegenwoordig niet meer uitsluitend geïnteresseerd in de politieke geschiedenis. Staatsvormingsprocessen zijn belangrijk, maar minstens zo belangrijk zijn de vragen hoe de mensen zich het voedsel hebben verschaft, hoeveel mensen er eigenlijk waren, hoe ze voelden en dachten, hoe ze reageerden op ziekte en pijn en hoe ze hun vrije tijd besteedden. Wie deze vragen probeert te beantwoorden, moet bij het historisch onderzoek gebruik maken van de meest moderne methoden. Natuurlijk berust maar een deel van dit boek op oorspronkelijk onderzoek van de schrijver, vooral dat over de middeleeuwen. Voor de rest heeft hij zich georiënteerd in de literatuur.

H.P.H. Jansen

In 1983 verscheen bij Uitgeverij Sijthoff het rijk geïllustreerde *Levend Verleden*. De schrijver, prof. dr. H.P.H. Jansen, vond die illustraties niet eens zo nodig. En inderdaad laat de tekst zich ook afzonderlijk lezen, niet in het minst vanwege de levendige verteltrant van de schrijver. Dit indachtig hebben de weduwe Jansen en haar kinderen gaarne ingestemd met een herdruk van uitsluitend de tekst van *Levend Verleden* door Uitgeverij Scheffers. Hoewel het boek gebaseerd is op de stand van onderzoek in 1983, is het onderwerp niet zo specifiek en zijn de inzichten niet zo drastisch gewijzigd, dat het dertien jaar later zijn waarde zou hebben verloren.

Mensen maken werktuigen. Daardoor onderscheiden ze zich van dieren. Vogels bouwen ingewikkelde nesten, apen gebruiken soms stokken om zich te verdedigen of vruchten van de bomen te slaan; alleen de mens gaat zitten om een wapen te maken voor een toekomstige jacht, een krabber voor de bewerking van de buit die hij in de toekomst zal behalen of een ander ding dat hij in de toekomst kan gebruiken. Zodra archeologen dus voorwerpen vinden die gediend moeten hebben als werktuigen bij de jacht of bij de preparatie van voedsel of kleding, dan hebben zij mensen ontdekt. Dat blijkt ook uit de skeletten van de wezens die deze werktuigen hebben gehanteerd. In Oost-Afrika, in de Kloof van Olduvai, zijn bewerkte stenen gevonden en daar in de buurt zijn beenderen en schedels opgedolven van mensachtigen, die duidelijk meer verwantschap hebben met de tegenwoordige homo sapiens dan met welke mensaap dan ook. Die voorwerpen en die skeletresten dateren van twee of drie miljoen jaar geleden. Toen moet in Oost-Afrika een wezen geleefd hebben dat werktuigen maakte en dat in zekere zin abstract kon denken, omdat het zich op een toekomstige situatie kon voorbereiden. Men kan menen dat een dergelijk wezen zich door natuurlijke evolutie ontwikkeld heeft uit de overige zoogdieren. Bepaalde aapachtige soorten hebben zich dan ontworsteld aan een bestaan in het oerwoud en zijn rechtop gaan lopen in de steppe of de savanne. Daardoor kregen de grote hersenen in het voorhoofd de kans uit te groeien en werd de mogelijkheid tot abstract denken geboren. Er is gezegd: 'De mens staat alleen, omdat alleen de mens staat.' Het is ook mogelijk aan te nemen, dat er een aparte scheppingsdaad van een opperwezen nodig was om de mens zijn denkend vermogen te geven en eventueel een onsterfelijke ziel. Hier kan slechts de levensbeschouwing van ieder afzonderlijk uitsluitsel geven.

Wel staat vast dat de mensen zich over de wereld verspreid hebben vanuit Oost-Afrika. De eerste mensachtigen waren kleiner dan de huidige mensen, met donkere huidskleur, forse kaken en tanden en met een sterke lichaamsbeharing. Wat lichaamskracht en vermogens betreft waren zij in het nadeel tegenover haast alle andere zoogdieren. Door hun verstand, inventiviteit en vermogen tot samenwerken hebben zij zich echter weten te handhaven. Dat neemt niet weg dat sommige menstypen het niet gehaald hebben. Zo zijn bijvoorbeeld de Neanderthalers, die niet onintelligent waren, toch uitgestorven. Misschien zijn zij zelfs vernietigd door hun eigen soortgenoten, de onmiddellijke voorouders van het huidige mensengeslacht, waarvan de vertegenwoordigers als homo sapiens bekend staan en die we vanaf 40.000 voor Christus in Europa aantreffen.

Voorlopers van die homo sapiens moeten ook op het grondgebied van de huidige Nederlanden vertoefd hebben. Hun werktuigen zijn onder andere gevonden in de buurt van Rhenen. Dit waren vuistbijlen, gemaakt van vuursteen, die konden dienen om gedode dieren te villen, maar ook als een extra tand gebruikt werden waarmee de zwakke mens de dieren de baas kon worden. We weten weinig van deze vroege bezoekers van de Nederlanden die, zwervend achter jachtbuit aan, hier wel eens een kamp hebben opgeslagen en hun werktuigen in de bodem hebben achtergelaten. Waren het glorieuze jagers of misschien maar miezerige voedselverzamelaars, die hoofdzakelijk van aas en bosvruchten moesten leven? Van hun sociale organisatie weten we niets, en evenmin iets van eventuele religieuze of magische opvattingen. Er is slechts het verhaal van een hedendaagse romancier, die zich voorstelt dat een zwakke vrouw met een vuistbijl in de hand een mammoet tegemoet treedt om haar kind te verdedigen. Hoe deze strijd tussen die vrouw en die mammoet is afgelopen, zegt hij, weten we niet, we weten alleen dat de mammoet al lang is uitgestorven en dat de mens nog steeds bestaat.

De mensen die de werktuigen van Rhenen hebben vervaardigd, leefden zo'n tweehonderd- à honderdvijftigduizend jaar geleden. Dit menstype staat bekend als homo erectus. In hun tijd was het klimaat hier te lande betrekkelijk warm, maar daarna zijn er nog twee ijstijden geweest, die allebei tienduizenden jaren geduurd hebben. Tijdens de Saale-ijstijd was een groot deel van Nederland door gletsjers bedekt en daardoor was menselijk leven hier onmogelijk. De uitwerking van de gletsjermassa's kunnen we nog zien, bijvoorbeeld op de Veluwe en de

Utrechtse Heuvelrug, die daardoor opgestuwd zijn. Na de Saale-ijstijd werd het klimaat weer warmer, en daarop volgde van 75.000 tot 10.000 voor Christus weer een ijstijd, de zogenaamde Weichsel-ijstijd. In die periode drong het landijs niet tot de Lage Landen door, maar het was wel zo koud dat het land hier op een toendra leek, waarin kudden rendieren en bisons rondtrokken. Ook de mammoet kwam hier toen voor. In grotten in de Belgische Ardennen huisden toen Neanderthalers, wier skeletresten zijn ontdekt. Zo ongeveer veertig-duizend jaar geleden is de homo sapiens tot Europa doorgedrongen en in de Nederlanden zijn enkele kampplaatsen van rendierjagers opgegraven die tot deze soort behoorden. Men kan zich het harde, moeizame leven van deze jagers, die volkomen afhankelijk waren van hun jachtbuit, wel voorstellen. Ze kenden pijl en boog, zullen gekleed zijn gegaan in dierenvellen, hadden tenten en zijn het beste te vergelijken met eskimo's of Lappen. Als de jachtbuit uitbleef waren ze gedoemd te sterven van de honger. Hun pogingen om de dieren te laten verschijnen door magie hebben het aanzien gegeven aan de beroemde rotstekeningen in Frankrijk, Spanje en elders. De kunste-naars tekenden de dieren op bepaalde, aardedonkere, heilige plaatsen in de verwachting dat ze zich dan ook in het vrije veld zouden materialiseren en daar gejaagd konden worden. Tekeningen als in Lascaux of Altamira zijn in de Lage Landen niet gevonden; wel zijn in een viertal Belgische grotten benen voorwerpen en stenen aange-troffen, met daarop graveringen van vissen, herten, oerossen, paarden en dergelijke. Het beroemdste is een platte ovale steen met daarop een gravering van een danseres, 'de Venus van Mierlo', die echter in de buurt van Geldrop is gevonden. Zij is misschien te vergelijken met prehistorische vrouwenbeeldjes, waarop de geslachtsdelen overdre-ven groot zijn voorgesteld en die op veel plaatsen in Europa aan het licht zijn gebracht. Deze Venusbeeldjes dateren uit dezelfde tijd en dienden waarschijnlijk als vruchtbaarheidssymbool.

De Bandkeramiekers, de eerste boeren in Nederland

Van al het materiaal dat de grote gletsjers in de ijstijden naar het zuiden transporteerden, werden de fijnste deeltjes door de noordenwind nog verder geblazen, toen het ijs zich had teruggetrokken. Tegen de helling van het Middeneuropees bergland hoopten deze deeltjes zich op en vormden daar een roodachtige klei, löss, die we als een brede band door heel Europa aantreffen. Löss is behoorlijk vruchtbaar en vrij gemakkelijk te bewerken. De eerste Europese boeren hebben zich daarom angstvallig beperkt tot deze lössgordel. Zij maakten een heel karakteristiek aardewerk, versierd met parallelle banden. De archeologen noemen hen dan ook Bandkeramiekers. Verschillende nederzettingen van hen zijn in Nederlands Limburg opgegraven: bij Stein, Elsloo en Sittard. Dit waren permanente woonplaatsen, heel anders dan de jachtkampen van de jagers met tenten of hoogstens wat haastig opgetrokken hutten. De Bandkeramiekers bouwden lange houten huizen met drie palen op gezette afstanden binnen de wanden, zodat er veel palen in de woning stonden. Alleen het middengedeelte was de eigenlijke woonruimte, aan de ene kant werd het vee gestald en de andere kant diende als graanopslagplaats.

Ze verbouwden primitieve graansoorten: eenkoren of emmertarwe. Er zijn vuurstenen sikkels gevonden waarmee deze gewassen geoogst werden.

Waarschijnlijk is er van het geoogste graan nog geen brood gebakken, maar eerder een soort pap gekookt of zijn er platte koeken gemaakt. Bij eenkoren en emmertarwe is het erg moeilijk het kaf van het koren te scheiden, zodat het voedsel ook naar hun eigen maatstaven misschien niet erg smakelijk is geweest. Maar ze moesten het er mee doen. Ze hielden overigens ook vee, en ze deden niet veel meer aan de jacht: in de onderzochte woonplaatsen maken de resten van wilde dieren nooit meer dan tien procent uit van het totale aantal zoogdierenbeenderen. Er zal best wel eens een misoogst zijn voorgekomen en dan heerste er hongersnood, maar toch gaven landbouw en veeteelt veel meer mogelijkheden tot bevolkingsgroei dan het jagersbestaan.

In de onderzochte nederzettingen stonden aanvankelijk niet meer dan een vijftal grote boerderijen. Na verloop van tijd nam hun aantal toe tot vijftien à twintig boerderijen – wat dan al gauw tot zestig à honderdtien inwoners van één dorp doet concluderen, aangenomen dat er in de boerderijen doorgaans één kerngezin woonde, en niet een driegeneratiegezin van grootouders, kinderen en kleinkinderen. Op het hoogtepunt zullen er alleen al in Zuid-Limburg op een oppervlakte van vijftig vierkante kilometer zo'n duizend mensen geleefd hebben, wat een zeer hoge bevolkingsdichtheid is voor prehistorische verhoudingen: twintig per vierkante kilometer. Jagers hebben minstens één vierkante kilometer per persoon nodig om in leven te blijven.

Na 10.000 voor Christus begon de temperatuur geleidelijk te stijgen en daarmee ving de tussenijstijd aan of het interglaciaal, waarin ook wij nog steeds leven. In deze eeuwen hebben de meest ingrijpende veranderingen en ontwikkelingen in de geschiedenis der mensheid plaatsgegrepen, maar in tijdsduur vormt deze periode slechts een korte episode, vergeleken met de twee of drie miljoen jaar dat er al mensachtigen op deze planeet geleefd hebben, en ook van de twee-honderdduizendjarige geschiedenis van mensen in Nederland om-sluit de postglaciale tijd maar een twintigste deel. Daarbij brachten de eerste vijfduizend jaar nog niet veel verandering. Het klimaat ver-beterde, de toendra's maakten plaats voor naald- en loofbossen, en daarin leefden andere dieren waarop gejaagd moest worden. De archeologen noemen deze periode mesolithicum of midden-steentijd om die te onderscheiden van de voorgaande oude steentijd of paleolithicum. Het bestaan bleef even riskant en onzeker als voor-heen. Uit deze tijd dateert een boomstamkano van dennehout, gevonden bij Pesse in Drenthe, die met behulp van de c-14-methode gedateerd is op 6500 jaar voor Christus en daarmee de oudste boot ter wereld is. De c-14-methode maakt gebruik van het feit dat zich in alle levende stof een zeer kleine hoeveelheid radioactieve koolstof be-vindt. Zolang mens, plant of dier leeft is die straling constant. Zodra deze sterven neemt de straling af. In 5500 jaar halveert deze. Door de straling te meten met uiterst verfijnde apparatuur kan het moment van sterven gedateerd worden met een onzekerheidsfactor van hoogstens een paar honderd jaar.

In dezelfde tijd moet ergens in het Midden-Oosten voor het eerst landbouw zijn bedreven, en daarmee was de meest ingrijpende revolutie in de geschiedenis der mensheid in gang gezet. Men ontdekte dat men de honger kon uitbannen door niet meer op zoek te gaan naar eetbare zaden: door niet alles meteen op te eten maar een deel uit te strooien in geprepareerde akkers, zou men altijd voldoende voorraad hebben. Die ontdekking zal niet het gevolg zijn geweest van een geniale ingeving, maar heel geleidelijk gegaan zijn. Ze was een gevolg van de groei der bevolking, waardoor de nederzettingen groter werden en de mensen minder ver konden rondzwerven zonder op concurrenten te stuiten. Dat blijkt alleen al uit het feit dat haast overal gelijktijdig met de landbouw ook de veeteelt tot ontwikkeling is gekomen, terwijl de jagersvolkeren alleen de wolf zo getemd hadden dat daaruit op den duur de verschillende honderassen zijn ontstaan.

In de sedentaire gemeenschappen die landbouw en veeteelt bedreven, kwamen nog meer veranderingen. De mensen daar leerden al gauw hun stenen voorwerpen te polijsten en inaugureerden daarmee de jonge steentijd of het neolithicum. Vandaar dat het hele complex van veranderingen dat door de uitvinding van de landbouw in gang werd gezet, bekend staat als de neolithische revolutie. Tevens werd de kunst van het pottenbakken ontdekt, eerst van ruwe kommen en schalen met de hand gevormd, later van technisch hoogontwikkeld aardewerk, dat op een draaischijf gemaakt werd. Er waren niet alleen technische veranderingen, maar ook in de godsdienst kwamen er nieuwe vormen. Het was immers altijd een waagstuk om goed voedsel in de grond te stoppen, waar het nutteloos leek te verteren, in de hoop dat daaruit later hoge korenhalmen zouden opschieten. Daarvoor moest de vruchtbare kracht in de grond zorgen, en bij haast alle landbouwers zien we de cultus van moeder aarde opkomen met vruchtbaarheidsriten. Ten slotte kwamen er sociale veranderingen. De invoer van landbouw en veeteelt heeft de ongelijkheid onder de mensen doen toenemen. In het primitieve jagersbestaan hebben ongetwijfeld hiërarchische verhoudingen geheerst; de sjamaan die door magie kon zorgen dat er jachtbuit behaald werd zal een ereplaats hebben ingenomen, maar verder zullen de verschillen vooral door de fysieke kracht van de leden van een jagershorde bepaald zijn. Maar in de sedentaire verhoudingen van de landbouwers wordt dat anders. Marxistische historici en sociologen hebben beredeneerd dat toen voor het eerst privé-bezit moet zijn ontstaan, misschien nog niet meteen van land of bronnen, maar zeker wel van werktuigen, vee en slaven. Het is begrijpelijk dat slavernij toen voor het eerst zinvol werd. Jagers konden niets beginnen met krijgsgevangenen, ze konden ze hoogstens opeten; landbouwers daarentegen konden krijgsgevangenen als slaaf op het land laten werken en zo zelf meer voedsel en meer macht verwerven; toen is de honger naar bezit ontstaan en de behoefte aan goederen die men zelf niet kon maken, toen heeft de handel zich uitgebreid.

De eerste landbouwers in de Lage Landen zijn de zogenaamde Bandkeramiekers die op de lössgronden van Zuid-Limburg en de Belgische Haspengouw woonden. Ze zijn er enkele honderden jaren gebleven. De archeologen hebben hun komst steeds vroeger moeten dateren; volgens de laatste gegevens waren zij in de Lage Landen van 5300 tot 4900 voor Christus, en zijn ze daarna weer weggetrokken. Tijdens en na hun komst volhardden de overige groepen mensen hier te lande in hun mesolithisch jagersbestaan. Dat lijkt vreemd, maar het is niet zo eenvoudig een heel nieuwe levenswijze over te nemen met een volkomen andere techniek en andere opvattingen. Bovendien moeten de economische omstandigheden daarvoor rijp zijn, en kennelijk leverden jacht en visvangst nog zoveel op dat men in leven kon blijven.

Prehistorische grafgebruiken

De dood moet een groot mysterie geweest zijn voor de primitieve mensen. Al bij de Neanderthalers zijn verschillende skeletten gevonden met vlak in de buurt sporen van rode oker. Kennelijk hebben de gezellen van een gestorvene geprobeerd de stijfheid van de dood weg te nemen door de witte lijkkleur te beschilderen met rood, om als het ware de levensbrengende eigenschappen van het bloed kunstmatig terug te brengen. Ze waren er niet van overtuigd dat de dood het eind van alles was; ze moeten in een soort voortbestaan hebben geloofd. Vandaar dat ze bij begravingen ook vuurstenen wapens en voedsel aan de dode hebben meegegeven, opdat deze zich zou kunnen handhaven in het hiernamaals. De Neanderthalers werden meestal liggend op de zij begraven, als in de houding van de slaap waaruit ze ieder ogenblik konden ontwaken. Later in de oude steentijd werd ook begraving in gehurkte houding, met de knieën soms opgetrokken tot de kin, heel gebruikelijk. Kennelijk imiteerde men daarmee de houding van de foetus in de moederschoot, in de hoop dat de gestorvene uit de schoot van moeder aarde opnieuw geboren zou worden.

In Nederland zijn de oudste onderzochte graven die van de neolithische Bandkeramiekers. Bij Elsloo zijn 113 graven aangetroffen en merkwaardigerwijze bleken daar bij dezelfde bevolking twee traditities te bestaan, namelijk verbranden en begraven. Er waren 66 crematies en 47 lijkbegravingen. De doden kregen grafgiften mee: de vrouwen vooral maalstenen, de mannen pijlen en rode verf om de levenskleur terug te krijgen of misschien alleen om zich te beschilderen met oorlogskleuren. Er was dus in hun maatschappij een arbeidsverdeling tussen de seksen en kennelijk verwachtte men dat dit in het hiernamaals zo zou blijven. Het is vreemd dat begravingen en crematies door elkaar voorkwamen. Mogelijk geschiedde de crematie pas nadat het lijk een tijd lang begraven was geweest. Het idee moet dan hebben geheerst dat de ziel nog in het lijk huisde zolang dit intact was. Maar was het vlees vergaan dan was de ziel vrij geworden, misschien zelfs wel in een ander wezen overgegaan en dan konden de beenderen gerust verbrand worden. Angst voor de zielen van de gestorvenen, voor spoken, zal wijd verbreid zijn geweest. Begraafplaatsen werden dan ook wel een eind van de nederzetting verwijderd aangelegd, met de ingang van het graf – als die er was – de andere kant op. De mensen zullen geslingerd zijn geweest tussen respect voor de voorouders en angst voor hun bovennatuurlijke krachten. Ook de hunebedden lagen een eind verwijderd van de nederzettingen. Het moet een veilig idee geweest zijn om de doden bijgezet te weten onder de last van de zware zwerfstenen. Ze bleven vaak honderden jaren in gebruik en in de meeste zijn verschillende lijken bijgezet. Uit de evolutie in het aardewerk van de grafgiften kan men afleiden dat daartussen soms aanzienlijke tijd verlopen is. Het heeft weinig zin zich te verdiepen in de vraag wat de mensen bezield heeft om de zware zwerfstenen moeizaam tot een soort primitieve woning te rangschikken. Er is in ieder geval heel wat organisatorisch vermogen nodig geweest om het uiteindelijke doel te bereiken. Het is mogelijk dat zich hierin vooral de trots en het zelfbewustzijn van de dorpsgemeenschap uitten. Toch zullen de doden hun eigen domein hebben gekregen, waar de wetten van het dodenrijk golden. Het is dan ook niet verwonderlijk dat de bijgelovige Drentse bevolking later fluisterde dat het bij de graven spookte en dat de witte wieven daar ronddansten. Er kwamen trouwens ook wel individuele bijzettingen voor in zogenaamde steenkisten. Zoals gezegd was het gebruik van deze megalithische graven bekend in alle kustgebieden van West-Europa.

De archeoloog Holwerda meende in het begin van deze eeuw dat er in Nederland een parallel te vinden was met de grafgewoonten uit het oude Griekenland. Daar had de Duitser Heinrich Schliemann in Mycene en elders koepelvormige stenen graven ontdekt, en Holwerda meende nu dat hier te lande deze koepelgraven in hout waren geïmiteerd. Deze opvatting is al gauw onhoudbaar gebleken, maar tot op de dag van vandaag komen de koepelgrafbouwers nog wel eens opduiken bij populaire opvattingen over de voorgeschiedenis van Nederland. Ze moeten daaruit radicaal geschrapt worden. Wat Holwerda aanzag voor koepelgraven waren gewone aarden grafheuvels, waarin vaak meer begravingen voorkwamen. Ze waren soms omgeven door een greppel of ook wel door een palissade, mogelijk weer om de ziel van de dode binnen zijn eigen domein te houden. Van de andere kant tonen verbrandingsresten of houtskoolsporen aan dat er dodenriten voorkwamen met offermalen en misschien met bezweringen, en dat magische en rituele gevoelens geenszins vreemd waren aan degenen die deze grafheuvels hebben opgeworpen. Dat zijn onder andere de bekervolkeren geweest; ze dateren echter ook uit de bronstijd. Het hoeven ook niet altijd de machtigen en invloedrijken geweest te zijn wier begrafenis met een groot ritueel gepaard ging. Bij Toterfout in Noord-Brabant was dat juist het geval bij kinderen of bij vrouwen met jonge kinderen. Mogelijk was een rituele begrafenis vooral nodig voor mensen wier dood een ongewoon aspect had. Uit het laatste millennium voor Christus dateren in ons land de grote urnenvelden. Daarbij werden crematieresten in grote urnen of potten begraven en soms ook door een greppeltje omgeven. Grafgiften waren niet zeldzaam. In het algemeen behoeft een verandering in begrafenisgewoonten niet meteen te wijzen op de komst van een nieuw volk, maar in dit geval kan dat verband toch wel aanwezig zijn. Vanaf de elfde eeuw voor Christus was Europa ten prooi aan talrijke volksverhuizingen, die we ook uit de klassieke geschiedenis kennen, zoals de Dorische volksverhuizing in Griekenland. Eeuwenlang is Europa onrustig gebleven. In de achtste eeuw dringen de urnenvelden ook in ons land door; een noordelijke en een zuidelijke groep zijn daarin te onderscheiden. Het is verleidelijk om daarin Germanen en Kelten te zien.

Omstreeks 3000 voor Christus was het neolithiseringsproces toch doorgedrongen over het hele gebied van de Lage Landen. Dit betekende dat landbouw of veeteelt haast overal het voornaamste middel van bestaan was geworden, waarbij natuurlijk jacht en visvangst een welkome aanvulling van het voedselpakket konden leveren. De Bandkeramiekers zijn uit het oosten gekomen; waarschijnlijk is de landbouw bij de overige culturen in de Nederlanden over zee vanuit het zuidwesten tot ons gekomen. Welke talen deze mensen hebben gesproken, onder welke namen ze bekend stonden, we weten het niet. Wel hebben vooral in de laatste tijd archeologen een groot aantal woonplaatsen van dit soort primitieve boeren blootgelegd; ze hebben zich ook al vroeg in het westen van Nederland gevestigd, en bij gebrek aan beter noemen we deze oude beschavingen maar naar de plaatsen waar hun overblijfselen en werktuigen gevonden zijn. Zo kennen we bijvoorbeeld de Vlaardingencultuur die op veel plaatsen in Nederland tussen 2700 en 2100 voor Christus wordt aangetroffen. Een bijzonder mooie opgraving is gedaan te Swifterbant in Oost-Flevoland, waar de mensen alleen in de zomer verbleven om er te vissen en te jagen. 's Winters zullen ze op de hogere zandgronden in het oosten hebben gewoond. In Swifterbant woonden zij tussen 3500 en 3200 voor Christus op de oeverwallen van waterlopen en kreken, die ze nog met riet ophoogden om ook bij hoog water droog te blijven. Er zijn daar ook graven aangetroffen van mannen, vrouwen en kinderen; in de zomer trokken dus hele families naar de viswaters en niet alleen een troep mannen. Bij een skelet werden pijlspitsen aangetroffen bij de keel en de rechterarm. Mogelijk was dat de doodsoorzaak en is de man gestorven in een oorlog of als gevolg van een persoonlijke vete.

Een samenhangende geschiedenis van Nederland in de prehistorie is niet te schrijven en zal ook nooit geschreven kunnen worden. We hebben slechts een aantal mozaïeksteentjes van steeds weer wisselende levenswijzen, maar volledig zijn die niet en de voorstelling blijft schimmig. Wel is duidelijk dat de bevolking is begonnen te groeien als gevolg van de neolithische revolutie en dat daardoor ook oorlogen frequenter zijn geworden en de maatschappelijke ongelijkheid is toegenomen.

Op de Drentse zandgronden en elders ten noorden van de grote rivieren woonden boeren die de archeologen het liefst als de dragers van de trechterbekercultuur aanduiden, maar die beter bekend zijn als de hunebedbouwers. Vroeger dacht men dat deze graven van grote zwerfstenen gebouwd waren door hunen of reuzen en daardoor is de naam te verklaren. In werkelijkheid moeten mensen die in de dorpsgemeenschap geleerd hadden samen te werken en die ossen en ezels hadden getemd, in staat geacht worden dergelijke imposante bouwwerken te maken. Megalithische (dat wil zeggen: van grote stenen vervaardigde) bouwsels komen voor in de kustgebieden van heel West-Europa; de dolmens en de menhirs van Bretagne zijn ermee te vergelijken. In de hunebedden worden doorgaans begravingen van verscheidene personen aangetroffen; dat betekent dat men niet behoeft te geloven dat een heerszuchtig dorpshoofd zijn onderdanen als slaven heeft laten werken, maar dat de boeren zelf er een eer in stelden hun belangrijkheid te onderstrepen door een imposant grafmonument. De hunebedbouwers moeten vreedzame boeren geweest zijn en zich nauwelijks met jacht hebben opgehouden.

Veel oorlogszuchtiger daarentegen waren de bekervolkeren, die vooral in het derde millennium, van 3000 tot 2000 voor Christus, kwamen opduiken en zich over grote gebieden verspreidden. Vroeger sprak men ook wel van de strijdhamervolkeren, en we kennen ze in Nederland vooral uit de grafheuvels, waarin verschillende soorten bekers van aardewerk zijn teruggevonden, bijvoorbeeld de klokbekers die lijken op een omgekeerde kerkklok. In het wijde gebied dat zij bestreken konden nu ook handelscontacten gelegd worden. We spraken al over de neolithische revolutie die de stoot heeft gegeven voor een honger naar bezit en naar dingen die men zich niet zelf kon verschaffen. Dat kon zout zijn of barnsteen of zelfs vuurstenen wapens, want niet overal werd steen aangetroffen die geschikt was voor het maken van goede wapens. Zo is de vuursteen uit de buurt van Grand-Pressigny in Frankrijk geëxporteerd naar veraf gelegen delen van Europa en ook naar Nederland. Te Rijckholt en in de Belgische Ardennen lagen echte vuursteenmijnen met een heel gangenstelsel. In een mijngang in de Ardennen is het skelet gevonden van een man met in zijn hand nog de hertshoornen houweel waarmee hij de vuursteenknollen moest losbikken: het slachtoffer van een prehistorische mijnramp. In die mijnen werkten geen jagers die voor eigen gebruik een goed steentje kwamen zoeken; dit waren specialisten, die hun waar leverden aan handelaars of aan ateliers, zoals die gevonden zijn in Zuid-Limburg bij Sint-Gertruid. Daar zaten in kuilen arbeiders te werken, waarbij de een vooral messen maakte, de ander vooral bijlen. De mislukte produkten lagen daar bij de opgraving nog naar soorten gerangschikt bijeen. Zelfs een prehistorische woedeuitbarsting heeft de archeologie aan het licht kunnen brengen. Van een mislukte bijl werd een stuk in de ene kant van de kuil, het andere een heel eind verder gevonden. Kennelijk heeft de arbeider, kwaad dat zijn mooie werk op het laatst nog mislukte, de bijl tegen de bergwand gesmeten, waardoor de bijl spleet en de stukken naar twee kanten wegvlogen.

Akkervormen

De Romeinse schrijvers Caesar en Tacitus hebben in hun geschriften wat vage beschrijvingen gegeven van de landbouwmethoden der Germanen. Op grond daarvan kwamen de historici in de negentiende eeuw tot de overtuiging dat de Germanen een agrarisch oercommunisme kenden, waarbij de hele dorpsgemeenschap als eigenaar van de bouwgrond optrad en aan ieder individu een bepaalde taak toewees. Karl Marx was deze overtuiging ook toegedaan en nam die op in zijn systeem. De opvatting is tot ver in de twintigste eeuw gangbaar gebleven, ook bij niet-marxisten.

Toen de Engelse geleerden Crawford en Curwen in 1923 geconfronteerd werden met het bestaan van kleine rechthoekige prehistorische akkertjes, omringd door een wal van zand en stenen en tien tot twintig are groot, waarop nooit een agrarisch communisme mogelijk kon zijn, hebben ze geconcludeerd dat die niet van de Germanen konden zijn, maar van de Kelten, die wel privaat eigendom van de grond gekend zouden hebben. Ze spraken daarom van 'celtic fields'. Sindsdien is wel gebleken dat men de beschrijvingen van Caesar en Tacitus verkeerd heeft begrepen en dat de Germanen wel degelijk dergelijke kleine akkertjes bebouwd hebben en dus ook privaat landbezit kenden, maar de naam celtic fields is gebleven.

Ze komen ook in Nederland voor: in Drenthe, Twente en op de Veluwe, niet overigens op de zandgronden bezuiden de grote rivieren. Dominee Picardt had ze al in de zeventiende eeuw in Drenthe ontwaard, maar hij had daarvoor een fantastische verklaring. Volgens hem waren het 'heidense legerplaatsen', opgericht door de Sueven die op hun zwerftochten kampementen opsloegen en dan aan iedere familie één ruimte binnen vier walletjes als staanplaats voor de huifwagen toewezen. Sindsdien hebben de archeologen veel zinniger verklaringen op tafel gelegd, waarbij ze ook gebruik hebben gemaakt van de gegevens van luchtfotografie. Daarop zijn soms hele schaakbordpatronen van akkercomplexen zichtbaar, die in het terrein zelf niet te ontwaren zijn. Dit soort celtic fields waren in gebruik van 700 voor Christus tot 200 na Christus. Ze werden bewerkt met een eenvoudige haakploeg, die de zoden niet omkeerde en die waarschijnlijk doorgaans van hout en niet van het te kostbare ijzer was vervaardigd. De stenen uit het veld die bij het ploegen bovenkwamen, legde de boer op de dwarswalletjes. Het belangrijke is dat deze celtic fields doorlopend gebruikt werden, terwijl Bandkeramiekers en hunebedbouwers een akker een paar jaar bebouwden – zolang die vruchtbaar bleef – en de grond dan voorgoed opgaven. In Drenthe en elders was de bevolking zo aangewassen, dat een dergelijke extensieve landbouw niet meer mogelijk was. Ze lieten de velden wel eens één of meer jaren braak liggen. Dan kon het vee op de velden lopen en ze bemesten, en daarna werden ze weer bezaaid.

Die celtic fields lagen in dezelfde streek waar later de essen of enken zouden voorkomen: typisch middeleeuwse grote bebouwde velden, soms wat hoger dan de rest van het land, waarop iedere dorpsgenoot een aantal stroken land had liggen. Daarop zou wel een agrarisch communisme mogelijk zijn, maar dat heeft ook op de essen niet bestaan. Iedereen wist maar al te goed waar zijn eigen land lag, het was alleen noodzakelijk dat de boeren tegelijkertijd met ploegen, zaaien en oogsten begonnen.

Het is plausibel dat de essen zijn ontstaan doordat celtic fields werden samengevoegd. De moeilijkheid is echter dat de celtic fields omstreeks 200 zijn opgegeven en dat de essen niet ouder zijn dan 650 na Christus. Toch zal er wel enig verband tussen de beide akkervormen bestaan.

Omstreeks 1700 voor Christus begonnen handelaars hier bronzen voorwerpen in te voeren en daarmee begon de bronstijd. Ingrijpende veranderingen in het levenspatroon hebben die niet veroorzaakt. Ze waren te zeldzaam en te kostbaar, en alleen dorpshoofden en rijke mensen konden ze verwerven. Wat ze de handelaars als tegenprestatie hebben gegeven voor de bronzen bijlen, messen, zwaarden of bekers onttrekt zich aan onze waarneming: slaven of slavinnen waarschijnlijk, voedsel en misschien ook pelzen of weefsels, mogelijk zelfs zout, dat uit zouthoudend veen gewonnen werd. De handelaars kwamen doorgaans van ver weg, omdat de Nederlanden geen koper- en tinerts in de grond hebben. Te Voorhout is een zogenaamde depotvondst gedaan van achttien bronzen bijlen en een beitel, waarschijnlijk de bedrijfsvoorraad van een handelaar uit Wales, want daar zal het metaal gewonnen zijn. Het mooiste bewijs dat de 'internationale' handel de Nederlanden niet onberoerd liet in de bronstijd, levert het halssnoer van Exloo in Drenthe. Dat bestaat uit veertien kralen van barnsteen (uit het Oostzeegebied), vijfentwintig van tin (uit Engeland) en vier faiencekralen uit Egypte. Dergelijke kralen waren daar in zwang in de veertiende en dertiende eeuw voor Christus en uit die tijd moet het kralensnoer dan ook stammen.

Omdat de Nederlanden geen noemenswaardige ertsen bezitten, nam het belang van dit gebied sinds de bronstijd wat af. Dat veranderde niet in de ijzertijd, die omstreeks 700 voor Christus inzette, toen de metaalwerkers met blaasbalgen een zo hoge temperatuur wisten te bereiken dat ze ook ijzererts konden uitsmelten. In de zandstreken van Drenthe en elders begon men last te krijgen van zandverstuivingen en daarom trokken in het begin van de ijzertijd de eerste bewoners naar de boomloze kweldergebieden van Noord-Nederland. Toen de zeespiegel bleef rijzen, werd het gevaar voor overstroming groot. Vandaar dat ze terpen moesten opwerpen, waarop ook het vee in geval van nood een goed heenkomen kon vinden. Deze moedige veetelers zijn de eerste Friezen geweest, want langzamerhand kunnen we in de ijzertijd ook namen gaan geven aan de mensen wier overblijfselen we aantreffen. De Friezen waren Germanen; deze groep van stammen met verwante dialecten kwam oorspronkelijk uit Scandinavië. Later bewoonden Germanen een groot deel van Noord-Duitsland. Ten zuiden van de grote rivieren leefden Kelten, of mogelijk had slechts een heersende laag van deze veroveraars zich over een autochtone bevolking uitgebreid. We krijgen meer zicht op deze bevolking van de Lage Landen als omstreeks het begin van onze jaartelling met de komst der Romeinen de eerste schriftelijke berichten beschikbaar komen.

Het is waarschijnlijk dat de levenswijze en de opvattingen der prehistorische volkeren die in de Lage Landen hebben geleefd, nog mede de instincten en het denkpatroon van de hedendaagse bewoners gedeeltelijk blijven bepalen. Zo zou de onmiskenbare hartstocht voor jagen en vissen van de hedendaagse mannen terug kunnen gaan op het normale levenspatroon in de tijd vóór de uitvinding van de landbouw; territoriumdrift, pleinvrees en andere fobieën zouden atavistische erfenissen kunnen zijn van halfdierlijke voorvaderen. Maar au fond weten we niet zo veel uit de prehistorie, dat wil zeggen de tijd waarover we geen schriftelijke berichten hebben. We kunnen ons soms een uitstekend beeld vormen van het normale leven en de middelen van bestaan, maar wat de mensen gedacht hebben, hoe de politieke en sociale verhoudingen lagen, kunnen we maar moeilijk achterhalen. Het is zelfs meestal niet uit te maken of een verandering in bepaalde gewoonten – in de vorm of de techniek van wapens en gebruiksvoorwerpen – het gevolg is van een verovering, waarbij er een nieuwe bevolking geannexeerd wordt, dan wel van het gegeven dat de altijd al aanwezige groepen zich eenvoudig hebben aangepast aan een veranderende mode.

De veranderingen in de Nederlanden vanaf ongeveer 50 voor Christus hebben echter een duidelijke oorzaak en dat is de verovering en de bezetting door de Romeinen van al het land tot aan de grote rivieren, terwijl hun invloed ten noorden daarvan ongetwijfeld bijzonder groot is geweest. De verovering is het gevolg van de interne politiek van Rome en de rivaliteit van de leidende mannen. In 60 voor Christus was Gnaeus Pompeius daar duidelijk de machtigste man, maar hij kwam in botsing met de senaat die zijn beleid in Azië niet wilde goedkeuren. Daarom sloot hij een verbond met twee andere ambitieuze mannen, Gaius Licinius Crassus en Gaius Julius Caesar; dit verbond staat bekend als het eerste driemanschap. Caesar was toen nog veel minder beroemd dan zijn collega's in het driemanschap en hij zag in dat het voor hem van belang was daarin verandering te brengen. Daarom liet hij zich na zijn consulaat niet de rijkste beschikbare provincie geven om als proconsul te besturen, maar de provincie waar het gemakkelijkst krijgsroem vergaard kon worden. Dit was Gallia Cisalpina met Gallia Narbonensis, dat wil zeggen de Povlakte en de Provence in het zuidoosten van het huidige Frankrijk. Van daaruit begon hij in 58 voor Christus de verovering van heel Gallië, waarbij een aanleiding spoedig gevonden was. Over zijn veldtochten van 58 tot 50 voor Christus heeft hij zelf verslag gedaan in zijn *Gedenkschriften over de Gallische oorlog*, met het doel de publieke opinie in Rome te beïnvloeden en de mening te vestigen dat Caesar nooit kon verliezen. Wij danken daaraan gedetailleerde informatie over de gebeurtenissen en de toestanden in Gallië, die soms wel gekleurd is, maar ons een veel helderder kijk geeft op de geschiedenis dan de archeologie alleen ooit zal kunnen geven.

In 57 voor Christus kwam Caesar ook bij de Belgische stammen, die volgens hem de dappersten waren van heel Gallië en van de Germanen afstamden. Die dapperheid zal wel kloppen, maar naar alle waarschijnlijkheid spraken de Belgen een Keltische taal; zij droegen immers Keltische namen, evenals hun dorpen en rivieren, zij vereerden Keltische goden en de archeologische vondsten tonen veel meer overeenkomst met die van de overige Keltische stammen dan met die van de Germanen. Zes stammen woonden op het grondgebied van het huidige België: de Morinen en de Menapiërs aan de kust – de Menapiërs volgens Caesar zelfs tot in het noorden aan beide zijden van de Rijnmonding – de Nerviërs ten oosten daarvan, de Atuatuci rondom Namen, en ten noorden daarvan de Eburonen, terwijl de Treviri rondom Trier ook Luxemburg en het zuiden van de Ardennen tot hun territoir rekenden.

De Belgische stammen hebben zich dapper verzet tegen de Romeinse verovering. De volkrijke stam der Nerviërs heeft in 57 voor Christus een slag geleverd aan de Sambre die lang twijfelachtig was, maar ten slotte gewonnen werd door de gedisciplineerde legioenen van Caesar. De Atuatuci verdedigden zich tot het uiterste in hun vesting Namen, waarna het hele volk als slaaf is verkocht. De Eburonen hebben in 54 voor Christus het huzarenstukje volbracht anderhalf legioen met een krijgslist volkomen te vernietigen, waarna ze het slachtoffer werden van de eeuwigdurende haat van Caesar tegen de stam en vooral tegen de koning Ambiorix, die op het nippertje naar het noorden kon vluchten. Daar had Caesar al eerder moeten ingrijpen, in het jaar 55 voor Christus, toen de Usipetes en de Tencteren, twee Germaanse stammen die al drie jaren op drift waren, de Menapiërs in het rivierengebied begonnen te verdrijven. Caesar kon geen concurrenten gebruiken bij zijn veroveringen en hij heeft de stammen, terwijl er nog onderhandelingen gaande waren, verraderlijk aangevallen en verslagen, ergens in het rivierengebied, mogelijk in de buurt van Gorinchem. En na zo'n nederlaag kende hij geen medelijden en zag er geen bezwaar in ook vrouwen en kinderen meedogenloos en systematisch te doden. Zo lag in 49 voor Christus heel Gallië als een rokende puinhoop aan zijn voeten en vervolgens is hij de Rubico overgetrokken om zijn rivaal Pompeius te gaan verslaan. Met de in Gallië geschoolde legioenen, met de buit daar behaald en dankzij zijn reputatie van onoverwinnelijkheid had hij snel succes, en hij eindigde als alleenheerser van het Romeinse rijk.

Men kan een afkeer hebben van het imperialisme van Rome en bewondering voor vrijheidsstrijders als Ambiorix, de koning der Eburonen, maar toch valt het niet te ontkennen dat de Romeinse verovering op den duur een zegen is geweest voor deze landen, dat zij daardoor een ideaal van cultuur en beschaving hebben gekregen en de eerste stap hebben gezet op de weg naar vrijheid en recht, brood en welvaart voor allen. De eindeloze stammenoorlogen van de Germanen leidden tot niets of het moest zijn tot een geprivilegieerde positie voor enkele machtige vechtersbazen en onderworpenheid of slavernij voor de grote massa der bevolking. De fabel van de Germaanse vrijheid is al lang doorgeprikt. Bij hen bestond een scherpe sociale gelaagdheid, en men moet zich niet laten bedriegen door het geschrift van Tacitus, *De Germania*, die zijn landgenoten een spiegel wil voorhouden door de Germanen voor te stellen als nobele wilden.

Aanvankelijk leek het erop dat de Romeinse veroveringen niet bij de Rijn halt zouden houden en dat ook heel Germania, in ieder geval tot de Elbe, bij het Romeinse rijk zou gaan behoren. In deze periode zijn ook de Bataven binnen het rijk komen wonen. Tacitus vertelt dat ze uitmuntten in dapperheid, en ook dat ze aanvankelijk deel uitmaakten van de stam der Chatten in Neder-Saksen en na een meningsverschil waren weggetrokken. Hooft en Vondel hebben later hele drama's op dit thema gemaakt, waaruit de vrijheidszin en de deugdzaamheid van deze vroege voorvaderen konden blijken. De Romeinen zagen wel wat in deze rondzwervende troep mensen als bondgenoten bij hun verdere veroveringsplannen en wezen hun woonplaatsen aan in het gebied tussen Rijn en Waal, waar de Betuwe naar hen heet. Met hen mee kwamen de Cananefaten, die zich in het Hollandse kustgebied vestigden.

Dat was dan misschien een maatregel met het oog op de komende veldtochten ten noorden en ten oosten van de Rijn. Andere volgden. Te Vechten kwam een vlootbasis, en Augustus' stiefzoon Drusus liet een kanaal graven waardoor de noordelijke zeeën gemakkelijker bereikt konden worden. Deze Drususgracht is mogelijk een verbinding van de Rijn en de Vecht geweest. Aanvankelijk leek de verovering van het noorden succes te hebben. Drusus behaalde enige overwinningen en onderwierp daarbij de Friezen in het terpengebied. Hij bouwde verschillende kastelen, onder andere het castellum Flevum, ergens aan de mond van het Vlie en Lugdunum, dat het legendarische Brittenburg moet zijn geweest vóór de kust bij Katwijk en dat nu in zee is verdwenen. Na Drusus' vroege dood in 9 voor Christus maakte zijn broer Tiberius het karwei af; hij was zo succesvol dat hij in de streek tussen Rijn en Elbe al de provincie Germania meende te kunnen inrichten met een burgerlijk bestuur. Dat was te vroeg, want in 9 na Christus slaagde de Cherusker Arminius erin de Romeinse bevelhebber Varus te verslaan in het Teutoburgerwoud en diens drie legioenen volledig te vernietigen – een ramp die keizer Augustus zo ontzette dat hij in wanhoop met zijn hoofd tegen een deurpost stootte, uitroepend: 'Quinctilius Varus, geef mij mijn legioenen terug.' Ook voor de Nederlanden had de slag in het Teutoburgerwoud ernstige consequenties. Keizer Augustus besloot de uitbreidingspolitiek niet voort te zetten en de Rijn tot grens van het Romeinse rijk te maken. Dat betekende dat er op den duur langs de Rijn een dichte reeks grensvestingen kwam te liggen, met een talrijke bezetting van alles bij elkaar wel een tienduizend man Romeinse troepen. Ten noorden daarvan leefden onder andere de Friezen in het vrije Germanië, waar gelukkig nog heel wat van de Romeinse beschaving doordrong, mede omdat Frieslands produkten vis en vee wel gewild waren in de Romeinse legerkampen. Ten zuiden van de grote rivieren heersten dan de normale Romeinse toestanden met bestuursdistricten of *civitates*, die doorgaans samenvielen met het gebied van een stam, met grootgrondbezit waarvan villa's het centrum vormden en met steden waarin thermen en waterleidingen voor een Romeins comfort zorgden. Ten noorden van de Rijn zou een strook grond onbewoond gebleven zijn, volgens de Romeinse schrijvers, om aanvallen van de Germanen te voorkomen. Dat kan echter niet kloppen, omdat archeologen juist op de noordelijke oever verscheidene nederzettingen hebben blootgelegd. Zou echter de Elbe grensrivier gebleven zijn, dan hadden hier te lande heel andere toestanden geheerst. Waarschijnlijk zouden Nederlanders en Belgen dan allen thans een Romaanse taal spreken, gezien het feit dat de volksverhuizingen het Germaans nergens verder dan zo'n honderd kilometer binnen de grenzen van het Romeinse rijk hebben kunnen invoeren. Uiteraard is het enigszins zinloos om te speculeren over wat had kunnen gebeuren. In de geschiedenis hebben we slechts te maken met wat werkelijk gebeurd is.

Friezen noch Bataven hebben Arminius gesteund, maar later hebben ze zich wel degelijk verzet tegen de Romeinse overheersing. De Friezen waren het eerst. Hoewel zij ten noorden van de Rijn woonden, oefenden de Romeinen een zeker gezag op hen uit en eisten ze een jaarlijkse schatting bestaande uit ossehuiden voor het leger. De Friezen brachten die gewillig op, want ze hadden vee genoeg lopen op hun kwelderweiden. De onverstandige landvoogd Olennius was daarmee niet tevreden en wilde huiden zo groot als die van oerossen. Daaraan konden de Friezen niet voldoen, hun vee was klein van stuk en in hun land waren geen oerossen te jagen. Hun restte slechts de opstand, die ze in 28 na Christus begonnen met een aanval op het fort Flevum. Romeinse troepen uit het achterland slaagden er nog wel in hun strijdmakkers te ontzetten, maar daarna beval Rome zich achter de Rijn terug te trekken, hetgeen de onafhankelijkheid der Friezen betekende. Pas jaren later onder keizer Claudius (41-54) werd de expansiepolitiek weer opgenomen. Brittannië werd veroverd, en de veldheer Corbulo leidde een grootscheepse expeditie naar het gebied der Friezen en der Chaucen, die ten oosten van de Eem woonden. Hij voerde daar zelfs een bestuursorganisatie in, met een 'senaat, magistraten en wetten' zoals Tacitus zegt, alsof in dat terpengebied al Romeins-rechterlijke toestanden heersten. Deze krachtsinspanning was te groot. Corbulo kreeg bevel zich weer achter de Rijn terug te trekken en daar de grensverdediging goed te organiseren. Corbulo gehoorzaamde, hij zei slechts dat generaals het vroeger beter hadden en liet als onderdeel van de grensverdediging de zogenaamde Corbulogracht graven tussen de Helinium, de brede Maasmond tussen Rotterdam en Hoek van Holland, en de Oude Rijn. Dit is de tegenwoordige Vliet en deze diende om schepen in de Rijn te brengen zonder een gevaarlijke vaart over de hoge zee te hoeven maken. Weer herwonnen de Friezen hun vrijheid, maar ze bleven goede contacten met Rome houden. Dat blijkt uit een anekdote die Tacitus meedeelt. Onder de regering van Nero (54-68) kwamen de Friese koningen Verritus en Malorix naar Rome om de keizer te spreken.

Het noordelijk terpengebied

Terpen zijn kunstmatig opgeworpen woonheuvels in het schorrengebied bij de Waddenzee. Ze gaven aan mensen en vee bescherming als de schorren bij extreem hoge vloeden overstroomden, in de tijd vóór de bedijkingen, waarvan we het begin in de elfde eeuw moeten stellen. Een andere naam is woerden of wierden. Ze komen alleen voor in het Friese gebied van Noord-Holland tot aan de grens van Jutland. Elders op de wereld zijn genoeg vergelijkbare schorren en waddenkusten, maar daar hebben de mensen niet de oplossing gekozen om terpen op te werpen. Dat is de unieke prestatie van de Friezen gebleven.

Over de herkomst der Friezen bestaan de nodige fabels die ons hier niet interesseren, omdat ze iedere grondslag missen. Archeologen hebben slechts kunnen constateren dat in de zevende eeuw voor Christus voor het eerst mensen zich hebben gevestigd op de kleigronden tussen Vlie en Eems. Dat geschiedde in een rustige periode met weinig stormvloeden en een lage stand van de zeespiegel. Deze eerste bewoners konden zich dan ook op het land tussen de kreken vestigen zonder dit op te hogen en daar ook akkerbouw bedrijven. Waar kwamen ze vandaan? Waarschijnlijk van de zandgronden in Drenthe, die juist toen van droogte te lijden hadden. Mogelijk hebben zandverstuivingen de landbouw in het oude land bemoeilijkt. Er zijn duidelijke overeenkomsten te constateren tussen de zogenaamde Zeyener cultuur in Drenthe en de eerste bewoners van de Friese zeeklei: bijvoorbeeld in de vorm van hun huizen en gebruiksvoorwerpen, met name vuurstenen sikkels. Het is echter ook mogelijk dat een deel van de immigranten afkomstig was uit Noord-Holland en over het Vlie gevaren kwam. Archeologen hebben in de polder het Grootslag in West-Friesland het bestaan van een welvarende boerenbevolking aangetoond. In de achtste eeuw voor Christus is de bewoning daar opgehouden. Misschien zijn de bewoners met andere mensen uit Noord-Holland naar het oosten getrokken, want er bestaan ook overeenkomsten tussen hen en de eerste Friezen. Natuurlijk weten we niet of ze toen al Friezen heetten, zelfs niet of ze al een Germaanse taal hebben gesproken. De archeologie heeft geen breuk aan het licht kunnen brengen tussen deze eerste bewoners en de Friezen uit de Romeinse tijd, die onmiskenbaar Germanen waren. De conclusie ligt voor de hand dat zij het dus ook waren. Hier en daar, vooral dicht bij zee, werd al in de vijfde eeuw de grond wat opgehoogd als er weer een nieuwe boerderij werd gebouwd, maar het overstromingsgevaar werd pas echt acuut omstreeks 200 voor Christus. Ook uit andere gegevens is bekend dat de gemiddelde hoogte van de zeespiegel toen flink begon te stijgen. Bij een normale vloed bleef het omringende land wel droog, maar bij storm en springtij dreigde steeds gevaar. Al het vee moest dan op de terp een wijkplaats vinden en daarbuiten was ook geen akkerbouw meer mogelijk, tenzij hier en daar op de falgen, dat wil zeggen de natuurlijke hoge ruggen in het schorrenlandschap. Het beste was echter om zoveel mogelijk op de terpen zelf te verbouwen. Later zou dan ook sprake zijn van een woerdakker, een bouwland op de terp dus. De terpen kregen nu een grote omvang en staken meters boven het omringende land uit. Grote boerderijen stonden in een kring rondom een centraal plein, waar later vaak de kerk kwam te staan. Er was ook een grote waterput, want zoet water was schaars in die streken en men was daarvoor aangewezen op regenwater. Natuurlijk konden de terpen zelf niet voldoende bouwland leveren voor de behoefte aan broodgraan. Maar vis en vee bezaten de terpbewoners genoeg. Die produkten konden ze ruilen tegen graan, bij de akkerbouwers landinwaarts op de hoge gronden, en zo waren de Friezen door de natuurlijke gesteldheid van hun woonplaatsen voorbestemd om handelaars te worden. Die handel dreven ze vooral met de Romeinen en daardoor konden ze een behoorlijke welvaart bereiken. De Romein Plinius, die onder Corbulo in deze streken in het leger gediend had, begreep dat maar slecht en meende meewarig over de terpbewoners te moeten spreken. Hij beschreef overigens niet de Friezen zelf maar de Chaucen, die ten oosten van de Eems woonden, in vergelijkbare omstandigheden. 'In het noorden hebben wij de Chaucen aanschouwd en dat is een ongelukkige stam. Tweemaal daags stort de oceaan hier zijn wateren uit over de ontzaglijke vlakte, zodat men niet weet of men dit gebied zee of land moet noemen. De ongelukkige Chaucen proberen in leven te blijven door huizen te bouwen op steile heuveltjes, met handkracht opgeworpen tot een hoogte die blijkens de ervaring boven de hoogste vloed uitsteekt. Bij vloed lijken zij op zeelieden, bij eb op schipbreukelingen. Zij leven van de vis die zij met netten in het slik vangen. Zij verwarmen hun verkleumde leden door modder te verbranden, die zij meer door de wind dan door de zon hebben laten drogen. Vee kunnen ze niet houden en evenmin kunnen ze op jacht gaan, want er zijn in de buurt geen struiken. Zij drinken niets dan regenwater, dat zij in een kuil voor hun woning bewaren. En toch beweren die mensen dat zij door hun onderwerping aan de Romeinen tot slaaf zouden worden. Werkelijk: het lot spaart velen tot straf.'

Wat Plinius gezien heeft, weten we niet, maar het waren zeker niet de terpen die de hedendaagse archeologen aan het licht hebben gebracht, met hun welvarende veehouders, met hun grote boerenhuizen waarin soms wel tweeënvijftig runderen gestald konden worden, zoals in een huis te Ezinge. De enige overeenkomst is de zoetwaterput voor het huis. Bij de terpbewoners is juist de rijkste Romeinse import geconstateerd van alle stammen in Germania buiten de Rijngrens. Dat kwam doordat de grenslegioenen behoefte hadden aan de Friese produkten: vlees, zuivel en vis. Twee karakteristieke vondsten in Friesland zijn dan ook een wastafeltje uit Tolsum met het koopcontract voor een rund en de zogenaamde Hludanageloftesteen, te Beetgum gevonden en opgericht door een gezelschap van Romeinse (?) vissers. De Friezen handelden ook wel in andere zaken: in barnsteen, dat als sieraad zeer geliefd was, of in zout, verkregen door veen te verbranden en de as vermengd met zeewater uit te kristalliseren. Naast de grote boerderijen zijn op de terpen ook kleine bedrijfsgebouwtjes ontdekt, die een primitief weefgetouw bevat kunnen hebben. Het is aannemelijk dat de wol van de Friese schapen de grondstof heeft geleverd voor net zulke Friese lakens als die uit de Karolingische tijd bekend zijn. De textiel uit Zuid-Vlaanderen, waar vergelijkbare geografische omstandigheden heersten, werd immers te Rome zeer gewaardeerd.

Zo woonde er een talrijke welvarende bevolking tussen Vlie en Eems in de Romeinse tijd. Er zijn bijna twaalfhonderd terpen bekend en bijna allemaal dateren ze van vóór 200 na Christus. Daarop moet een bevolking van duizenden, waarschijnlijk wel tienduizenden gehuisd hebben. Er waren grote verschillen in rijkdom, zoals uit de omvang van de huizen blijkt, maar dat zal het gevolg zijn van de vrije verhoudingen in dit gebied. In België, in de buurt van de villa's en later bij de vroonhoeven, heersten veel eenvormiger omstandigheden. Voor allen zal het voedselpakket veel vlees en zuivel bevat hebben. Blijkens afvalkuilen aten ze een nogal vette meelbrij, waarin verschillende granen, vlees, maar ook groenteachtige gewassen waren verwerkt. Romeinse munten waren blijkens de opgravingen een gangbaar betaalmiddel. Omstreeks 200 verschenen de eerste schaduwen op het idyllische beeld. Toen werden er een paar keer muntschatten begraven, hetgeen doorgaans wijst op onrust. Die zal veroorzaakt zijn door aanvallen van Chaucische zeerovers. Omstreeks 275 werden opnieuw munten begraven. Vreesde men nu overstromingen door de zee? Hoe dan ook, in de vierde eeuw begon het terpengebied ontvolkt te raken. Uit de vijfde en zesde eeuw zijn geen schriftelijke berichten opgetekend. Dat kan verband houden met een nieuwe overstromingsfase – de Duinkerke-II-transgressie – maar het is ook mogelijk dat de Friezen met de overige stammen mee uitgezwermd zijn tijdens de grote volksverhuizing.

Die had niet onmiddellijk tijd voor hen en ondertussen werden ze rondgeleid in de stad. In het theater van Pompeius zagen ze mensen in uitheems gewaad op de voor senatoren gereserveerde plaatsen zitten. Op hun vraag wie dat waren kregen ze te horen dat zo de gezanten geëerd werden die uitmuntten in dapperheid en trouw aan Rome. Dat namen ze niet: 'Geen enkele sterveling overtreft de Germanen in het vechten of in trouw,' riepen ze uit en drongen zich ook naar de senaatsbanken. Dit staaltje van primitieve naïviteit viel zeer in de smaak bij de Romeinen.

Na de dood van Nero kwamen er echter grimmiger confrontaties in de Nederlanden. De Bataaf Julius Civilis stelde zich aan het hoofd van een grote opstand, die gebruik maakte van de verzwakking in het centrum van het Romeinse rijk, waar vier kandidaat-keizers elkaar bevochten. Tacitus heeft in zijn *Historiën* een uitvoerig verslag van de gebeurtenissen gegeven, en het zou niet moeilijk vallen tientallen bladzijden op grond van zijn relaas te vullen. Daarvan kan geen sprake zijn. Slechts enkele belangrijke momenten kunnen hier vermeld worden. De opstand begon in augustus 69 met een aanval op het kasteel Valkenburg bij Leiden door de Cananefaten onder leiding van Brinno. Het ging in vlammen op, en inderdaad heeft men bij de opgraving van het castellum daar een brandlaag kunnen constateren. De Cananefaten voelden zich sterk, omdat de Romeinse aanvoerder der Rijnlegioenen, Vitellius, naar Rome was getrokken om een gooi te doen naar het keizerschap. De eigenlijke aanvoerder, Julius Civilis, maskeerde nog even zijn bedoelingen. Hij was een lid van de Bataafse adel, had hoge functies vervuld in het Romeinse leger en zou een wrok koesteren, omdat Nero hem beschuldigd had van hoogverraad. Mogelijk heeft hij tevens de Arminius van de kust-Germanen willen worden. In ieder geval legde hij de nadruk op de overgeleverde gewoonten en liet zich bijvoorbeeld steunen door de wichelares Velleda, die in een hoge toren bij de Lippe woonde. Volgens Tacitus was het woord 'vrijheid' Civilis in de mond bestorven, maar het is bekend dat de redevoeringen die Romeinse geschiedschrijvers hun personages toedichtten, doorgaans verzonnen zijn.

Toen de Romeinse troepen hier alle Rijnforten tot aan Castra Vetera (Xanten) hadden opgegeven, wierp Civilis het masker af. Hij verklaarde zich op de hand van Vespasianus, de tegenkandidaat van Vitellius, en wist een coalitie van Germaanse stammen tot stand te brengen. De Friezen en de Chaucen verklaarden zich voor hem en hij verwierf ook de steun van acht Bataafse cohorten die op Romeinse wijze getraind waren. Het volgende jaar (70 na Christus) beloofde nog veel gunstiger te worden, toen ook een deel van de Galliërs onder Classicus en Tutor tegen Rome in opstand kwam. Heel het land ten noorden van de Alpen dreigde Rome te ontglippen. Maar in hetzelfde jaar won ook Vespasianus, Civilis' zogenaamde bondgenoot, definitief de strijd om het keizerschap en toen konden de Bataven en hun bondgenoten niet meer verhelen dat zij in werkelijkheid ten eigen bate vochten. Bovendien was er met de Galliërs tweedracht in huis gehaald, en toen vanuit Rome de veldheer Cerialis met acht legioenen naar het noorden kwam, stortte het verzet hier als een kaartenhuis ineen. In de herfst van 70 voerde Civilis zijn laatste hopeloze strijd in de Rijndelta. Hij was gedwongen het 'Oppidum Batavorum', de vesting der Bataven ten oosten van Nijmegen, te ontruimen en besefte dat al zijn wanhoopsaanvallen geen zin meer hadden. Met de vredesonderhandelingen tussen Civilis en Cerialis, op een gedeeltelijk afgebroken brug in de rivier de Nabalia, breekt Tacitus' verhaal plotseling af. Er moet vrede gesloten zijn, maar van de details weten we niets bij gebrek aan bronnen.

De opstand der Bataven is een episode gebleven. In een tijd dat Nederlanders daar behoefte aan hadden, konden zij zich verlustigen aan de toen getoonde dapperheid en vrijheidszin van het voorgeslacht, geboekstaafd door een der beste Romeinse geschiedschrijvers.

Thans is het zinniger te wijzen op de snelle ineenstorting van de opstand en op de realistische kijk van verschillende stammen uit de Zuidelijke Nederlanden als de Menapiërs, Nerviërs en Tongeren die de rust van het Romeinse bestuur verkozen en slechts onder dwang tot deelneming aan de opstand geprest konden worden. In de geschiedenis van het vierhonderdjarige Romeinse bestuur over de Nederlanden is eigenlijk de tijd van 70 tot 230 na Christus veel interessanter dan de voorgaande tijd, toen er nog wel eens verzet tegen de overheersing kwam. In deze honderdzestig jaren heeft men zich wijd opengesteld voor de Romeinse beschaving. De archeologie leert dat steeds meer Romeinse produkten hier werden ingevoerd; talrijke muntvondsten getuigen van handelscontacten, maar geschreven berichten ontbreken nagenoeg, misschien omdat gelukkige volkeren geen geschiedenis hebben.

Geluk en welvaart blijken uit de talrijke Romeinse villa's die opgegraven zijn. Er zijn er in het huidige Nederland zo'n vijfentwintig aan het licht gebracht, in België veel meer. Zij liggen uitsluitend ten zuiden van de Rijn en vormen doorgaans het middelpunt van een landbouwexploitatie van vijftig hectare of meer. De eenvoudigste villa's zijn rechthoekige gebouwen van behoorlijke oppervlakte, minstens tien bij dertig meter groot. Ze bezitten allemaal een kelder en holle tegels of hypocausttegels, die voor de vloerverwarming dienden. Rijkere villa's hadden verschillende bijgebouwen, vertrekken met mozaïekvloeren en ook wel eigen badgebouwen. Een goede indruk van de weelderige inrichting en het aangename leven geeft de sarcofaag van Simpelveld, waarin aan de binnenkant van de lijkkist wat scènes uit het dagelijks leven staan afgebeeld. Er waren ook stedelijke nederzettingen, bijvoorbeeld in Zuid-Limburg te Heerlen en Maastricht. Talrijker waren ze uiteraard in België: Tongeren, Kassel, Arlon enzovoort. Daar waren ook de dingen te vinden die het leven in de steden van Italië veraangenaamden: waterleidingen, tempels en thermen of openbare badhuizen. Langs de Rijngrens ontstonden in de schaduw van de kastelen tevens burgerlijke nederzettingen, bijvoorbeeld te Nijmegen of te Arentsburg bij Den Haag. Een uitstekend wegennet met vooral militaire betekenis verbond de diverse plaatsen. Die wegen staan ingetekend op een dertiende-eeuwse kopie van een Romeinse wegenkaart uit het begin van de derde eeuw, de zogenaamde *Tabula Peutingeriana*. Deze kaart biedt de huidige historici nog grote problemen. Met name valt het niet mee de daarop geschreven plaatsnamen in het huidige terrein te lokaliseren, maar het staat toch wel vast dat de plaatsen langs de 'Rhenus' gezocht moeten worden langs de Oude Rijn in het huidige Nederland en niet in Noord-Frankrijk, zoals met onvoldoende argumentatie door Delahaye beweerd is.

De villa's moeten de woonhuizen van een maatschappelijke elite geweest zijn: veteranen uit het Romeinse leger, bestuursambtenaren, handelaars die hun zaken aan de kant gedaan hebben misschien, en mogelijk ook wel inheemse adel. Deze maatschappelijke groep zal het meest intensief geromaniseerd zijn. Daarnaast moet een veel talrijker massa van kleine, ploeterende boeren geleefd hebben. Hun huizen, waarvan er een aantal opgegraven is, zijn veel minder spectaculair dan de villa's. Een goed voorbeeld biedt de nederzetting op De Bult bij Rijswijk. Dat was een gehucht van de Cananefaten dat van 30 tot 270 na Christus continu bewoond is geweest. Aanvankelijk stond er slechts één boerderij, op het eind van de eerste eeuw twee en ten slotte waren er zelfs drie boerderijen. Toen stond er ook een eenvoudig tempeltje – zo mag men althans een gebouw met een zuilenrij wel interpreteren. De houten huizen gingen gemiddeld maar zo'n dertig jaar mee, vandaar dat er niet minder dan drieëntwintig huisplattegronden uit de Romeinse tijd te onderscheiden zijn. De akkerbouw was vrij extensief, en men had een groot areaal nodig om de behoefte aan broodgraan van de bewoners der boerderijen te dekken. Uit de gevonden beenderen van runderen valt op te maken dat deze bewoners veel vlees aten, misschien kregen ze wel vijftig procent van de benodigde calorieën uit dierlijke produkten. Het was geen rijk bestaan, maar de mensen van De Bult konden zich redden zolang er maar geen natuurrampen optraden. De Romeinse belastingen drukten in deze tijd niet zwaar, maar de verplichting om troepen voor het Romeinse leger te leveren zal niet licht gevallen zijn. Volgens de meest optimistische berekening telde de stam der Cananefaten in de tweede eeuw 16.500 mensen en daaruit moest een ala van 480 of zelfs wel een cohort van 960 man gelicht worden. Vooral daardoor zal het Romeinse bestuur voor de mensen hier te lande een zeer voelbare realiteit geweest zijn. Daarin verschilde een nederzetting als De Bult van een plaats als Wijster in Drenthe, die buiten het echte machtsgebied van de Romeinen lag. Daar zijn overigens wel de nodige

Romeinse importprodukten gevonden.

Nederland is namelijk altijd een handelsland geweest, en dat geldt ook voor de Romeinse tijd. De Rijn werd druk bevaren door korenschepen; vanaf Walcheren waagden de kooplieden de oversteek naar Brittannië. Te Domburg en Colijnsplaat (Ganuenta) is een groot aantal votiefaltaren teruggevonden, kennelijk daar geplaatst door kooplieden na een succesvolle tocht om de goden te danken. Verreweg het meest vermeld is een godin Nehalennia, die verder niet bekend is in het Romeinse pantheon. Waarschijnlijk was zij een Germaanse vruchtbaarheidsgodin, die overigens ook als patrones van schippers kon gelden, want soms houdt zij een scheepsroer in de hand. Te Domburg en te Colijnsplaat stonden aan haar gewijde tempels, waar korenhandelaars, handelaars in aardewerk en wijnkopers hun geloften kwamen vervullen. Ze mag dan wel een inheemse godin zijn geweest, haar afbeeldingen hebben alles aan de Romeinse techniek van beeldhouwen te danken. Datzelfde geldt ook voor andere godenbeeldjes, die in groten getale zelfs naar het vrije Germanië werden geëxporteerd. Wat de Germanen zich daarbij voorstelden kunnen we slechts bevroeden. De Romeinen zelf meenden de Germaanse goden eenvoudig te kunnen gelijkstellen met de figuren in hun eigen religieuze wereld; zo was Wodan in hun ogen dezelfde als Mercurius, en Donar gelijk aan Jupiter met zijn bliksem. Dat blijkt ook bij de grote tempel van Elst. Deze zal wel aan een Germaanse godheid gewijd zijn geweest, bijvoorbeeld aan de hoofdgod der Bataven, die men toch ook weer alleen met zijn Latijnse naam Hercules Magusanus kent. De opeenvolgende tempelgebouwen in Elst zijn trouwens ook Romeins geïnspireerd met Corinthische kapitelen en dergelijke. In de tempel zijn resten van een zogenaamd 'suovetaurile' aangetroffen, een typisch Romeins offer van een varken, een schaap en een stier. Opmerkelijk is dat op dezelfde plaats later een christelijke kerk werd gebouwd; kennelijk waren er gewijde plaatsen, bij uitstek geschikt voor religieuze zaken.

Zoals bij de godsdienst zal ook verder een vermenging van Germaanse en Romeinse elementen zijn opgetreden. Zo bijvoorbeeld bij de taal. Het is geenszins zeker dat Latijn de algemene omgangstaal is geweest in deze streken in de tweede en derde eeuw. Maar haast iedereen kwam ermee in aanraking en zal een zekere kennis van het Latijn gehad hebben. Het was de taal van het bestuur en de administratie – Germaans werd niet geschreven – en vooral de taal van het leger. Aan de Rijngrens waren duizenden soldaten gelegerd, hoewel niet uitsluitend legioensoldaten met Romeins burgerrecht. Slechts van 70 tot 105 was een volledig legioen hier gestationeerd, namelijk de legio x Gemina te Nijmegen. Daarna kwamen er veel barbaarse hulptroepen, wier commando's wel in het Latijn werden gegeven, maar die in het algemeen geen grote cultuurdragers waren. Maar dat was niet het enige, want in de loop der tijden hebben duizenden Bataven, Cananefaten, Menapiërs, Toxandriërs en hoe ze verder mogen heten, in het Romeinse leger gediend en daarbij heel wat van de wereld gezien. Het werd namelijk na 70 de gewoonte de hulptroepen niet meer in het eigen land te stationeren, maar juist ver van huis. Als we mogen aannemen dat het merendeel van de hulptroepen na hun diensttijd weer naar het eigen stamgebied is teruggekeerd: wat een diepgaande invloed moet daarvan niet zijn uitgegaan op de gewoonten hier te lande! Bijvoorbeeld op het voedselpakket. De basis van het Romeinse voedselpakket was brood, met als drank wijn; bij het brood werden wat groenten gegeten, het *companagium*, en in de keuken gebruikte men vooral olijfolie. Vlees werd niet veel geconsumeerd. Bij de Germanen daarentegen waren vlees en boter hoofdbestanddelen van het voedsel, graan werd vaak in de vorm van brij of pap geconsumeerd, en men dronk bier. Te Rijswijk bleek nog een Germaans voedselpakket gebruikelijk, waar vijftig procent van de caloriebehoefte door vlees, vooral rundvlees, werd gedekt. Maar Romeinse gewoonten drongen door. Zo werd in Vlaanderen de scherpe, pikante vissaus 'garum' vervaardigd, die in de mediterrane keuken veel gebruikt werd en wel niet alleen voor de export gediend zal hebben.

De Romeinse invloed op de Nederlandse beschaving en het levenspatroon is ongetwijfeld groot geweest, maar deze invloed zou nog veel intensiever zijn geweest als hij niet omstreeks 270 in het rivierengebied en langs de kust plotseling was afgebroken. Daarvoor zijn twee oorzaken aan te geven. Ten eerste begon in de tweede helft van de derde eeuw de zeespiegel te rijzen waardoor de strandwallen werden doorbroken en laaggelegen gebieden onbewoonbaar werden. Geologen en historische geografen spreken hier van de Duinkerke-II-transgressiefase. Deze liet zich vooral voelen in de Vlaamse kustvlakte en op de Zeeuwse eilanden. De duinen van

Holland handhaafden zich aardig en het was geenszins zo dat de hele Rijndelta tot Nijmegen toe onbewoonbaar werd. Toch verdwenen in dit gebied de tekenen van de Romeinse aanwezigheid, met name werden alle vestingen opgegeven. De belangrijkste oorzaak daarvan is dan ook gelegen in de invallen van Germaanse stammen, die onder de soldaten-keizers na 250 de kans kregen de grensverdediging te doorbreken. Welke stammen zijn dit geweest? Er zouden veel namen te noemen zijn, maar volgens het meest recente onderzoek is het verantwoord hier toch in de eerste plaats de oude trits van Friezen, Franken en Saksen te noemen. De Friezen woonden in de Merovingische tijd in het hele Hollandse en Zeeuwse kustgebied tot aan het Sincfal of Zwin in Zeeland. De Salische Franken, naar wie Salland genoemd is, kregen ongeveer 297 woonplaatsen in de Betuwe en moesten daar als 'foederati' (bondgenoten) zo goed en zo kwaad als dat ging de grensverdediging verzorgen. De Saksen, afkomstig uit het gebied aan de benedenloop van Wezer en Elbe, waren vooral berucht door hun aanvallen over zee. In de vierde eeuw stond de Kanaalkust, zowel in Engeland als op het vasteland, bekend als 'litus Saxonicum' (Saksenkust) en waarschijnlijk is het Zuidhollandse dorp Sassenheim inderdaad naar hen genoemd.

Omstreeks het jaar 300 hebben de Romeinse keizers Diocletianus en Constantijn krampachtige pogingen gedaan de storm van de barbaren te stuiten. In de meer centrale delen van het Romeinse rijk hebben ze de barbaren inderdaad voor een eeuw lang buiten de deur kunnen houden; in de Nederlanden waren hun successen beperkt. Het leek nog het beste de Germanen zelf bij de verdediging in te schakelen. Op twee manieren gebeurde dit. Krijgsgevangenen of andere immigranten werden buiten hun stamverband gevestigd in streken in België en Noord-Frankrijk, die tijdens de recente invallen ontvolkt waren geraakt. 'Laeti' werden zij genoemd en zij moesten het land bebouwen, maar bij een eventuele inval dit ook met de wapens in de vuist verdedigen. De Salische Franken echter behielden hun stamverband en hun eigen koningen. Zij kregen de status van 'foederati', die de Rijngrens ten westen van Nijmegen te verdedigen hadden. Op den duur lukte dat niet en in de loop van de vierde eeuw lag hun gebied in Toxandrië, het tegenwoordige Noord-Brabant. Kennelijk hadden opdringende stammen als de Chamaven hen toen uit de Betuwe verdrongen. Tegen het eind van de vijfde eeuw lagen de centra van de Saliërs bij Doornik en Kamerijk; toen was hun waarde voor de grensverdediging wel tot nul gereduceerd, mede omdat toen de centrale delen van het Romeinse rijk in handen van barbaren waren geraakt. Het is aannemelijk dat bij deze Franken, Friezen en Saksen veel van de Romeinse erfenis verloren is gegaan. Slechts waar in vroeger eeuwen een dichte bevolking was geweest, als in Zuid-Limburg, heeft de Romeinse taal zich nog eeuwen gehandhaafd. Deze ontwikkelingen zijn uiterst belangrijk in verband met het ontstaan van de taalgrens in België.

In de vierde eeuw was er nog wel iets merkbaar van het Romeinse gezag en de Romeinse invloed, zelfs in het huidige Nederland. Het christendom begon binnen te dringen. In de stad Tongeren zetelde een bisschop Servatius. Zijn aanwezigheid op enkele synoden in Zuid-Europa staat vast. Tweehonderd jaar later berichtte de geschiedschrijver Gregorius van Tours over een bisschop Servatius te Tongeren, die beducht was voor een inval der Hunnen in Gallië. Om dit onheil af te wenden pelgrimeerde hij naar de stad Rome. Biddend bij het graf van de apostel Petrus, kreeg hij te horen dat Gods raadsbesluit onverbiddelijk was; de Hunnen zouden Gallië binnenvallen. De bisschop echter zou die ramp niet meer beleven, hij moest maar gauw teruggaan en zorgen voor zijn eigen begrafenis. Servatius keerde terug naar Tongeren, maar bleef daar niet. Hij ging naar Maastricht en daar is hij gestorven, volgens de overlevering in het jaar 384. Het staat een ieder vrij dit verhaal al dan niet te geloven. Zeker is dat het christendom in de Nederlanden is binnengedrongen, getuige begravingen onder andere te Maastricht, maar waarschijnlijk heeft het slechts een minderheid bereikt. In de vijfde eeuw was er nauwelijks meer iets van te merken. De Franken waren nog heidenen, toen zij tot Doornik en Kamerijk waren doorgedrongen. Over het huidige Nederland bestaan uit de vijfde eeuw geen geschreven berichten, omdat het toen volkomen aan de gezichtskring der Romeinen was onttrokken.

Het binnendringen van het christendom

In 313 kondigden de keizers Constantijn en Licinius te Milaan hun tolerantie-edict af, waardoor het eenieder voortaan vrij stond op zijn eigen manier de goddelijke machten in de hemel te vereren. Dit betekende dus ook voor de christenen vrijheid van godsdienst en zij kregen hun geconfisqueerde goederen terug. In 391 verklaarde keizer Theodosius het christendom zelfs tot staatsgodsdienst. Maar deze twee maatregelen betekenden niet dat de nieuwe religie ook in de Nederlanden grote voortgang maakte. Te Keulen, de hoofdplaats van de Romeinse provincie Germania ii, kwam er inderdaad nog in 313 een bisschop, Maternus genaamd, maar daarbij bleef het voorlopig. Strikt genomen zou er in iedere Romeinse civitas nu ook een bisschop moeten komen, maar het bleef voorlopig bij Servatius te Tongeren en een zekere Superior te Kamerijk. Er zijn in België in de vierde eeuw enkele christelijke kerkjes gebouwd, en ook te Maastricht kwam er al gauw een houten gebouw boven het graf van Servatius. Hier en daar treft men op een grafveld wel eens een christelijk motief aan, zoals de Griekse letters chi en rho op een haarspeld te Nijmegen, maar diep kan het christendom nog niet zijn doorgedrongen. Het zal hier te lande nauwelijks de storm van de volksverhuizing hebben overleefd.

Toen de Frankische koning Clovis in 496 tot christen gedoopt was, kon de kerstening opnieuw beginnen. Evangeliepredikers als Amandus uit Zuid-Frankrijk en Bavo uit de Haspengouw hadden een redelijk succes in de Zuidelijke Nederlanden. Te Maastricht kwam na een hiaat van een eeuw, waarin het christendom toch niet geheel verdwenen was, weer een nieuwe reeks bisschoppen. In het noorden boekte de nieuwe godsdienst weinig voortgang, omdat de Merovingische koningen boven de grote rivieren nauwelijks gezag hadden. Koning Dagobert (629-639) bood de aartsbis-schop van Keulen een plaats voor een kerkje binnen de resten van een Romeins kasteel te Utrecht, maar veel hielp dat niet. De Friezen bleven heidenen, hetgeen blijkt uit de grafvelden met hun heidense bijgaven. De doorbraak kwam met missionarissen uit Engeland. Een zekere Wilfried was in de winter van 678-679 gedwongen een verblijf te zoeken bij koning Aldgisl, die hem gastvrij opnam. Hij maakte van de gelegenheid gebruik om het christendom aan de Friezen te prediken. Die waren best bereid het aan te nemen, want ten eerste leek het Angelsaksisch van Wilfried veel op het oude Fries, en bovendien was dat jaar het visseizoen erg goed, hetgeen kennelijk aan zijn komst werd toegeschreven. Duizenden zou hij er bekeerd hebben. Maar erg diep was het nieuwe geloof niet geworteld, want in 690 moest Willibrord helemaal opnieuw beginnen. En zijn prediking had alleen maar succes omdat hij de steun genoot van de Frankische machthebbers. Anders zou hij nooit straffeloos heilige eiken hebben kunnen omhakken en af-godsbeelden ter aarde werpen, zoals zijn favoriete bekeringsmethode was. Toen de steun van de Frankische hofmeiers wegviel door een opvolgings-kwestie in de jaren 714-719, kon Willibrord zich dan ook niet handhaven en moest hij een toevlucht zoeken in het klooster Echternach in Luxemburg, dat hem juist met het oog op een dergelijke eventualiteit geschonken was. Hoeveel heidendom en bijgeloof nog resteerden blijkt uit de correspondentie van Bonifatius, die in 754 door een heidense troep Friezen werd doodgeslagen. Dat blijkt ook uit de zogenaamde *Indiculus superstitionum*, een lijst van heidense en bijgelovige praktijken, waarschijnlijk in de achtste eeuw geschreven te Utrecht, waarin gewaarschuwd wordt voor dodenmalen bij graven, voor heiligdommen in bossen, bij bronnen en op bergen, voor bezweringen en magie, voor amuletten en wat niet al. Maar of al die verboden veel uitgehaald hebben is de vraag, want ook in christelijke graven werden *bullae* meegegeven, doosjes met amuletten, die dan wel christelijke symbolen weergaven.

Na de gelukkige twee eeuwen van de Romeinse vrede begon in de
derde eeuw een periode van grote onzekerheid, van invasies en
ontvolking, misschien ook wel van honger en ellende. Uit de derde
en de vierde eeuw stammen nog wel wat schriftelijke gegevens, daarna
daalt de historische nacht over Nederland en moeten we volledig
afgaan op wat opgravingen ons leren. Maar ook die gegevens zijn
schaars, het lijkt wel of haast iédereen uit ons land is weggetrokken.
De nederzettingen in het Hollandse kustgebied, zoals De Bult bij
Rijswijk, worden omstreeks 270 verlaten, in het Fries-Groningse
terpengebied stammen weinig vondsten meer uit de vijfde en zesde
eeuw en zelfs de nederzetting in een Drents zanddorp als Wijster heeft
de Romeinse tijd niet overleefd. Uit dit laatste geval blijkt dat we niet
alleen rekening moeten houden met een stijgende zeespiegel en groter
overstromingsgevaar, waardoor de kustgebieden slechter bewoon-
baar werden; ook uit de hoger gelegen streken zijn de mensen
weggetrokken, waarschijnlijk aangeraakt door de koorts van de grote
volksverhuizing. De aanvallen van Saksische piraten vanuit zee, de
begeerte naar de buit in de kernlanden van het Romeinse rijk,
misschien zelfs de hunkering naar de warmte van de mediterrane
zon zullen de Germaanse stammen uit hun huizen en naar het zuiden
gedreven hebben. Hoe dat precies in zijn werk is gegaan, onttrekt zich
aan onze waarneming.

De Nederlanden moeten ook doorgangsgebied geweest zijn voor
andere invallers. Archeologisch zijn die overigens slecht aantoonbaar.
Van Giffen meende de Angelsaksen te kunnen ontwaren bij zijn
terpafgraving te Ezinge in de jaren 1931-1934. Hij constateerde de
aanwezigheid van een brandlaag in de vijfde eeuw en meende dat toen
de grote veeboerderijen met stalruimte voor tientallen runderen
plaats moesten maken voor armzalige hutkommen, waarboven de
invallende volkeren haastig wat provisorische optrekjes in elkaar

geflanst hadden. Hij heeft volgens latere vakbroeders de gegevens niet juist geïnterpreteerd: de hutkommen zijn de sporen van bedrijfsgebouwtjes die ook vroeger voorkomen. De Angelsaksen kunnen op hun tocht naar Engeland best door het terpengebied getrokken zijn, maar archeologisch is dit niet aan te tonen.

Waarschijnlijk is door de vele stamverplaatsingen de culturele eenheid rondom de Noordzee gegroeid. In de taal moeten er grote overeenkomsten bestaan hebben tussen de Angelsaksen, de Scandinavische volkeren en de Friezen. Vandaar dat Angelsaksische evangeliepredikers als Willibrord zich verstaanbaar konden maken bij Radbods onderdanen en ook niet opzagen tegen bezoeken aan Helgoland en Denemarken. De eenheid zal gehandhaafd zijn door frequente handelscontacten over zee en blijkt tevens uit het bekende epos *Beowulf*; dat vóór 750 in Noord-Engeland is gedicht en handelt over de Geats in Zweden; ook de Friezen komen voor in een episode over koning Hygelac, die sneuvelde in Friesland, waarna Beowulf wist te ontkomen door de hele Noordzee over te zwemmen. Een van de schaarse geschreven berichten die Gregorius van Tours heeft overgeleverd over de Friezen, handelt nu juist over deze Hygelac. Hij sneuvelde omstreeks 526 na een plundertocht in de Hettergouw ten oosten van Nijmegen in een gevecht met Theodebert, een kleinzoon van koning Clovis.

Over de Franken bestaan dankzij Gregorius van Tours wel veel geschreven berichten uit de zesde eeuw, maar het centrum van hun machtsgebied lag toen veel zuidelijker dan de Nederlanden, omdat hun koning Clovis omstreeks 500 bijna geheel Gallië had veroverd. In naam pretendeerden ze nog wel te heersen over al het land tot aan de grote rivieren, in werkelijkheid was er van hun gezag heel weinig overgebleven. Ze leken alleen maar geïnteresseerd in het bereiken van de kusten der Middellandse Zee. In de zevende eeuw werd dat anders, toen zelfs de pausen van Rome weer oog kregen voor de noordelijke barbaren; al omstreeks 600 kwamen benedictijner monniken uit Italië naar Engeland om daar het christelijk geloof te prediken. De Frankische koning Dagobert bouwde omstreeks 630 een christelijk kerkje te Utrecht binnen de muren van een oud Romeins kasteel. Voorheen was dit kasteel waarschijnlijk de residentie geweest van een Friese heerser, maar nu waren de Franken bezig hun gezag naar het noorden uit te breiden. Dat blijkt ook uit muntvondsten. In Maastricht was een munthuis waar een zekere Madelinus in het begin van de zevende eeuw gouden munten sloeg. Omstreeks 640 heeft diezelfde Madelinus opnieuw munten vervaardigd, maar nu in Dorestat in het rivierengebied aan de splitsing van Lek en Kromme Rijn. Er is een terugslag gekomen. In 678 waren de Friezen met hun koning Aldgisl weer meester in Utrecht, maar op het einde van de zevende eeuw begon de definitieve verovering van al het Friese gebied door de Franken.

Deze verovering werd niet meer gedaan door de koningen der Franken uit het geslacht der Merovingen. Die waren tot machteloze marionetten geworden, omdat ze hun gezondheid en geestkracht hadden verdaan in hofintriges, dronkenschap en seksuele uitspattingen, niet bestand als ze waren tegen de resten van de geraffineerde weelde van de Romeinse erfenis. Het bestuur in heel het Frankenrijk was nu in handen van de hofmeiers uit het geslacht der Pippinieden, die de Germaanse tradities beter hadden gehandhaafd. Daarom voelden zij ook voor uitbreiding van het rijk, niet in zuidelijke maar in noordelijke en oostelijke richting. Pippijn II begon daarmee, toen hij in 689 het rivierengebied veroverde op Radbod, de opvolger van Aldgisl, en bijna onmiddellijk krachtige steun ging geven aan Angelsaksische evangeliepredikers, want bekering tot het christendom zou de verovering consolideren. Karel Martel, Pippijns bastaardzoon en opvolger, heeft het werk voortgezet, toen hij in 734 de Friese 'hertog' Bubo versloeg aan de Boorne, een stroom tussen de Waddeneilanden; en diens kleinzoon keizer Karel de Grote heeft het gebied der Friezen en der Saksen ten slotte definitief ingelijfd en voor het eerst al het grondgebied van de latere Nederlanden binnen één rijk samengebracht. We zien hier iets wat nog wel vaker in de Nederlandse geschiedenis te constateren valt, namelijk dat het unificerende, staatsvormende beginsel uit het zuiden komt. Dat was het geval met de Bourgondische hertogen en ook met de eenheidsstaat die de Franse Revolutie en Napoleon ons brachten. Het is de vraag of het omgekeerde ook waar is: dat ons uit het oosten voornamelijk chaos werd toegeschoven.

Het is opvallend dat in de zevende eeuw, toen de Franken uit het zuiden begonnen op te dringen, ook de bevolkingsdichtheid in Nederland weer is gaan stijgen. Dat is archeologisch aan te tonen. In het terpengebied in het noorden beginnen de vondsten vanaf de

zevende eeuw weer talrijker te worden. Ook in het Hollandse kustgebied keerde de bewoning terug, getuige een nederzetting te
Rothulfuashem in het tegenwoordige Rijnsburg. Een van de best
onderzochte plaatsen is het vroegere Dorestat te Wijk bij Duurstede,
waar de grote bloei omstreeks 625 begonnen moet zijn. Rothulfuashem is een goed voorbeeld van het soort namen die de nieuwe
plaatsen nu kregen. Het betekent Rudolfsheim (huis van Rudolf) en
dergelijke heimnamen zijn een goed gidsfossiel om de nieuwe bewoning van 600 tot 1000 op het spoor te komen.

Dorestat

In 829 bezocht de Frankische missionaris Ansgarius de handelsplaats Birka
in Zweden in de buurt van het huidige Stockholm. Koning Bjorn liet hem
alle vrijheid voor zijn evangelieprediking en toen hij weer wegtrok bleven er
inderdaad wat christenen achter. Eén daarvan was een rijke weduwe,
Friedburg genaamd. Toen zij haar einde voelde naderen gaf zij haar dochter
Catla de opdracht al haar bezit aan de armen te schenken, maar niet in Birka.
'Hier zijn maar weinig behoeftigen te vinden,' zei ze, 'maar na mijn dood
moet je al mijn goederen verkopen en zodra je de kans krijgt met het geld
naar Dorestat gaan. Daar zijn veel kerken, priesters en geestelijken. Daar is
ook een grote menigte armen. Vraag daar maar hoe je het geld verdelen
moet en schenk alles in de vorm van aalmoezen weg voor mijn zieleheil.' Uit
dit verhaaltje blijkt de roem van de handelsplaats Dorestat, aan de splitsing
van Lek en Kromme Rijn. Niet alleen in Zweden was de faam daarvan
doorgedrongen, ook in Frankische bronnen komt Dorestat herhaaldelijk
naar voren als een belangrijke plaats met geregelde scheepvaartverbindingen naar Engeland, langs de grote rivieren naar Duitsland en naar de
Scandinavische gebieden. Dorestat was bovendien één van de drie belangrijke tolplaatsen van het Frankische rijk.

Deze schriftelijke gegevens worden op een frappante wijze toegelicht door
de resultaten van de archeologie: die geven een duidelijke aanvulling en
bevestiging van wat we in het algemeen weten van de Friese handel. Er is te
Wijk bij Duurstede al zeer vroeg oudheidkundig bodemonderzoek verricht.
Al van 1842 tot 1845 heeft L.J.F. Janssen, conservator van het Museum voor
Oudheden in Leiden, de spade in de grond gestoken op de plek waar de
plaatselijke bevolking grote hoeveelheden menselijke skeletten had opgedolven, die gemalen werden en als beendermeel voor bemesting werden
gebruikt. Janssen kwam tot de bevinding dat hier een uitgestrekte neder-

zetting uit de vroege middeleeuwen gelegen had, die hij met Dorestat meende te moeten gelijkstellen. Vervolgens heeft in het begin van de twintigste eeuw de Leidse hoogleraar Holwerda een nieuwe opgraving verricht. Daarna heeft hij een plattegrond getekend van een handelsnederzetting, aangeleund tegen een kasteel, zoals dat in veel middeleeuwse steden het geval was. Men meende nu wel te weten hoe Dorestat in elkaar zat en verwachtte niet veel meer te zullen vinden. Voor alle zekerheid hebben de archeologen toch maar een paar sleuven gegraven toen in 1967, door uitbreidingsplannen van de gemeente Wijk bij Duurstede, de laatste kans op wetenschappelijk onderzoek gegrepen moest worden voordat de draglines het land onherroepelijk zouden vergraven. De resultaten waren sensationeel. In Dorestat bleek een gigantisch kadencomplex in de Rijn gelegen te hebben. De nederzetting was enorm uitgestrekt. Handel, industrie en agrarisch bedrijf gingen daar samen, zoals dat in de Friese handel gebruikelijk was. En met de hulpmiddelen van de archeologie viel aan te tonen dat er verbindingen bestonden met ver verwijderde gebieden in Europa. Er was inderdaad een kasteel in Dorestat: de resten van het Romeinse Levefanum, vermeld op de Peutingerkaart en nu grotendeels in de Lek verdwenen. Erg veel bescherming zal dit kasteel niet gegeven hebben aan de kooplieden. Er was ook meer dan één kerk, hoewel de vele kerken waarover de weduwe Friedburg uit Birka sprak, wel wat overdreven waren. De belangrijkste kerk, de Upkirica, waarover in een oorkonde van 777 wordt gesproken, is eveneens in de rivier verdwenen. Wat de opgravers van 1967 en de volgende jaren echter wel aantroffen was een groot aantal huisplattegronden over een lengte van meer dan twee kilometer langs de vroegere loop van de Kromme Rijn, en waarschijnlijk heeft de nederzetting zich nog een eind naar het zuiden voortgezet tot aan de oever van de Lek. Twee soorten huizen stonden daar: zo dicht mogelijk bij de rivier stonden de loodsen en werkplaatsen van de handelaars, en ten westen daarvan de boerderijen met stallen en alles wat nodig was voor het agrarisch bedrijf. De tegenwoordige archeologen graven niet meer naar schatten; zij willen vooral weten hoe de mensen leefden en daarvoor roepen zij veel wetenschappen te hulp. Dat is in Dorestat ook gedaan. Het aardewerk is geanalyseerd en daarbij is gebleken dat het vaak van verre werd aangevoerd, met name uit Zuid-Duitsland. Er waren ook heel wat waterputten, versterkt met de duigen van grote houten tonnen. Door de jaarringen daarvan te onderzoeken, kon men vaststellen dat die eveneens uit Duitsland afkomstig waren. Tevens konden die jaarringen gegevens over de chronologie verschaffen. Uit Duitsland zal wijn zijn aangevoerd in houten vaten, die bij gelegenheid voor waterputten gebruikt werden – op die plaats zijn ze teruggevonden. Ook is te constateren dat er ateliers waren voor de verwerking van barnsteen en dat er veel gesponnen en geweven moet zijn. Zo blijkt Dorestat een plaats geweest met een opgewekt commercieel en industrieel leven, die evenwel zijn banden met het boerenbestaan had behouden. Het meest spectaculair is het kadensysteem, en tegelijk blijkt daaruit waarom Dorestat ten onder is gegaan. Vroeger gaf men daarvan de Noormannen de schuld, die inderdaad een aantal malen als plunderaars vermeld staan. De plaats was echter niet ommuurd, er zijn geen brandsporen aangetroffen en het is de vraag of zij veel blijvend verwoest hebben. In werkelijkheid was de ligging van Dorestat ongunstig. De Lek had de neiging hoe langer hoe meer water op te nemen, terwijl de bedding van de Kromme Rijn hoe langer hoe meer oostelijk kwam te lopen. De handelaars bouwden over de drassige oever lange houten straten om zo toch nog de plaats te bereiken waar de schepen aan land werden getrokken. Omstreeks 675 begonnen ze daarmee en tot 825 gingen ze ermee door, zodat die plankieren op den duur honderden meters lang waren. Maar de Kromme Rijn bleef naar het oosten meanderen, de rivier werd steeds smaller en ondieper – en in het midden van de negende eeuw was het met Dorestats bloei gedaan, zonder dat de Noormannen daarop veel invloed gehad hebben. Het was ook geen ommuurde stad met zelfbestuur, het was een heel complex van koopmanswoningen en havenvoorzieningen. Daarom kan men ook beter Dorestat met een 't' schrijven: het tweede deel betekent aanlegplaats, net als het Duitse woord Gestade. In Utrecht bestond er iets vergelijkbaars, en deze koopliedennederzetting stond bekend als de 'vicus Stathe', kennelijk precies hetzelfde woord.

Heimnamen zijn zeer talrijk in Groningen en Friesland en behoorlijk vertegenwoordigd in het kustgebied ten noorden van de Oude Rijn en het Midden-Nederlandse rivierengebied. Eveneens talrijk zijn ze in Limburg langs de Maas en in België ten noorden van de taalgrens. In Drenthe, waar van 600 tot 1000 waarschijnlijk weinig nieuwe bewoners zijn geïmmigreerd, zijn heimnamen daarentegen eerder zeldzaam, terwijl ze ook schaars zijn op de Zeeuwse en Zuidhollandse eilanden. Uit dit alles blijkt wel dat er na de Romeinse tijd een duidelijke knik in de bewoning is gekomen en dat er daarom hier te lande niet al te veel continuïteit is van de Romeinse periode naar de middeleeuwen. Dat verklaart dat ook veel van hun beschaving verdwenen is: het christendom verdween, de Romeinse steden vervielen, de Romeinse villa's werden verlaten, de grote landbouwexploitaties werden niet voortgezet en de landhuizen vielen in puin. Slechts de Romeinse wegen bleven nog een tijd lang in gebruik, evenals de Romeinse versterkingen, zoals dat fort te Utrecht, waar eerst Dagobert en later Willibrord zijn kerk bouwde.

De Frankische hofmeier Pippijn III nam in 751 met instemming van de paus de koningstitel aan. Voor het bestuur van de nieuw onderworpen gebieden in de Nederlanden maakten hij en zijn opvolgers gebruik van de inheemse adel en van Frankische vertrouwensmannen die hier hun fortuin kwamen zoeken. Die adel kennen we uit verhalende bronnen, uit oorkonden en ook uit wetsteksten, want daarin kenmerkten zij zich door een hoger weergeld. Karel de Grote liet van alle stammen in het hele rijk de rechtsgebruiken nauwkeurig optekenen, ook van de Friezen, de Saksen en de mensen die in het rivierengebied woonden. In alle stammen was het in principe mogelijk dat degene die zich gegriefd voelde door een moord, een diefstal of enige andere inbreuk, eigen rechter ging spelen en een vete begon tegen de misdadiger en zijn hele familie of sibbe. Maar men kon ook de vete door een schadeloosstelling laten afkopen, nadat het gerecht had vastgesteld wie de schuldige was. Het bedrag dat bij een doodslag moest worden betaald heette weergeld, en dat weergeld was hoger naarmate men beter geboren was. De Friezen maakten een onderscheid tussen edelen, vrijen, liten en slaven, en daarbij hadden edelen het hoogste weergeld. In de wet van Amerland, die gegolden heeft in het rivierengebied, kregen ook de 'homines Franci' een hoog weergeld toegekend; waarschijnlijk waren dit de bedoelde zetbazen van het Frankisch rijksgezag. Er waren in het Frankische rijk nog andere vertegenwoordigers van de koning. Dit waren de graven, die tot taak hadden het gerecht voor te zitten, de boetes voor de koning te innen, de tollen en andere belastingen te heffen en het contingent van de vrije mannen die in het leger moesten dienen, aan te voeren. Het staat vast dat er in de achtste en negende eeuw in de Nederlanden graven actief zijn geweest, maar het is de vraag of zij hun gezag al op alle plaatsen voelbaar hebben kunnen maken. In ieder geval zal het land nog niet overdekt zijn geweest door een aaneensluitend systeem van gouwen of districten onder leiding van een graaf.

De macht en het aanzien van adel en homines Franci berustten op grootgrondbezit. Ook de koningen bezaten immense lappen grond, die als 'fisci', koningsdomeinen, bekend stonden. Het was in het belang van de Frankische machthebbers om samen te werken met de evangeliepredikers; vandaar dat koningen en groten gul waren met schenkingen van land. Kerken en kloosters zorgden goed voor hun archieven, zodat we vrij goed op de hoogte zijn van hun grondbezit en de wijze waarop dit werd geëxploiteerd. Op veel plaatsen in het Frankische rijk en ook in de Zuidelijke Nederlanden was dit georganiseerd als tweeledige domeinen. Zo'n domein, in het Latijn villa of curtis genaamd, wat het beste vertaald kan worden als vroonhoeve, was verdeeld in het herenland of saalland – waar het centrale gebouw stond, rechtstreeks geëxploiteerd door de heer of diens zaakwaarnemer, de villicus of meier – en het hoevenland, dat aan boeren was uitgedeeld in stukken van tien tot twintig hectare. Die boeren mochten niet van het domein weglopen, hoorden er dus bij en heetten daarom horigen. Zij konden van onvrije geboorte zijn, dus slaven, maar ze waren doorgaans vrij. De technische term voor een horige hoeve was 'mansus'. Op het herenland, dat direct door de heer of meier werd geëxploiteerd, werkten wel eens een paar slaven die daar voortdurend aan de gang bleven en geen eigen bedrijf hadden. Doorgaans kwam de meeste arbeidskracht van de horige boeren, die daar kwamen ploegen of maaien en zo in de vorm van corvees of herendiensten hun pachtprijs betaalden. Ze zouden geen pacht in geld kunnen betalen, want er was in het grootste deel van het Frankische rijk weinig handel. Op zo'n domein probeerde men juist alles te produceren wat de mens nodig had, zodat handel overbodig was. Op papier lijkt dit systeem van tweeledige domeinen ofte wel domaniaal stelsel vrij sluitend en efficiënt. In werkelijkheid was er grote verspilling en ondoelmatigheid. Eigenlijk werkte het maar slecht, net als het systeem van de Russische kolchozen, en de opbrengst van het graan bij het domaniaal stelsel was belachelijk laag. Er is een verslag over van wat aangetroffen is bij de inventarisatie van een koninklijk domein in Annapes in Artesië. Gemiddeld blijkt daar de helft van al het geoogste graan als zaaizaad gebruikt te worden, zodat de oogstopbrengst maar twee op één was. Laten we hopen dat de inventarisatie daar in een jaar van een zeer matige oogst is gebeurd, want men kan zich afvragen of graanbouw bij een zo matige opbrengst nog zinvol is. Toch wijst alles erop dat de resultaten van de akkerbouw op de tweeledige domeinen niet groots waren. Bovendien was het moeilijk dit systeem in stand te houden. Bij erfdelingen zal het niet altijd mogelijk geweest zijn aan alle erfgenamen alleen maar integrale domeinen na te laten. Heren in Noord-Brabant schonken aan Willibrord bijvoorbeeld 'portiones' of delen van een vroonhoeve en dan zal het moeilijk geweest zijn om de herendiensten voortaan efficiënt te organiseren.

Was er geld beschikbaar, zoals in het Friese gebied, dan was er meteen geen sprake van een domaniaal stelsel. In het Friese en Groningse terpengebied lagen nogal wat landerijen van de Duitse kloosters Fulda en Werden. Dat is gemakkelijk te verklaren, want Fulda was een stichting van Bonifatius, en de Friezen hebben kennelijk veel land daaraan geschonken om hun slechte geweten te sussen wegens de moord op de man Gods. Werden was het klooster van Liudger, die het geloof gebracht had in de Groninger gouwen. Welnu, die Friese bezittingen waren niet als tweeledige domeinen georganiseerd; eens per jaar kwam er een bode van de abdij de pachtsom innen en dat was haast alles wat hij kreeg. Daarnaast leverden de Friese pachters aan de abdijen alleen wat lakens waaruit de pijen voor de monniken gemaakt werden. Ook in de rest van het huidige Nederland was het tweeledige domein trouwens eerder uitzondering dan regel; alleen in Limburg aan de Maas was het normaal.

Op de kleinere boerderijen van de zelfstandige boeren zal de oogstopbrengst evenmin fameus geweest zijn. Daarbij moeten we vooral over de hoger gelegen gronden spreken, want in de Fries-Groningse terpgebieden, in de rivierstreken en aan de Hollandse kust zal veeteelt hebben overwogen. Het voedselpakket zal in die streken ook voornamelijk uit dierlijke produkten hebben bestaan. In het jaar 780 is de Engelse geleerde Alcuïn langs de Oude Rijn naar Utrecht gevaren, en hij heeft van die tocht een dichterlijk verslag gemaakt. In Utrecht ontmoette hij bisschop Alberik, die rijk aan koeien was en het druk had met de veehandel. Als avondeten kon hij daar honing, gevogelte en boter verwachten, aangezien Friesland nu eenmaal geen olijfolie of wijn voortbrengt. Zuinig was de bisschop trouwens ook, want meer dan een avondmaal zat er niet aan. Op de zandgronden zal veel meer brood en pap gegeten zijn, want daar stond de graanteelt centraal. De agrarische techniek was daar nog niet erg ontwikkeld, van vruchtwisseling bijvoorbeeld was nog weinig sprake. Op de vruchtbare gronden in het zuiden bestond al in de Karolingische tijd het drieslagstelsel: op eenzelfde stuk land werd het eerste jaar wintergraan gezaaid – tarwe of rogge -, het tweede jaar zomergraan – haver of gerst – en het derde jaar bleef de grond braak liggen, zodat de vruchtbaarheid zich kon herstellen. In Drenthe, op de Veluwe en in Noord-Brabant verbouwden de boeren hoofdzakelijk rogge – en dat jaar in jaar uit op hetzelfde stuk land, de es of de enk; in Noord-Brabant sprak men van akker, elders ook wel van kouter. Deze eeuwige roggebouw was mogelijk, omdat de essen te midden van uitgestrekte woeste gronden lagen, waarop de dorpskudde graasde; was het graan geoogst, dan werden 's nachts de schapen en het andere vee op de es gestald, zodat deze wat bemesting kreeg; ook brachten de boeren wel heideplaggen op de es om de grond te verrijken; vandaar dat de essen tegenwoordig meestal wat hoger liggen dan de omgeving. Het land van alle boeren lag op de es kriskras door elkaar, zonder perceelscheidingen. Vandaar dat de akkerbouw een zekere samenwerking vereiste: de boeren moesten op dezelfde tijd beginnen met ploegen en met oogsten, en ook moest vaststaan op welk moment de dorpskudde werd toegelaten om de stoppels af te grazen. Bij dat alles trad de dorpsgemeenschap regelend op, en de agrarische techniek verschilde door dit alles wel van die der prehistorische boeren op hun 'celtic fields'. Toch zal de opbrengst vrij armzalig geweest zijn; door de eeuwige roggebouw kwam de grond stikvol onkruid te zitten. De ploeg was doorgaans nog een primitief eergetouw dat slechts een voor in de grond trok, maar de zode niet omkeerde, en de bemesting liet ook te wensen over.

Haakploeg en keerploeg

Ploegen dient om de grond losser te maken, om onkruid te vernietigen en de vruchtbare stoffen naar de oppervlakte te halen. Men kan hetzelfde effect bereiken door de grond met de spade om te spitten, maar dat is zeer bewerkelijk. Nu zijn er twee manieren van ploegen. De oudste werd al in de prehistorie toegepast: men trok een hertegewei of een gevorkte stok door de aarde, waardoor er een voor in de grond kwam, die wat verkruimelde. Ploegen volgens dit principe zijn eeuwen nadien in gebruik gebleven, doorgaans met een wat functionelere vormgeving. Het helpt natuurlijk als de ploegschaar die door de grond snijdt van ijzer is, maar strikt nodig is dat niet. Ook met volledig houten ploegen van dit type valt te werken. Ze vereisen weinig trekkracht. Eén trekdier, een rund of een ezel, is doorgaans voldoende. In het Nederlands heten ze zool- of haakploeg, of ook wel eergetouw, verwant met het Latijnse woord 'arare'. Ze worden thans nog gebruikt in zuidelijke landen, waar het gevaar bestaat dat de grond te sterk uitdroogt als hij te diep bewerkt wordt.

Daarnaast bestaat er een veel ingewikkelder en zwaarder ploeg, die niet alleen maar een voor in de grond trekt, maar de zode ook afsnijdt en omkeert. Die heeft niet alleen een ploegschaar, die de zode van onderen los snijdt, maar ook, gestoken in de ploegbalk, een soort lang mes, het kouter, dat de zode van opzij losmaakt. Met behulp van een rister of keerbord wordt de losgesneden zode dan omgekeerd en in de zojuist geploegde voor zijwaarts omgestort. Een dergelijke grondbewerking is veel intensiever en geschikt voor zware kleigronden. Deze ploeg is veel zwaarder dan het eergetouw, en schaar en kouter moeten in ieder geval van ijzer zijn. Er is ook veel meer trekkracht nodig dan bij het eergetouw. In Engeland spande men wel acht ossen tegelijk voor deze ploeg, die vaak ook een wagenstel heeft waarop de ploegbalk rust en waaraan de trekdieren gespannen zijn. Keerploeg heet zo'n instrument, 'carruca' in het Latijn, afgeleid van 'carrus' of wagentje. Deze ploeg is vooral geschikt voor noordelijke streken met zware, vochtige gronden, waar het gevaar van uitdroging niet groot is.

Het principe van de keerploeg was in Europa al bekend in de Karolingische tijd. In de wet van de Alamannen, opgetekend in het begin van de achtste eeuw, wordt 'carruca' in de betekenis van ploeg gebruikt. Het is alleen de vraag of in Europa in deze tijd de keerploeg al algemeen in gebruik is gekomen. Het ijzer was daarvoor nog te schaars en in deze tijd van moeizame verbindingen zullen technische verbeteringen niet zo snel ver-breid zijn. Ploegscharen uit de negende eeuw, gevonden in Kootwijk en Dorestat, waren nog onderdelen van eergetouwen. Omstreeks 1000 is echter de keerploeg in Noordwest-Europa algemeen in gebruik gekomen. Het kan zijn dat dit mede aan de Noormannen te danken is: 'ploeg' zou een Scandinavisch woord zijn. Minstens even belangrijk is een daling van de ijzerprijs geweest. Overigens zijn er in Nederland al in de Karolingische tijd stukken van de zware kleigrond in de rivierdalen ontgonnen. Daarbij zou de keerploeg erg welkom zijn geweest en misschien is die daarbij al toegepast. Het staat in ieder geval vast dat de keerploeg een belangrijke factor is geweest bij de grote ontginningsbeweging die overal in Europa na 1000 inzette, een beweging die ook in Nederland geconstateerd kan worden.

Gelukkig waren er voor een aantal mensen nog andere middelen van bestaan. Vanaf de zevende eeuw bloeide namelijk de Friese handel. In het terpengebied en in de rivierenstreken heersten dezelfde economische omstandigheden die in de Romeinse tijd ook al aanleiding hadden gegeven tot de onderlinge uitwisseling van goederen tussen de Friezen aan de kust en de bevolking in het binnenland. De Friezen aan de kust tussen de Wezer en het Zwin waren voornamelijk vissers en veetelers. Wilden zij brood eten, dan moesten ze graan van elders proberen te verkrijgen. En daar was nog iets bijgekomen. Tijdens de volksverhuizing hadden ze regelmatige contacten gelegd met Engeland, Noord-Duitsland, Denemarken en Scandinavië. De Friezen waren altijd al goede zeevaarders geweest; nu kregen ze in heel Europa een zekere vermaardheid wegens hun nautische begaafdheden. Karel de Grote maakte bij voorkeur van Friezen gebruik als er bij zijn veldtochten gevaren moest worden. Niet voor niets stond er op de munten die in de negende eeuw te Dorestat werden geslagen een schip als het meest karakteristieke symbool. Twee typen schepen waren in gebruik: een vrij recht, nogal platbodemd schip waarmee geroeid en gezeild kon worden – het prototype van de latere kogge – en een schip met een scherpe ronding en een hoge voor- en achtersteven, waaruit later de hulk is voortgekomen.

Zo waren de Friezen uitermate geschikt om voor het agrarische Europa een venster op de wereld open te houden. Zij handelden niet alleen in graan, vee en vis. Beroemd waren bijvoorbeeld de Friese lakens, zo beroemd dat Karel de Grote daarvan 'witte, grauwe, bonte en saffierkleurige exemplaren aan de koning der Perzen schonk, omdat hij gehoord had dat dergelijke lakens daar zeldzaam en zeer duur waren'. Een deel van deze lakens is zeker in Friesland zelf vervaardigd. Zij bezaten de grondstof wol. Bij opgravingen te Dorestat en elders zijn textielresten, spinsteentjes en gewichten voor weefgetouwen gevonden, en de levering van lakens aan de abdijen Werden en Fulda was juist een verplichting van de landerijen der Friezen. Het is echter aannemelijk dat de Friezen al gauw ook in de produkten van anderen zijn gaan handelen, bijvoorbeeld in lakens uit Vlaanderen of Engeland. Ze handelden na verloop van tijd ook in wijn, die ze uit de Rijnstreek haalden, getuige massa's scherven van amforen in Dorestat. Ze exporteerden Frankische zwaarden naar Scandinavië, en ze waren tevens slavenhandelaars. Het eerste geschreven bericht over een Friese koopman dateert uit het begin van de achtste eeuw en gaat over de koop van een Angelsaksische slaaf in York. In die stad hadden de kooplieden een kolonie gevestigd; dergelijke Friezenwijken waren er in de negende eeuw ook in de Rijnsteden Duisburg, Keulen, Mainz en Worms. Daaruit blijkt dat de Friese handel niet door de Noormannen-invallen teniet is gedaan, maar dat die handel zich veeleer juist heeft uitgebreid. De invallen der Noormannen waren eigenlijk wel gunstig voor de handel. Ze brachten een massa edelmetaal, dat voordien in kerken en kloosters opgeslagen had gelegen in de vorm van kelken en reliekhouders, weer terug in de economie. De Friezen handhaafden dan ook rustig hun scheepvaartverbindingen met de Scandinavische landen. Toen de zendeling Ansgarius omstreeks 830 naar het noorden trok, in een vergeefse poging de Noormannen te bekeren, deed hij dat via Dorestat en Friesland. Toch waren de meeste Friese kooplieden geen beroepshandelaars; ze beoefenden de handel als nevenbedrijf en hadden thuis doorgaans hun eigen boerderij. Vandaar dat er in dit gebied geen echte steden ontstonden en dat zelfs Dorestat een uitgesproken agrarisch karakter behield. Maar mede door de handel heerste er in het Friese terpengebied betrekkelijke welvaart, die archeologisch blijkt uit de vondst van verscheidene muntschatten en kostbaarheden.

Hierboven spraken we al over de gegevens uit de wet van de Friezen, de Saksen en de Amerlanders als bronnen om de sociale verhoudingen in de Karolingische tijd te leren kennen. We zouden er nog twee wetten van de Franken, de Salische en de Ribuarische wet, aan kunnen toevoegen, alsmede de verordeningen van Karel de Grote en zijn opvolgers, die bekend staan als capitularia. Bij de Friezen en Saksen waren er vier standen: edelen, vrijen, liten en slaven. Liten waren niet volkomen vrij, maar maakten wel deel uit van de volksgemeente; slaven stonden daarbuiten. Volgens de wetsteksten ontbrak bij de Franken een geboorte-adel, maar uit alles blijkt dat er wel degelijk een sociale laag van aanzienlijken bestond, waarop zowel de hofmeiers als de koningen steunden. En wat was daarbij de positie van de vrijen? Waren dat kleine zelfstandige boeren die zich van niemand iets behoefden aan te trekken en alleen het gezag van de graaf erkenden als de vertegenwoordiger van de koning? De voorstelling lijkt te idyllisch, te meer omdat het langzamerhand wel bekend is dat ook vóór de volksverhuizing bij de Germanen de adel en de groot-grondbezitters macht bezaten over hun minder gefortuneerde stamgenoten. Als we aannemen dat de adel bij de Germanen oppermachtig was, dan zullen de vrijen uit de volksrechten een vrij selecte groep zijn geweest van mensen die op koningsland gezeten waren en als tegenprestatie een cijns moesten betalen en krijgsdienst verrichten. Koningsvrijen heeft men die daarom genoemd. Gewone vrije mannen zouden dan in de vroege middeleeuwen niet zijn voorgekomen.

Voor Nederland klopt deze voorstelling van zaken niet. Het domaniaal stelsel was hier maar in beperkte mate doorgedrongen. In het noordelijke terpengebied, op de zandgronden en in de rivier-streken bestond de meerderheid van de bevolking inderdaad uit vrije boeren, die dan ook in staat waren handel te gaan drijven als zij dat wilden. Wel heeft de aristocratie hen met weinig succes in afhanke-lijkheid willen dwingen, hetzij elders als horige op een domein, hetzij als afhankelijk vazal die zich aan een machtiger man moest commenderen. Commendatie is een voorstadium van het leenstelsel met de vazallen die we altijd associëren met de toplagen van de maatschappij, maar zo is het stelsel niet begonnen. Vazal is afgeleid van het Keltische woord 'gwas', dat knecht betekent, en het werd als normaal beschouwd dat men zich commendeerde, omdat men niet te eten had of zich geen kleding kon verschaffen. Pas toen Karel Martel op grote schaal vazallen ging aannemen die te paard moesten strijden en een leen kregen, begon dit stelsel, het leenstelsel of de feodaliteit, ook interessant te worden voor maatschappelijk hoger geplaatsten. Onder de Karolingen bleven er ook armeren in verstrikt. Altijd hielden zij echter hun status als vrije, en dat betekende dat zij de normale gerechtszittingen moesten bijwonen en legerdienst moesten verrich-ten.

Beide verplichtingen vormden een zware last. Karel de Grote had begrip voor de noden van de armere vrije mannen en probeerde wat verlichting te schenken. Hij bepaalde in zijn capitularia dat zeven arme mannen zich aaneen moesten sluiten om een van hen naar het leger af te vaardigen, want de heervaart was een zware verplichting geworden nu de Frankische heersers haast voortdurend oorlog voerden. Ook de dagen dat alle vrije mannen de rechtszittingen moesten bijwonen onder voorzitterschap van de graaf betekenden veel tijdverlies. Eén man uit de ommestand werd dan uitgenodigd om het vonnis te spreken, en als zijn stamgenoten het daarmee eens waren, lieten ze dat door woorden of applaus merken. Karel bepaalde dat de gemeenschap niet meer voltallig behoefde op te draven, maar zich kon laten vertegenwoordigen door zeven schepenen.

In Nederland is van die twee maatregelen weinig soelaas gekomen. Schepenen werden alleen ten zuiden van de grote rivieren ingevoerd. Het heervaartstelsel kon niet verlicht worden, omdat men zich daarmee moest verdedigen tegen de Noormannen. De kustbewoners kenden namelijk een bijzondere vorm van heervaart; zij moesten in schepen opkomen en dat is nog eeuwen zo gebleven. Iedere dorpsgemeenschap moest op eigen kosten een grote roeiboot of heerkogge onderhouden, bemand door een wisselend aantal roeiers. Hoeveel mannen een bepaald dorp moest leveren, bleek uit het aantal riemtalen waarvoor het was aangeslagen.

De invallen der Noormannen begonnen in Nederland in het jaar 810, toen de Denen aan de Friese kust opdoken om te plunderen. Het volgend jaar kwam Karel de Grote zelf naar deze streken en liet hij vlootstations bouwen te Boulogne en te Gent; waarschijnlijk is hij toen ook begonnen de Friezen te verplichten tot hun bijzondere vorm van heervaart met koggen. Daarmee kon het gevaar niet afdoende worden bezworen, waarschijnlijk omdat de Friezen de verdediging verwaarloosden. Vooral na 834 kwamen er veel aanvallen. Dorestat is van 834 tot 837 vier maal geplunderd en in 837 kwam keizer Lodewijk de Vrome zelf naar Nijmegen, omdat de Friezen in gebreke bleven. Hij stuurde krachtige abten en graven naar hen toe om hun ongehoorzaamheid te bedwingen, want daardoor hadden de Noormannen-aanvallen succes gehad. Het hielp niet, en nu begonnen de vorsten een gevaarlijke politiek te volgen. Zij beleenden Noormannen-aanvoerders met grote stukken land in deze streken, met de verplichting deze te verdedigen tegen hun landgenoten. In 841 kregen zo de Deense vorsten Harald en zijn neef Rorik een gebied waartoe Walcheren en waarschijnlijk ook Dorestat behoorden. Dat mislukte natuurlijk, zoals het in de vierde eeuw ook mislukt was het Romeinse rijk door Germanen te laten verdedigen tegen Germaanse volksverhuizers. Het is echter de vraag of de negende eeuw voor ons land een aaneenschakeling van rampen is geweest. De Noormannen waren ruwe kerels en niet afkerig van vechten en plunderen. Zij hadden als heidenen geen ontzag voor kerken of kloosters, en de Utrechtse bisschop vluchtte dan ook weg uit zijn residentie naar het veilige klooster Odiliënberg bij Roermond. Maar de Friese handelaars hebben misschien minder te duchten gehad, want de handel bleef bestaan en zelf waren de Friezen evenmin benauwd om een klap uit te delen. In deze tijd van primitieve handel bestond er niet zoveel verschil tussen kopen en kapen, want als men handelsgoederen in handen kon krijgen zonder ze te betalen, was daardoor meteen de eerste winst al geboekt. De Noormannen richtten zich vooral op handelssteden als Dorestat, Utrecht, Walcheren, Antwerpen, Witla aan de Maasmond of Gent, waarschijnlijk omdat ze daar buit konden vinden, maar ook omdat ze die plaatsen via de handel hadden leren kennen.

Ongetwijfeld is er dus geplunderd; Harald en Rorik hebben dat niet kunnen voorkomen. Er had hier best een Fries Normandië kunnen ontstaan, want in 882 gaf keizer Karel iii het hele gebied van Rorik in leen aan de zeekoning Godfried, de aanvoerder van een bijzonder grote schare Noormannen die al jarenlang in de Zuidelijke Nederlanden bivakkeerde. Godfried was al christen, hij huwde met een natuurlijke dochter uit het Karolingische vorstenhuis en had Friese graven onder zich. Hij hief hier belastingen en had zelfs plannen om zijn gebied in zuidelijke richting uit te breiden. Maar in 885 werd hij plotseling vermoord, onder andere door toedoen van de Friese graaf Gerulf, die als stamvader van het Hollandse Huis geldt, en daarmee stortte de Deense heerschappij hier als een kaartenhuis ineen. De macht kwam echter niet meer in handen van de Karolingische koningen in het centrum van het rijk, maar in die van de lokale machthebbers als Gerulf of een zekere Boudewijn, die zijn machtsbasis in Vlaanderen had. Zij belastten zich voortaan met de verdediging tegen invallers, onder andere door de bouw van burchten die voor de Noormannen onneembaar waren en die een mooie basis vormden om het gezag van deze lokale heren steviger te vestigen. Aan hun nazaten was een grootse toekomst beschoren.

4 DE ECONOMISCHE REVOLUTIE VAN DE HOGE MIDDELEEUWEN

Onmiskenbaar is na het jaar 1000 overal in Europa het bevolkings-aantal gaan groeien. Ook in Nederland was dat het geval. Hoe groot de bevolking vóór dat jaar was is eigenlijk niet uit te maken, maar met betrekking tot de tiende eeuw is toch wel een schatting te doen die althans op enkele gegevens berust. Slicher van Bath heeft een berekening beproefd van de bevolkingsgrootte in het Fries-Groningse terpengebied. Hij ging daarbij uit van het aantal dorps- en terpna-men, maakte onderscheid tussen terpen waarop ooit kerken hebben gestaan en bewoonde terpen zonder kerken en trof ook nog ongeveer tweehonderd namen van dorpen aan die niet op terpen gelegen waren, maar op de hogere zandgronden van de provincies Groningen en Friesland. Op kerkterpen stonden gemiddeld 14 woonhuizen; met 6 personen per huis, kwam hij op zo'n 80 bewoners per terp. Aannemend dat op terpen zonder kerk gemiddeld 20 en in dorpen op de zandgronden gemiddeld 50 personen leefden, kwam hij tot een bevolking van 30.140 in de provincie Friesland en 12.430 in Gronin-gen, gebaseerd op respectievelijk 212 en 79 kerkterpen, 309 en 103 terpen zonder kerken en 140 en 81 dorpen die niet op terpen gelegen waren, wat neerkomt op ruim 42.500 bewoners in totaal. Voor Overijssel omstreeks het jaar 800 kwam dezelfde auteur tot een schatting van 12.000 inwoners. De westelijke kustgebieden in Holland en Zeeland waren zeer schaars bevolkt, evenals Noord-Brabant; de rivierstreken en vooral de Maasstreek in Limburg kenden een talrijker bevolking. Al met al is de conclusie gewettigd dat er in de tiende eeuw op het grondgebied van het huidige Nederland zo'n 200.000 mensen hebben geleefd; in 1300 zal dat aantal zijn gegroeid tot minstens 600.000 en omstreeks 1500 tot bijna een miljoen. In de Zuidelijke Nederlanden is de bevolking gedurende de hele middeleeuwen steeds groter geweest dan die in het noorden. Om de gedachten te bepalen is de veronderstelling niet onaannemelijk dat daar tweemaal zoveel mensen leefden als in het noorden.

De bevolking is dus tussen 1000 en 1300 verdrievoudigd. Voor hedendaagse ontwikkelingslanden is dat misschien een bedaard tempo; in de middeleeuwen met vele ziekten en grote kindersterfte was dit een spectaculaire groei, die mogelijk was door uitgebreide ontginningen. Deze ontginningen vonden allereerst plaats op de zandgronden. Daar concentreerden de dorpen zich bij de grote essen of enken, waar het bouwland van de hele dorpsgemeenschap zonder perceelscheidingen te zamen lag als eilanden te midden van uitgebreide woeste gronden. Welnu, na het jaar 1000 werden de essen uitgebreid, omdat er meer bewoners kwamen. En dat niet alleen, er kwamen ook op de woeste gronden individuele ontginningen; kampen heetten die in Oost-Nederland. Ieder stuk land is daarbij omgeven door een omheining, meestal van levend hout, en behoort toe aan slechts één eigenaar. Dit soort perceelvormen overweegt in de Achterhoek en Noord-Brabant. Daar zal meer ontgonnen zijn dan in Drenthe, waar de essen in de meerderheid zijn.

Er dreigde door de ontginningen wel een gevaar voor de traditionele landbouw. Het woeste land was daarvoor immers een noodzakelijk complement: daar graasde de dorpskudde die voor de mest op het bouwland kon zorgen, daar konden plaggen worden gestoken om de grondstructuur van de essen en enken te verbeteren, daar kon hout gehaald worden voor de omheiningen, voor bouwmateriaal en voor brandstof. Dat woeste land was niet verdeeld, maar gold als gemeenschappelijk bezit van de hele dorpsgemeenschap. Almende was de naam daarvoor. Als echter de woeste grond steeds maar kleiner en het aantal gebruikers daarvan steeds maar groter werd, dan was het gevaar niet denkbeeldig dat er niet voor iedereen genoeg zou zijn. Daarom kwamen er in de loop van de twaalfde eeuw bepalingen dat alleen de oude gevestigde boerderijen de gemene gronden op de gebruikelijke wijze mochten exploiteren, en even later vormden zich hele organisaties, markegenootschappen, die precieze instructies gaven over het gebruik van de almende en de inhoud van ieders waardeel (aandeel). Keuters, kleine boeren die in een kot of hut woonden en geen volle boer op een van ouds gevestigde boerderij waren, kregen maar een beperkt gebruiksrecht op de markegronden. In Drenthe kwam de spreuk op: 'Een volle boer in de marke is een volle buur in de karke.' Daaruit blijkt dat de volwaardige boeren niet alleen bij het beheer van de woeste gronden hun inbreng hadden, maar dat zij tevens een stem hadden bij de zaken die de dorpsgemeenschap aangingen. Al te democratisch en idyllisch moet men zich overigens de zaken niet voorstellen. Vaak was het zo dat een grootgrondbezitter het voor het zeggen had in het markegenootschap. Zo iemand was dan erfelijk markerichter.

Aan de plaatsnamen valt te zien dat de ontginners in de tiende en elfde eeuw ook zijn gaan koloniseren in de rivierdalen met hun zware klei en in de zeekleigebieden in Zeeland. Walcheren was daar zelfs een bezitting van de Duitse koningen. Walcheren had in de achtste en negende eeuw belang gehad voor de handel en is in 837 door de Noormannen geplunderd, maar op de andere eilanden in Zeeland lagen hoofdzakelijk schapenweiden. Nu werd de bewoning daar intensiever; vooral de Vlaamse graven raakten in het gebied geïnteresseerd en in 1012 kregen zij heel Zeeland-bewesten-Schelde, dat wil zeggen de Oosterschelde, in leen van de Duitse koningen. Op die manier zal het oorspronkelijk Friese karakter van de streek wat verdwenen zijn. Belangrijker echter was dat op vele eilanden en kwelders van de Zeeuwse archipel nu een proces van dijkbouw en ontginning van start ging, dat wel heel karakteristiek is voor de Nederlandse strijd tegen het water. Er zijn niet zoveel gegevens over Zeeland in de middeleeuwen, maar vast staat wel dat de kolonisten die dit land zijn gaan ontginnen, een grootse prestatie hebben verricht.

Belangrijker nog dan de kolonisatie van de kleistreken was de ontginning van het moer in de laagveenstreken. In het verleden was de zee herhaaldelijk het land binnengedrongen en had achter de duinen grote ondiepe vlakten gevormd, waar de rivieren tussen natuurlijk gevormde oeverwallen van klei hun weg naar zee zochten. Die ondiepe poelen groeiden langzamerhand dicht door een wirwar van waterplanten, die afstierven en verturfden, waarna er weer nieuwe planten opkwamen. Zo was er in Holland en de lage delen van Utrecht een groot veenmoeras gevormd, drassig en ongeschikt voor bewoning, slechts bezocht door mensen in bootjes die er kwamen vissen of op vogels jagen. Steeds hoger stapelden de plantenresten zich op; er begonnen zelfs kleine boompjes en struiken op te wassen, zodat de naam 'wouden' niet onjuist was. Deze veenmoerassen kwamen ook in Groningen en Friesland voor, en zelfs in Drenthe en in lage

rivierstreken. Wolden heetten ze daar in het noorden en ze raakten na
1000 niet meer overstroomd, omdat ze hoger waren komen te liggen
dan de schorren rond de terpen. Ze zouden best akkerland of weiden
kunnen vormen, als ze maar ontwaterd werden. Daarmee is men in
Noord-Holland al in de tiende eeuw begonnen, vermoedelijk ook
reeds in het Rijnland en in de woldstreken ten zuiden van het Fries-
Groningse terpengebied. Na het jaar 1000, toen allerwegen de ontginningen op gang kwamen, is de openlegging van de Nederlandse
veenmoerassen vrij snel in zijn werk gegaan.

Er was een goede methode van ontwatering ontdekt. Vanuit een
natuurlijke waterloop werden parallelle sloten gegraven op een
onderlinge afstand van ongeveer honderd meter. Dat was voldoende
om de grond zodanig te draineren dat er zelfs akkerbouw op het land
tussen de sloten mogelijk was. Die sloten kon iedere ontginner
aanvankelijk zo ver doortrekken als hij zelf wilde; dat heette 'recht
van opstrek' en aan dat recht kwam pas dan een einde als de ontginner
stuitte op de sloten en het ontgonnen land van iemand die uit een
ander stroompje was begonnen te graven. 'Opstrekkende heerden'
heten die perceelvormen. Later is de eigenaar van de woeste grond
enigszins paal en perk gaan stellen aan het recht van opstrek, bijvoorbeeld tot twaalf of zes voorlingen lang, wat neerkomt op 2500 of 1250
meter. Dat was ook technisch beter, want dan kon men aan het eind
van de kavels weer een nieuwe dwarswetering graven en van daaruit
weer nieuwe veenhoeven gaan ontginnen. In Holland en Utrecht
gebeurde het zo, want daar was een landsheer die pretendeerde de
eigenaar te zijn van de woeste grond, maar in Friesland en Groningen
kon na 1100 niemand een effectief gezag doorzetten: daar heerste
kennelijk het vrije initiatief. Er zijn niet zoveel schriftelijke gegevens
die ons inlichten over de ontginning van het veen, maar het huidige
landschap en de topografische kaart zijn ook bronnen voor de
historie en leren dat de ontginning zo te werk moet zijn gegaan.
De lange kavels zijn nog steeds te herkennen en de ligging der sloten
moet ook oeroud zijn, want waar die worden doorsneden door een
spoordijk, liggen ze toch aan weerszijden daarvan precies in elkaars
verlengde. De hedendaagse straatdorpen zoals Staphorst en Rouveen
in Overijssel, evenals talloze plaatsen in de veengebieden van Holland,
Utrecht, Groningen en Friesland, zijn een herinnering aan de middeleeuwse ontginningen. De veenboeren bouwden hun boerderij aan de

kop van hun kavel langs de hoofdwetering of de dijk, zodat er langgerekte dorpen van soms kilometers lang ontstonden, die duidelijk verschilden van bijvoorbeeld de Drentse brinkdorpen of de Friese terpdorpen, waarin alle huizen in een kring rond de kerk gegroepeerd liggen.

Aan de namen van de ontginningsdorpen is te zien dat die vaak gesticht zijn vanuit de oude dorpen: in Drenthe ligt bij Annen Annerveen, bij Eext Eexterveen en ook in Holland en Utrecht zijn veel namen met een achtervoegsel -veen of -woude gevormd naar een bestaand dorp op het oude land. Aardig en onthullend is het dorp Zwieten, dat ten oosten van Leiderdorp aan de Oude Rijn heeft gelegen. Dat dorp bestond al in de negende eeuw, maar is thans verdwenen. Het heeft dan ook een Friese naam, omdat daar toen een Fries-sprekende bevolking woonde. Vanuit Zwieten is Zoeterwoude gesticht in het veen, helemaal genoemd naar het moederdorp, maar met de Hollandse vorm, in overeenstemming met de taal die hier sinds 1100 gebruikelijk was.

Lang niet altijd zijn de nieuwe ontginningen vanuit een bestaand dorp ontstaan. De kolonisten moesten echter wel in leven kunnen blijven, totdat zij de eerste oogst van het land konden halen. In veel gevallen moesten zij daarom terugvallen op de steun en de voorschotten van een organisator of 'locator', zoals deze in het Latijn heette. In Holland onderhandelde hij met de graaf over de hoeveelheid veengrond die nodig was voor een nieuwe nederzetting; hij verzamelde kennelijk aspirant-kolonisten om zich heen en werd dan ook de natuurlijke leider in het nieuwe dorp. Hij trad daar op als voorzitter van de rechtbank en verwierf daarbij nog andere rechten, zodat hij al gauw kon optreden als een ambachtsheer, waarover de graven niet zoveel meer te zeggen hadden. Zo is er een ontwikkeling begonnen waarbij de graven niet langer voortdurend op reis waren in hun district om overal het rechtsgeding te houden, maar dat overlieten aan de lokale heren. In Holland bestond later nog een speciale belasting, het zogenaamde bodthing, in die dorpen waar de graven oudtijds in persoon het gerecht hadden voorgezeten. Dat moet een tegemoetkoming in de verblijfskosten geweest zijn. Het is tekenend dat dit bodthing in slechts enkele veendorpen is geheven.

De ontginningsbeweging had op veel gebieden grote gevolgen. Allereerst op de bevolkingsaanwas. De ontginning werd gestimuleerd door de druk van een overbevolking op het oude land, maar zorgde zelf ook weer voor een hoog geboortecijfer. Boeren trouwden in het algemeen laat, en vaak mocht alleen de oudste zoon een vrouw nemen, om de boerderij intact te houden. Het avontuur van het ontginnen was iets voor jonge mensen; die trouwden jong en kregen zo een groot aantal kinderen, die zelf ook weer mogelijkheden zagen om een gezin te stichten in het wijde onontgonnen land.

Zoals de ontginning van de almende op de zandgronden aanzien gaf aan de markegenootschappen, zo heeft de openlegging van het laagveen de ontwikkeling van waterschappen bevorderd. Waterlozing en drainage zijn basisvoorwaarden voor de ontginning van het laagveen. Aanvankelijk zal het water zonder veel kunstgrepen weggevloeid zijn, maar het zal toch al gauw wenselijk zijn geweest om weteringen te graven, en weldra waren er ook dijkjes nodig om het land te beschermen tegen oppervlaktewater van elders. Daarvoor was samenwerking geboden en hebben de boeren zich spontaan in 'eningen' verenigd. De graven traden hier ook wel stimulerend op, stelden dijkgraven aan die samen met vertegenwoordigers van de ingelanden, de zogenaamde heemraden, de waterlozing konden regelen. Bemaling met windmolens was nog niet bekend. Het ging erom gebruik te maken van de natuurlijke verschillen in de waterstand door eb en vloed. De waterlozing zelf geschiedde door een sluis of zijl aan de zeekant – vandaar dat de waterschappen in Groningen zijlvestenijen heten. De oudste waterschappen en zijlvestenijen dateren al uit de elfde eeuw. Toen eenmaal de eerste binnendijken waren opgeworpen, volgden spoedig de dijken langs de grote rivieren en langs de zeekust als er duinen ontbraken. Wie moesten echter controle uitoefenen op de deugdelijkheid van dit werk? Aanvankelijk was het zo dat de boeren wier land aan de zeekust of de rivieroever grensde, verantwoordelijk waren voor het onderhoud van hun eigen dijkvak. Als een van hen het onderhoud verwaarloosde, kon dit een ramp betekenen voor de inwoners van een uitgestrekt gebied. Het waterschap kon wel een schouw houden; eigenlijk vereiste zo'n groot kunstwerk een aparte organisatie, waarbij alle ingelanden uit het gebied binnen de dijk naar vermogen daaraan meebetaalden. Dit blijkt bijvoorbeeld uit de kroniek van Wittewierum in het Groningse Fivelgo. In 1219 was daar in de maand januari een vreselijke overstroming, de Marcellusvloed, die een groot gebied inundeerde. De inwoners van zes dorpen aan de kust zouden eigenlijk verplicht zijn ieder hun eigen deel van de zeedijk te herstellen, maar daartoe waren ze niet in staat. Onder leiding van abt Emo van het klooster Wittewierum werd nu besloten dat allen die belang hadden bij het herstel van de dijken, ook de boeren die meer landinwaarts woonden, daaraan zouden meebetalen. Zo was er eigenlijk een hoogheemraadschap geboren, hoewel men daar het begrip niet kende. In Holland bestond het wel en steeds heeft de graaf het initiatief tot de stichting daarvan genomen. Die hoogheemraadschappen omvatten grote districten. Rijnland bijvoorbeeld strekte zich uit over al het gebied van Haarlem tot Woerden; vergelijkbaar waren Delfland, Schieland, Amstelland en de Grote of Zuidhollandse Waard.

Zo is er in de eeuwen van 1000 tot 1300 een groot aantal nieuwe dorpen ontstaan, zoveel zelfs dat het bewoningspatroon van het huidige Nederland in grote trekken overeenstemt met dat van 1300. Weliswaar waren er nog geen grote steden en waren ook de dorpen maar klein – met uitzondering van Utrecht telde geen stad meer dan zevenduizend inwoners en de meeste dorpen herbergden niet meer dan enkele honderden boeren – maar toch waren haast alle plaatsnamen van tegenwoordig bekend. In Zeeland, op de Zuidhollandse eilanden, in de kop van Noord-Holland en in Groningen verliep de kustlijn anders, maar het land was ook fysisch-geografisch met zijn zeedijken en beteugelde rivieren in grote trekken gelijk aan dat wat wij nu nog kennen. Belangrijk is ook de tweede kersteningsgolf die in de elfde eeuw begon. De Frankische evangeliepredikers, Willibrord, Bonifatius en hun helpers, hadden hier van de zevende tot de negende eeuw het christendom gepredikt, maar erg diep was dit nog niet doorgedrongen. Het kan wel zo zijn dat bij de dood van Karel de Grote in 814 de totaliteit van de bevolking in naam christen was, maar in werkelijkheid zal het gedachtenleven van de bewoners nog grotendeels bepaald zijn door heidense voorstellingen. Er waren ook nog beschamend weinig kerken. In heel Holland stonden vijf zogenaamde Willibrord-kerken, namelijk die van Vlaardingen, Oegstgeest, Velzen, Heiloo en Petten. Later hingen daar wel wat kapellen van af, maar voor het jaar 1000 zal de zielzorg weinig intensief zijn geweest. Bovendien waren de oudste kerken maar uiterst bescheiden gebouwtjes, rechthoekige zaaltjes van vijf tot acht meter breed en tien tot zestien meter lang. Pas later werd er dan een priesterkoor en een dwarsschip aangebouwd. Met het verstrijken van de jaren werden de kerken in de dorpen en de steden steeds omvangrijker. De archeologische opgravingen hebben hier veelzeggende gegevens aan het licht gebracht. Na het jaar 1000 kwamen er veel meer parochies en er verrezen talrijke kerken en kerkjes, gebouwd in de Romaanse stijl. De periode van 1076 tot 1122 staat in de algemene kerkgeschiedenis bekend als de tijd van de investituurstrijd, toen paus en keizer met elkaar in conflict waren over de vraag wie de bisschoppen met hun ambt mocht bekleden en wie het voor het zeggen had in de kerk. En er was nog een andere achtergrond: de kwestie kon nu pas actueel worden, omdat de christelijke godsdienst bij het merendeel van de bevolking dieper doordrong en het denken van de mensen ingrijpend begon te beheersen. Daardoor alleen is een massabeweging als de kruistochten begrijpelijk, opgezet door de pausen als een beperkte operatie van een aantal ridders om steun te bieden aan het Byzantijnse rijk, maar uiteindelijk uitgegroeid – tegen de bedoeling van de initiatiefnemers in – tot een onderneming waaraan alle standen van de maatschappij wilden meedoen, ook de armen, ongewapenden en weerlozen. Natuurlijk waren de kruistochten op de lange duur slechts mogelijk door het grote bevolkingsoverschot van Europa. Toen de bevolking na 1300 niet meer aangroeide was het ook met de kruistochten gedaan, ondanks het feit dat er daarna nog vele plannen werden gemaakt.

Textielindustrie in de Nederlanden

Er bestaan twee soorten weefgetouwen: een verticaal en een horizontaal. Dit laatste weefgetouw kan men beter een weefstoel noemen, want daarbij zit de wever op een bankje en haalt hij met pedalen de scheringdraden uit elkaar, zodat hij met behulp van een spoel of weversbootje de inslagdraad er tussendoor kan gooien. Deze weefstoel is een betrekkelijk late uitvinding. In de prehistorie geschiedde het weven op een rechtopstaand getouw, bestaande uit een paar palen met een dwarshout waarvan de scheringdraden naar beneden hingen, doorgaans verzwaard met weefgewichten. Het was nu de kunst om de inslagdraad voldoende stevig en aansluitend tussen de scheringdraden te vlechten. Je kon dat met een soort naald doen en daarom heet het van Circe en Penelope in de *Odyssee* dat zij langs het weefgetouw lopen. Op die manier kon je ook alle mogelijke patronen in het weefsel maken, maar dat was een geduldwerk. Het kon wel vlugger. Je kon van tevoren twee of meer stokken tussen de scheringdraden steken om er een opening tussen te maken, waardoor dan de inslagdraad in één beweging getrokken kon worden. Met meer stokken kon zelfs een verschillend aantal scheringdraden opgetild worden, zodat er een keperachtig patroon ontstond. Zo zijn de Friese lakens geweven. Het bleef echter een geduldwerk, dat aan vrouwen werd overgelaten. Het weven vond plaats in kleine bedrijfsgebouwtjes bij de boerderij of in de *gynaecea* of vrouwenvertrekken van grote domeinen. Bij de opgravingen te Dorestat zijn honderden weefgewichten gevonden, gemaakt van slecht gebakken klei. Vergelijkbare gewichten komen uit de Fries-Groningse terpen: ze zijn de enige bewaard gebleven resten van deze verticale getouwen. Hier en daar zijn echter wel stukken textiel van vóór het jaar 1000 aangetroffen, en volgens de specialisten moeten die alle vervaardigd zijn op verticale getouwen.

Bij de zijdeweverij in China was echter al omstreeks 200 na Christus een horizontale weefstoel met pedalen bekend. Dit soort weefstoel is in de elfde eeuw tevens in Byzantium in gebruik gekomen en moet tegen 1100 ook in Vlaanderen zijn ingevoerd. Daarbij zijn de scheringdraden horizontaal gespannen tussen twee rondhouten; door middel van twee of meer schachten die verbonden zijn met pedalen kunnen deze scheringdraden worden opgelicht, zodat er een opening ontstaat waardoor de wever het weversbootje kan gooien. Op die manier gaat het weven veel vlugger en men kan veel langere weefsels maken, omdat het reeds vervaardigde stuk van het laken om één van de rondhouten wordt gewonden. Het opmerkelijke is nu dat er met het verticale weefgetouw altijd door vrouwen in een landelijke sfeer was gewerkt, maar dat horizontale weefstoelen uitsluitend door mannen werden bediend en in de beginperiode altijd in steden stonden. Omstreeks 1100 is in Vlaanderen de overgang van de textielindustrie van het platteland naar de steden te constateren, en daar veranderde deze industrie van vrouwenwerk in mannenwerk. Wel is pas omstreeks 1200 het gebruik van de horizontale weefstoel daar strikt genomen te bewijzen. De conclusie is niet te ver gezocht dat deze al omstreeks 1100 moet zijn ingevoerd. Deze verandering is niet het gevolg geweest van de introductie van Engelse wol, zoals de historici vroeger dachten. Deze wol was van uitstekende kwaliteit. Veel later bestonden er in diverse textielsteden voorschriften dat voor kostbaarder weefsel uitsluitend Engelse wol gebruikt mocht worden. Nergens heeft die wol een monopolie gehad. Engelse wol had in principe best door vrouwen op het platteland geweven kunnen zijn. De aanvoer daarvan hoeft niet de oorzaak te zijn van de verplaatsing van de lakenindustrie naar de steden. Veeleer zal door de introductie van de nieuwe weefstoel de behoefte aan wol zozeer zijn toegenomen dat de handelaars overal in het buitenland naar wol gingen speuren en met gretigheid de hoogwaardige Engelse grondstof importeerden. Daarom zal de import van Engelse wol in Vlaanderen eerder het gevolg dan de oorzaak van de introductie van de horizontale weefstoel zijn geweest. Sindsdien was de goede naam van de Vlaamse lakens ook verbonden met de kwaliteit van de grondstoffen. Tevens ontstond er door de invoering van de horizontale weefstoel een ver doorgevoerde arbeidsverdeling in de lakenindustrie. Het wassen, kaarden en spinnen van de ruwe wol bleef doorgaans het werk van vrouwen, en daarna gingen de garens naar de mannelijke wevers. Eerst moesten dan de scheringdraden om de zogenaamde kettingboom gewonden worden. Dit spannen van de schering of ketting was een moeilijk werk, waarvoor wel specialisten werden aangetrokken. Het weven vereiste eveneens vakkennis en veel wevers hadden leerjongens in dienst. Het geweven laken was veel te bros om voor gebruik gereed te zijn. Het moest eerst door vollers in grote vollerskuipen met volaarde en vet geïmpregneerd worden. Na nog wat bewerkingen was het de beurt aan de ververs en bij de droogscheerders of apprêteerders kreeg het laken dan zijn finishing touch. Nog in de twaalfde eeuw is in de Maasstreek, in Leuven en Brussel, naar het Vlaamse voorbeeld een lakenindustrie opgekomen die ook met horizontale weefstoelen en arbeidsverdeling werkte. Alleen in de Noordelijke Nederlanden is daarvan niets te bespeuren. Pas in de dertiende eeuw werden hier en daar in het noorden aarzelend wevers of ververs genoemd, bijvoorbeeld te Dordrecht. In Reimerswaal en Middelburg kregen de poorters verlof om 'wollewerck' te maken, maar echt van de grond kwam de lakenindustrie in het noorden toen nog niet. Dat gebeurde pas in de veertiende eeuw. Leiden werd toen een belangrijk centrum, met alle verschijnselen die al in de twaalfde en dertiende eeuw zo karakteristiek waren voor de Vlaamse lakenindustrie. Wel handelden leden van enkele koopmansgilden uit Nederlandse steden al in de dertiende eeuw in laken, maar waarschijnlijk hebben ze dat uit het zuiden geïmporteerd. Wantsnijders heetten die kooplui die op de stedelijke markt het grote 'gewant' of laken bij de el verkochten. De textielhandel en de textielindustrie werden op den duur in veel steden erg belangrijk, zoals nog te merken is aan straatnamen als Garenmarkt, Vollersgracht of Raamgracht, genoemd naar de ramen waarop de lakens gespannen werden als ze gecontroleerd moesten worden door stedelijke waardijns of staalmeesters.

In de ontginningsdorpen kwamen nieuwe kerken, maar ook de reeds bestaande bewoningskernen kregen nu voor het eerst een eigen geestelijke verzorging. Dat was mogelijk omdat er nu kennelijk meer priesters beschikbaar kwamen. De bestaande parochies hebben echter niet altijd goedschiks toegestemd in de afsplitsing van een stuk van hun gebied, want dat betekende verlies van een deel van hun inkomsten. De bisschoppen moesten vaak een Salomonsoordeel vellen en daardoor zijn over dit soort kwesties nogal wat oorkonden bewaard gebleven. Daarin kunnen we tussen de regels door soms een groep mensen ontwaren die ongeduldig wachtten tot ze hun eigen kerk zouden krijgen, ook als een symbool van hun zelfstandigheid of omdat de tocht naar een kerk elders te bezwaarlijk was. In een oorkonde van 1189 bijvoorbeeld verhaalt de Utrechtste bisschop Boudewijn 'hoe een groep mensen uit het dorp Hogeland op Walcheren, die parochianen waren van de kerk van Westmonster in Middelburg, bij hem was gekomen en onder tranen hadden verteld, dat zij daar niet de mis en de overige godsdienstoefeningen konden bijwonen wegens de dodelijke vijandschap en de vijandige vervolging waaraan ze in Middelburg blootstonden'. De bisschop stond hun daarom toe een eigen kerk te bouwen en gaf tevens aan hoe ongeveer de begrenzing daarvan moest zijn. Het belangrijkste was de verdeling van de inkomsten. Te Westmonster waren drie priesters die voorheen alle tienden verdeelden; diezelfde tienden moesten nu voor vier priesters dienen, omdat die van Hogeland ook zijn aandeel kreeg. Over dat soort kwesties zal vaak ruzie zijn ontstaan. De gelovigen waren bovendien niet erg enthousiast om tienden op te brengen. Het was een bijbels voorschrift; de joden moesten volgens de wet van Mozes het tiende gedeelte van hun oogst afstaan tot onderhoud van priesters en Levieten. Pepijn de Korte had in het midden van de achtste eeuw de verplichting bindend aan de Frankische kerk opgelegd, maar het was een drukkende last. Bij de geringe opbrengst van het graan was de afdracht van een tiende deel van de oogst een zware aderlating. En daarbij bleef het niet; naast de zogenaamde grove tienden van graan waren er ook nog de smalle of krijtende tienden van al het vee dat geboren werd. Bovendien waren alle mogelijke conflicten denkbaar. De tiendheren eisten bijvoorbeeld dat de schoven te velde bleven liggen, totdat zij het hun toekomende deel hadden laten weghalen, maar dat kon bezwaarlijk zijn als regen dreigde. In later tijd werd tiendbetaling in natura daarom zo veel mogelijk vervangen door een bedrag in geld. Als de tienden nu maar altijd aan de eigen parochiekerk ten goede waren gekomen, dan zou de heffing misschien wat draaglijker geweest zijn. Maar dit was niet het geval. Allerlei prelaten en lekeheren hadden zich van de tienden meester gemaakt en dat wekte ergernis. Hier te lande weigerden Friezen, Groningers en Drenten daarom kortweg tienden te betalen. Er zijn daarover hele oorlogen gevoerd. De kerkelijke autoriteiten hadden uiteraard grote bezwaren, maar stonden eigenlijk machteloos, te meer omdat in Friesland en Groningen de kerken met al hun vermogen het eigendom waren van de parochiegemeenschap. Elders waren de kerken het eigendom van kloosters, bisschoppen en andere prelaten, of ook wel van lekeheren. Die hadden in de begintijd hun verdiensten voor de kerstening gehad door op hun eigen grond een kerk te bouwen, maar tijdens de investituurstrijd vonden de pausgezinden het niet langer passend dat leken kerken in eigendom hadden. Na de beslechting van de investituurstrijd door het concordaat van Worms in 1122 schonken de heren die kerken daarom weliswaar in naam aan kloosters of aan de bisschop, maar ze behielden het patronaatsrecht, dat wil zeggen dat ze een kandidaat mochten voorstellen als pastoor, die dan vervolgens door de bisschop benoemd werd. Nog een andere misstand ontdekten de pausgezinden. Priesters hielden zich niet aan het celibaat, pastoors leefden met een vrouw alsof ze daarmee getrouwd waren en een zoon volgde soms op in het priesterambt van zijn vader. Dat kwam ook doordat de pastoors in de kleinere dorpen niet voldoende inkomsten hadden om als intellectuelen te leven, ze moesten boerenwerk doen en daarvoor hadden ze een vrouw nodig om te karnen en de kippen te voeren. Na 1122 is daar misschien wel wat verandering in gekomen, maar niet zo erg veel. In Friesland en Groningen was het nog in de dertiende eeuw normaal dat de pastoor gehuwd was en ook elders zal dit niet ongebruikelijk geweest zijn, getuige de pastoor uit het dierenepos *Van den vos Reynaerde*, die zeer verknocht was aan zijn vrouw Julocke.

Dergelijke toestanden konden best samengaan met een oprecht en intens geestelijk leven. Dat blijkt eveneens uit de toename van het aantal kloosters. In de Zuidelijke Nederlanden waren er al in de Merovingische en Karolingische tijd vele abdijen gesticht. In het noorden waren die vóór de twaalfde eeuw uiterst gering in aantal: er

waren een paar munsterkerken, zoals te Utrecht, Tiel en Sint-Odi-
liënberg, maar dat waren eigenlijk veeleer kapittels van kanunniken
dan abdijen van monniken die de regel van Sint Benedictus volgden.
Met dit criterium gewapend kunnen we slechts onderscheiden: de
abdij van Susteren in Limburg, waar de tucht al gauw verviel, de abdij
van Egmond, een eigen klooster van de graaf van Holland en de abdij
Hohorst op de Heiligenberg bij Amersfoort. Verder waren er dan nog
de adellijke vrouwenstiften Thorn en Elten, maar die volgden niet de
regel van Benedictus, evenmin als het Sint-Servatiussticht te Maastricht. Al die instellingen waren alleen toegankelijk voor de adel; voor
gewone mensen was er in Nederland vóór 1100 geen enkele gelegenheid om in een klooster in te treden. Het is de vraag of ze veel
religieuze betekenis hadden. Het waren veeleer instellingen die een
plezierig en rustig onderdak boden aan de zonen en de dochters van
de adel die men niet wilde laten trouwen ten einde het voorvaderlijk
vermogen niet te versnipperen. Dat gebeurde zo in het stift Elten. De
eerste abdis was daar Liutgardis, de dochter van graaf Wichman van
Hamaland, die het kort vóór 970 gesticht had. Alpertus van Metz
roemt haar bovenmate, zij verenigde alle deugden in zich en geen
vrouw in deze streken heeft na haar dood een even voortreffelijk leven
geleid, maar wat hij verder van haar vertelt, strookt niet erg met de
kloosterlijke wereldverzaking. Ze was bijvoorbeeld 'dol op gasten en
als die er eens niet waren, stond droefheid op haar gelaat te lezen'.

Na 1100 kwam er in Nederland echter een groot aantal kloosters bij,
te veel om op te sommen. Niet alleen kloosters van benedictijnen
werden gesticht, maar ook van de nieuwe orden premonstratenzers
en cisterciënzers. Die orden waren allebei ontstaan uit onvrede met de
wereldse toestanden en de zucht naar weelde in de benedictijner
abdijen. Ze waren in zekere zin een bijproduct van de godsdienstige
herleving tijdens de investituurstrijd. Ze hadden ook maatregelen
genomen, opdat de traditionele gelofte van armoede niet in gevaar
zou komen. De benedictijnen kregen namelijk hele vroonhoeven en
grote stukken pachtland geschonken; de monniken behoefden alleen
maar de inkomsten te innen en konden zich verder uitsluitend wijden
aan gebed en religieus werk. Zo had de stichter Sint Benedictus het
echter niet bedoeld. Die had voorgeschreven dat de monniken ook
zelf op het land zouden werken, volgens de spreuk 'Ora et labora' (bid
en werk). Daarom bepaalden de cisterciënzers en de premonstra-

tenzers dat ze alleen maar onontgonnen land zouden accepteren, om het zelf te kunnen bewerken. Daarom vestigden ze zich bij voorkeur in afgelegen streken, ver van de verlokkingen van de bewoonde wereld. In Nederland hadden de Vlaamse cisterciënzer kloosters Ter Doest en Ten Duinen bezittingen in Zeeland, de abdij Postel had woest land in Noord-Brabant en vooral in Friesland en Groningen waren veel kloosters van de twee nieuwe orden. Daar hebben ze zegenrijk werk verricht bij de regeling van de waterstaatkundige werken. In deze kloosters had de aristocratie het doorgaans nog voor het zeggen, maar ook gewone mensen konden daar binnenkomen; waren ze intellectueel niet in staat het complete kloosterleven te volgen, dan konden ze lekebroeders of conversen worden, die God konden dienen door de hele dag op het land te zwoegen. Dit soort kloosters ontstonden ook wel van onderop. Een voorbeeld levert het klooster Rozenkamp te Jukwerd bij Appingedam. In die plaats woonde een rijke boer, Emo, die op het eind van de twaalfde eeuw werd aangeraakt door roeping tot de religieuze staat. Hoewel hij zelf niet erg ontwikkeld was, rustte hij niet voordat zijn voorvaderlijk goed omgezet was in een kloostertje van de premonstratenzer orde. Dat kloostertje zou overigens pas goed tot ontwikkeling komen toen hij zijn geleerde neef, die eveneens Emo van Huizinge heette, priester was en in Oxford had gestudeerd, te hulp had geroepen. Deze Emo van Huizinge werd nu abt, maar de oorspronkelijke stichter kon dat maar moeilijk verkroppen. Tegen 1300 was het kloostertje uitgegroeid tot een grote abdij met wel duizend ingezetenen.

Na 1200 kwamen er enkele kloosterorden bij, die getuigden van de groeiende intensiteit van het religieuze leven. Bovendien hadden die een uitgesproken burgerlijk en stedelijk karakter. Dit waren de bedelorden van dominicanen en franciscanen, met daarnaast de karmelieten en de augustijner eremieten. Ze inspireerden zich allemaal op het voorbeeld van Sint Franciscus van Assisi (1181/82-1226). Die wilde in absolute armoede leven en stichtte een orde waarin niet alleen de individuele monniken een gelofte van armoede aflegden: de hele communiteit mocht geen enkel bezit hebben. Wilden de monniken in leven blijven, dan moesten ze een dagloon verdienen of desnoods leven van de gaven van hun mede-christenen. Een dergelijke orde kon alleen maar gedijen in steden en dat is in de Nederlanden dan ook te constateren: de oudste vestiging van de franciscanen was te 's-Hertogenbosch en dateert uit 1228, de dominicanen kwamen in 1232 in Utrecht. Vóór 1300 waren er in Nederland al dertien franciscaner huizen, negen dominicaner kloosters, twee kloosters van de augustijner eremieten en te Haarlem één van de karmelieten. Het zal duidelijk zijn dat omstreeks 1300 een hoog percentage van de bevolking – veel hoger dan voorheen – niet langer in de eerste plaats in een agrarisch beroep werkzaam was. Daardoor kon meer energie gestoken worden in het geestelijk en intellectueel leven, als een levende illustratie van de gedachte dat de mens niet bij brood alleen leeft. Omstreeks 1000 waren de niet-agrariërs voornamelijk handelaars. De vraag is gewettigd of ook die evenredig in aantal zijn toegenomen.

Omstreeks 1000 waren de handelaars voornamelijk Friezen uit het terpengebied en de rivierstreken, die al eeuwen verplicht waren hun broodgraan van elders te betrekken en op die manier tot handel gekomen waren. Zelfs te Dorestat vond er een vermenging plaats van agrarische en commerciële bezigheden. Kort na 1000 waren er hier en daar in de Nederlanden ook echte beroepskooplieden, die in de handel hun enige bron van inkomsten vonden. Dat soort mensen paste maar slecht in de toenmalige maatschappij en de monnik Alpertus van Metz ergerde zich mateloos aan de kooplui die hij te Tiel had leren kennen. 'Het zijn ruwe lieden,' schrijft hij, 'en ze zijn geen enkele tucht gewend. Vonnissen vellen ze niet volgens het overgeleverde recht, maar volgens zelfgemaakte regels, en ze zeggen dat ze hiervoor verlof gekregen hebben van de keizer, die dat met een oorkonde heeft gegarandeerd.' Alpertus begreep die kooplui niet; ze moesten wel hard en meedogenloos zijn, want de tochten naar verre landen waren vol gevaren. Daar misten ze bovendien de steun van hun verwanten, hun maagschap. Daarom hadden ze een vereniging gevormd, een gilde tot wederzijdse bescherming, en dit gilde had bepaalde voorrechten van de keizer gekregen, met name dat zij rechtskwesties betreffende handel en schulden zelf mochten afhandelen. Het traditionele gravengerecht was alleen maar gewend aan kwesties over verplaatste grensstenen en loslopende koeien; voor ingewikkelde commerciële zaken was dit niet toegerust. Bovendien waren er rare bewijsmiddelen in gebruik. Zo liet men het wel eens aankomen op een tweegevecht tussen aanklager en beschuldigde. Maar daarmee konden de handelaren zich toch niet inlaten: die hadden een aparte wereld – een wereld die zich bijvoorbeeld te Tiel manifesteerde.

Tiel was overigens in het begin van de elfde eeuw nog geen stad in juridische zin. Dan had de hele gemeenschap aparte privileges moeten hebben en die golden toen nog uitsluitend voor de leden van het koopliedengilde. Maar Tiel zou heel gemakkelijk tot een echte stad kunnen uitgroeien. Er waren in de elfde eeuw meer van dergelijke groepen kooplui in de Nederlanden: te Utrecht, Stavoren, Deventer, Groningen, Maastricht, Middelburg misschien. Dat was niets bijzonders: die groepen kooplui waren destijds in heel Europa aan te treffen. Haast overal is hun aantal en betekenis tegen 1100 zeer toegenomen. Hun nederzettingen zijn in de twaalfde eeuw ook steden in juridische zin geworden, waarin alle inwoners de voorrechten genoten die vroeger uitsluitend aan de kooplieden toekwamen. Alleen in het huidige Nederland lijkt de ontwikkeling in de twaalfde eeuw wat te stokken. Commercieel werd het nu ver voorbij gestreefd door de Zuidelijke Nederlanden: Vlaanderen met zijn textielindustrie, de Maasstreek met de metaalnijverheid en Brabant, door welk gewest de belangrijke landweg naar Keulen liep. Maastricht deed weinig onder voor de overige Maaslandse steden – Luik, Hoei, Namen, Dinant en Verdun – want het behoorde geheel tot dit zuidelijker economische landschap.

In het noorden kon alleen Utrecht op een uitgebreide handel bogen. Elders was deze wat verschraald en pas in de dertiende eeuw kwam hier de handel tot dezelfde ontwikkeling als elders en kwam een urbanisatie tot stand, die in België, Noord-Frankrijk, Noord-Italië en het Duitse Rijnland al op het eind van de elfde eeuw te constateren is. Hoe is dit gekomen? Niet door gebrek aan energie, want de mensen uit deze streken bleven er op uit trekken, niet echter om handel te gaan drijven, maar om in het buitenland woeste grond te ontginnen met dezelfde technieken als zij in het eigen land succesvol hadden toegepast. Tegen 1100 kwam bijvoorbeeld de Oostduitse kolonisatie op gang, de occupatie door Duitse boeren van op de Slaven veroverde landstreken. Daar was nogal wat laaggelegen veenland bij; Hollanders en Vlamingen waren bij uitstek deskundig om dit soort land in cultuur te brengen en de vorsten Albrecht de Beer van Brandenburg en Adolf II van Holstein verspreidden zelfs formele proclamaties om de bewoners van deze streken naar het oosten te lokken. In 1113 sloot aartsbisschop Frederik van Hamburg een verdrag met een aantal Hollanders van benoorden de Rijn over de kolonisatie van een moerassig gebied, waar precies dezelfde toestanden heersten als in willekeurig welk Nederlands veendorp. In deze streken en elders was later nog vaak sprake van Hollands recht en daarmee werden dan de aparte voorrechten voor dit soort kolonisten bedoeld. Waarom werd er dan niet evenveel energie in commerciële ondernemingen gestoken? De ligging van Nederland, die daarvoor zo gunstig is, was toch niet veranderd? Nee, maar het kan zijn dat het succes van dijkbouw en ontginning afbreuk heeft gedaan aan de handel. Door de dijkbouw was er nu in het Fries-Groningse terpengebied overal graanbouw mogelijk. Op het ontgonnen laagveen was aanvankelijk, voordat de grond begon te dalen door inklinking, eveneens akkerbouw volkomen verantwoord. De noodzaak om zich graan van elders te verschaffen was niet meer aanwezig.

Is het dan denkbaar dat de beroepshandelaars van Tiel het agrarisch bedrijf weer hebben opgevat? Dat niet, maar ze zijn waarschijnlijk wel naar Keulen geëmigreerd. Dat was in de twaalfde eeuw de belangrijkste stad van Duitsland met een fenomenale bloei. De zeeschepen waren toen nog zo klein dat ze gemakkelijk tot Keulen konden doorvaren en daar pas behoefden over te laden, omdat ze niet bestand waren tegen de stroomversnellingen ten zuiden van Keulen, waar de stroom door de Duitse middelgebergten breekt. Keulen werd in de twaalfde eeuw 'de ware zeehaven van het Duitse rijk' genoemd. Veel aanzienlijke Keulse burgers droegen de namen Van Utrecht, Van Arnhem, Van Deventer, Van Tiel en dergelijke, zodat het aannemelijk is dat ze uit die plaatsen zijn geëmigreerd. Wat hield hen daar dan ook vast? Er was geen industrie in de Nederlandse plaatsen, zoals in Vlaanderen of in de Maasstreek. Handelaars waren niet zo sterk gebonden aan een bepaalde woonplaats als die zijn voordelen verloren had.

In de dertiende eeuw werd dat anders, en wel door een verandering in de scheepstypen. Voorheen waren kleine bootjes van hooguit twintig ton met weinig diepgang gebruikelijk, ook voor de vaart over de hoge zee. In de dertiende eeuw kwamen er grote koggen in de vaart, soms wel honderd ton zwaar, met meer laadvermogen en een diepgang tot drie meter. Daarmee kon je slechts in uiterst gunstige omstandigheden de Rijn tot Keulen bevaren. Het was veel veiliger om de waren dichter bij zee te ontladen in een haven als Dordrecht, of in een IJsselstad als Kampen, Zwolle, Deventer of Zutphen. In de dertiende eeuw kwamen door de grote koggen in Nederland handel en scheepvaart weer naar voren en verminderde het belang van Keulen enigszins. Overigens bleven de Nederlandse handelssteden nog lange tijd klein en veruit de mindere van plaatsen als Brugge, Gent en Ieper, maar dat kwam omdat die een hoogontwikkelde textielindustrie hadden.

Middeleeuwse stadsplattegronden

Aan de huidige plattegronden van de binnensteden valt nog vaak af te leiden hoe en onder invloed waarvan die steden ontstaan zijn. In het kerngebied van het rijk danken veel steden hun ontstaan aan de ordenende en regelende geest van de Romeinen. Dat is dan nog heden te zien aan het stratenplan, met regelmatige rechte hoeken als een schaakbord. Zo richtten de Romeinen hun legerplaatsen in, waar twee hoofdwegen haaks op elkaar het grondplan beheersten. Zo moesten ook de steden eruitzien. In Nederland hebben de Romeinen wel degelijk steden aangelegd, maar na hun vertrek is er geen continue bewoning geweest, zodat er in het tegenwoordige stratenplan weinig van hun aanwezigheid blijkt. Zelfs in dat van Maastricht is hun ordenende rechthoekigheid niet te herkennen.

In de tiende eeuw en later riep de handel een heel ander type steden in het leven. De rondtrekkende kooplieden hadden een pied à terre nodig en een plaats waar ze hun voorraden konden opslaan. Dit soort steden moest goed bereikbaar zijn en tegelijk ook veiligheid bieden. Een kasteel was daarvoor uitermate geschikt. De kooplieden vestigden zich weliswaar buiten de muren, maar konden in geval van nood naar binnen vluchten. Op het eind van de negende eeuw is aan de Zeeuwse en Vlaamse kust een aantal ronde burchten gebouwd ter verdediging tegen de Noormannen. In de schaduw van enkele daarvan hebben zich kooplieden gevestigd. Die handelswijken zijn op den duur tot echte handelssteden uitgegroeid, waarbij de oorspronkelijke burcht door de huizen der poorters is overspoeld. In de plattegrond van de stad Middelburg is nog steeds de ronde vorm en de plaats van het oorspronkelijke kasteel te bespeuren. De naam Middelburg is ook veelzeggend. De oorspronkelijke burcht lag inderdaad midden tussen Souburg in het zuiden en Burgh op Schouwen in het noorden.

Veel Nederlandse plaatsnamen hebben als achtervoegsel het woord *dam*. In het waterrijke land was de bouw van een dam in een rivier of veenwatertje vaak de enige mogelijkheid om het overstromingsgevaar te bedwingen. Dat gebeurde vooral bij de bouw van zeedijken, bijvoorbeeld in de dertiende eeuw te Rotterdam en Amsterdam. Een dam kon beter wat landinwaarts gelegd worden en niet pal aan de kustlijn, om zo de ergste golfslag te ontgaan. Zo ontstond er aan de dam een mooie aanlegplaats. Maar automatisch tot opbloei van handel en nijverheid leidde dat niet altijd. Amsterdam was in de dertiende eeuw nog vooral een stad van boeren en vissers, hoewel de inwoners al in 1275 vrijheid van tol in geheel Holland kregen, in een tijd dat ze strikt genomen nog tot het Sticht Utrecht behoorden.

In de middeleeuwse steden heersten wel degelijk bouwvoorschriften en het is een illusie te denken dat iedere burger zijn huis mocht optrekken waar hij wilde. Een mooi staaltje van stadsplanning levert de plattegrond van het Gelderse Elburg. In het jaar 1393 was het stadsbestuur gedwongen de plaats landinwaarts te verleggen. Hoe rigoureus het stratenplan toen getrokken is, valt nog steeds van de huidige plattegrond af te lezen. Landsheren en potentaten zagen graag steden op hun grondgebied verrijzen: die gaven extra inkomsten en prestige. De meeste middeleeuwse steden in Nederland zijn dan ook niet spontaan ontstaan, maar bewust gesticht door een graaf of heer. Het meest karakteristiek zijn daarbij kasteelstadjes als Culemborg of Montfoort, die aangelegd lijken te zijn naar het model van de stadjes aan de voet van de kasteelmuren in een getijdenboek. Te Culemborg is het oorspronkelijke kasteel verdwenen, maar de invloed daarvan doet zich nog steeds gelden in de stadsplattegrond.

5 DE OPKOMST DER LANDSHEERLIJKE STATEN, 900-1300

Tijdens de grote ontginningen van 1000 tot 1300 hadden de middeleeuwse mensen triomfen geboekt in de strijd om het bestaan; veel meer monden konden worden gevoed in het jaar 1300 dan in de Karolingische tijd. Hongersnoden kwamen nog voor, als de oogst wat minder gunstig uitviel. Niet iedereen zal altijd voldoende te eten gehad hebben, zeker de lagere klassen niet, maar er werd voortgang geboekt. Het gedrag van de mensen werd echter niet uitsluitend bepaald door hun materiële omstandigheden, maar ook door de denkbeelden die ze koesterden, zowel religieus als anderszins; en er waren ook nog gezagsverhoudingen die hun geluk of ellende bepaalden. Gelijkheid is in het verleden doorgaans niet verwezenlijkt. Machthebbers van velerlei snit en prestige waren er ook van 900 tot 1300 in de Nederlanden; ze waren geen edelaardige weldoeners der mensheid, maar egoïstische kleine en grote potentaten. Ze hebben er toch toe bijgedragen dat de vrede en ieders rechten allengs beter gehandhaafd werden; met name de landsheren deden dit. Uit de gebieden van de landsheerlijke vorsten zijn de tegenwoordige provincies gegroeid, en door het samengaan onder de hertogen van Bourgondië van al die provincies is de eenheid der Nederlanden mogelijk geworden. Hoe er daarna toch uit dit gebied niet één samenhangend gebied, maar drie afzonderlijke staten zijn ontstaan, vormt een belangrijk deel van de Nederlandse geschiedenis, dat hieronder nog vaak ter sprake zal komen.

Machthebbers bestonden er op lokaal en centraal niveau. Gedurende de negende eeuw werd duidelijk dat de centrale Karolingische vorsten het niet zouden redden en dat hun macht in de Nederlanden afbrokkelde. Dat was ook best te begrijpen. Karel de Grote beschikte in zijn hele uitgebreide rijk slechts over een paar honderd graven om zijn gezag hoog te houden en zijn inkomsten te innen als hij zelf elders in het rijk bezig was. De graven waren telgen uit de leidende geslachten in een bepaalde streek – dat moest ook wel, anders hadden ze geen gezag. Maar juist daardoor toonden ze zich doorgaans geen gehoorzame steunpilaren van het rijksgezag: ze kwamen voor hun eigen belangen op. Klachten over hun corruptie en omkoopbaarheid waren legio. Opstandig waren ze ook en het is geen toeval dat de ridderromans over Karel de Grote en zijn pairs vol staan met verhalen over ontrouwe vazallen als *De vier Heemskinderen* en Eggerick van Eggermonde uit *Karel ende Elegast*. De Karolingische vorsten hadden hun gezag beter kunnen handhaven als er een centrale residentie was geweest waarin permanente bestuursorganen tot ontwikkeling konden komen. Maar de economische omstandigheden maakten dat onmogelijk; Karel was gedwongen met zijn hof van palts naar palts te zwerven (een palts is een paleis met vroonhoeve) om overal ter plaatse de bijeengebrachte voorraden te consumeren. 'Vagabundus Carolus' heet hij ergens.

En dan was Karel de Grote nog een krachtige persoonlijkheid, die zich wist te handhaven tegen de opstandige rijksgroten. Zijn opvolgers waren evenwel van minder kaliber. Ze konden het uitgebreide gebied niet bij elkaar houden. In 843 kwam er een deling in drieën bij het verdrag van Verdun. Toen ontstonden Oost-Frankenland, dat uit zou groeien tot Duitsland, West-Frankenland, het voorstadium van Frankrijk, en daar tussenin Midden-Frankenland, een langgerekt monstrum dat zich uitstrekte van de Waddenzee tot bezuiden Rome, dat vele talen en naties binnen zijn grenzen bevatte en onverdedigbaar was. Alle Nederlanden behoorden ertoe behalve Vlaanderen. In 855 kwam er een nieuwe rijksdeling binnen het middenrijk, en de Nederlanden maakten voortaan deel uit van het noordelijk stuk tot aan de Jura, dat aan Lotharius toeviel. Dit rijk van Lotharius of Lotharike heeft de naam gegeven aan Lotharingen, berucht om zijn opstandige adel. Van 870 tot 925 was het een speelbal tussen oost en west, daarna kwam het bij Oost-Frankenland of Duitsland en daarvan is het noorden formeel tot 1648, het zuiden zelfs tot 1797 deel blijven uitmaken. Trouwe onderdanen hebben de Duitse koningen in Lotharingen echter niet gehad. Al in het begin, kort na 925, barstte de opstandigheid los: van de grimmige Gieselbrecht, zoon van Reinier Langhals, tot hertog Godfried met de Baard in het midden van de elfde eeuw. Steeds wisten deze heren ook geringer potentaten in hun verzet tegen het rijksgezag mee te slepen en bij die frondeurs waren vaak de Westfriese graven uit het geslacht van Gerulf aan te treffen, de Dirken die de eerste vorsten zijn uit het zogenaamde Hollandse Huis. De Duitse koningen hadden hier wel een hertog aangesteld als officiële vertegenwoordiger. Veel helpen deed dat niet. De hertogen van Lotharingen stelden zich juist vaak aan het hoofd van het verzet tegen het rijksgezag en dat veranderde niet na de splitsing in Opper- en Neder-Lotharingen rond het jaar 1000. De hertogen van Neder-Lotharingen, dat ongeveer samenviel met de zeventien Nederlanden, waren misschien nog wat opstandiger dan hun voorgangers.

De omstandigheden waren gunstig voor de lokale machthebbers. Zij waren in staat effectieve bescherming te bieden tegen de invallende Noormannen, zij bouwden burchten aan de voet waarvan kooplieden bescherming konden vinden, en als graven waren ze voorzitter bij de gerechtszittingen die de veten konden inperken. Het gezag van deze lokale heren berustte overigens maar zeer ten dele op de waardigheid van graaf, waarmee de koning hen formeel moest bekleden. Weliswaar had een graaf bepaalde overheidstaken en daarvoor moest men bekleed worden met het 'bannum', het recht om mensen te bevelen en te dwingen; maar in werkelijkheid berustte het gezag der heren op hun landbezit en op de schare gewapenden die hen omringde. En toch was er ook de glans van een moeilijk definieerbaar prestige van bepaalde geslachten, dat op geboorte berustte.

Deze geslachten waren door veel onderlinge huwelijken verbonden, en waren soms zelfs goed genoeg om met een koningsdochter te trouwen. Ze hadden bezittingen op verscheidene ver uiteengelegen plaatsen in het Karolingische rijk. Er waren maar enkele van dergelijke geslachten die hun basis in de Nederlanden hadden; zo waren er de geslachten van de Immedingen, de Ezzonen, de Hamalanders die het Sticht Elten fundeerden, en de Boudewijns wier fortuin begon toen Boudewijn met de IJzeren Arm in 861 Judith schaakte, de dochter van koning Karel de Kale. Hij werd de stamvader van de graven van Vlaanderen. De afstammelingen van Gerulf de Fries, die in 885 Godfried de Noorman hielp vermoorden, behoorden ook tot de rijksaristocratie, getuige de huwelijken die ze konden sluiten, hoewel hun macht niet veel te betekenen had in het gebied achter de Hollandse duinen. Een van hen, Arnulf, werd zelfs in 993 door zijn eigen onderdanen vermoord.

Arnulfs zoon Dirk III voelde zich niet meer zeker in het noorden, waar hij in Egmond een eigen klooster bezat dat de omwonende Friezen niet vreedzamer had gemaakt. Daarom week hij uit naar het zuiden en bouwde een versterking bij Vlaardingen. Deze hoogge- boren heren mochten dan wel veel prestige hebben, in de onzekere tijd rond het jaar 1000 berustte hun eigenlijke macht toch grotendeels op een schare gewapenden, die door leenbanden aan hen verbonden waren. Dat waren ruwe kerels, ongeletterde vechtjassen die alles dankten aan de kracht van hun armen. Vaak waren ze van onvrije geboorte; ministerialen heetten ze dan. Met hun hulp begon Dirk III vanuit Vlaardingen de schepen te plunderen die langs de rivier voeren op weg naar Engeland. De kooplieden uit Tiel klaagden daarover bij de Duitse keizer. Deze zond een leger om de inbreuk op zijn soevereiniteit te wreken, maar dit leger leed in 1018 een smadelijke nederlaag. Dirk III was een voorvader van de Hollandse graven, maar in zijn tijd betekende dit nog geen territoriaal gezag. Op grond van zijn prestige, zijn grondbezit, zijn legertje van ministerialen en zijn grafelijke titel kon hij rechtsgedingen voorzitten en het volk oproepen ter heervaart. Of hij gehoorzaamd werd, was vooral bij de Friezen lang niet altijd zeker. Tegen moord en doodslag zagen dergelijke heren niet op. Dat blijkt uit de geschiedenis van de Hamalanders in het oosten van Nederland. Omstreeks het jaar 1000 was Adela van Hamaland gehuwd met een zekere Balderik. Adela is een Lady Macbeth uit de rivierstreek genoemd. Zij spande zich namelijk in om haar man de waardigheid van prefect te verschaffen, een ambt dat een soort militair oppergezag inhield. Een mededinger werd op verraderlijke wijze doodgeslagen, Adela moest als vrouw alleen de verdediging van een belegerde burcht leiden en zo was deze tijd vol krijgsrumoer en onzekerheid. Er zijn geen berichten over de toestand van de lagere bevolking; ongetwijfeld hebben ook zij de onveiligheid aan den lijve ondervonden, die het gevolg was van de vetes der heren.

Wilden de Duitse koningen hier wat meer orde brengen en hun gezag laten eerbiedigen, dan moesten zij niet steunen op de lokale lekeheren. Die waren alleen maar uit op vergroting van de eigen macht en op de versterking van het familiebezit. De bisschoppen kwamen veel meer in aanmerking als steunpilaren van het rijksgezag. Die konden geen wettige kinderen krijgen en waren niet uit op de vestiging van een dynastie. Ze waren beter ontwikkeld en meer vredesgezind dan de leken; bovendien behoefden ze niet afkomstig te zijn uit de streek waar ze hun ambt uitoefenen. Otto I had indertijd zijn jongste broer Brun, de aartsbisschop van Keulen, tevens tot hertog van Lotharingen benoemd (953-965) en dat was goed bevallen. Sindsdien begonnen 's konings opvolgers Otto II en Otto III en de koningen die na hen kwamen stelselmatig in heel Duitsland en Italië graafschappen en andere overheidsrechten toe te kennen aan de plaatselijke bisschoppen. Zij deden dit met des te meer overtuiging omdat zij de bisschopsbenoemingen beheersten en erop konden toezien dat betrouwbare bestuurders het ambt kregen: bij voorkeur geestelijken die ervaring hadden opgedaan in de koninklijke kanselarij.

Gedurende een driekwart eeuw, van 1000 tot 1075, heeft dit zogenaamde Ottoonse stelsel of rijkskerkensysteem goed gewerkt, ook in de Nederlanden. Twee bisdommen, Utrecht en Luik, omvatten haast het hele grondgebied met uitzondering van Vlaanderen, dat zijn eigen diocesen had. Luik strekte zich uit over heel Noord-Brabant en Limburg, Utrecht omvatte de rest van Nederland, behalve de Groninger Ommelanden die bij het bisdom Munster behoorden. Omstreeks het jaar 1000 kreeg bisschop Notker van Luik het gezag over de graafschappen Hoei en Bruningerode en op den duur kregen zijn opvolgers het wereldlijk gezag over heel de Maasstreek van Maastricht tot Dinant in handen. Prinsbisdom heet een dergelijk gebied, wel te onderscheiden van het diocees, het district waarin het geestelijk gezag van de bisschop geldt. Na het jaar 1000 kreeg ook de Utrechtse bisschop heel wat graafschappen en andere overheidsrechten in leen van de Duitse koning. Het lijkt onmiskenbaar dat op den duur het prinsbisdom en het diocees hadden moeten samenvallen, ware het niet dat de ontwikkeling door de investituurstrijd werd gestuit.

Het Ottoonse stelsel werkte redelijk. De bestaande adellijke geslachten behielden hun grafelijke rechten min of meer, maar kregen met de Utrechtse en Luikse bisschoppen te maken als zij over de schreef gingen. In het midden van de elfde eeuw kwamen de zonen van Dirk III opnieuw in opstand tegen het rijksgezag. Maar ze waren daarbij niet zo succesvol als hun vader, die zijn roofnest Vlaardingen met succes had verdedigd tegen de keizer. Beide zonen, Dirk IV en Floris I, sneuvelden. Dat was een mooie gelegenheid om nu definitief af te rekenen met dit fronderende geslacht in het Hollandse kustgebied. In 1064 schonk de Duitse koning de graafschappen Rijnland en Westvlieland aan de Utrechtse kerk, een welkome afronding van het prinsbisdom aan de westkant. In Friesland, in de Groninger Ommelanden, in het oosten en zuiden van Nederland zaten ook wel enkele grafelijke geslachten, maar die hadden nog niets dat op een aaneengesloten territoir leek. In de Friese gouwen heerste het Saksische geslacht der Brunonen en zolang die zich maar beperkten tot het voorzitten van het gravengeding en de muntslag, konden de vrijheidslievende inwoners zich schikken in hun bewind. In de Gelderse gebieden dook in de elfde eeuw een nieuw heersersgeslacht op, afstammend van een zekere Gerard Flamens die de burcht Wassenberg ten oosten van Roermond bezat. Waarschijnlijk heeft deze Gerard Flamens ook al de burcht Geldern aan de Niers ten noordoosten van Venlo verworven. Naar deze burcht is het geslacht later genoemd en zo heeft de tegenwoordige provincie Gelderland zijn naam gekregen. Gerard Flamens en zijn opvolgers in de elfde en twaalfde eeuw hadden overigens niet het besef dat er zoiets als een gewest Gelderland in de maak was. Ze probeerden rechten en bezittingen te verwerven waar dat mogelijk was. Gerard Flamens heette op een bepaald moment graaf in Teisterbant, een gouw in het rivierengebied. Een afstammeling van hem trouwde later met de erfdochter van Otto van Zutphen en verwierf zo voor het geslacht het graafschap Zutphen. In 1196 kwam de Veluwe aan de Gelderse graven toe en het rijk van Nijmegen raakte eerst in 1247 in hun handen. Toen pas was het gewest Gelderland voltooid. Het zal duidelijk zijn dat in de elfde eeuw niemand kon bevroeden dat het die kant op zou gaan. Uit dit voorbeeld blijkt dat onze tegenwoordige provincies vrij recente scheppingen van de historie zijn en doorgaans niet bepaald zijn door het natuurlijke landschap of door geografische of etnische omstandigheden, waarmee natuurlijk geen vrijbrief gegeven is aan de tegenwoordige regeerders om nu ook maar vrijelijk te gaan snijden in historisch gegroeide organismen.

Genoemde graven waren nog vrij zelfstandig, al moesten zij zich in de elfde eeuw wel voegen naar de wensen van de bisschoppen van Luik en Utrecht. Daarnaast waren er bisschoppelijke graven en bestuursambtenaren die volkomen van hun meesters afhankelijk waren. De bisschoppen bedienden zich voor het bestuur ook wel van ministerialen, mensen van onvrije geboorte. Die waren in de elfde eeuw nog zeer onderdanig. Met hun afstammelingen zouden er in de twaalfde en dertiende eeuw meer moeilijkheden komen. Het verre Groningen was ook een bezitting van de Utrechtse bisschoppen; boden en meiers wisten het gezag van hun meesters daar aardig te handhaven en zo heeft de tweede kersteningsgolf onder bestuur van geestelijke overheden zich afgespeeld in een sfeer van rust en vrede. De kerk spande zich in om de orde in de wereld te handhaven en slaagde daar redelijk in. De bouw van vele kerken was een zichtbaar teken van het succes. Ze verrezen niet alleen in de nieuwe parochies. Bisschop Bernulfus (1027-1054) trof in zijn bisschopstad Utrecht twee kapittelkerken aan, Dom en Oudmunster, en hij bouwde er twee bij, de kerken van Sint-Pieter en Sint-Jan, alsmede het klooster van Sint-Paulus. In 1085 kwam daar nog de kapittelkerk van Sint-Marie bij en zo was de Dom omringd door vier collegiale kerken; deze vijf kerken vormden te zamen een kruis. Voeg daarbij de vier parochiekerken van Utrecht en men kan bedenken wat een machtig silhouet van kerktorens de stad geboden heeft aan het omringende platteland. En Utrecht was niet de enige Nederlandse plaats waar al in de elfde eeuw de kerkbouw grote sommen verslond. Kennelijk kon het land zich deze inspanningen veroorloven.

De investituurstrijd heeft een einde gemaakt aan de overheersende positie der bisschoppen en heeft ook de koningen beroofd van hun half-religieuze prestige. De scherpslijpers in Rome konden niet verkroppen dat leken zeggenschap hadden over geestelijke ambten, dat vorsten eenvoudig zeiden tegen prelaten, als waren zij ondergeschikten: 'Aanvaard uit mijn handen deze kerk.' Zij ergerden zich aan het bestaan van eigen kerken en eigen kloosters die in het bezit waren van leken en niet rechtstreeks onder een bisschop stonden; maar zij hebben op die manier tevens de nauwe relatie tussen geestelijke belangen en wereldlijk bestuur, die al sinds de Karolingen bestond, veel losser gemaakt. Het liefst hadden de Gregorianen, de volgelingen van 's keizers tegenstander paus Gregorius VII (1073-1085), gezien dat er een theocratie in Europa zou komen onder leiding van de kerk met uitschakeling van alle macht der leken. Dat is niet doorgegaan. De investituurstrijd eindigde door compromissen met de koningen van Frankrijk en Engeland en tenslotte met de keizer van Duitsland bij het concordaat van Worms in 1122. Daarin werd de bisschopskeuze geregeld. De keizer zou bij een betwiste keuze de doorslag mogen geven, maar voortaan zou hij de bisschoppen niet meer met hun ambt mogen investeren. Wel zou hij hen kunnen belenen met wereldlijke goederen. Wie in het vervolg de bisschop moest kiezen werd niet duidelijk; er stond slechts geschreven dat de keuze vrij en canoniek zou zijn. In de praktijk is de keuze toegevallen aan de kanunniken van de kathedraal. Daarop hadden de naburige heren grote invloed, want deze kanunniken waren merendeels hun vrienden en verwanten. Ten overvloede zorgden de graven uit de buurt ervoor dat zij op het moment van de keuze aanwezig waren, om zo nodig rechtstreeks en met wapengeweld hun invloed te doen gelden. Zo was het een van de voornaamste gevolgen van de investituurstrijd dat de lokale heren veel machtiger werden. Tijdens het Ottoonse stelsel hadden ze zich moeten voegen naar de bisschoppen, na 1122 konden ze hun macht in volle vrijheid verder uitbouwen en beheersten daarbij ook nog de bisschopskeuze.

Dat is heel duidelijk te zien in de Nederlanden. Te Utrecht en Luik kwamen voortaan geen buitenlanders meer op de troon, maar telgen uit plaatselijke geslachten. Het was gedaan met de protectie door de keizers; voortaan moesten de bisschoppen zich met hand en tand verdedigen tegen de infiltraties van de naburige heren en de diep gekartelde grenslijn van de huidige provincie Utrecht toont duidelijk aan dat dit lang niet altijd gelukt is. Iedere nieuwe keuze was een traumatische aangelegenheid, waarbij steeds het gevaar van een schisma aanwezig was. De Duitse koning zou in principe mogen ingrijpen, maar doorgaans bemoeide hij zich er niet mee, omdat de zaak voor hem niet meer interessant was.

Middeleeuwse rechtspraak

In de hedendaagse rechtspraak bestaat er een duidelijk onderscheid tussen civiele of burgerlijke zaken en strafzaken. Voelt men zich door een ander benadeeld zonder dat er een misdrijf begaan is – betaalt bijvoorbeeld iemand zijn schulden niet of komt hij zijn verplichtingen niet na – dan kan men, bijgestaan door een procureur, een civiele vordering bij de rechtbank indienen tegen degene die in gebreke is gebleven. Heeft iemand een misdaad begaan, dan is het niet aan de benadeelde partij daarvan werk te maken: bij een dergelijke strafzaak treedt de staat als aanklager op. Dit onderscheid tussen strafzaken en civiele zaken bestond ook in het Romeinse recht. Evenwel niet bij de oude Germanen. Daar gold in het algemeen de regel:

'Geen klager, geen rechter', en dat is zo gebleven tot ver in de middeleeuwen. Volgens het rechtsboek van Den Briel, opgetekend door de stadsklerk Jan Mathijsen in het begin van de vijftiende eeuw, moest bij een proces wegens doodslag het lijk van de vermoorde op een baar tot in de vierschaar worden gedragen. Daarna behoorden de naaste verwanten een aanklacht in te dienen. Hier heerste nog de fictie dat de dode zelf klaagde – zoals dat ook in het dierenepos *Van den vos Reynaerde* gebeurt, waarin de dode kip Coppe tot voor koning Nobel wordt gedragen vóórdat haar vader, Cantecleer, de moordenaar Reinaert beschuldigt. Elders was het gebruikelijk dat niet het hele lijk getoond werd, maar dat de naaste verwant de afgesneden hand van de vermoorde liet zien. Dit was de klacht met de dode hand. Ook verder was het proces in Den Briel en elders nog lange tijd erg formeel. Men moest de juiste bewoordingen gebruiken op straffe van verlies van het proces. Wie de dingtaal niet voldoende beheerste, kon zich laten bijstaan door een taalman. Oudtijds waren de bewijsmiddelen eveneens erg formalistisch bij de processen, zowel bij onbelangrijke zaken als loslopende koeien of verplaatste grensstenen, als bij kwesties van roof, moord en doodslag. Als de beschuldigde partij niet spontaan bekende of op heterdaad betrapt was, moest er bewezen worden wie de waarheid sprak. Bij het gravengerecht traden ofwel alle dorpsgenoten ofwel zeven schepenen als rechters op, en die wisten wel wie het meest betrouwbaar was en tot de bewijsvoering moest worden toegelaten. In het gunstigste geval mocht één van de partijen een eed zweren dat hij de waarheid had gesproken, meestal mits hij een aantal eedhelpers kon leveren, dat wil zeggen mensen die met hun eed wilden staven dat de persoon in kwestie betrouwbaar was. Maar er waren ook andere bewijsmiddelen. Heel gebruikelijk was het duel of tweegevecht. In dat geval bepaalden de rechters dat de twee partijen maar een strijd op leven en dood moesten voeren. God zou wel de overwinning schenken aan degene die gelijk had. Dat bovennatuurlijke karakter blijkt ook duidelijk bij de laatste soort primitieve bewijsmiddelen: de godsoordelen of ordaliën. Ook daarbij moest de godheid uitmaken wie de waarheid sprak. Bij de heetijzerproef moest men een gloeiend ijzer over een bepaalde afstand in de handen dragen; vervolgens werden de handen bekeken en als die niet merkbaar gewond waren, had die man de waarheid gesproken. Zo ook de heetwaterproef: men moest een voorwerp uit een ketel met kokend water halen, en weer beslisten de wonden over schuld of onschuld. Ten slotte was er nog de koudwaterproef. Een beschuldigde werd in het water gegooid; zonk hij, dan nam het water hem op en was de onschuld bewezen. Bleef het lichaam drijven, dan wees het water het af en dat was een bewijs van schuld. Dit godsoordeel was gebruikelijk bij gevallen van toverij en ketterij. Aanvankelijk heeft de kerk haar medewerking verleend aan dit soort bewijsmiddelen, maar geleidelijk won de overtuiging veld dat hiermee de magie te zeer werd binnengelaten. In 1215 verbood het Vierde Lateraans Concilie aan geestelijken hulp te verlenen bij godsoordelen. Toen kwamen er wat rationeler bewijsmiddelen in zwang, bijvoorbeeld een onderzoek door schepenen, hetgeen als schepenkennis bekend staat, of een enquête door een neutrale commissie, wat een waarheid heet. Het bleef echter moeilijk om van iemand een bekentenis los te krijgen, als de zaken niet glashelder waren. In de late middeleeuwen is daarom de tortuur ingevoerd om mensen die van een misdaad verdacht werden, tot een bekentenis te dwingen – een zwarte bladzijde in de geschiedenis van de rechtspraak. Overigens was er in die tijd ook al een verbetering ingevoerd doordat de staat zich verantwoordelijk begon te voelen voor de handhaving van het recht en het besef begon door te breken dat niet alles aan het particulier initiatief van de benadeelde partijen kon worden overgelaten. Machtige heren konden dan immers straffeloos misdrijven plegen, omdat niemand zich tegen hen te weer durfde stellen. De staat kon in principe optreden als een misdadiger de vrede schond. Vrede was een begrip met vele aspecten. Al vóór het jaar 1000 was op enkele plaatsen in Frankrijk de godsvrede afgekondigd, hetgeen inhield dat bepaalde groepen mensen – vrouwen, geestelijken, pelgrims en dergelijke – geen slachtoffer van veten mochten worden. Was dat toch het geval, dan konden degenen die de vrede verbroken hadden de represailles verwachten van allen die de vrede bezworen hadden. Op dezelfde wijze werkte ook de landvrede of de koningsvrede.

Al heel vroeg bestond het besef dat iemand die een ander schaadde daardoor ook de hele volksgemeenschap schade toebracht. In de volksrechten uit de Karolingische tijd behelzen de meeste bepalingen tarieven met wat er precies betaald moest worden als men iemand een grote of kleine wond toebracht, een hand of voet afhakte, tot het volle weergeld voor een complete doodslag. Steeds was er dan tevens een boete bepaald voor de overheid, een 'fredus dominicus'. Vanaf de twaalfde eeuw is de overheid bewust naar misdaden gaan speuren en is er ook wel tot vervolging overgegaan als er geen klager was. Dat deed in de dertiende eeuw ook de kerk die een onderzoek instelde naar ketterij door middel van een eigen onderzoek of 'inquisitio'. Daarnaar is de hele rechtbank inquisitie genoemd. Eigenlijk was de inquisitie een heel moderne instelling en betekende deze op juridisch gebied een grote stap voorwaarts, al zullen de talrijke slachtoffers er anders over gedacht hebben. Rechtspreken was belangrijk. De steden beroemden zich op het bezit van een eigen schepenbank, waar de poorters door hun medepoorters berecht konden worden en van hen hopelijk een eerlijker behandeling konden krijgen dan elders. Dat was in overeenstemming met het principe dat het vonnis gesproken moest worden door iemands gelijken. Daarom kwamen vazallen voor een hof van hun collega-leenmannen onder leiding van de leenheer. Horigen kwamen voor een gerecht van hun collega's onder leiding van de hofheer. Geestelijken konden uitsluitend terecht staan voor een kerkelijke rechtbank. Toch was de rechtspraak niet ideaal. De bewijsmiddelen waren onvoldoende. Als een misdadiger niet wilde bekennen en niet tegen een meineed opzag, was er vaak weinig te beginnen. Vandaar dat steeds meer rechters in de late middeleeuwen hun toevlucht namen tot de tortuur, de pijnlijke ondervraging om een verdachte tot een bekentenis te dwingen. Vandaar ook dat de straffen een uitermate wreed karakter droegen. De autoriteiten wilden die misdadigers wier schuld vaststond, als een waarschuwend voorbeeld stellen voor hun medemensen. Maar het hielp weinig. Het probleem van de uitroeiing van de misdaad heeft tot de dag van vandaag de mensen beziggehouden en zal wel nooit een oplossing vinden. De stedelijke rechtbanken bewezen hun nut op een ander terrein. Tegenwoordig stelt de overheid zich garant voor de rechtsgeldigheid van massa's koopcontracten, hypotheken, diploma's en wat niet al. Vroeger was dat anders. Er waren in de middeleeuwen wel notarissen, aangesteld door de paus of de keizer, wier akten een zekere prestige genoten, maar ideale bescherming gaven die niet. Contractanten gingen daarom vaak naar de stedelijke schepenbank, voerden daar een schijnproces en kregen dan een schepenakte, die desnoods met behulp van het stedelijk machtsapparaat uitvoerbaar was. Op den duur betekende dit dat veel contracten door de schepenen eenvoudig geregistreerd werden. Dit systeem heet vrijwillige of volontaire rechtspraak en de bewaard gebleven registers daarover verschaffen de historici waardevolle inlichtingen over veel aspecten van het dagelijks leven.

Zo heeft de twaalfde eeuw de triomf der territoriale vorsten gezien. Omstreeks 1100 waren dat nog rondzwervende magnaten, steunend op een bundel rechten en bezittingen en meer of minder ondergeschikt aan de naburige bisschop, tegen 1200 waren het echte landsheren geworden met onderdanen wonend in een aaneengesloten territoir. Dan is het voor het eerst mogelijk een kaart te tekenen; dan zijn de huidige provincies al vrij aardig te onderscheiden. Dat is duidelijk het geval met Holland en Zeeland. Al bij het begin van de investituurstrijd, in 1076, was Dirk v, de zoon van de gesneuvelde Floris i, in zijn voorvaderlijk gebied teruggekeerd; met steun van zijn Vlaamse stiefvader had hij de Utrechtse bisschop verslagen en de confiscatie van 1064 ongedaan gemaakt. Koning Hendrik iv van Duitsland heeft deze inbreuk op zijn beschikkingen moeten dulden; hij moest al zijn aandacht richten op zijn strijd met de paus. Dirk v en zijn opvolgers hebben de zo geboden kans goed benut en een samenhangend landsheerlijk gebied geschapen. Vroeger hadden de kustgebieden tussen Zwin en Vlie nog bekend gestaan als het gebied der Friezen. Thans kwamen daarvoor de namen Holland en Zeeland in gebruik, terwijl ook alle sporen van de Friese dialecten verdwenen, zoals valt af te leiden uit de plaatsnamen in de ontginningsgebieden.

In de Friese gouwen ten oosten van het Vlie kwam een voor middeleeuwse verhoudingen heel merkwaardige ontwikkeling op gang. Daar had graaf Egbert ii op dezelfde wijze tegen het rijksgezag gerebelleerd als de Hollandse graven; koning Hendrik iv had veel geduld met hem, nam hem enkele malen weer in genade aan, maar in 1089 was de maat vol; Oostergo en Westergo kwamen nu aan de Utrechtse kerk toe en niemand zou deze gift ooit nog ongedaan kunnen maken, zelfs de keizer niet als hij dit zou willen. De Utrechtse bisschop heeft weinig plezier aan de Friese graafschappen beleefd en er nauwelijks gezag kunnen uitoefenen, maar iemand anders kon dat evenmin. In Holland kwam na de confiscatie van 1064 het oude geslacht eerlang weer in het zadel, de verwanten van Egbert ii hebben ook geprobeerd hun landen te herwinnen. Egberts zwager Hendrik de Vette van Nordheim kwam in 1101 naar Friesland om zijn taak te vervullen, maar hij werd door Friezen van geringe stand belaagd, omdat het juk van zijn heerschappij hun zwaar viel. Hendrik vluchtte naar zee, werd door schippers gewond en verdronk. Pas na zeven weken spoelde zijn lijk aan. Dat was het begin van Frieslands vrij-heidsstrijd en bijna vier eeuwen lang hebben de Friese zeelanden het zonder een heer kunnen stellen. Later hebben zij zelfs een valse oorkonde op naam van Karel de Grote in elkaar geflanst, die hun zogenaamd het recht gaf direct onder de keizer te staan uit dank voor de dappere daden, te Rome in 's keizers leger verricht. Datzelfde voorrecht pretendeerden die andere veeboeren in een onherbergzaam gebied, de Zwitsers, eveneens te bezitten en met hen hebben de Friezen zich wel verwant gevoeld. De omringende volkeren spotten met de dwaze Friezen, die niet wisten dat ieder mens onder gezag moest staan, en trokken de geldigheid van hun vrijheidsprivilege in twijfel. 'De oorkonde kan het zonlicht niet verdragen want er hangt een zegel van boter aan,' schamperde de Vlaming Jacob van Maerlant. Ideaal waren de toestanden daar niet, de Friese vrijheid ontaardde gauw in anarchie en er kwam veel ongerechtigheid voor. Toch is het Friese experiment ongemeen interessant. Al op het eind van de elfde eeuw zijn een aantal wetsteksten opgetekend in de Friese taal, terwijl toen overal elders in Europa het Latijn nog het monopolie had. Daaruit blijkt een sterk ontwikkeld gevoel van eigen identiteit en eigenwaarde, misschien zelfs wel een nationaal Fries besef.

Het graafschap Gelre is, zoals gezegd, in de twaalfde eeuw nog nauwelijks tot eenheid gegroeid, de afstammelingen van Gerard Flamens bezaten alleen op het eind van de eeuw wel de voornaamste stukken, maar eeuwenlang hebben de Veluwe, de Betuwe, de Graafschap Zutphen en het Opperkwartier van Gelre rondom Venlo, Roermond en de burcht Geldern in Duitsland nog een zekere zelfstandigheid behouden. De vier kwartieren van Gelre heetten ze, ieder met hun eigen hoofdstad: Arnhem, Nijmegen, Zutphen en Roermond. De Veluwe bezaten de Gelderse graven daarbij als leen van Brabant, dat dit gebied zelf weer in leen hield van het prinsbisdom Utrecht. Dit is een voorbeeld van de ingewikkelde eigendomsverhoudingen die konden heersen in de middeleeuwen.

Het prinsbisdom Utrecht had nog aardig wat territoir behouden. Door het verlies van de Veluwe lag dat niet meer aaneengesloten. Het Nedersticht viel samen met de huidige provincie Utrecht, het Oversticht omvatte Overijssel, Drenthe en de stad Groningen. Het kostte evenwel moeite voldoende gezag over dit laatste gebied te behouden. Bisschop Hardbert meende er omstreeks 1150 verstandig aan te doen om daar zijn beide broers te benoemen, de ene als prefect van Groningen, de ander als burggraaf van Drenthe. Tijdens zijn leven spraken nog de banden des bloeds en zo bleef de verbinding met de noordelijke gebieden bestaan. Maar zijn opvolgers konden niet verhinderen dat Hardberts broers zich lieten opvolgen door hun eigen zonen en daardoor leken er twee zelfstandige dynastieën te ontstaan in Groningen en Drenthe, die zo ontglipten aan het bisschoppelijk gezag. In 1227 besloot bisschop Otto II met geweld zijn rechten te hernemen. Met een prachtig ridderleger trok hij van het zuiden tussen de veenmoerassen Drenthe binnen om de burggraaf Rudolf van Koevorden, de heerser over Drenthe, een lesje te leren. Hij had echter geen rekening gehouden met de vijandschap van de vrije Drentse boeren. Die hadden nu tachtig jaar achter de rug van een weinig drukkend bewind van eigen heersers. Ze zagen hoe de Friezen zonder landsheren uitkwamen. Ze hadden er nu geen behoefte aan de bisschop uit het zuiden willoos te aanvaarden. Waarschijnlijk zou die streng de tienden gaan invorderen en andere lasten gaan opleggen. Ze schaarden zich dus onder de krijgsbanier van Rudolf van Koevorden en wachtten bij Ane moedig op de komst van bisschop Otto's leger. Op 27 juli 1227 verscheen dit en zette onmiddellijk met tromgeroffel en trompetgeschal de aanval in, ervan overtuigd dat morsige boeren niet tegen ridders waren opgewassen. Maar dat viel tegen. Paarden en ridders met hun zware harnassen zakten weg in het zompige veen en werden als beesten afgemaakt; zelfs de Drentse vrouwen lieten zich niet onbetuigd. Bisschop Otto werd eerst met een zwaard gescalpeerd en daarna afgeslacht. De nederlaag wekte verbijstering in Utrecht, maar de Drentse boeren konden hun traditionele gewoonten hand- haven en behoefden geen bisschoppelijk gezag te accepteren. Wel bouwden zij later te Assen een klooster als boete voor de moord op de bisschop.

Bezuiden de grote rivieren lag het hertogdom Brabant. De graven van Leuven waren namelijk hertogen geworden in 1106, toen het geslacht der echte hertogen van Neder-Lotharingen was uitgestorven en de titel vacant kwam. Bij die gelegenheid kregen de nieuwe hertogen ook wat gebiedsuitbreiding, met name het markgraafschap Antwerpen waartoe het huidige Noord-Brabant behoorde. Daar lagen ook nog heel wat halfautonome heerlijkheden als de baronie van Breda en het land van Heusden. Dit soort heerlijkheden waren nog veel talrijker in de Nederlandse provincie Limburg, die genoemd is naar een hertogdom ten oosten van Luik, maar daarmee nauwelijks samenviel. Nederlands Limburg was een lappendeken van zelfstan- dige heerlijkheden als Valkenburg of Horne, soevereine kloosters als Kloosterrade of Thorn en grote stukken Gelders gebied in het noorden rondom Roermond en Venlo. Bijzonder ingewikkeld lagen de gezagsverhoudingen in Maastricht; die stad was deels Luiks, namelijk rondom de Lieve-Vrouwekerk, en deels een rijksgoed, rondom de Servaaskerk. Deze tweeherigheid van Maastricht is blijven bestaan tot aan de komst der Fransen in 1794. Trouwens, ook langs de grote rivieren lag een hele keten van zelfstandige heerlijkheden als Berg, Bahr, Culemborg, het land van Arkel in Gelre, Montfoort in Utrecht, Voorne en Putten in Holland en talrijke meer. Dat moet men goed voor ogen houden: de gezagsverhoudingen waren in de middel-eeuwen vaak zeer gecompliceerd en dat is eigenlijk nog lange tijd zo gebleven. Bankroetiers plachten nog in de zeventiende en achttiende eeuw naar Culemborg te vluchten, want in die zelfstandige heerlijk-heid waren zij onbereikbaar voor het gerecht en voor, misschien nog belangrijker, de vorderingen van hun schuldeisers.

In de twaalfde eeuw zijn de staatjes geboren die veel later de Republiek der Verenigde Nederlanden zouden gaan vormen. De heersers bleven voorlopig nog doortrokken van een avontuurlijke riddermentaliteit die hen dwong achter iedere schim van recht aan te jagen, ook als dat niet gunstig was voor hun onderdanen. Veel vorsten waren zeer reislustig en gingen jaren op kruistocht zonder zich te bekommeren over het lot van hun onderdanen in de tussentijd. Wel moesten zij in de aaneengesloten territoria nu een begin van lokaal bestuur organiseren. Ze konden niet meer zelf in het land rondtrek-ken om overal in eigen persoon de rechtszittingen te leiden. De natuurlijke helpers voor de landsheer waren daarbij hun adellijke vazallen. Als ambachtsheren bestuurden die de ontginningsdorpen, diezelfde functie gingen anderen nu op het oude land uitoefenen. Ze stonden de landsheren ook in zijn centraal bestuur terzijde en vormden een regeringsraad van wisselende samenstelling. Toch bood de leenband niet altijd voldoende garantie voor de trouw. De tijd van het leenstelsel was eigenlijk voorbij, in het buitenland kwamen ambtenaren naar voren die als bestuurders in de dertiende eeuw bezoldigd waren. Dat gebeurde eveneens in de Nederlanden.

Bijvoorbeeld in Holland. In de dertiende eeuw hebben de graven in grote districten een deel van hun bevoegdheden overgedragen aan baljuwen; terzelfder tijd zorgden aparte rentmeesters voor de finan-ciën, administreerden ze de grafelijke domeinen, verpachtten ze zijn tienden en tollen en zorgden ze ook voor diverse betalingen. Er ontstond al een zekere vorm van bureaucratie. Het voorbeeld daarvoor kwam van de zuidelijke gewesten. Brabant was in dit opzicht erg belangrijk voor Holland. Toen graaf Willem II tot de conclusie kwam dat er in zijn graafschappen wat meer steden moesten komen, heeft hij ook weer zijn inspiratie uit Brabant geput. Plaatsen als Haarlem, Delft en Alkmaar kregen het stadsrecht van 's-Hertogenbosch, dat op zijn beurt weer zijn gebruiken aan Leuven ontleend had. Ook op het persoonlijke vlak werkte die invloed. In 1247 was de paus al lang tot de conclusie gekomen dat hij niets meer te verwachten had van de antiklerikale keizer Frederik II en hij zocht naarstig naar een tegenkandidaat. Hij had wel graag hertog Hendrik II van Brabant in die rol gezien, maar die bedankte voor de twijfelachtige eer. De hertogen van Brabant waren wel degelijk geïnteresseerd in de aangelegenheden van het Duitse rijk: ze waren tenslotte in naam hertogen van Lotharingen en als zodanig erbij betrokken, en ze hadden zich ook vroeger wel gemengd in de strijd om de Duitse troon door partij te kiezen voor één der partijen: Welfen of Staufen. Daarom wilde hertog Hendrik II van Brabant de paus niet helemaal in de kou laten staan. Hij schoof zijn neef Willem II van Holland naar voren en die liet zich inderdaad te Aken tot Rooms-Koning kronen en begon enthousiast naar bondgenoten te speuren. Daarvoor verkwanselde hij de weinige rijksgoederen waarover hij kon beschikken. Zo verpandde hij de stad en het rijk van Nijmegen aan de Gelderse graaf. Enig succes had hij wel en na de dood van Frederik II heeft hij zelfs overwogen naar Rome te trekken om zich tot keizer te laten kronen. Echt serieus was Rooms-Koning Willem toch niet, want in de winter van 1256 ging hij de Westfriezen ten oosten van Alkmaar bevechten, een haast traditioneel Hollandse onderneming. Daarbij zakte hij met zijn paard door het ijs en werd hij doodgeslagen door de woeste Friezen die hun heer en koning niet eens herkenden. Toen zij hoorden welke illustere persoon zij de dood hadden ingedreven, verstopten zij zijn lijk angstig onder de haard ergens in een naburige boerenhoeve. Uit deze episode blijkt wel dat althans de Hollandse landsheren in de dertiende eeuw liever hun rechten vlak bij huis verdedigden dan zich in te spannen voor het vrij schimmige Duitse rijk dat in deze uithoek toch nauwelijks een realiteit was.

Ook de onderdanen dachten zo. In de dertiende eeuw begon in de Nederlanden een gewestelijk patriottisme op te komen, dat zich uit door aanhankelijkheid aan het eigen vorstenhuis. De neerslag daarvan is onder andere te vinden in de *Rijmkroniek van Holland* van Melis Stoke, geschreven in het Middelnederlands. Die was in de eerste plaats bestemd voor de geletterde kringen, maar deze werden al groter dan voorheen. Niet alleen de geestelijken konden tegen 1300 lezen, ook de hofkringen, de burgers in de steden en de rijkere boeren waren die kunst machtig. Zelfs bij de gewone boeren was de aanhankelijkheid aan de graaf merkbaar, namelijk toen Floris v in 1296 gevangen werd genomen door een groep ontevreden edelen. In 1274, toen Floris v pas tot volwassenheid was gekomen, waren de Kennemer boeren nog in opstand gekomen, omdat het landsheerlijk bestuur onvoldoende rekening hield met hun gevoeligheden en hun traditie van een zekere democratie op dorpsniveau. Dat primitieve vrijheidsverlangen hadden eerder de Friezen en de Drenten gedemonstreerd. Floris v toonde in 1274 dat hij begreep, niet meer als een enghartig hoofd van een groep edelen te moeten optreden, maar als een landsheer voor al zijn onderdanen. Hij schonk de Kennemers een landrecht waarin hij op redelijke wijze aan hun verlangens tegemoet kwam. Op die voorwaarden wilden vijftien jaar later ook de Westfriezen hem wel erkennen, nadat zij militair waren onderworpen en het lijk van de gesneuvelde Rooms-Koning Willem II ontdekt was onder de haard waar het in 1256 was begraven. Zoals gezegd bleek de trouw in 1296. Een groep ontevreden edelen had Floris v, 'der keerlen god', zoals ze hem spottend noemden, buiten Utrecht tijdens een valkenjacht gevangen genomen en hem opgesloten op het Muiderslot in afwachting van een schip dat de graaf naar Engeland moest brengen. Daarop verzamelden de boeren zich spontaan rondom het slot om dit te verhinderen. Toen de edelen Floris v dan maar over land wilden wegvoeren, stootten zij op een groepje boeren en zij wisten niets beters te doen dan hun heer en graaf, die gebonden op een paard zat, met sabelhouwen af te maken. De boeren namen bloedig wraak op enkele moordenaars die hun in handen vielen. Daarmee beginnen in de Hollandse geschiedenis enkele jaren die ons uit Melis Stokes *Rijmkroniek* goed bekend zijn, en waarin duidelijk naar voren komt welke groepen macht en invloed uitoefenden in deze beginnende landsheerlijke staat. Helaas ontbreken even gedetailleerde mededelingen over de andere provincies: Gelre, Neder- en Oversticht, Friesland en Brabant, maar waarschijnlijk zou het beeld daar niet veel verschillen. Met betrekking tot de provincies Holland en Zeeland wordt in ieder geval duidelijk dat de gehele bevolking betrokken was bij de omvorming van een machtsgebied – de omvorming van een aantal aanzienlijken naar een staat die gedragen werd door de aanhankelijkheid van de onderdanen.

De Zwarte Dood

Pest wordt verwekt door de Yersinia Pestis, een eivormige bacil met een lengte van ongeveer een duizendste millimeter. Deze leeft in de bloedstroom van een aantal knaagdieren in bepaalde delen van de wereld: Koerdistan, Oeganda, Noord-Indië en nog een paar meer. Die tarbagans, ratten en dergelijke schijnen er normaal niet veel last van te hebben, evenmin als de vlooien van die knaagdieren. Soms echter wordt de bacil virulent. De knaagdieren, vooral de ratten, sterven dan in groten getale. Ook de vlooien worden doodziek. Een prop van bloed en bacillen sluit hun slokdarm af, waardoor ze razend van de honger links en rechts bijten. Als hun natuurlijke gastheer gestorven is, gaan de vlooien ook over op mensen; als ze die bijten infecteren ze de bloedstroom met een hoeveelheid bacillen. Die verspreiden zich en veroorzaken in de lymfeknopen van oksels en liezen typische gezwellen, de builen of bubones. Ook komen er onderhuidse bloedingen, die zwarte of blauwe vlekken veroorzaken. De temperatuur van de patiënt stijgt, soms tot veertig of tweeënveertig graden. Daaraan sterft de zieke doorgaans. Ook kan een soort bloedvergiftiging de doodsoorzaak zijn. Ongeveer dertig procent van de lijders aan builenpest geneest, voor zeventig procent is de ziekte dodelijk. Er is nog een andere vorm van pest, de longenpest. Daarbij treedt geen besmetting op via vlooienbeten, maar door directe inademing. Longenpest is voor honderd procent dodelijk.

Er zijn in de wereldgeschiedenis vier grote pandemieën van pest aan te wijzen. De eerste was van 541 tot 767. Vervolgens kwam de Zwarte Dood, in 1346 in Europa verschenen en pas in de achttiende eeuw volledig uitgeblust. Dan kwam de pest te Marseille van 1720 tot 1722, één van de laatste manifestaties. En ten slotte was er de pest die in 1892 in Zuid-China uitbrak en die sindsdien de wereld rond gaat. In 1950 brak hij uit in Noord-Korea en de communisten gaven de schuld daarvan aan de Amerikanen. Het is de vraag of er in de oudheid wel ooit echte pest heeft gewoed. De pest te Athene in 429 voor christus zal pokken of vlektyfus geweest zijn, de pest van de Filistijnen uit het bijbelboek *Samuel* kan iedere besmettelijke ziekte geweest zijn, om maar niet te spreken van de epidemie die de Grieken teisterde tijdens de Trojaanse oorlog. De epidemie die van 1346 tot 1351 Europa in zijn greep had was wel degelijk pest, hetgeen duidelijk blijkt uit de beschrijving die Boccaccio ervan heeft gegeven. Deze Zwarte Dood heeft in die vijf jaren ontelbare slachtoffers gemaakt. De schatting dat één derde van de bewoners van Europa is gestorven zal niet ver mis zijn. Het staat tegenwoordig wel vast dat ook Nederland in 1349-1350 door de epidemie is bezocht, al zijn de schaarse gegevens tegenstrijdig. Voor de demografie maakte het niet zoveel verschil of de ziekte al in 1350 slachtoffers heeft gemaakt, want de pest was nu endemisch geworden en op gezette tijden sloeg een nieuwe epidemie nieuwe bressen in de bevolking. Het staat vast dat Nederland te lijden heeft gehad van pestgolven in 1360-1361, in 1368-1369 en in 1381-1383. In 1384 stierf Geert Grote aan de pest en de ziekte is ook in de Nederlanden een demografische factor van belang geweest.

De medici van toen stonden machteloos. De verwekker van de pest en de manier waarop de ziekte zich verbreidde zijn pas in de twintigste eeuw ontdekt. Quarantaine of verdelging van ratten zou geholpen hebben, maar op die gedachte kwam men niet. De mensen gaven de schuld aan de joden die de bronnen vergiftigd zouden hebben en er zijn heel wat pogroms gehouden in de jaren rond 1350. Geselprocessies trokken door het land. Op het marktplein van iedere plaats begonnen de deelnemers elkaar onder het zingen van een religieus lied te geselen om zo Gods toorn van de mensheid af te wenden. Volgens de geneesheren kwam de besmetting door een soort giftige wolk die uit het zuidoosten kwam. Het was het beste om maar weg te vluchten naar een eenzame plaats. Aromatische kruiden verbranden was goed en aderlaten kon ook geen kwaad. Dan was de volkswijsheid werkzamer. Die raadde aan een bok in huis te nemen; inderdaad hebben rattevlooien een afkeer van de geur van bokken en zo kreeg men een zekere bescherming. Veel helpen deed dit overigens niet en waarschijnlijk zijn de ondervoede arme klassen in nog groter getale gestorven dan de rijken die zich op het platteland konden terugtrekken. De religie kreeg ook een bepaalde intensiteit door de pest. Sindsdien zijn er pestheiligen bekend als Sint Sebastiaan, die stierf door pijlen, hetgeen misschien een vage herinnering was aan de pestpijlen van de antieke Apollo. Antonius Abt werd ook aangeroepen. Hij was al de beschermer tegen het Antoniusvuur, de vergiftiging door moederkoren die vaak voorkwam, en hij zou ook wel raad weten tegen de pest. Maar alle vrome gebeden, alle aalmoezen en processies hielpen niet tegen de Zwarte Dood, met het gevolg dat de mensen bleven sterven.

6 EENWORDING IN DE LATE MIDDELEEUWEN

In 1798 publiceerde de Engelse dominee en econoom Thomas Robert Malthus een boek over de bevolkingsgroei, getiteld *Essay on the Principle of Population*. In die tijd was in Engeland de industriële revolutie in volle gang en de geleerden debatteerden over de vraag of daardoor voor alle lagen van de bevolking de welvaart zou toenemen, zoals Adam Smith had beweerd, dan wel dat de armoede niet zou zijn uit te bannen. Malthus had een pessimistisch standpunt. Hij begreep dat de produktie van goederen weliswaar steeg, dat er door de mechanisering van de landbouw zelfs wel wat meer voedsel beschikbaar kwam, maar dat de mensen het daardoor niet nog beter kregen, omdat de bevolking veel sneller groeide dan de beschikbare hoeveelheid voedsel. In Amerika, waar voedsel en ruimte in Malthus' tijd in overvloed voorhanden waren, verdubbelde de bevolking iedere vijfentwintig jaar. In Europa was dat onmogelijk. Daar had de bevolking ook wel de neiging zich iedere vijfentwintig jaar te verdubbelen, maar het beschikbare voedsel liet dat niet toe. De natuur had haar eigen harde middelen om de bevolking uit te dunnen: ellende en misdadigheid. Hongersnoden, oorlogen en wat voor rampen niet al waren daarvoor beschikbaar en dan nog bleef de massa der mensheid staan op het lage peil waar iedere welstand ontbrak en men nog net in leven kon blijven. Alleen als de natuurlijke drift der mensen om zich te vermenigvuldigen zou worden beteugeld, was er een ontsnapping mogelijk uit deze droeve situatie, maar Malthus had daarin niet al te veel vertrouwen. Hij predikte seksuele onthouding en late huwelijken, maar twijfelde zelf aan de haalbaarheid daarvan.

In de jaren 1000-1300 was de bevolking van Europa ongeveer verdrievoudigd. Dat was mogelijk geweest door een verhoogde opbrengst van het graan en door grote ontginningen, maar in 1300 was een situatie ontstaan zoals Malthus die in zijn pessimistisch geschrift had beschreven. De ontginningen konden niet verder gaan, het areaal aan woeste grond, noodzakelijk voor de middeleeuwse landbouwmethoden, was al tot een bedenkelijk laag peil geslonken en een verhoging van het rendement van de akkerbouw was ook uitgesloten zonder kunstmest en zonder wetenschappelijke methoden. Rampen en ellende zouden de bevolking dus moeten decimeren en die zijn er dan ook gekomen. In de veertiende en vijftiende eeuw is veel meer oorlog gevoerd dan voorheen en bovendien met grotere legers. Kenmerkend is de Honderdjarige Oorlog tussen Frankrijk en Engeland van 1337 tot 1453, waarvan de bevolking zeer te lijden had, zelfs in tijden van wapenstilstand. Want de compagnieën van beroepssoldaten bleven bestaan en die leefden van de stelselmatige uitplundering van hele landstreken. Deze Honderdjarige Oorlog heeft ook zijn uitlopers gehad in de Nederlanden. Daar waren trouwens al de nodige adelveten aan de gang: de Hoeken en de Kabeljauwen in Holland en Zeeland, de Heekerens en de Bronkhorsten in Gelderland, de Schieringers en de Vetkopers in Friesland. Voeg daarbij de strijd tussen elkaar beconcurrerende facties in de meeste steden, die meestal resulteerden in de verbanning van de aanhangers van één partij. Die ballingen vormden benden, deden aanslagen op hun tegenstanders en hadden doorgaans geen ontzag voor de goederen van de boeren uit de omgeving. De late middeleeuwen waren vol onrust en onzekerheid door veten en oorlog.

Toch waren oorlogen de minste ramp uit de apocalyptische trits van pest, hongersnood en oorlog. Hongersnoden zijn er ook geweest, wanneer om wat voor reden dan ook de oogst mislukte. Zo ook in het jaar 1316. In de zomer van 1315 had het bijna onafgebroken geregend en de oogst die de boeren in augustus van de akkers konden halen was bedroevend klein. Zelfs de hoeveelheid zaaigoed die ze in november in de grond stopten, was eigenlijk onvoldoende. In mei 1316 werd de toestand catastrofaal. Een aanmerkelijk percentage van de bevolking is toen, althans in de steden, van honger gestorven, omdat het brood onbetaalbaar was geworden. In de stad Ieper in het jaar 1316 liet de magistraat 2794 lijken van straat ophalen, dat wil zeggen ongeveer tien procent van de totale bevolking. In Brugge waren dat er 1938, toch altijd nog vijf procent van de hooguit veertigduizend inwoners die Brugge toen telde. Het jaar 1317 beloofde eveneens moeilijk te worden, maar verschillende stadsbesturen hebben toen door tijdige graanaankopen in het buitenland de ergste rampen voorkomen. De hongersnood van 1316 heeft ook in het noorden duizenden slachtoffers gemaakt, maar waarschijnlijk zijn de geslagen bressen in de bevolking in de jaren daarna weer gedicht.

In 1349 kwam de pest echter in de Nederlanden en woedde daar in de jaren 1350 en 1351 met bittere hevigheid. Misschien is de sterfte tijdens deze eerste aanval van de Zwarte Dood in de Nederlanden iets minder groot geweest dan elders in Europa, waar dertig procent en meer van de bevolking ten grave werd gesleept. Het staat vast dat de pest in alle gewesten heeft gewoed, al kan het zijn dat de bacillen hier minder virulent waren of dat de bevolking wat meer weerstand had. De pest, die sinds de achtste eeuw uit Europa verdwenen was, werd daar nu endemisch en op gezette tijden braken nieuwe epidemieën uit. Legio zijn de berichten van reizigers uit de late middeleeuwen of de zestiende eeuw dat ergens in een stad of een streek pest gesignaleerd was en dan vermeden zij een dergelijk oord van verschrikking. Zo was de pest een doeltreffend, hoewel vreselijk correctief op de bevolkingsgroei in de zin van Malthus. Na 1350 is dan ook de bevolking van Europa niet meer gegroeid, integendeel fors gedaald, wat weer ongunstige economische consequenties had.

De loop van de bevolking in Nederland van 1300 tot 1500 is moeilijk te meten bij gebrek aan gegevens. In de Meierij van Den Bosch zijn haardstedentellingen verricht in een klein aantal jaren van de veertiende en vijftiende eeuw. In het algemeen was de bevolking aardig stabiel; van 1464 met 17.966 haardsteden was er slechts een terugval naar 16.162 in 1480. Merkwaardig is dat de stedelijke bevolking in het algemeen niet is teruggelopen en op veel plaatsen – zoals in Holland – na 1350 veeleer is gegroeid. Toch moet de sterfte door de pest in de steden veel groter geweest zijn dan op het platteland. Dat was ook zo, maar de verliezen, zo ontstaan, werden meer dan goedgemaakt door de immigratie vanuit de omgeving. Een aantal steden hield zogenaamde poortersboeken bij, waarin de namen staan opgetekend van allen die voor geld het burgerrecht in de stad kochten, en ook van die enkeling die het gratis kreeg als hij ereburger werd. Lang niet alle immigranten kochten het burgerrecht, misschien niet meer dan vijfentwintig procent. In Leiden bedroeg het aantal nieuw ingeschrevenen tussen 1364 en 1415 gemiddeld ruim achtenvijftig personen per jaar; als we dit aantal met vier vermenigvuldigen, dan zouden zich in vijftig jaar ruim 11.500 personen in Leiden hebben gevestigd – en dat in een stad die omstreeks 1400 niet meer dan zesduizend inwoners had volgens een recente schatting. Hoe ongezond zal het leven in Leiden zijn geweest en hoe groot was desondanks de aantrekkingskracht. In Kampen staan er tussen 1320 en 1469 gemiddeld per jaar zelfs vijfenzestig personen in het poortersboek. De conclusie lijkt gewettigd dat in die streken het platteland is leeggelopen om de steden op peil te houden.

In de veenstreken dwongen bovendien de plaatselijke toestanden de mensen tot emigratie naar de steden. Het veen was in het verleden ontgonnen door het graven van afwateringssloten, waardoor aanvankelijk zelfs graanbouw mogelijk was. Veen dat ontwaterd is verliest echter aan volume, klinkt in, en de eertijds redelijk hoog gelegen akkers begonnen te dalen. Daardoor werd het moeilijk het water afdoende te lozen; er waren nog geen windwatermolens en de weteringen konden hun overtollig water alleen maar kwijt door het natuurlijk verschil tussen eb en vloed aan de zeekant. Dat was nu niet meer voldoende en veel landerijen lagen in de late middeleeuwen gelijk met het waterpeil in de sloten en 's winters stond een groot deel van het platteland zelfs blank. Die gronden waren alleen nog te gebruiken als hooilanden in de zomer; meer en meer moest de akkerbouw worden opgegeven voor de veel minder arbeidsintensieve veeteelt en de werkeloos geworden agrariërs trokken naar de steden. Daar was het voor de lagere bevolking ook geen vetpot, maar er waren tenminste mogelijkheden om werk te vinden. Het platteland had ook elders in Nederland de bewoners niet zoveel meer te bieden. Steeds vaker bleken dijkdoorbraken en overstromingen definitief landverlies op te leveren, omdat de kosten van herdijking de verwachte voordelen te boven gingen. Zo is de Biesbosch ontstaan na de Sint-Elisabethsvloed van 1421; zo heeft de Dollart in Groningen kunnen ontstaan. Pas na 1450 is op het platteland van Nederland de windwatermolen ingevoerd, waardoor bemaling van de polders mogelijk werd. Dat betekende een reusachtige verbetering en er valt dan ook te constateren dat de bevolkingsaanwas van de zestiende eeuw vooral op het platteland gerealiseerd is, omdat daar de wateroverlast bedwongen werd.

In de steden van Nederland bestonden, zoals gezegd, wel degelijk economische mogelijkheden. Ten eerste was er in heel Europa een verschuiving opgetreden bij het goederenvervoer. Dat ging voortaan bij voorkeur langs de waterwegen, terwijl de landwegen werden verlaten: allereerst door de gestegen onveiligheid en verder omdat er gebrek aan arbeidskrachten begon te komen. Vervoer te water is nu eenmaal economischer. En daarbij kwamen er ook nog voortdurend verbeteringen aan de zeeschepen: de koggen werden groter en betrouwbaarder. Tegen 1400 verschenen daarnaast grote evers en hulken als gelijkwaardige typen en vanuit de Middellandse Zee werd de karveel bekend in de vijftiende eeuw. Dat was een mooi snelvarend schip met drie masten, dat goed kon laveren en uitstekend geschikt was voor lange zeereizen. Columbus' vlaggeschip de Santa Maria was bijvoorbeeld een karveel. Al die zeeschepen met hun betrekkelijk grote diepgang konden niet ver de rivieren opvaren, maar vonden hun haven in IJsselsteden als Zwolle of Kampen of in Hollandse havens als Dordrecht en Amsterdam. De handelssteden van Oost-Nederland waren in de late middeleeuwen lid van de Hanze, een verbond van Duitse handelssteden die in het buitenland gemeen-schappelijke voorrechten nastreefden en voorschriften gaven over het gesloten vaarseizoen, over maten en gewichten en dat soort zaken. Moest zeeroverij bestreden worden of zelfs oorlog gevoerd tegen een machtsbeluste vorst, dan brachten de Hanzesteden daarvoor geld bijeen om een gezamenlijke oorlogsvloot uit te rusten. De Hollandse steden waren geen lid van het Hanzeverbond, maar hun schippers voeren wel regelmatig naar Hanzesteden als Bremen, Hamburg, Lübeck of Dantzig. Vanuit die laatste plaats werd veel graan uit-gevoerd en Hollandse schepen verzorgden een belangrijk deel van het vervoer. Dat was gunstig, want op die manier was er in de Neder-landen altijd voldoende voedselaanvoer.

De graanprijs was in de late middeleeuwen doorgaans niet hoog. Door de grote bevolkingsverliezen als gevolg van de pest waren er minder monden te voeden, maar de produktiecapaciteit van het akkerland was niet aangetast. De boeren waren verplicht meer graan dan vroeger op de markt te brengen, omdat ze een grotere behoefte kregen aan geld, onder andere doordat de vorsten en landsheren veel meer belasting eisten dan vroeger. Zo kwam er veel graan op de markt, maar de vraag daarnaar was inelastisch, dat wil zeggen dat de consumenten zoveel graan kochten als ze konden opeten en niet meer graan gingen kopen als de prijs daalde. Zo kon een gering overschot aan aanbod op de markt de prijs al hopeloos doen inzakken. Trouwens, wie wat meer verdient en boven het bestaansminimum uitkomt, gaat niet meer brood eten, maar juist minder, omdat hij zich kostbaarder levensmiddelen kan veroorloven. Zo gebeurde het in de late middeleeuwen. Er werd toen enorm veel vlees gegeten, zelfs door de lagere standen. Uit de rekeningen van de graaf van Holland is na te gaan welke grote aantallen koeien hij en zijn hofhouding in een jaar verteerden. Soms stokte de graaninvoer in de late middeleeuwen, bijvoorbeeld omdat tijdens een pestepidemie niemand het de moeite waard vond het noodzakelijke akkerwerk te doen. Dan steeg de prijs opeens en kon er hongersnood optreden. Dat gebeurde in 1438. Toch waren de Nederlanden ook toen niet slecht gelegen, omdat het weinige dat nog werd aangevoerd in de eerste plaats naar de Nederlanden werd verscheept. Daar waren de prijzen dan ook gelijkmatiger en in het algemeen lager, hetgeen een duidelijk voordeel was voor de stedelijke bevolking.

In de late middeleeuwen begon Nederland dus voor het eerst na de Karolingische tijd, waarin de Friese handel had gebloeid, weer volop gebruik te maken van de mogelijkheden die zijn unieke ligging voor de handel bood. Maar daarin behoefden de stedelingen niet hun enige middel van bestaan te zoeken. Eindelijk kwam hier nu ook een lakenindustrie, zoals die al eeuwen in Vlaanderen bestond, tot leven. In de dertiende en het begin van de veertiende eeuw was die industrie nog nauwelijks van belang en de Engelse koning heeft dat tot zijn schade moeten ondervinden. In 1294 had Edward I een conflict met Vlaanderen, en hij besloot de Engelse wol niet daar op de markt te brengen maar in Dordrecht, het land van zijn goede vriend Floris V. Dat was geen succes en in het midden van 1295 vertrok de Engelse handelsagent in allerijl naar Mechelen in Brabant. De wol was in Holland onverkoopbaar, omdat er nog geen lakenindustrie tot ontwikkeling was gekomen. In 1337 probeerde de Engelse koning Edward III het nog eens; Vlaanderen moest onder druk gezet worden om de Engelse zijde te kiezen in de Honderdjarige Oorlog. De wol moest naar een plaats op het vasteland worden gestuurd; die zou dan een monopolie krijgen en de prijs zou hoog zijn, wat in het voordeel was van de Engelse kooplui en de Engelse koning. Het was een mooi plan, maar ze hadden niet Dordrecht als ontschepingsplaats moeten kiezen, want weer bleek de wol onverkoopbaar. In 1382-1388 werd desondanks de stapel van Engelse wol nóg eens buiten Vlaanderen gevestigd, en wel in Middelburg in Zeeland. En nu werd dat wel een succes, omdat er ondertussen in Holland en Zeeland een echte lakenindustrie was gevestigd, met een ver doorgevoerde arbeidsverdeling en een nauwgezette controle door de stadsbesturen, net als in Vlaanderen. Leiden was de belangrijkste textielstad van Holland, waar meer dan veertig procent van de beroepsbevolking werkzaam was in de textielindustrie; er waren overigens in Nederland meer textielsteden, zelfs het kleine Naarden was een belangrijke lakenstad. De industrie bracht niet alleen werk in de steden; de vrouwen op het platteland sponnen garen voor de stedelijke wevers en daartegen bestond geen bezwaar. Het spinnen was zeer arbeidsintensief en de arme vrouwen waren niet in gilden georganiseerd, zodat ze met een hongerloontje genoegen moesten nemen. Maar tegen andere industriële activiteiten op het platteland hadden de steden wel bezwaren. De lonen van de stedelijke handwerkers waren niet hoog, maar ze moesten er wel levensmiddelen op de stedelijke markt van kunnen kopen, die met accijnzen belast waren. De lonen op het platteland konden daarom nog lager zijn en om de eigen industrie te beschermen, probeerden de laat-middeleeuwse stadsbesturen van de vorsten een verbod te verkrijgen op de buitennering, dat wil zeggen de industriële bedrijvigheid op het platteland. In 1531 vaardigde Karel v dit verbod inderdaad uit voor Holland, de zogenaamde 'Order op de Buitennering', maar ook zonder verbod zagen de stedelijke schutterijen er geen bezwaar in om in georganiseerd verband weefgetouwen op het platteland te gaan stukslaan.

Burgerinterieur en kerkbouw in de late middeleeuwen
In de steden van de late middeleeuwen kwamen nog veel houten huizen voor. Dat was dodelijk gevaarlijk, want naarmate de steden dichter bebouwd werden, nam ook het brandgevaar toe. Haast alle middeleeuwse steden zijn dan ook eens of meermalen getroffen door een grote stadsbrand, waarbij de meeste huizen in de as gelegd werden. De stadsbesturen probeerden door voorschriften het brandgevaar te verminderen. Tussen de huizen moesten brandgangen blijven, men mocht niet met open vuur over straat lopen en de overheid gaf ook subsidies om de rieten daken te vervangen door pannen. Het hielp niet zoveel, de Nederlandse burgers hadden niet voldoende geld over voor statige stenen *palazzi* zoals in Italië of

grote *hôtels* zoals in Frankrijk. Hoe schamel en klein zijn bijvoorbeeld de meeste huisjes nog op de bekende vogelvluchtkaart van Amsterdam in 1538, getekend door Cornelis Anthoniszoon. Toch kwamen er in de late middeleeuwen hier en daar wat stenen huizen. Het voordeel was dat die hoger konden worden opgetrokken, omdat een stenen rookkanaal naar de schoorsteen kon leiden. De bewoners hoefden geen genoegen te nemen met een gat in het dak om de rook te laten ontsnappen, zoals dat in middeleeuwse boerderijen gebeurde. Toch hadden ook stenen huizen doorgaans maar één verdieping. Armere mensen leefden in *cameren*, vaak staande op een achtererf en bereikbaar via een brandgang. Die cameren hadden maar één vertrek van gemiddeld 4,5 bij 5,5 meter, waarin een heel gezin moest leven en slapen.

Normale burgerhuizen waren ook niet groot. Ze bestonden uit drie delen: een voorhuis, een binnenhaard, waar gekookt werd, en een achterkamer. De zolder diende als bergplaats of pakhuis. In de binnenhaard of de achterkamer stonden één of meer bedsteden, doorgaans door gordijnen omgeven. De beddekoetsen van de rijkeren werden bekroond door een hemel waarvan de gordijnen neerhingen, maar hemelbedden waren zeldzaam in het burgerinterieur. Onderin de bedsteden waren wel kinderladen waarin jonge kinderen konden slapen.

In de beperkte ruimte was niet al te veel plaats voor huisraad. Tafels werden op schragen gezet voor iedere maaltijd. Normaal stond of hing het tafelblad tegen de muur. Kasten waren schaars. Als opbergmeubel dienden kisten of ook een lage kast op poten, een *tresoor*, dat wil zeggen een bewaarplaats voor kostbaarheden, waarvan het woord dressoir is afgeleid. De kisten dienden ook als zitplaats. Er stonden verder banken en 'driestalen' rond de haard, meestal voorzien van leren kussens. De haard was het centrum van het huis; vaak hing er ook een pot boven het vuur aan een 'hael'. De hygiëne werd niet geheel verwaarloosd. Om zich te wassen was een watervat gebruikelijk, soms hangend boven een bak van aardewerk. Op middeleeuwse schilderijen staat voor het bed wel eens een 'stroylpot' afgebeeld. De naam van deze pispot is afgeleid van stroylen (ruisen of ratelend stromen). Maar verder was het niet best gesteld met de sanitaire voorzieningen in de laat-middeleeuwse burgerhuizen.

De middeleeuwse burgers besteedden dus een bescheiden deel van hun kapitaal aan woongenot. Voor de kerkbouw daarentegen hadden de inwoners van de steden alles over, en dat niet zozeer uit religieuze aandrift, maar meer als uiting van zelfbewustzijn en in een competitie om de naburige plaatsen te overtreffen. Vooral in de bouw van torens leefde het stedelijk superioriteitsgevoel zich uit. Een kerktoren heeft een zekere waarde, omdat zo de luidklokken hoog kunnen worden opgehangen en hoorbaar zijn over de hele stad. Maar daarvoor behoeft deze nog niet 96 meter hoog te zijn zoals de Martinitoren te Groningen, 112 meter zoals de Domtoren te Utrecht, of 160 meter, wat de uiteindelijke hoogte van de Sint-Lievenstoren te Zierikzee had moeten worden als er voldoende geld voorhanden was geweest. Geert Grote, de vader van de Moderne Devotie, had grote bezwaren tegen de aanmatiging van de Utrechtse geestelijkheid die in 1382, nog lang voor de kerk zelf klaar was, de Domtoren reeds voltooid had en hij uitte die in een doorwrocht betoog met als titel: 'Tegen de Utrechtse toren'. Hij beschuldigde de bouwers ervan massa's geld dat eigenlijk aan de armen toekwam, nutteloos te hebben uitgegeven, alleen uit 'ijdelheid, nieuwsgierigheid, grootspraak en trots'. De woorden van deze boetprediker hielpen niet. Juist de Domtoren van Utrecht zou daarna nog herhaaldelijk worden geïmiteerd, bijvoorbeeld bij de Cuneratoren te Rhenen of de Lange Jan van Amersfoort. De Domtoren van Utrecht is het enige herkenbare bouwwerk op het middenpaneel van de *Aanbidding van het Lam* van Jan van Eyck. Al de andere torens zijn fantasieprodukten; die van Utrecht was zo beroemd dat die voor een ieder onmiddellijk herkenbaar was.

Tragisch zijn ten slotte nog de onvoltooide gevaartes die als een grote steenklomp in het landschap staan en vaak niet hoger zijn opgetrokken dan tot de eerste omgang, omdat het geld daarna ontbrak. Wat hebben de boeren van Ransdorp ten noorden van Amsterdam zich voorgesteld, toen zij omstreeks 1525 Jan Poyt een toren lieten beginnen die nooit voltooid is, maar waarvan het silhouet van het machtige torso de horizon aan het IJsselmeer bij het IJ beheerst? Tientallen jaren sinds 1445 hebben de kerkvoogden van Zierikzee aan hun Sint-Lievenstoren laten bouwen, en deze toren bepaalt nog altijd het aspect van de stad aan de Zeeuwse stromen. Was dat misschien hun enige bedoeling? Veel van die torens zijn immers gebouwd in de eerste helft van de zestiende eeuw, toen de religieuze spankracht in Nederland duidelijk verslapt was en de roomse religie de mensen niet meer wist te boeien.

Protestantse kerken hadden aanvankelijk geen torens van node, maar ook hier was de bouwdrift sterker dan de leer en in de zeventiende eeuw hebben de Nederlandse burgers zich opnieuw uitgeleefd in de bouw van grootse torens.

Textielindustrie en handel waren niet de enige middelen van bestaan in de Nederlandse steden van de late middeleeuwen. In verschillende plaatsen als Delft, Amersfoort en Haarlem kwamen exportbrouwerijen in bedrijf. Dat was nog niet zo lang mogelijk. Bier is als drank al bijna net zo oud als de graanteelt, de oude Egyptenaren en Babyloniërs waren grote bierdrinkers en ook de Germanen wisten er weg mee. Maar zij dronken een vrij licht bier dat door de huisvrouwen thuis werd gebrouwen. Dat bier was nogal zuur en verder vrij smakeloos; heidekruiden dienden er wat meer smaak aan te geven. Het gebruikelijke mengsel daarvan, dat aan de wort werd toegevoegd, heette gruit en dat mocht men in de middeleeuwen niet zomaar plukken: dat moest men kopen bij de vertegenwoordiger van de landsheer, de gruiter. In de dertiende eeuw is in de Noordduitse steden, met name in Hamburg, een andere bereidingswijze in zwang gekomen met hop in plaats van met gruit. Hierbij brouwt men een zwaarder bier met een hoger alcoholpercentage, dat beter houdbaar en ook smakelijker is. Dit hoppenbier werd niet meer thuis gefabriceerd, maar in de werkplaatsen van beroepsbrouwers. Het was ook een gewild produkt in de export. De opkomst van de stad Amsterdam is voornamelijk te danken aan het feit dat daar in 1323 de tol voor Hamburgs bier werd gevestigd, zodat de schepen uit Noord-Duitsland gedwongen waren daar aan te leggen. Maar weldra zijn de Nederlandse steden ook zelf hoppenbier gaan vervaardigen. Twee voordelen bezat Nederland voor de brouwindustrie: ten eerste was er goed water voorhanden, al kwam dat vaak uit de stadsgrachten; verder was er een overvloed van turf aanwezig, want bij het brouwen moet het mengsel van mout en water aan de kook gebracht worden om wort te verkrijgen, waarin de gisting plaatsvindt. Tegelijk met de opkomst van de professionele hoppenbierbrouwerij ontwikkelde zich ook de vervening in de laagveenstreken. De laaggelegen landerijen, nauwelijks nog geschikt voor landbouw en veeteelt, werden uitgebaggerd en de turf werd in de wind gedroogd. Daardoor ontstonden de grote veenplassen, die in de zeventiende eeuw grotendeels weer zouden worden drooggemalen, toen de conjunctuur op het platteland wat gunstiger was. Het Nederlandse bier werd al gauw een gewild exportartikel. Bij de tol van Duinkerke heet het al in de veertiende eeuw 'bier van Ollande dat men noemt houppenbier'.

Een derde middel van bestaan was eveneens nieuw voor de late middeleeuwen: de haringvisserij met conservering van de vis aan boord. Vroegere historici hebben dat de uitvinding van het haring-kaken genoemd, die zij ten onrechte toeschreven aan Willem Beukelszoon van Biervliet in Zeeuws-Vlaanderen. De zaak zit zo. Het was al lang bekend dat haring maandenlang bewaard kon worden, mits de ingewanden met een kaakmesje verwijderd zijn en de vis goed in het zout wordt gelegd. Dat gebeurde in de dertiende en veertiende eeuw op het schiereiland Schonen, aan de zuidpunt van Zweden. Daar kwamen de haringscholen door de Sont vlak langs de kust zwemmen. Ze werden door vissers in kleine open bootjes gevangen en onmiddellijk aan wal gebracht, waar vrouwen gereed stonden om de haring te kaken en in tonnen te pakken. Deze Schonense haring was beroemd in heel Europa. Bij Nederland zwemt de haring niet vlak onder de kust en de vis die van verre werd aangevoerd was doorgaans te oud om te conserveren. Omstreeks het jaar 1400 hebben de vissers echter grotere schepen in gebruik genomen, haringbuizen genaamd, en het was mogelijk daarop niet alleen de vleet, het grote haringnet, te vervoeren, maar ook voldoende zout en tonnen om de haring al aan boord te kaken. De vis, 's nachts met de vleet gevangen, werd door de vissers onmiddellijk bewerkt en in tonnen gepakt. Die tonnen konden ettelijke dagen in het ruim blijven liggen zonder dat de kwaliteit merkbaar achteruitging. Wel was het gebruikelijk om in de vissers-plaatsen naderhand de haring nog eens over te pakken in definitieve tonnen. Zo kon de Noordzee-haring in alle opzichten concurreren met de Schonense haring. De vissers hadden een hard bestaan, maar ze hadden tenminste werk. De visserij was ook niet speciaal aan steden gebonden; heel wat inwoners van dorpen in Hollands Noorderkwartier en aan de kust vertelden bij een enquête aan het eind van de vijftiende eeuw dat zij als huurlingen ter zee op haring voeren. De nieuwe haringvisserij vereiste nogal wat investering van kapitaal voor de vleet, voor de haringbuizen, voor zout en tonnen. Kleine zelf-standige vissers konden dat niet opbrengen. Daarvoor waren rijke reders nodig, die het bedrijf op kapitalistische wijze organiseerden. Misschien is Willem Beukel, 'de uitvinder van het haringkaken', een van de eerste reders geweest die op deze manier haringbuizen in de vaart heeft gehad. Hij heeft bestaan. Willem Beukel van Hughevliet was een visser die tussen 1388 en 1396 enkele malen genoemd wordt en kennelijk een invloedrijk en kapitaalkrachtig man was.

De haringvisserij en de handelsvaart zijn een belangrijke leerschool voor de Zeeuwen, Hollanders en Friezen geweest en de ervaring, toen opgedaan, heeft de Nederlandse zeelieden van de zestiende en de zeventiende eeuw hun goede naam gegeven. Nederland kreeg nu ook een eigen scheepsbouw. De kleine bootjes waarin de schippers zich tot aan de dertiende eeuw op zee waagden, konden ergens op een achtererf in huisvlijt gebouwd worden – dat is nauwelijks een scheepsbouwindustrie te noemen. Toen er in de dertiende eeuw grotere schepen als koggen en hulken in de vaart kwamen, betekende dit niet dat daarmee meteen in Nederland werven met professionele scheepstimmerlieden in bedrijf kwamen. Grote schepen kwamen toen uit de Noordduitse steden, waar wel de nodige faciliteiten bestonden. In de veertiende eeuw ontstonden in Nederlandse steden ambachtsgilden van scheepsbouwers. Ze werkten eerst nog helemaal naar het Duitse voorbeeld. De lastage te Amsterdam, de plaats buiten de stadspoort aan zee, waar de scheepswerven lagen, ontleent zijn naam aan een dergelijk oord te Lübeck in Duitsland. Maar weldra begonnen zij ook nieuwe technieken toe te passen en zelfs nieuwe scheepstypen te vervaardigen. De haringbuis was een originele Nederlandse uitvinding; voor de vangst van kabeljauw kwam de hoeker of houckboot in bedrijf. De grootste successen hadden de Nederlandse scheepsbouwers echter met hun driemasters, waarvan de tuigage geïmiteerd werd van de karvelen uit Zuid-Europa. Die werden in de vijftiende eeuw ontwikkeld. Een karakteristieke naam van één type is de buiskarveel, waarbij duidelijk een vermenging is opgetreden van een Hollands en een mediterraan scheepstype. Al die experimenten zouden in de zestiende eeuw leiden tot de uitvinding van het fluitschip, dat mede de faam van de Nederlandse zeelieden zou vestigen.

Economisch-historici spreken over de depressie van de late middeleeuwen. In Nederland maakt de economie na 1350 echter geen gedeprimeerde indruk, zeker niet in Holland, dat het volkrijkste gewest was. Wel trad daar, zoals hierboven is aangetoond, een zekere migratie op van het platteland naar de stad, maar dat werkte niet ongunstig voor de produktiviteit. In Holland en Zeeland vooral kwamen zekere kapitalistische tendensen tot uiting. Zo ook in de Leidse lakenindustrie. Daar kwamen echte arbeidsconflicten voor, zelfs met stakingen. Vooral de vollers waren gauw opstandig. Hun beroep eiste een krachtige lichaamsbouw, want zij stonden de hele dag op het zware laken te stampen in de derrie van de vollerskuipen. Ze hadden weinig eigen produktiemiddelen nodig en waren bereid om de stad uit te trekken als de drapeniers, die het produktieproces leidden, niet voldoende per gevold laken wilden betalen. Zo'n middeleeuwse staking heette dan ook een 'uutganc'. Het stadsbestuur stelde zich doorgaans volkomen achter de drapeniers en zag er geen bezwaar in tegen de aanstichters van stakingen de doodstraf uit te spreken. Desalniettemin zijn er in Leiden heel wat 'uutgangen' geweest in de middeleeuwen. Die van 1478 is ons goed bekend. Er zijn toen wel zes- tot zevenhonderd vollers naar Gouda getrokken en die zijn daar twee maanden gebleven, totdat ze genoegdoening kregen voor hun grieven. Meesters en gezellen werkten eendrachtig samen en protesteerden tegen de geringe lonen. Er is toen zelfs een stakingslied gedicht, 'dat liedekijn gemaict ter Goude van den uutganc', maar de woorden daarvan zijn helaas niet bekend.

Het laat-middeleeuwse kapitalisme in Nederland hield ook de lonen laag. In de late middeleeuwen heerste elders in Europa de paradoxale situatie dat het moeilijk was aan arbeidskrachten te komen, terwijl er toch enorm veel armoede bestond, de wegen gevuld waren met 'varende luyden' en het grote aantal bedelaars in de steden een echt probleem was geworden. De lonen in Engeland waren betrekkelijk hoog, ondanks het verbod van de regering – al in 1349, toen de Zwarte Dood net was uitgebroken – meer loon te betalen dan in het verleden gebruikelijk was. Dat verbod is dode letter gebleven. Er bestaat een mooie statistiek waarin over zeven eeuwen van 1250 tot 1950 de lonen van Engelse bouwvakarbeiders worden vergeleken met de prijs van het in een bepaalde periode gebruikelijke voedselpakket. Op die manier is het mogelijk een goed idee te krijgen van de koopkracht van een modale werknemer in de loop der tijden. Welnu, die koopkracht was niet erg hoog in de jaren voor 1350, maar men kon er het leven bij houden. Na 1350 begonnen de lonen echter fors te stijgen terwijl de voedselprijzen stabiel bleven of zelfs daalden. De koopkracht was dus hoog, vooral in de vijftiende eeuw, en er is wel gesuggereerd dat er toen een arbeidersparadijs bestaan heeft. In de zestiende eeuw is de koopkracht dramatisch teruggelopen, mede als gevolg van de grote inflatie, en sindsdien zijn er de nodige schommelingen geweest. Pas omstreeks 1880 had de gemiddelde bouwvakker weer het levenspeil van zijn collega uit 1450 bereikt. Als de lonen in de vijftiende eeuw zo hoog waren, waarom gingen al de bedelaars dan niet werken, kan men zich afvragen. Het antwoord ligt waarschijnlijk in de kracht van de ambachtsgilden en de andere organisaties die het economische leven regelden. Ambachtsgilden wilden dat de stadsbesturen gildedwang afkondigden – dat wil zeggen dat alleen maar hun leden het vak mochten uitoefenen – maar ze hielden het ledental laag. Hanzesteden hinderden de handel met duizend en één voorschriften, en ook de machtige organisaties van de bouwvakarbeiders met hun loges of loodsen, waaruit de vrijmetselaars zijn voortgekomen, hebben buitenstaanders op afdoende wijze geweerd. Het natuurlijke evenwicht tussen vraag en aanbod werd hier dus door regels van bovenaf doorbroken.

In Nederland kregen de ambachtsgilden steeds minder voet aan de grond. In een paar steden kregen ze weliswaar invloed in het stadsbestuur – Utrecht, 's-Hertogenbosch, Groningen en Dordrecht – maar elders moest men er niets van hebben. In Leiden werden in 1313 'alle gilden of eyninghe' kortweg verboden en een eeuw later klaagde men daar over 'misselijcke ghesellen uyt vreemden landen' die de vollers opruiden en een gilde wilden organiseren. Dat was welbegrepen eigenbelang van het stadsbestuur, want zo konden de lonen laag en daardoor de concurrentiepositie behouden blijven. De gage op Hollandse en Zeeuwse schepen was duidelijk lager dan die van het bootsvolk uit de Hanzesteden, waarschijnlijk ook omdat in Holland en Zeeland geen Hanzeleden waren en dus het vrije spel van de economische krachten onbelemmerd kon blijven. Het systeem leidde niet tot grote welstand voor brede lagen van de bevolking. De uitspraken in de Enqueste van 1494 over de 'neringhe' en de 'staet heurer faculteyt' in Holland leveren vaak een treurig beeld van schamelheid en ellende. Toch stond het gewest aan de vooravond van een grootse ontplooiing.

Ook op politiek gebied hebben zich in de jaren 1300-1500 grote veranderingen voltrokken in Nederland. In 1300 waren er nog tien grotere staten en legio kleinere zelfstandige heerlijkheden. In 1500 was het daarentegen duidelijk dat de zeventien Nederlanden op weg waren naar een eenheid onder één soeverein hoofd uit het geslacht der Habsburgers. Het was slechts de vraag of er ook een eenheid in de bestuursinstellingen zou ontstaan. Dat was wel te verwachten, want de gewesten groeiden naar elkaar toe. Ze zagen de voordelen van samenwerking in en hadden in de Staten-Generaal een gemeenschappelijk forum, waar hun afgezanten elkaar konden ontmoeten. Het noorden had daarbij duidelijk een achterstand op het zuiden. In 1500 waren alle zuidelijke gewesten met uitzondering van het prinsbisdom Luik onderworpen aan hertog Filips de Schone, in het noorden waren dat alleen Holland en Zeeland. Over- en Nedersticht, Gelre, Friesland en de Groninger Ommelanden handhaafden nog een precaire zelfstandigheid, al waren al die gewesten in de vijftiende eeuw al eens het doelwit geweest van de expansiedrift der Bourgondische en Habsburgse vorsten.

Het leek er in 1300 niet op dat de landsheerlijke staatjes in de Nederlanden binnen afzienbare tijd onder een vorst verenigd zouden worden. Veeleer werd het gewestelijk patriottisme dat zich in de dertiende eeuw hier en daar had gemanifesteerd steeds sterker, en er werden verwoede oorlogen uitgevochten – tussen Holland en het Sticht, tussen Holland en Friesland, tussen Gelre en Brabant – over grensstreken en overheidsrechten. Een hevig conflict woedde ook tussen Holland en Vlaanderen na 1299. Dat hing samen met de persoonlijke vijandschap van het geslacht der Avesnes in Henegouwen-Holland en dat der Dampierres in Vlaanderen. De Dampierres hadden in 1302 met behulp van de stedelijke milities de macht van de Franse koning teruggewezen en een stralende overwinning behaald in de Gulden-Sporenslag bij Kortrijk. Dronken van hun succes vielen zij ook Zeeland en Holland aan in het jaar 1304, maar daar werden ze gestuit door een ontluikend gewestelijk patriottisme onder leiding van Witte van Haamstede, een bastaardzoon van Floris V. Toch bleek het mogelijk dat er tussen de staatjes een saamhorigheidsbesef begon te groeien, als die dezelfde landsheer kregen. Holland en Zeeland bijvoorbeeld gingen al eeuwen op die manier samen en daardoor was het mogelijk dat sommige bestuursorganen voor beide gewesten gezamenlijk golden. In 1299 stierf het Hollandse gravenhuis uit. De graaf van Henegouwen was nu de naastgerechtigde opvolger en sindsdien bestond er een personele unie tussen Holland, Zeeland en Henegouwen. Wat had Holland economisch of politiek met Henegouwen te maken? Toch hebben nog in de veertiende eeuw afgevaardigden van de drie landen herhaaldelijk betuigd dat ze bij elkaar wilden blijven. Zo bijvoorbeeld in de jaren na 1345. Willem IV, de graaf van Holland, Zeeland en Henegouwen, trok in dat jaar met een grote vloot naar Friesland, steunend op de vage aanspraken van vroeger en belust op verovering van nog een nieuw gebied. Maar dat lukte hem niet. Bij Warns in de omgeving van Stavoren wachtten de vrijheidslievende Friezen hem op en hij moest zijn overmoed met de dood bekopen. 'Liever dood dan slaaf' staat er nog in het Fries op de gedenkplaat die de plek aanwijst waar de Hollandse graaf sneuvelde. Willem IV had geen zonen, drie zusters waren zijn naaste erfgenamen. Margaretha, de oudste van hen, was getrouwd met de Duitse keizer Lodewijk de Beier, die de drie gewesten graag voor zijn familie wilde reserveren en zijn vrouw Margaretha ermee beleende. De gewesten hebben zich niet willoos geschikt naar wat dynastieke belangen in het verre Beieren vereisten. Er vormden zich hier twee partijen: Hoeken en Kabeljauwen, die wel elkaar bestreden, maar toch beide de zelfstandigheid van de gewesten nastreefden. Ze hebben succes gehad. Holland, Zeeland en Henegouwen kwamen achtereenvolgens te staan onder twee jongere zoons van Lodewijk de Beier, die zich weldra meer vereenzelvigden met de belangen van hun onderdanen dan met die van hun Beierse familie. Afgevaardigden van de adel en van de steden uit Holland, Zeeland en Henegouwen kwamen in deze jaren herhaaldelijk samen op standenvergaderingen, doorgaans ieder in zijn eigen gewest, maar er zijn ook gemeenschappelijke vergaderingen geweest. En steeds weer klonk daar de eis dat de drie gewesten samen zouden blijven.

Een soortgelijk gewestelijk patriottisme bleek in het Sticht Utrecht te bestaan. Merkwaardig genoeg was daar geen sterk ontwikkeld saamhorigheidsbesef tussen Neder- en Oversticht, maar de onderdanen verdedigden wel hun zelfstandigheid. Het Nedersticht leek in de jaren vlak voor en na 1300 niet bestand tegen de expansiedrift van Holland, het Oversticht voelde de dreiging van Gelre. Omstreeks 1350 kwam echter onder bisschop Jan van Arkel de standenbeweging haar gewicht in de schaal leggen. In het Nedersticht waren de kanunniken van de kapittels daarin volwaardige deelnemers, naast de edelen en de stad Utrecht. Zij verplichtten de bisschop onder alle omstandigheden de integriteit van het land te eerbiedigen en te verdedigen. Op die manier moest de graaf van Holland zijn snode plannen om het Nedersticht in te lijven matigen. In het Oversticht kwamen de Staten van Overijssel samen. Daarin hadden de drie IJsselsteden Zwolle, Deventer en Kampen een belangrijke stem. Zij werkten samen met de bisschop om de onveiligheid te bestrijden. Door de eendrachtige samenwerking tussen bisschop Jan van Arkel en de drie IJsselsteden werd bijvoorbeeld het roofslot van Zweder van Voorst belegerd, ingenomen en tot de laatste steen toe afgebroken. Overheidstaken moesten in de late middeleeuwen duidelijk het algemeen nut dienen. Hoe moest echter de samenwerking tussen de gewesten tot stand komen die tot de eenheid der Nederlanden kon leiden? Twee omstandigheden droegen daartoe bij. Ten eerste waren de meeste vorstengeslachten op vele manieren met elkaar verwant en verzwagerd. Voor de Nederlandse geschiedenis is zo het dubbelhuwelijk uit 1385 van belang: de oudste zoon van de graaf van Holland trouwde met een dochter van Filips de Stoute, graaf van Vlaanderen en hertog van Bourgondië, de oudste zoon van Filips trouwde met een dochter van de graaf van Holland. Filips de Goede, geboren uit dit laatste huwelijk, was daarom in 1425 de aangewezen opvolger in Holland, Zeeland en Henegouwen, hoeveel strijd de effectieve verwerving van deze gewesten hem ook gekost mag hebben. En ten tweede hebben de diverse provinciale-standenvergaderingen ingezien dat samenwerking nuttig kon zijn, bijvoorbeeld bij muntkwesties. In de late middeleeuwen was er een grote verwarring ontstaan in het muntwezen, mede doordat landsheren als de graven van Vlaanderen en de graven van Holland op onverantwoordelijke wijze tot devaluatie overgingen. Ze konden dan hun schulden in verzwakte munt betalen en bovendien kregen ze een uitkering voor iedere nieuw geslagen munt. Als er dus nieuwe minderwaardige munten geslagen werden, betekende dat financieel voordeel voor de landsheer. De steden waren furieuze tegenstanders van deze muntpolitiek, maar het is bijzonder moeilijk een gezonde munt te handhaven, als het buurland met de koersen zit te knoeien. Vandaar dat er overleg kwam tussen de afgevaardigden der verschillende gewesten, vandaar dat de steden best de Bourgondische hertogen wilden erkennen, die een stabiele munt beloofden. Bereidheid om een grotere eenheid tussen de gewesten te aanvaarden was bij de onderdanen aanwezig. Hoe moest deze verwezenlijkt worden?

Antwerpens handelsbloei

Antwerpen is oeroud. Reeds in de Romeinse tijd was daar een bewoningskern, zoals onder andere blijkt uit de opgraving van zes waterputten uit de tweede en derde eeuw. De hele middeleeuwen door heeft de plaats een zeker belang behouden, maar tegen 1500 kwam er een enorme handelsbloei tot ontwikkeling, die alles in de schaduw stelde wat tot dan toe in de Nederlanden vertoond was. In 1566 telde de plaats ongeveer 90.000 inwoners en overtrof daarmee veruit alle andere Nederlandse steden van de zestiende of van een voorgaande eeuw. Gent had op zijn hoogtepunt in de veertiende eeuw 64.000 inwoners geteld en dat was verreweg de grootste stad in de middeleeuwen. Na 1566 en vooral na de verovering door de Spanjaarden in 1585, toen de Schelde werd afgesloten door de Zeeuwen, is de stad wel achteruitgegaan, maar zij is toch altijd een belangrijke factor gebleven in de economie der Zuidelijke Nederlanden.

De grote handelsbloei in de zestiende eeuw is te danken aan een heel complex van oorzaken. Al omstreeks 1320 kreeg Antwerpen twee jaarmarkten, waar vreemde kooplieden vrijelijk met elkaar konden handelen, namelijk omstreeks Pinksteren en in de maand oktober. De heer van Bergen op Zoom wilde niet achterblijven en vestigde in zijn stad aansluitend ook twee jaarmarkten. Deze vier jaarmarkten hadden een redelijk succes, er kwamen wel wat buitenlandse kooplieden, maar ze konden toch niet in de schaduw staan van wat Brugge te zien gaf. Dat was in de late middeleeuwen het grote commerciële centrum voor heel Europa. Omstreeks 1490 kwam er evenwel een verschuiving. Vlaanderen had juist een grote opstand tegen het bewind van Maximiliaan van Oostenrijk achter de rug. De stad Brugge zelf was al lang niet meer bereikbaar voor zeeschepen, omdat het Zwin verzand was en ook omdat er allerlei betuttelende bepalingen waren. Zo mochten in Vlaanderen geen Engelse lakens worden ingevoerd, om de eigen textielindustrie niet te benadelen. Te Antwerpen echter hadden de Engelse lakenexporteurs, de *merchant adventurers* zoals ze zichzelf noemden, vrije toegang. Ze troffen daar ook Keulse en Zuidduitse kooplieden voor wie Antwerpen gunstiger gelegen was dan Brugge. Zuid-Duitsland kende juist in de tweede helft van de vijftiende en de zestiende eeuw een grote economische bloei, gedragen door handelsfirma's als de Fuggers en de Welsers uit Augsburg. Zij hadden kantoren in vele landen en verhandelden daar fustein en koperen voorwerpen uit Neurenberg, en ze voerden ook zilver aan dat zij met nieuwe methoden in de Duitse mijnen hadden opgedolven. De Portugezen zagen in Antwerpen een geschikt afzetgebied voor hun specerijen. Van daaruit konden ze de hele Europese markt bestrijken, en bovendien konden ze er zilver en koper inslaan dat zij in het handelsverkeer met India nodig hadden.

Van 1493 tot 1526 beleefde Antwerpen zo zijn eerste bloeiperiode, waarin de stad hard groeide. Terwijl overal in de Nederlanden de lonen achterbleven bij de stijgende prijzen, stegen ze in Antwerpen mee. Dat trok mensen naar de stad, ook uit het buitenland. Antwerpen stond ook het meest open voor alle mogelijke nieuwigheden van elders en het is dan ook niet verwonderlijk dat daar de eerste uitingen van het protestantisme te bespeuren waren. Het was ook de stad waar drukkers en uitgevers zich in hun element voelden. Nog steeds kan men zich een idee vormen van de intellectuele sfeer van de zestiende eeuw door een bezoek aan het museum Plantijn Moretus, waar de oude persen en letterbakken nog aanwezig zijn. Van 1526 tot 1540 stokte de economische activiteit wat, mede door de vele oorlogen, maar van 1540 tot 1566 kwam er een tweede bloeiperiode. Nu lag de nadruk wat meer op financiële transacties, op de beurshandel en op wisseloperaties. De burgerij toonde zijn rijkdom door de bouw van het grootse stadhuis, dat monument van renaissancistische bouwkunst, in 1561-1565 opgericht door de architect Cornelis Floris de Vriendt. Maar toen dit stadhuis voltooid was, begon meteen al de neergang. Antwerpen heeft veel te lijden gehad van de politieke beroeringen in de Tachtigjarige Oorlog. Fataal leek de verovering door Parma in 1585, omdat de stad sindsdien niet meer vanuit zee te bereiken was. Toch heeft de stad het overleefd, al slonk de bevolking van 83.700 in 1582 tot 42.000 in 1589. Antwerpens handel ging ten dele over op Amsterdam. Tussen 1500 en 1566 was de stad een grote trekkracht voor de economie van het hele gebied van de Lage Landen en vooral voor die van steden in de directe omgeving.

De eenheid van de Nederlanden begon ver buiten ons grondgebied. In zekere zin zou men kunnen zeggen dat al bij de slag van Poitiers in 1356 de Franse koning Jan II de Goede onbedoeld een belangrijke bijdrage heeft geleverd. Hij leed daar door zijn eigen schuld een bittere nederlaag tegen het Engelse leger onder leiding van de Zwarte Prins, de oudste zoon van koning Edward III. De koning had de kans om eens en voor al een einde te maken aan de Engelse macht op het vasteland, want hun leger zat in een onmogelijke positie en hij behoefde alleen maar af te wachten tot het zich door voedselgebrek gedwongen zou overgeven. Zo iets was echter strijdig met het ridderideaal, waarin de goede koning Jan II nog heilig geloofde. Dus ondernam hij een 'ridderlijke' stormloop op de Engelse posities, die faliekant verkeerd afliep. Hij had de schade nog kunnen beperken door tijdig te vluchten, zoals zijn drie oudste zoons deden die ook in het leger waren. Maar nee, Jan II wilde tot het laatst stand houden. Was hij dan maar gesneuveld, dan had hij tenminste niet Frankrijk verplicht tot betaling van een losgeld van drie miljoen gouden schilden. Maar zo ver wilde hij niet gaan en hij gaf zich volgens de regelen der vechtkunst gevangen. Alleen zijn jongste zoon Filips was bij hem gebleven en werd tegelijk met hem krijgsgevangen gemaakt. Hij was pas veertien jaar oud en op die leeftijd kan men nog niet de koele berekening verwachten waar hij later beroemd om werd en die zijn oudere broers tot de vlucht zou nopen. Filips zelf overigens oogstte alleen maar voordeel van zijn ridderlijk gedrag te Poitiers. Hij kreeg de bijnaam 'le Hardi', wat betekent de stoute, de onverschrok-kene. In 1363 toonde ook zijn vader Jan II, die uit gevangenschap ontslagen was, zijn erkentelijkheid. Het geslacht van de hertogen van Bourgondië was uitgestorven en daarmee viel dit leengebied weer terug aan de Franse kroon. Het omvatte de streek ten westen van de Saône en was door zijn vruchtbare landbouwgrond een van de rijkste hertogdommen van Frankrijk. De andere zoons van de koning hadden het graag willen hebben; het ging echter naar de jongste zoon, naar Filips, en die heeft met het hem toevertrouwde talent wel gewoekerd.

Allereerst door een verstandig huwelijk te sluiten. Filips van Rouvres, de laatste hertog van Bourgondië, met wie het geslacht was uitgestorven, was getrouwd geweest met Margaretha van Male, de erfdochter van de graaf van Vlaanderen, die haar man dus een groot en rijk gebied in de Nederlanden zou aanbrengen. Als nieuwe hertog wilde Filips de Stoute graag de weduwe van zijn voorganger trouwen, maar er waren meer gegadigden. De Engelse koning Edward III vond de Vlaamse gravendochter een uitstekende partij voor zijn zoon Edmund, want nog steeds bestonden er stevige economische banden tussen Groot-Brittannië en de Lage Landen en bovendien verschafte Margaretha's erfenis hem een bruggehoofd in de Honderdjarige Oorlog tegen Frankrijk. De Franse koning zag het gevaar en schakelde de paus in, die toen te Avignon zetelde. In de middeleeuwen was er haast altijd dispensatie nodig voor een vor-stenhuwelijk, omdat te nauwe bloedverwantschap tussen twee part-ners moeilijk te vermijden was. Doorgaans verleenden de pausen grif de benodigde dispensatie, maar die te Avignon waren allen loyale

Fransen, en nu er een nationaal belang op het spel stond, wilden zij graag de regels in alle strengheid toepassen. Het huwelijksverdrag tussen Margaretha en Edmund was al in 1364 getekend; alleen de paus kon de bruiloft nog tegenhouden en hij heeft dat consequent gedaan. Wat de Engelse koning ook probeerde, hij kreeg geen toestemming. Na vijf jaar was de Vlaamse graaf de strijd beu. Hij arrangeerde een huwelijk tussen Margaretha en Filips de Stoute. Ook zij waren te nauw verwant, maar hun verleende de paus snel de benodigde dispensatie. Op 19 juni 1369 werd het huwelijk te Gent gesloten.

Frankrijk leek een geweldig voordeel behaald te hebben. Eeuwenlang hadden de koningen ernaar gestreefd het graafschap Vlaanderen, dat formeel grotendeels tot het Franse koninkrijk behoorde, ook werkelijk onder hun effectieve invloed te brengen. In 1302 was dit mislukt door de Gulden-Sporenslag; nu leek het doel toch nog bereikt, want hertog Filips de Stoute zou zich wel gehoorzaam richten naar de belangen van het Franse koningschap, dacht men. Het is anders gelopen. Onder de Bourgondische hertogen zijn de Nederlanden geleidelijk aan tot een eenheid gegroeid en op den duur een van de grootste hinderpalen geworden voor het Franse streven naar uitbreiding. Maar dat lag nog in de toekomst; in 1369 had niemand dit kunnen voorzien.

Het is ook onaannemelijk dat de eerste twee hertogen, Filips de Stoute en Jan zonder Vrees, bewust naar een eigen staat, los van Frankrijk, hebben gestreefd. Zij spraken Frans, woonden een groot deel van het jaar in Parijs, waren zeer diep verwikkeld in alle intriges en politieke zaken daar en wisten rijke subsidies te verwerven uit de Franse staatskas. Wel waren ze alert genoeg om meteen te reageren als er zich mogelijkheden voor gebiedsuitbreiding in de Nederlanden of elders voordeden. En die bleken er inderdaad te komen. In Brabant en Limburg regeerden sinds 1355 hertogin Johanna en haar man Wenceslas. Het huwelijk was kinderloos, zij was vijftien jaar ouder dan haar echtgenoot en het zag er dan ook naar uit dat hij zijn vrouw zou overleven en haar landen zou erven. In 1383 echter stierf Wenceslas, zesenveertig jaar oud. Zijn eenenzestigjarige weduwe zou nog drieëntwintig jaar lang regeren en de gezegende leeftijd van vierentachtig bereiken. In haar ouderdom had zij nog een grote liefde, haar nicht Margaretha, die in 1384 na de dood van haar vader nu ook rechtens gravin van Vlaanderen was geworden. Aan haar wilde Johanna de Brabantse erfenis volledig doen toekomen, en Margaretha en haar man Filips de Stoute hebben er alles aan gedaan om de oude dame in dat voornemen te stijven.

In de late middeleeuwen konden de vorsten echter niet meer naar willekeur over hun landen beschikken. Ze moesten nu ook rekening houden met hun onderdanen, althans met diegenen die als afgevaardigden in de statenvergadering beweerden het hele land te vertegenwoordigen. De statenvergadering van Brabant voelde er niets voor dat hun land een aanhangsel werd van een machtsconcentratie waarvan het zwaartepunt in Frankrijk lag. Met Vlaanderen had het misschien wel meer verwantschap, maar op economisch gebied lagen de belangen vaak anders. De Brabantse Staten verklaarden dan ook dat ze zelfstandig wilden blijven, dat ze bereid waren een zoon van Filips de Stoute en Margaretha als hertog te aanvaarden, maar dat niet de oudste zoon moest zijn, die ook in Bourgondië en Vlaanderen zou opvolgen, maar een jongere. En deze wens werd ingewilligd. In 1404 werd Anton, de tweede zoon van hertog Filips de Stoute, hertog van Limburg en Brabant; de oudste zoon, Jan zonder Vrees, verkreeg Bourgondië en bij de dood van zijn moeder in 1405 ook Vlaanderen en de overige bezittingen. Er leek nog weinig vooruitgang geboekt met de eenheid der Nederlanden, behalve dan dat nu ook in Brabant en Limburg een Fransgezinde hertog op de troon zat. De liefde voor zijn stamland bezielde Anton zelfs dermate dat hij bloed en leven daarvoor veil had en in 1415 aan Franse zijde sneuvelde in de slag bij Azincourt. Zijn opvolger was een twaalfjarig verwend jongetje, Jan IV. Toch heeft het er een moment naar uitgezien dat in hem de eenheid der Nederlanden gestalte zou krijgen, want tweeëneenhalf jaar later trouwde hij ook een erfdochter, Jacoba van Beieren, die op dat moment al rechtens gravin was van Henegouwen, Holland en Zeeland. Samen bezaten ze het hele middenstuk der Nederlanden van Chimay tot Tessel; aan dit massieve blok van gebieden hadden de overige loten van de Nederlandse stam gemakkelijk kunnen vastgroeien. Het is niet gebeurd, omdat het huwelijk van Jan IV en Jacoba een treurige mislukking is geworden. Van dat soort toevalligheden hangt nu eenmaal de geschiedenis aan elkaar.

Maar tevens is er dan een diepe onderstroom die maakt dat

datgene waarvoor de tijd rijp is, toch verwezenlijkt wordt. Europa zag in de late middeleeuwen de opkomst van nationale staten, groeiend rond een vorstenhuis dat kon rekenen op de aanhankelijkheid van alle onderdanen; en de Nederlanden bleven daarbij niet achter, al lijken huwelijken en toevalligheden daarbij nog steeds een schijnbaar alles bepalende rol gespeeld te hebben. We kunnen die niet alle vermelden. De hoofdzaak is dat in 1433 Filips de Goede, de zoon van Jan zonder Vrees, de onbetwistbare heerser was van Vlaanderen, Artesië, Brabant, Limburg, Henegouwen, Holland, Zeeland en Namen en dat men mocht verwachten dat eerlang hem ook de overige Nederlandse gewesten zouden toevallen. Dat heeft daarna toch nog vrij lang geduurd. Bovendien stond geenszins vast welke landen tot de Nederlanden behoorden. In 1543 verwierf Karel v, achterkleinzoon van Filips de Goede, Gelre en Zutphen en daarmee zou hij dan precies zeventien feodale titels hebben verworven, maar ook al van Karel de Stoute heette het dat hij over zeventien landen regeerde, wat dan natuurlijk niet 'Zeventien Nederlanden' geweest zijn. Zeventien was immers een mooi getal om een vrij grote hoeveelheid aan te duiden. Er was voor Karel v dan ook geen enkele reden om op te houden, toen hij Gelre had verworven. Graafschappen als Kleef, Gulik of Oost-Friesland hadden als volgend doel kunnen gelden. In het bisdom Utrecht kreeg Karel v de wereldlijke macht, maar in Luik handhaafden de bisschoppen zich als landsheren tot 1794. Toch is het onzinnig te beweren dat Luik niet tot de Nederlanden zou behoren en Utrecht wel. Trouwens, Karel v is inderdaad doorgegaan. In 1547 verwierf hij het Duitse graafschap Lingen, dat later dan ook soms wel tot de Zeventien Nederlanden gerekend wordt. De machtshonger van vorsten en potentaten is immers onbegrensd en zou in die tijd zeker geen halt maken voor grenzen waarvan niemand wist waar ze precies liepen, en of ze zelfs wel bestonden.

Belangrijker bij de wording der Nederlanden is daarom de vraag in hoeverre de onderdanen vonden dat ze bij elkaar behoorden, of anders gezegd: 'Bestond er al een nationaal besef?' Een kort antwoord op die vraag is niet goed mogelijk, omdat verschillende groepen mensen verschillend reageerden. De hoge adel en de hoge geestelijkheid hebben in het algemeen het minste bezwaar gehad tegen de bedreiging van de gewestelijke zelfstandigheid die besloten lag in de politiek der Bourgondische hertogen. Vele edelen traden in dienst van het hof, kregen zelfstandige commando's als stadhouder of legeraanvoerder en de voornaamsten van hen mochten lid worden van de orde van het Gulden Vlies, in 1430 gesticht door Filips de Goede en beroemd door de statie en de rijkdom van de bijeenkomsten van alle leden of kapittelvergaderingen. In de meeste Nederlandse gewesten was echter de burgerij de invloedrijkste groep; haar vertegenwoordigers vormden de derde stand. En deze derde stand beheerste de meeste statenvergaderingen. De rijke burgers waren gehecht aan hun privileges en vrijheden, bewoners van andere gewesten zagen zij in principe als vreemdelingen. Toch hebben zij in het algemeen van harte ingestemd met de machtsovername door de Bourgondiërs. Zo bijvoorbeeld in Holland. De wettige landsvrouwe was daar Jacoba van Beieren, die echter door haar huwelijk met Jan IV van Brabant in grote moeilijkheden was gekomen en zich niet meer met het bestuur van het gewest kon bezighouden en machteloos moest toezien hoe haar oom Jan zonder Genade, ex-bisschop van Luik, alle macht naar zich toe trok. Begin 1425 stierf deze. Zijn erfgenaam was Filips de Goede van Bourgondië, die meende zonder veel moeite het bestuur over Holland en Zeeland te kunnen aannemen, te meer omdat hij Jacoba in verzekerde bewaring wist op het Gravensteen in Gent. Zij ontsnapte echter en vluchtte naar Gouda, in de verwachting dat nu al haar onderdanen in Holland haar weer als landsvrouwe zouden aanvaarden. Dat viel tegen. Gouda erkende haar, en een aantal edelen en de meeste boeren op het platteland deden dat eveneens. De meeste steden daarentegen voelden niets meer voor haar, hoe legaal haar aanspraken ook mochten zijn. De Bourgondische hertog zou vrede kunnen waarborgen, een stabiele munt en een groot handelsgebied. Daarom kozen de steden voor hem, zij waren zelfs bereid diep in de geldbuidel te tasten om Filips te helpen in zijn strijd tegen Jacoba. En zo was het haast in alle gewesten waar Filips de Goede opvolgde, ook in Brabant en Limburg. In 1404 had de statenvergadering nog bezwaar gemaakt tegen een personele unie met Vlaanderen en Bourgondië. In 1430, toen de gewesten de nadelen van het zwakke bestuur van Jan IV aan den lijve ervaren hadden, kon Filips zonder veel moeite ook die erfenis aanvaarden.

Let wel, dit waren slechts de adel en het patriciaat in de steden. De lagere standen hadden geen gelegenheid hun politieke wensen te laten horen, zo ze die al hadden. Waarschijnlijk is ook bij hen een zekere aanhankelijkheid aan de hertogen ontstaan, het middeleeuwse substituut voor een nationaal gevoel. Toen Filips de Goede in 1462 zwaar ziek lag, zond zijn zoon Karel de Stoute boodschappers naar alle grote steden opdat de burgers de hemel om genezing zouden smeken door gebed en ommegang. En als de boden dan in een stad kwamen, konden ze erop rekenen dat het volk massaal naar de kerken stroomde, sommigen wenend van aandoening. Nog kunnen we uit de dorre taal van de stadsrekening de schrik en de ontsteltenis aflezen toen in het begin van 1477 het gerucht ging dat Karel de Stoute te Nancy gesneuveld was en de magistraat her en der boden heen stuurde om te informeren of dat verschrikkelijk bericht waar kon zijn.

Toch was dit dezelfde Karel de Stoute die ongehoord hoge beden had gevraagd voor zijn buitenlandse oorlogen en die de rechtspraak had gecentraliseerd door de oprichting van het Parlement van Mechelen. Daar in Mechelen werd ook het financieel beheer voor alle gewesten gevestigd met een Algemene Rekenkamer, een Kamer van de Beden en een Kamer van de Schatkist. Voor dat soort centralisatie voelden de burgers en de stedelijke magistraten niets. Dat ging rechtstreeks in tegen hun geheiligde privileges en voorrechten. Over zaken van gemeenschappelijk belang, over de munt, over maten en gewichten, over de zeeroverij wilden zij best vergaderen met afgevaardigden uit andere gewesten en zo groeide langzaam de instelling van de Staten-Generaal. Als eerste echte zitting daarvan wijst men doorgaans die van 9 januari 1464 te Brugge aan. Toen gingen er geruchten dat Filips de Goede op zijn oude dag nog op kruistocht wilde gaan en de Engelse koning wilde aanwijzen als zijn zaakwaarnemer in Holland en Zeeland. Daar voelden de Provinciale Staten van Holland niets voor en zij namen zelf het initiatief voor een bijeenkomst met de Staten van Brabant, Vlaanderen, Namen en Henegouwen. Filips nam het initiatief over, schreef zelf een dergelijke vergadering uit en zo werd alles nog in der minne geschikt. Maar daarbij moest het voorlopig blijven, de centralisatiepogingen gingen duidelijk veel te ver.

Na de dood van Karel de Stoute werd zijn dochter Maria van Bourgondië overstelpt door problemen. De moeilijkheden stapelden zich op: de Franse koning viel de Bourgondische landen binnen en er was gebrek aan alles, in de eerste plaats aan geld. De nieuwe hertogin besloot de Staten-Generaal te Gent bijeen te roepen om allereerst haar erkenning als landsvrouwe te verkrijgen. Op 3 februari 1477 kwamen ze bijeen; ze hadden er geen enkel bezwaar tegen om Maria als soeverein te aanvaarden, maar tevens legden ze haar een groot-privilege voor dat alle centralisatie van Karel de Stoute ongedaan maakte en de oude vrijheden der gewesten volledig erkende. Maria haastte zich al het gevraagde te verlenen, want de Staten demon-streerden hier toch ook de wil bijeen te blijven, mits ieders eigen aard maar werd erkend.

Dat bleek een tiental jaren later nog veel duidelijker. De situatie was toen grondig gewijzigd. Maria van Bourgondië stierf na een vijfjarige regering en een vrij gelukkig huwelijk met Maximiliaan van Oostenrijk, doordat zij, zwanger van haar vierde kind, van het paard viel. Maximiliaan werd nu landvoogd voor zijn minderjarig zoontje Filips de Schone. Filips was een keizerszoon uit het geslacht Habs-burg, voorbestemd om zijn vader op te volgen in zijn hoge ambt en vast van plan een belangrijke rol te spelen in de Europese politiek. De Nederlanden zouden daarbij voornamelijk geld mogen leveren ter volvoering van zijn ambitieuze plannen. Natuurlijk kwam daar verzet tegen, vooral in Vlaanderen, waar Gent de ziel van de beweging was, zoals zo vaak in het verleden. Ditmaal kon Gent op begrip en steun van de overige gewesten rekenen. In 1488 sloot de Staten-Generaal die te Mechelen vergaderde een 'unie, alliantie en confederatie' met Gent, die men met enige fantasie als een grondwet van de Zuidelijke Nederlanden zou kunnen beschouwen. Het leek er een moment op alsof de Tachtigjarige Oorlog tegen de Habsburgers niet in 1568, maar in 1488 zou beginnen.

Zover is het niet gekomen. De Nederlanden interesseerden Maxi-miliaan niet bijster veel en hij was een paar jaar later blij ze aan een al vroeg meerderjarig verklaarde Filips de Schone – deze was pas vijftien – te kunnen overlaten (1493). Hij had de eerste kunnen worden van een puur nationale dynastie, alleen heersend over de Zeventien Nederlanden, en dan zouden deze langzamerhand tot een grote gecentraliseerde staat zijn uitgegroeid, waar alle bevolkingsklassen wel vrede mee konden hebben. Als de geschiedenis werkelijk zo verlopen was, is het de vraag of de vorsten in die Nederlanden op den duur de Staten-Generaal buiten spel hadden kunnen zetten zoals in Frankrijk, of dat ze het goed recht van de volksvertegenwoordiging hadden moeten erkennen zoals in Engeland. De ontwikkeling is echter heel anders verlopen, doordat Filips' echtgenote Johanna de Waanzinnige tegen ieders verwachting in de erfgename werd van het grote Spaanse koninkrijk. Mede daardoor is de opstand der Nederlanden veroorzaakt, maar daarover kan beter op een andere plaats gesproken worden.

In heel Europa is de bevolking in de late middeleeuwen afgenomen, in heel Europa ook is in de zestiende eeuw een duidelijke demografische groei te constateren. Er zijn belangrijke regionale verschillen geweest. Betrouwbare bevolkingscijfers voor de totaliteit der Europese landen ontbreken, maar er bestaan toch zoveel lokale studies, en er zijn zoveel gegevens beschikbaar over speciale groepen mensen, dat we niet behoeven te twijfelen aan de algemene tendens van groei der bevolking in de zestiende eeuw. Nederland vormde daarop geen uitzondering.

Alleen is de omslag hier vrij laat gekomen. In Frankrijk begon de bevolking al kort na 1450 weer te groeien, elders niet lang daarna. In de Nederlanden, zowel de zuidelijke als de noordelijke, ontstond er pas op het eind van de vijftiende eeuw weer een geboorte-overschot. De demografen hebben soms de pretentie exact te kunnen dateren en noemen dan het jaar 1493: toen werd door de vrede van Senlis eindelijk de reeks der oorlogen met Frankrijk beëindigd, toen gaf een gelukte monetaire hervorming de mensen weer wat vertrouwen in de toekomst en toen kon Nederland als handelsland gaan profiteren van de opleving van de Europese economie. Het is niet onmogelijk. In 1494 bijvoorbeeld zijn er haardstedentellingen gehouden in alle dorpen en steden van Holland tijdens de zogenaamde Enqueste. De mensen uit de verschillende plaatsen, die onder ede werden ondervraagd over de toestand, hingen doorgaans een droevig verhaal op van kommer en ellende. Haast iedereen vertelde dat het in 1477, 'in hertog Karels tiden', veel beter was geweest en dat de bevolking toen ook talrijker was. Maar in 1514 vond opnieuw een dergelijk onderzoek plaats, nu *informacie* geheten. En onmiskenbaar was de toestand iets verbeterd. Er heerste wat meer economische activiteit en de bevolking was enorm gegroeid. Van 230.000 inwoners in 1494 tot 275.000 in 1514. Nu is deze groei te spectaculair, de cijfers zijn ook niet volledig en er zitten te veel ongefundeerde schattingen tussen, maar de tendens is desondanks duidelijk. Bovendien is de bevolkingsgroei verder gegaan. In 1622 telde Holland ongeveer 672.000 inwoners, en dat aantal is redelijk betrouwbaar. Daarbij dient opgemerkt dat de bevolkingsgroei heus niet alleen in de steden was geconcentreerd, maar even goed op het platteland. Een dergelijk patroon is te constateren voor de rest van Nederland. Wel had de meest spectaculaire groei tussen 1500 en 1650 plaats in het westen en noorden (Zeeland, Holland en Friesland), maar in het oosten en zuiden is het aantal inwoners zeker tussen 1500 en 1570 behoorlijk toegenomen. Daar hebben na 1570 de oorlogsomstandigheden van de Tachtigjarige Oorlog verstorend gewerkt. Volgens een schatting die tot nog toe niet serieus is aangevochten bedroeg de bevolking op het grondgebied van het huidige Nederland 0,9 à 1 miljoen in 1500, 1,2 à 1,3 miljoen in 1550 en 1,4 à 1,6 miljoen in 1600.

Wat kan de oorzaak geweest zijn van deze opmerkelijke ombuiging? Daarover is veel onzeker. Het kan zijn dat de sterftecijfers zijn gedaald, hoewel er nog genoeg ziekten heersten. De pest was allerminst verdwenen, misschien alleen wat minder dodelijk geworden omdat de mensen langzamerhand wat meer weerstand tegen de infectie hadden opgebouwd en omdat maatregelen als quarantaine van pestlijders, die vooral de steden namen, hun effect begonnen te krijgen. Er waren evenwel de nodige ziekten bijgekomen, zoals syfilis, die hoogstwaarschijnlijk door Columbus' matrozen uit de Nieuwe Wereld is geïmporteerd en hier aanvankelijk duizenden slachtoffers maakte. En er was de geheimzinnige zweetziekte, mogelijk een virulente influenza, die in de zestiende eeuw talrijke slachtoffers maakte. Hongersnoden waren er ook nog, al was de aanvoer van koren van elders nu beter geregeld dan vroeger. De graanprijs lag echter relatief hoog en veel gezinnen zullen zelfs in normale tijden moeite gehad hebben om het hoofd boven water te houden. Oorlogen met hun verwoestende werking waren eveneens nog talrijk, al was het een verbetering dat veel vorsten nu een permanent leger konden onderhouden, dat in vredestijd niet op het weerloze platteland werd losgelaten, zoals tijdens de Honderdjarige Oorlog in Frankrijk. Toch is de kans klein dat het sterftecijfer in de zestiende eeuw merkbaar gedaald is.

Dan moet het geboortecijfer zijn gestegen en dat zal het gevolg geweest zijn van een verlaging van de huwelijksleeftijd. Wie trouwt is optimistisch, heeft rozige verwachtingen van de toekomst, denkt dat hij voldoende zal verdienen om zijn vrouw en een aantal kinderen te kunnen onderhouden. Dat optimisme zou in heel Europa wel aan te tonen zijn. Er kwamen nieuwe handelstechnieken in zwang, kapitalistische praktijken vergrootten de produktie van allerlei goederen, nieuwe methoden in de zilvermijnbouw brachten meer edel metaal en dus meer geld in omloop. In Spanje, Portugal, Engeland en Vlaanderen begon een avontuurlijke drang naar de verten op te komen en de lust nieuw land te ontdekken. De nieuwe energie uitte zich ten slotte ook op cultureel gebied in de Renaissance en op godsdienstig gebied door het grote elan van de Reformatie. Om al die redenen trouwden de mensen op jongere leeftijd en daardoor kwamen er meer kinderen.

Hogere geboortecijfers leidden tot grote bevolkingsoverschotten. De mensen moesten eten en dat betekende stijgende graanprijzen, terwijl ook de gestegen hoeveelheid edel metaal de prijzen deed stijgen. Dat was gunstig voor de graanboeren die voor de markt werkten, maar die waren er in de Nederlanden niet zo veel. Het was ongunstig voor de stedelingen en vooral voor de vele loontrekkenden en die waren er in de Nederlanden juist wel veel in vergelijking met de rest van Europa. Want door het grote aanbod van arbeidskrachten stegen de lonen niet, zodat het welvaartspeil van de loontrekkers daalde. En Nederland kon daarbij duidelijk als lage-lonengebied gelden. Vooral het scheepsvolk werd slecht betaald in vergelijking bijvoorbeeld met wat de Hanzesteden boden. Er is een klacht bewaard gebleven dat Duitse Hanzesteden in het begin van de zestiende eeuw in Holland en Zeeland matrozen kwamen ronselen voor reizen naar de Brouage in Zuid-Frankrijk om zout te gaan laden. Daarbij bedroeg de gage wel het dubbele van wat hier gebruikelijk was. De Nederlandse handelaars wilden dat die praktijken verboden werden, anders zou de winstgevendheid van hun bedrijf schade lopen. Deze gages voor de matrozen waren wel enigszins maatgevend voor de andere lonen in Holland, want de vrachtvaart was een belangrijke bedrijfstak in de zestiende eeuw. De Italiaan Guicciardini vermeldt dat Holland omstreeks 1560 meer dan 800 grote zeeschepen van 200 tot 700 ton en meer dan 600 kleinere schepen en vissersboten van 100 tot 200 ton bezat. Die zullen te zamen wel een bemanning van zestienduizend koppen geteld hebben, zodat zeker vijftien procent van de mannelijke beroepsbevolking toen in de scheepvaart werkzaam was. Inderdaad werd het overzeese handelsverkeer van Antwerpen en andere Zuid-nederlandse steden hoofdzakelijk door Hollandse, Zeeuwse en Friese schippers verzorgd. In andere bedrijfstakken, bijvoorbeeld in de Leidse textielindustrie, ging het daarentegen niet zo best. Tot 1520 wist die zich aardig te handhaven, maar daarna ging het snel berg-afwaarts. In de jaren zestig produceerde Leiden nog maar enkele duizenden lakens per jaar, en toen in 1573 het beroemde beleg begon was de industrie op sterven na dood en was de stad vol bedelaars en paupers. Slechts dankzij Zuidnederlandse immigranten heeft Leiden na het ontzet in 1574 een nieuwe lakenindustrie kunnen opzetten die een nog fenomenaler bloei heeft beleefd dan de vorige. Het is dus niet te gewaagd om te veronderstellen dat ook in andere bedrijfstakken de lonen laag zijn geweest. Dat blijkt zonder meer te kloppen voor bouwvakarbeiders en stedelijke dienaren.

Met deze lage loonsommen moesten de mensen duur graan kopen. De prijs daarvan werd bepaald door die van het Baltisch graan, dat vooral in Amsterdam werd aangevoerd. Op de grote landgoederen van de Poolse adel en de Duitse jonkers in Oost-Pruisen en de Baltische staten brachten scharen lijfeigenen grote overschotten aan rogge en tarwe voort, bestemd voor de markten van West-Europa. Een of twee maal per jaar voer een vloot van twee- à driehonderd schepen uit Nederland door de Sont naar Dantzig en andere plaatsen aan de Oostzee. De schippers kochten daar in zo'n veertien dagen al het koren op dat ze konden krijgen. Grotere Nederlandse handels-huizen hadden daar hun permanente agenten, hun factors of liggers, die dat al van tevoren hadden gedaan en de waren hadden opgeslagen in spijkers of pakhuizen. De vloot kwam meestal pas aan nadat in het voorjaar de Oostzee weer bevaarbaar was geworden, zodat het graan dan al driekwart jaar geleden geoogst was. In Nederland was het inheemse graan op het eind van het voorjaar grotendeels opgegeten, zodat men zeer afhankelijk was van het Baltische graan om de tijd tussen mei en de nieuwe oogst te overbruggen. In 1560 werd ruim 60.000 last koren ingevoerd (een last is ongeveer 2000 kilogram), voldoende om tweeëneenhalf miljoen mensen gedurende drie maan-den te voeden. Dit betekent dat de hele bevolking van de Nederlanden afhankelijk was van het Baltisch graan. Stokte de aanvoer om de een of andere reden, dan heerste hier meteen al hongersnood. Dat gebeurde bijvoorbeeld in 1536, in 1557 en ook in 1556, het jaar van de beeldenstorm. Vooral de hongersnood van 1557 is hard aangekomen, omdat in 1556 de oogst al mislukt was in de Nederlanden en de aangrenzende gebieden. Tot half maart kon men in Dordrecht nog wel graan uit het Rijnland kopen, daarna hield Kleef alle graan op bij de tol van Lobith. Het staat vast dat ook graanspeculanten het graan opkochten en zo de prijzen nog verder opdreven. Op 12 maart 1557 schreef de stadhouder van Holland dat de armen het afval van de brouwerijen aten; in 's-Hertogenbosch verdrongen zich dagelijks duizenden mensen voor de poort van het H. Geesthuis, waar soms koreuitdelingen plaatshadden. Velen kwamen ook van het platteland, want de stadsbesturen deden wel eens iets voor hun burgers, maar de buitenlui konden op niemand rekenen. De Oostzee was onveilig door zeerovers en er heerste grote ruzie wie de oorlogsschepen zou moeten betalen om de vloot te konvooieren. Uiteindelijk hebben de Staten van Holland dit maar gedaan met stevige subsidies van Amsterdam en de Waterlandse steden. Op 8 juni 1557 kwam zo een vloot van ongeveer honderd graanschepen de haven van Amsterdam binnen varen en op dat goede bericht liep heel het land uit. Er ging een speciale bode naar Brussel, want nu was het ergste leed geleden. Inderdaad zakte de graanprijs.

Het ligt voor de hand een samenhang te zoeken tussen deze moeilijke sociaal-economische toestanden en de opkomst van het protestantisme in de Nederlanden. Moeten we in het protestantisme vooral een maatschappelijke protestbeweging zien en werden de eerste aanhangers daarvan met name onder de sociaal misdeelden gevonden? Het is de moeite waard dit te gaan onderzoeken. Het staat in ieder geval vast dat Luthers optreden in 1517 onmiddellijk veel weerklank in de Nederlanden vond, vooral in de grote metropool Antwerpen, waar het nieuws doorgaans het eerst doordrong. De gevestigde machten waren ook alert. Al op 7 november 1519 reageerde de Leuvense universiteit. De theologische faculteit sprak zich in krachtige woorden uit tegen Luthers leer over de nutteloosheid van de aflaten en vooral over het primaat van het geloof en de predestinatie. Volgens Luther stond de mens als een paard te wachten tot God of de duivel op zijn rug zou springen en hem vervolgens naar de hemel of de hel zou sturen. De Leuvense theologen kwamen juist op voor de vrije wil van de mens en het nut van goede werken. Het volgend jaar werden te Leuven tachtig Lutherse boeken verbrand en ook elders probeerde men zijn ideeën in de kiem te smoren. Te Dordrecht werd de augustijner prior Hendrik van Zutphen, een ordebroeder van Luther, al in 1519 van zijn functie ontheven. Toch heeft de zuivere leer van Luther in de Nederlanden weinig echte volgelingen gevonden. Alleen een aantal intellectuelen had sympathie voor de beweging. Toen de schilder Dürer in 1521 in de Nederlanden was, kreeg hij een luthers boek van zijn vriend Gnapheus, de Antwerpse stadssecretaris. Dergelijke mensen bleven uitzonderingen; het volk riep al gauw 'lutherij', maar bedoelde daarmee iedere afwijking van de officiële kerkleer. Later sprak men wel over een lutherse doper of een lutherse calvinist.

De waarheid was dat er in de Nederlanden ook genoeg heterodoxe ideeën leefden, en dat Luthers optreden slechts de wekroep is geweest waardoor de mensen daarmee naar buiten durfden treden. Zo iemand was Cornelis Hoen, advocaat bij het Hof van Holland. Deze had kennis genomen van de ideeën van de Groningse humanist Wessel Gansfort en ontwikkelde die verder in zijn Avondmaalsbrief. Daarin verkondigde hij een volkomen symbolische opvatting van de eucharistie. Als de priester zei: 'Dit is mijn lichaam', kon men dat hoogstens opvatten als: 'Dit betekent mijn lichaam', en de hostie bleef gewoon brood en er trad geen transsubstantiatie of consubstantiatie op. Hinne Rode, rector van de Hieronymusschool in Utrecht, was enthousiast over deze ideeën en bracht de Avondmaalsbrief in 1520 naar Luther, die deze echter als te radicaal afwees. Later had Hinne Rode meer succes bij de Zwitserse hervormer Zwingli. Die heeft de brief zelfs vertaald en gepubliceerd, en zo komt het dat bepaalde elementen van diens leer betreffende het sacrament van de eucharistie teruggaan op ideeën van Nederlandse intellectuelen. Dit sacrament speelde ook bij andere Nederlandse heterodoxen een belangrijke rol en het is daarom juister deze eerste hervormers sacramentariërs te noemen dan lutheranen. Hun ideeën werden gevoed door een wijdverbreid anti-klerikalisme, dat heerste in alle bevolkingslagen in de Nederlanden, maar vooral bij de intellectuelen. Hun grote voorbeeld was de Rotterdammer Desiderus Erasmus, die als humanist Europese vermaardheid genoot, maar in zijn godsdienstige opvattingen lijnrecht tegenover Luther stond. Toch heeft hij lange tijd geaarzeld om tegen hem op te treden, omdat hij domme monniken en bekrompen universitaire theologen niet in de kaart wilde spelen. Toen hij ten slotte wel moest spreken, deed hij dat in een geschrift dat Luther aanviel in het kernpunt van zijn leer. Het heette dan ook *Over de vrije wil.* Het Nederlandse anti-klerikalisme uitte zich tevens in een verminderde belangstelling voor het kloosterleven. In de vijftiende eeuw waren er in de meeste steden ettelijke kloosters gesticht, die een groot aantal mannen en vrouwen tot intrede brachten. In de zestiende eeuw liepen de aantallen kloosterlingen fors terug. Wel bleven er grote zwermen wereldlijke priesters verbonden aan de grote stadskerken, die vaak een kommervol bestaan leidden als kapelaan of altarist en moesten zien rond te komen van de paar penningen per dag die ze konden verdienen door het lezen van memoriemissen voor de zielerust van de overledenen. Ook deze altaristen, die het niet altijd even nauw namen met het celibaat, verhoogden de populariteit van de roomse kerk niet.

De eerste lutheranen en sacramentariërs in Nederland waren dus intellectuelen en weinig talrijk. Hun heterodoxie was geen uiting van maatschappelijk protest. Dat zou eerder het geval kunnen zijn bij de wederdopers of anabaptisten. Deze ontleenden hun ideeën aan Melchior Hoffman, een bontwerker uit Zwaben, die in 1530 op zijn zwerftochten in Emden verscheen en daar allerlei leerstellingen verkondigde die in de afgelopen jaren in Duitsland waren opgekomen, onder andere bij opstandige boeren. Het duidelijkst was het inzicht dat de kinderdoop geen waarde had en dat dus alle volwassenen opnieuw gedoopt moesten worden. Daarnaast predikte Hoffman het spoedige einde der tijden. Hijzelf dacht dat de wederkomst van Christus in Straatsburg zou plaatsvinden. Daar trok hij heen en daar is hij in 1533 gevangen gezet. Zijn ideeën kregen veel aanhangers in de Nederlanden, niet zozeer bij de intellectuelen als wel bij de geschoolde handwerkslieden, die dan doorgaans wel konden lezen als ze belangstelling kregen voor de nieuwe richting. De wederdoperij is overigens vanuit het noorden Nederland binnengedrongen; in het zuiden had ze aanvankelijk weinig aanhang. Twee belangrijke leiders waren Jan Mathijszoon, een schoenmaker uit Haarlem, en Jan Beukelszoon, een kleermaker uit Leiden. Ook zij geloofden in de spoedige wederkomst van Christus, maar deze zou in Munster plaatshebben en niet in Straatsburg, waar Melchior Hoffman nog steeds gevangen zat. De twee profeten trokken in 1534 met een schare volgelingen naar Munster en hadden er spoedig de macht in de stad in handen. Jan Beukelszoon heeft als koning van Sion in dit nieuwe Jeruzalem een soort communistische heilstaat willen stichten en duizenden wederdopers voegden zich bij hem; weldra kregen ze een gruwelijk beleg van de bisschop van Munster en de gevestigde machten te doorstaan. Ook in Nederland bleef het onrustig. In februari 1535, in de bittere kou, liepen zeven mannen en vijf vrouwen naakt door de straten van Amsterdam onder het uitstoten van kreten als: 'Wee, wee, de wrake Gods, wee, wee over de wereld en de goddelozen.' De mannen werden al na veertien dagen terechtgesteld, maar daarmee keerde de rust in de stad niet terug. Op 10 mei deden de wederdopers zelfs in de nacht een aanslag op het stadhuis, wisten het urenlang in bezit te houden en richtten van daaruit een oproep tot alle evangelisch-gezinden 'van de secte Lutherije en de sacramentaristen' om de goddelozen te verjagen. Zij hadden geen succes. De volgende dag heeft de gewapende burgerij het stadhuis hernomen. De nietgesneuvelde dopers werden voor het gerecht gesleept. Hun verhoren zijn bewaard gebleven. De repressie was uiteraard hard. Alle mannen die op het stadhuis gevangen waren genomen, werden ertoe veroordeeld om onthoofd te worden, waarbij de beul voor de onthoofding het hart uit het lichaam moest snijden. De burgerij had misschien wel begrip voor afwijkende godsdienstige opvattingen, tegen revolutie trad zij onverbiddelijk op. De Amsterdamse wederdopers hadden doorgaans beroepen als wever, schoenmaker, leerlooier en dergelijke. Zij behoorden tot de kleine burgerij, zij waren niet maatschappelijk ontworteld. Hun inspiratie zal in de eerste plaats godsdienstig geweest zijn. Het was er hun niet om te doen een hemel op aarde te vestigen, maar bereid te zijn als Christus zou wederkomen. Ze deden wel radicale revolutiepogingen en dat bezorgde de wederdopers hun slechte naam. Onder hen vielen de meeste slachtoffers en martelaren door de repressie van overheidswege. Dat lot trof ook de vreedzame dopers, die na 1535 georganiseerd werden door Menno Simonszoon, een ex-pastoor uit Friesland. Hij predikte een lijdzaam bestaan, verbood het dragen van wapens, verbood de eed en vond duizenden aanhangers in Friesland, Noord-Holland en elders, ondanks het fanatisme waarmee ook deze mennonieten werden vervolgd.

Het calvinisme is pas laat via het zuiden in de Nederlanden

doorgedrongen. In 1545 werd Pierre Brully, een vertrouweling van Calvijn, te Doornik gegrepen toen zijn aanhangers hem niet op tijd de stad uit konden werken. Er moet toen in die stad al een soort calvinistische gemeente bestaan hebben. In de jaren daarna heeft het aantal aanhangers zich nauwelijks uitgebreid, hoewel Calvijn toen al lang en breed het bestuur van Genève beheerste en zijn voornaamste werken had gepubliceerd. Pas in 1560 begon het calvinisme zich vanuit Doornik, Rijssel en Valenciennes naar het noorden te verbreiden. Erg veel vastheid in de leer was er nog niet en ook viel de nadruk nog nauwelijks op het leerstuk van de predestinatie. De calvinisten recruteerden hun aanhangers uit alle maatschappelijke lagen: edelen, kooplieden en ook wel wevers op het Vlaamse platteland bij Armentières en Hondschoote. Toch bleven ze in het zuiden een kleine minderheid. In het noorden waren er voor 1566 in het geheel nog geen calvinistische gemeenten. Het grote voordeel van het calvinisme was de strakke organisatie, waardoor het bij de opstand een leidende rol heeft kunnen vervullen.

Alles bij elkaar genomen waren de successen van het protestantisme in de Nederlanden voor 1566 niet spectaculair vergeleken met het omringende buitenland. Dat kwam vooral omdat de Habsburgse vorsten Karel v en Filips ii de repressie hier goed geregeld hadden. Karel v was in 1506 zijn vader Filips de Schone opgevolgd als vorst, opnieuw onder voogdij van Maximiliaan, in diens vele Nederlandse territoria. Daarbij is het echter niet gebleven. Zijn moeder Juana was al bij zijn geboorte in 1500 de vermoedelijke erfgename van de kronen van Aragon en Castilië in Spanje door de onverwachte dood van haar broer en oudere zus. Het was te voorzien dat Karel, bij de dood van zijn grootvader, Maximiliaan ook zou opvolgen in de Habsburgse erflanden in Oostenrijk en de omringende gebieden. Waarschijnlijk maakte hij ook een goede kans om tot Duits keizer gekozen te worden. Juana heeft de schok van de vroege dood van Filips de Schone niet kunnen verwerken en verviel tot waanzin, zodat Karel in 1516 na de dood van zijn Spaanse grootouders koning van Spanje werd. In de Nederlandse gewesten was hij al in 1515 zelfstandig gaan regeren. In 1519 stierf Maximiliaan. Karel volgde nu op in de Oostenrijkse erflanden, en met het geld van de Fuggers wist hij de keurvorsten te bewegen hem tevens tot keizer te kiezen. Een machtig wereldrijk, waarin vanwege de Spaanse bezittingen in Amerika de zon

nooit onderging, was geschapen. De problemen die deze machtsconcentratie opleverde, waren te veel voor Karel met zijn middelmatig verstand. Hij heeft zich tot taak gesteld in ieder geval het
protestantisme uit te roeien, maar in Duitsland is deze politiek
hopeloos mislukt.

De beeldenstorm

Door de vrede met Frankrijk in 1559 gingen de zuidgrenzen van de
Nederlanden weer open; zo kon het calvinisme gemakkelijker doordringen,
vooral in het zuiden van Vlaanderen bij de textielwerkers te Armentières en
Hondschoote. Wie openlijk overging tot de nieuwe religie riskeerde wel
gevangenneming en terechtstelling door de inquisiteurs, maar dat gevaar
bedreigde ook lutheranen en doopsgezinden en het heeft de groei van het
calvinisme niet geschaad. Al vaker durfden de calvinisten openlijk op straat
psalmen te zingen tijdens zogenaamde chanteries. Ook hielden enkele
voorgangers in de open lucht 'hagepreken'. Er zijn zelfs gevallen bekend dat
calvinisten met geweld uit de gevangenis werden bevrijd bij zogenaamde
effracties. De meerderheid van de katholieken was trouwens niet enthousiast over de gewetensdwang en de minachting van de inquisiteurs voor de
juridische privileges van de stedelijke rechtbanken. Dat bleek ook uit de
grote aanhang van het verbond der edelen. Op 5 april 1566 ging dit verbond
tot een openlijke daad over: het liet een gezelschap van tweehonderd edelen
in Brussel een smeekschrift aanbieden aan de landvoogdes Margaretha van
Parma. Daarin vroegen zij om schorsing der plakkaten tegen de her-
vormden en om bijeenroeping der Staten-Generaal. De landvoogdes schrok
en zegde 'moderatie' toe, matiging der plakkaten. Berlaymont, haar naaste
adviseur, trachtte haar gerust te stellen: al die fiere edelen zouden volgens
hem niet meer dan een troep 'gueux' (bedelaars) zijn. Dat is de oorsprong
van de naam *geuzen* die de opstandelingen als een erenaam gingen gebruiken. De toen geslagen geuzenpenningen, een soort insignes, vertoonden
dan ook een bedelnap.
De aanbieding van het smeekschrift trok veel aandacht en gaf de calvinisten
moed. Zij werden driester en organiseerden talrijke hagepreken, die ook de
nieuwsgierigheid wekten van katholieken. Op 3 augustus verbood de
centrale regering het houden van hagepreken, maar dat verbod bleef dode
letter. Als deze preken zozeer in een behoefte voorzagen, waarom zou men
dan niet in echte kerken kunnen samenkomen? Die stonden wel vol
heiligenbeelden, vol parafernalia die met de eucharistie te maken hadden.

Dat was voor de protestanten een gruwel en een directe overtreding van het bijbels verbod om gesneden beelden te vervaardigen. De kerken moesten dus eerst gezuiverd worden.

Op 10 augustus begon de beeldenstorm in het Vlaamse plaatsje Steenvoorde, thans net ten zuiden van de Frans-Belgische grens gelegen. Na een preek van Sebastiaan Matte trokken zijn toehoorders naar het Laurentiusklooster buiten de stad en sloegen daar de kerkbeelden stuk onder leiding van een andere predikant, Jacob de Buyzere. Dat was het sein voor een systematische beeldenstorm in bijna alle kerken van het Westkwartier van Vlaanderen, in de kasselrijen Kassel, Sint-Winoksbergen, Belle, Veurne en Ieper. Het was het werk van rondtrekkende groepen, die soms hulp kregen van inwoners. Predikanten hielden soms eerst een preek. Haast overal toonden de stads- en dorpsbesturen zich aarzelend en bang. Een enkele maal toonden de leiders zelfs valse brieven waarin de centrale overheid verlof gaf de kerken te zuiveren. Meer dan eens is ook vermeld dat degenen die de beelden neerhaalden van de organisatoren een dagloon kregen, variërend van drie tot zeven stuivers. In deze streek duurde de beeldenstorm van 10 tot 17 augustus.

De tweede fase begon te Antwerpen op 20 augustus. Al op zondag 18 augustus was te merken dat er wat broeide. Tijdens een processie waarbij het Mariabeeld werd rondgedragen, hoorde men uit het volk roepen: 'Maaiken, Maaiken, dit is uw laatste uitgang.' Op 20 augustus begon het geweld echt in de grote Lieve-Vrouwenkerk bij de markt. Een groep van tweehonderd calvinisten maakte zich meester van het gebouw. De stedelijke magistraat bleef niet geheel passief, maar hij was toch wel slap. Het bericht van de gebeurtenissen te Antwerpen had in veel steden, ook in het huidige Nederland, het effect van een lont in een kruitvat. Tevens heeft men de indruk dat de zaken soms van tevoren goed georganiseerd waren. De mensen wachtten kennelijk op een sein. Te Leiden riepen de stormers op 26 augustus: 'Ook hier moet gebeuren, wat elders geschied is.' Een enkele maal hielp de overheid zelfs mee de kerken te zuiveren, bijvoorbeeld te Culemborg. In Holland en Zeeland is hier en daar heel wat vernield; in Gelderland, Overijssel, Groningen en Friesland viel het allemaal wel mee. De landvoogdes Margaretha begon in de herfst een geslaagde tegenactie. Ze bracht troepen bijeen en kon daarbij rekenen op de steun van het grootste deel van de adel. Ook de calvinisten bewapenden zich, maar ze zouden niet opgewassen zijn tegen de geregelde troepen, zoals bleek uit hun uiteindelijke nederlaag bij Oosterweel begin 1567. Andere gecompromitteerden zochten reeds hun heil in de emigratie. Het zag ernaar uit dat de centrale regering de crisis wel te boven zou komen. Maar koning Filips II verstoorde de verhoudingen door in 1567 Alva met een Spaans leger naar de Nederlanden te sturen. Al in april 1567 zijn duizenden calvinisten geëmigreerd, onder wie Willem van Oranje, enkele maanden voordat Alva in augustus in de Nederlanden zou arriveren. De komst van Alva heeft de opstand der Nederlanden onvermijdelijk gemaakt. Hij demonstreerde Philips' on- voorspelbare politiek; nu eens leek hij geneigd tot toegeeflijkheid, dan weer nam hij de meest extreme besluiten. De grote afstand tot Spanje maakte ook dat de koning slecht was ingelicht over de toestand in de Nederlanden en niet adequaat reageerde.

Historici hebben de beeldenstorm op verschillende wijze geïnterpreteerd. De marxist Erich Kuttner ziet daarin niet in de eerste plaats een religieuze beweging, maar acht de commotie veroorzaakt door sociaal-economische omstandigheden. Vanwege de hoge graanprijzen was het volk tot revolutie geneigd. De burgers beefden voor hun bezittingen en hebben hun onte- vredenheid afgereageerd op het bezit van kerken en kloosters. Deze visie is niet te handhaven. In december 1565 waren de graanprijzen hoog, maar in de zomer van 1566 waren ze al behoorlijk gedaald. En er is betrekkelijk weinig van het kerkbezit ontvreemd. Onder degenen die het eigenlijke werk deden waren wel proletariërs, maar de organisatoren kwamen doorgaans uit de standen van burgerij en adel. Veeleer moeten we in de beeldenstorm de religieuze inspiratie primair blijven stellen. De mensen wilden een dak boven het hoofd hebben voor de winter inviel. Te Hulst werden van de preekstoel alleen de heiligenbeelden afgeslagen, maar de kuip zelf kon dienst blijven doen voor de protestantse predikant. Er zijn heel wat leiders geweest en heel wat verschillende motieven, maar het doel van de calvinisten was doorgaans duidelijk. Het is hoogst opmerkelijk dat betrekkelijk weinig protestanten hun wil hebben kunnen opleggen aan de grote massa ka- tholieken. Dat is een demonstratie van de macht van kleine, goed georganiseerde groepen, maar ook van de onverschilligheid van de meer- derheid der Nederlandse bevolking.

In de Nederlanden leek Karel V, zoals gezegd, meer succes te hebben. Daar had hij veel directer invloed dan in Duitsland, want hij was er de onmiddellijke landsheer van de onderdanen in de diverse gewesten. Wel moest hij particularistische gevoeligheden ontzien en de ge- rechtshoven waren dan ook niet enthousiast toen hij al in 1522 een speciale inquisiteur, Frans van der Hulst, aanstelde. Daarmee ging Karel eigenlijk zijn bevoegdheden te buiten. De inquisitie was een rechtbank om ketters op te sporen en eventueel te veroordelen en dat was duidelijk een taak voor de bisschoppen of voor de paus. Slechts als een doodvonnis moest worden uitgevoerd werden de schuldigen overgeleverd aan de wereldlijke arm, die dan voor de terechtstelling zorgde. In Spanje echter bestond een staatsinquisitie. Karel v en Filips ii maakten herhaaldelijk de indruk dat zij die ook in de Nederlanden wilden invoeren en daardoor maakten zij zich niet populair. De straffen voor ketterij, de verboden op het verspreiden van lutherse boeken en wat dies meer zij, het werd allemaal nauwkeurig opgesomd in open brieven met opgeplakt zegel, waarvan iedereen dus kennis kon nemen. Deze plakkaten tegen de hervorming waren evenmin populair. De grote massa van de bevolking was nog allerminst gewonnen voor de nieuwe godsdienstige opvattingen, maar zij was er evenmin van overtuigd dat de praktijken van de traditionele kerk boven kritiek verheven waren. In ieder geval vonden grote groepen mensen dat de centrale regering zich bemoeide met zaken waarmee zij niets te maken had.

De pogingen van Karel v om zijn bestuur in de Nederlanden te centraliseren maakten hem ook al niet populair. De bevolking zag in hem de graaf van Holland of de hertog van Brabant, die zijn onderdanen moest verdedigen, zo nodig tegen de naburige gewesten – maar daar kon de grote koning en keizer natuurlijk niet aan beginnen. Hij heeft allereerst gestreefd naar afronding van zijn gebied in de Nederlanden door de verwerving van alle gewesten die hij nog niet bezat: Friesland, Utrecht, Overijssel, Groningen en ten slotte in 1543 Gelre. Daar hadden de bewoners van de overige provincies niets op tegen. Ze vonden het alleen wel bezwaarlijk dat de verovering gefinancierd moest worden met belastingen die zijzelf moesten opbrengen. Maar de verovering kon toch wel voordelig zijn, bijvoorbeeld omdat daardoor een eind werd gemaakt aan de plundertochten van het Gelderse bendehoofd Maarten van Rossem, waarvan vooral Holland in het begin van de zestiende eeuw zwaar te lijden had. Misschien bestond er al wel een vaag gevoel van verbondenheid van alle zeventien Nederlandse provincies, zelfs bij de onderdanen. Dat gevoel bestond in ieder geval wel bij Karel v en zijn raadgevers. In 1548 liet hij te Augsburg de Duitse rijksdag toestemmen in de oprichting van de zogenaamde Bourgondische kreits. Die omvatte alle Neder-landse gewesten, zelfs met inbegrip van Vlaanderen en Artesië, die in de middeleeuwen bij Frankrijk hoorden. Alleen Luik, dat zijn eigen prins-bisschoppen handhaafde, viel er buiten. Deze Bourgondische kreits maakte formeel nog deel uit van het Duitse rijk, maar in de praktijk had de band daarmee weinig te betekenen. Belangrijker was dat nu ook officieel was vastgelegd dat de Nederlanden bij elkaar hoorden. In 1549 vaardigde Karel bovendien de *pragmatieke sanctie* uit, waarin de opvolging in alle gewesten op identieke wijze was geregeld. Zo meende hij de garantie te hebben dat de Zeventien Nederlanden ook in de toekomst altijd bijeen zouden blijven.

Ze hadden toen gemakkelijk tot een eenheidsstaat kunnen uit-groeien. Karel had de centrale instellingen daarvoor al in 1531 geschapen. Als vorst liet hij zich vertegenwoordigen door een land-voogdes, die te Brussel resideerde. In de gewesten had hij als plaats-vervangers een aantal stadhouders, gerecruteerd uit de hoge adel, terwijl de landvoogdes werd bijgestaan door drie collaterale raden: een raad van state voor algemene adviezen, een raad van financiën en een geheime raad, waarin wetten en ordonnanties werden voorbe-reid. De Provinciale Staten bleven in ieder gewest bestaan, maar het was veel eenvoudiger om te Brussel de Staten-Generaal bijeen te roepen voor alle mogelijke kwesties, en vooral om de afgevaardigden te laten toestemmen in steeds nieuwe beden. Want geld bleef nodig, vooral voor Karels kostbare oorlogen die misschien niet altijd on-middellijk voordeel voor de Nederlanden opleverden. Er waren vele redenen voor irritatie en er zijn ook de nodige conflicten geweest. Karel v trof het echter met zijn landvoogdessen, eerst met zijn tante Margaretha van Oostenrijk en daarna met zijn zuster Maria van Hongarije. Hij wist de sympathie van de edelen te behouden en onder zijn regering was het protestantisme in de Nederlanden nog geen probleem. Toen hij in 1555 te Brussel de regering over de Nederlanden overdroeg aan zijn zoon Filips ii was hij weliswaar gedesillusioneerd, maar nog het minst over zijn bestuur in de Nederlanden.

Filips ii verschilde niet wezenlijk van zijn vader. Hij was niet tirannieker of intransigenter tegenover de protestanten. Hij had zeker meer talent voor staatszaken, maar het was wel een bezwaar dat hij alles zelf wilde beslissen en dat nog wel vanuit het verre Spanje, waar zijn hart lag. Hij sprak geen Nederlands, vertrok in 1559 naar Spanje en is hier nooit meer teruggekomen. Zo kon bij de bevolking het idee van een contrast ontstaan tussen Karel v, die de rechten der onderdanen respecteerde, en zijn kwade zoon Filips die deze met voeten trad en die zijn Spaanse knechten tegen de privileges en de godsdienst der Nederlanden allerlei sinistere plannen liet volvoeren. In werkelijkheid bestond dit contrast niet. Zeker in de jaren 1555-1566 is Filips eigenlijk toegeeflijker geweest dan zijn vader en misschien ligt daarin wel een van de voornaamste oorzaken van de opstand der Nederlanden. In 1555 aanvaardde hij de regering en tot 1559 is hij in de Nederlanden gebleven, omdat de uitgebroken oorlog met Frankrijk zijn aandacht opeiste. Zijn tijd werd verder grotendeels gevuld door eindeloze onderhandelingen met de Staten-Generaal over een nieuwe bede. Mogelijk hebben de ervaringen die Filips toen heeft opgedaan hem er later toe gebracht om vaste belastingen na te streven door zijn beruchte tiende penning.

Zestiende-eeuwse scheepstypen

Al vanaf de prehistorie bouwden de Nederlanders schepen en de boot van Pesse is in feite het oudste bekende vaartuig ter wereld. Dit was een boomstamkano, een uitgeholde stam van een den. Deze kano is het uitgangspunt geworden voor een groot aantal scheepstypen, onder andere voor de twee die in de Karolingische tijd in de Nederlanden in gebruik waren. Het eerste type was een vrij recht schip, waarin planken schuin opstaand op een kielbalk waren bevestigd: het prototype van de kogge. Dit type zien we in de wrakstukken van het schip van Brugge, dat al uit de derde eeuw zou dateren. Daarnaast bestond er een meer gebogen type met een hoog voor- en achtersteven, dat we in het schip van Utrecht voor ons hebben: het prototype van de latere hulk. Beide schepen waren nog klein met hoogstens enkele tientallen tonnen laadvermogen. Zij bevoeren de hoge zee, en konden bovendien langs de rivieren ver het binnenland in komen. In de dertiende eeuw ontwikkelde zich eerst de kogge en later ook de hulk tot veel grotere schepen, met meer dan honderd ton laadvermogen en een diepgang van drie à vier meter. Dat zijn de grote koggen, die vaak op stadszegels staan afgebeeld en waarvan de Bremer kogge uit omstreeks 1400 een gaaf teruggevonden exemplaar is. Aanvankelijk konden alleen de Duitse Oostzeesteden dit soort schepen bouwen, want de scheepsbouw was het werk van echte specialisten geworden, die niet langer ergens op een achtererf een schuitje in elkaar timmerden, maar een vaste betrekking hadden op echte scheepswerven en een gilde vormden. In de veertiende eeuw groeide deze gespecialiseerde scheepsbouw ook in de Nederlanden, en wel bij voorkeur in de steden. Men was namelijk begonnen met onderhouds- en herstelwerk en daarvoor waren de steden met hun goede havens het meest geschikt. Verder was de scheepsbouw zeer kapitaalintensief en vereiste specialisten als arbeiders. Zowel kapitaal als specialisten waren vooral in de steden te vinden. Aanvankelijk werd het timmerhout vooral langs de Rijn aangevoerd – toen had Dordrecht nogal wat scheepsbouw – maar in de vijftiende eeuw werd het hout uit Noord-Europa belangrijker en daardoor concentreerde de industrie zich in Noord-Holland.

Koggen en hulken waren overnaads gebouwd, dat wil zeggen dat de planken van de kiel met de randen over elkaar heen staken en dan met klinknagels verbonden werden. Eerst bouwde men de hele romp vanaf de kielbalk naar boven op. Achteraf werden de spanten erin gezet. Dat beperkte de grootte van de koggen en de hulken. Ook voerden ze in principe maar één groot zeil en dat mocht niet te groot worden, wilde het vaartuig hanteerbaar blijven. Daarom betekende de introductie van het karveel uit zuidelijker streken in de vijftiende eeuw een wezenlijke verbetering. Zo'n karveel was gladboordig gebouwd, 'karveel-beplankt' zei men, waarbij de gangen met de randen tegen elkaar op de spanten waren gespijkerd. De karveel had drie masten, waardoor er meer zeil kon worden gevoerd. Zo waren er minder beperkingen gesteld aan de grootte van het schip. De kraak, ontwikkeld uit de karveel, kon al in de vijftiende eeuw een laadvermogen tot duizend ton hebben.

Nederlandse scheepsbouwers zijn vooral in de zestiende eeuw gaan experimenteren met de mogelijkheden. Zij brachten talrijke verbeteringen aan en ontwikkelden ook nieuwe types zoals de boeier, de heude en de vlieboot. Maar de grote schepping was het fluitschip, voor het eerst gebouwd in 1595 te Hoorn door Pieter Janszoon Liorne. De schepen mochten in de ondiepe Nederlandse kustwateren niet te veel diepgang krijgen, en daarom bouwde hij de fluit langer dan de gedrongen hulken en karvelen. Zo kreeg hij toch meer tonnage. Fluitschepen kregen minder drift en konden beter laveren. De achtersteven werd hoog opgebouwd met een spiegel, het voorschip of galjoen kreeg een karakteristieke puntige lage vorm. Door dit alles werd de fluit met zijn drie masten een uitstekende zeiler, die bovendien weinig bemanning vergde: slechts tien tot twaalf man plus één jongen op normale schepen. Op die manier kon Nederland de hele wereld beconcurreren met zijn koopvaardij.

Op godsdienstig gebied bleef hij de lijn van Karel v voortzetten. Een duidelijke verbetering was in 1559 de invoering van een nieuwe kerkelijke indeling. Er waren in de Nederlanden te weinig bisdommen, die bovendien onderhorig waren aan buitenlandse aartsbisdommen, namelijk Reims en Keulen.

De bisschoppen zelf waren doorgaans allerminst goede zielzorgers. Veeleer waren het jongere zoons van adellijke geslachten, voor wie een positie moest worden gevonden zonder dat men lette op hun godsdienstige waarde. De nieuwe indeling voorzag in drie aartsbisdommen: Mechelen, Kamerijk en Utrecht met vijftien suffraganen. Alle bisschoppen moesten voortaan doctor in de theologie zijn. Het was een voortreffelijke maatregel, maar er kwamen heftige protesten van mensen met gevestigde belangen. Het heeft jaren geduurd voordat de regeling volledig kon worden doorgevoerd. Tot aartsbisschop van Mechelen werd Granvelle benoemd, afkomstig uit Franche-Comté. Hij was de voornaamste raadgever van de nieuwe landvoogdes Margaretha van Parma en het mikpunt van de hoge edelen Willem van Oranje, Lamoraal, graaf van Egmond, Filips de Montmorency, graaf van Hoorne, Montigny, Aremberg en anderen, die vonden dat de Raad van State te weinig invloed kon uitoefenen. Nu viel dat wel mee, en bovendien waren verschillenden van hen stadhouder in een of meer gewesten. Maar toch lette Filips ii op hun protesten. In 1561 al stemde hij toe in hun eis dat de Spaanse troepen moesten verdwijnen; in 1564 vertrok ook Granvelle. Toen de hoge edelen op die manier genoegdoening hadden gekregen, kwamen ook de lagere edelen in het geweer. In december 1565 sloten zij in Brussel een verbond of compromis om de inquisitie te bestrijden 'tot welzijn van land en koning'. Veel te betekenen had dit alles nog niet. In 1566 sloeg echter plotseling de lont in het kruitvat door de ontketening van de beeldenstorm.

In de zomer van 1566 kwamen er verontruste brieven bij Filips II in Spanje aan over de toestand in de Nederlanden. De ketters werden hoe langer hoe driester en velen die als de trouwste onderdanen zouden moeten gelden leken hen daarin te steunen. Op 3 september arriveerde een bode aan het hof met brieven waarin Margaretha van Parma de beeldenstorm in Zuid-Vlaanderen beschreef. De koning begreep dat zijn politiek van concessies gefaald had en hij neigde zijn oor naar de meest radicale vleugel onder zijn raadgevers, met name naar de oude krijgsman Don Fernando Alvarez de Toledo, hertog van Alva. De koning meende dat hij het beste zelf naar de Nederlanden kon gaan, maar Alva ried hem dat af. Dat was te gevaarlijk. Eerst moeten orde en rust hersteld worden en hij achtte zichzelf de aangewezen man om dat te doen. Aldus werd al in de herfst besloten, maar het heeft tot augustus 1567 geduurd voor de hertog werkelijk met zijn leger in de Nederlanden arriveerde. Dat leger kwam namelijk uit de Spaanse bezittingen in Noord-Italië rondom Milaan en is over de pas van Mont-Cenis, via Franche-Comté en Lotharingen in de zomer opgemarcheerd. Op de dag dat Alva uit Spanje vertrok om zich bij het leger in Noord-Italië te voegen, kwam een brief van de landvoogdes Margaretha van Parma bij de koning aan. Zij schreef dat de komst van Alva ongewenst was, dat orde en rust hersteld waren en dat zijn leger slechts voor nieuwe ontevredenheid zou kunnen zorgen. Maar toen was de beslissing niet meer terug te draaien. Het was duidelijk een heilloze beslissing om Alva naar de Nederlanden te sturen, en waarschijnlijk heeft Filips II mede daardoor het noorden daarvan verloren.

Al voordat Alva arriveerde waren velen uit de Nederlanden geëmigreerd, niet alleen beeldenstormers en calvinisten, maar ook Willem van Oranje, die zich in april 1567 terugtrok op de Dillenburg in Nassau, het kasteel waar hij in 1533 was geboren. Door deze vlucht verloor hij al zijn bezittingen in de Nederlanden, maar hij behield tenminste het leven, anders dan de graven van Egmont en Hoorne, die nauwelijks gecompromitteerd waren en in januari nog hun eed van trouw aan de koning vernieuwd hadden. Desondanks arresteerde Alva hen reeds in de maand september 1567. Een van zijn eerste daden was namelijk de oprichting van een Raad van Beroerten om allen die iets te maken hadden met de beeldenstorm te berechten. Dit was een duidelijke inbreuk op de juridische constitutie van de Nederlanden. Egmont en Hoorne waren leden van de orde van het Gulden Vlies en konden alleen door hun medeleden berecht worden. Maar om dergelijke subtiliteiten maalde Alva niet, hij zou de opstandigheid hard onderdrukken. Elfhonderd doodvonnissen zijn door de Raad van Beroerten uitgesproken, een aantal dat de bijnaam *bloedraad* rechtvaardigt. Alva had ook de bevoegdheid om Margaretha op te volgen indien zij zou aftreden. Toen zij hiertoe overging – furieus over de domme aantasting van haar verstandig beleid – werd Alva tevens landvoogd van 1567 tot 1573. Het was de bedoeling dat koning Filips ook de Nederlanden zou bezoeken als alles weer rustig was, maar zover is het nooit gekomen. Hij meende in Spanje te moeten blijven omdat de Turken weer agressief werden. Tegen de Turken heeft hij een redelijk succes kunnen boeken door zijn overwinning bij Lepanto in 1571, de Noordelijke Nederlanden gingen verloren.

Toch leek Alva's terreur een tijd lang succes te hebben. Bijvoorbeeld in 1568. Willem van Oranje had in Duitsland een ingewikkeld invasieplan opgesteld met behulp van huurtroepen. Om die te betalen had hij een deel van zijn Duits familievermogen te gelde gemaakt. Het veldtochtplan mislukte, mede doordat de aanvallen niet tegelijkertijd van start gingen wegens een gebrek aan coördinatie. Slechts in het uiterste noorden bij Heiligerlee boekten Willems broers Lodewijk en Adolf een kleine overwinning op de stadhouder van Friesland. Alva echter liet Egmont en Hoorne te Brussel terechtstellen om de bevolking heilzame schrik aan te jagen. Hij trok naar het noorden en overwon de half-uitende troepen bij Jemgum. Prins Willem had een paar maanden later zelf minder succes, toen hij de Maas overtrok en Brabant binnenviel. Alva, 'bij Maastricht begraven', vermeed eenvoudig de slag. Door geldgebrek gedwongen moest Willem zijn leger wel ontbinden. En zo kwam er niet de volksopstand die hij verhoopt had. Op de veldtocht van 1568 wordt herhaaldelijk gezinspeeld in het

Wilhelmus, dat wel als afscheidslied beschouwd is en dan in de herfst van 1568 vervaardigd moet zijn. Het lijkt aannemelijker dat het de operaties van 1572 aankondigt en in dat geval is het lied gedicht door Marnix van Sint-Aldegonde, die in 1570 in dienst van Oranje is getreden. De slag bij Heiligerlee geldt ook als traditioneel begin van de Tachtigjarige Oorlog, maar dat is betrekkelijk willekeurig. Men kan de vijandelijkheden ook in 1566 of 1572 laten aanvangen. 1568 is gekozen omdat men vanaf de vrede van Munster in 1648 eenvoudig tachtig jaar terug heeft geteld, toen omstreeks 1800 in Nederland de naam Tachtigjarige Oorlog ingeburgerd is. In België is die naam nooit gebruikt.

In 1572 kwam de volksopstand die Willem van Oranje vergeefs al in 1568 had verwacht. Mogelijk hebben Alva's belastingplannen daarmee iets te maken gehad. Het systeem waarmee de vorst geld van zijn onderdanen kon vorderen om de hoogst noodzakelijke staatsuitgaven te betalen werkte niet meer. De opbrengsten van de vorstelijke domeinen waren te enen male onvoldoende en al sinds eeuwen probeerden de landsheren van de statenvergaderingen beden los te krijgen, letterlijk verzoeken om belasting. Die statenvergaderingen, sinds 1464 meestal verzameld in de Staten-Generaal, begonnen dan eindeloos te delibereren en af te dingen. Het resultaat was doorgaans dat er na maanden wel een bedrag uit de bus kwam, dat vaak aanzienlijk lager was dan het oorspronkelijk gevraagde. Ieder gewest moest een vast percentage van het toegestane bedrag opbrengen. De invordering geschiedde in de vorm van een heffing op onroerend goed. Bij de boeren en grootgrondbezitters lag echter niet de grootste rijkdom in de Nederlanden. Die bestond uit het kapitaal van de kooplieden, maar dit bleef bij het traditionele systeem volkomen buiten schot. In 1569 besloot Alva daar wat aan te doen door vaste belastingen in te voeren, zodat hij niet meer afhankelijk was van de chicanes van de Staten-Generaal, en bovendien door het koopmanskapitaal aan te boren. Hij stelde drie belastingen voor: een honderdste penning, zijnde een eenmalige heffing van één procent van de waarde van alle roerende en onroerende goederen; een twintigste penning, een heffing van vijf procent van de verkoopsprijs bij iedere verkoop van onroerend goed als grond en huizen; en ten slotte een tiende penning, een betaling van tien procent van de verkoopsprijs bij iedere verkoop van roerend goed. Alva heeft het geweten. Alleen de honderdste penning is werkelijk geheven. Tegen de tiende en twintigste penning kwamen dusdanig hevige protesten dat hij zich moest vergenoegen met een afkoopsom van twee miljoen per jaar. De afgevaardigden betoogden dat het tarief voor een handelsland als de Nederlanden veel te hoog was, en dat de kooplui niet meer zouden kunnen concurreren met het buitenland. Misschien hadden ze ook wel gelijk. Toch zal ook hebben meegespeeld dat het hier vaste belastingen betrof. Als die eenmaal waren ingeburgerd zouden de staten nooit meer bijeen hoeven te komen en was men overgeleverd aan de willekeur van Alva en zijn trawanten. Vandaar dat er ook protesten bleven komen toen Alva in 1571 een zeer gematigde versie van de tiende penning voorstelde.

Toch is het de vraag of dit de diepste reden is dat in 1572 de volksopstand wel is uitgebroken. Het merkwaardige is namelijk dat deze eigenlijk alleen maar succes had benoorden de grote rivieren en vooral in Holland en Zeeland. Die gewesten waren niet calvinistischer of vrijheidslievender dan bijvoorbeeld Brabant en Vlaanderen. Wel waren Holland en Zeeland veel meer afhankelijk van de scheepvaart en daarin heerste in 1572 een diepe malaise, mede door het optreden van de watergeuzen. Dit waren mensen die in 1567 voor de komst van Alva waren gevlucht en die vervallen waren tot ordinaire zeeschuimers, al hadden sommigen van hen kaperbrieven gekregen van Willem van Oranje. Die had hen zelfs ingeschakeld bij zijn veldtochtplan voor 1572. Ze moesten een aantal kustplaatsen bezetten, terwijl de prins en zijn legers vanuit het zuiden en oosten aanvielen. Weer leek de coördinatie mis te gaan, toen er op 1 april een vloot van zesentwintig schepen onder leiding van de Luikse edelman Lumey van der Marck door een storm de Maasmond werd ingedreven. Het was nog te vroeg voor actie, de legers van Willem van Oranje waren nog niet klaar, maar Lumey besloot toch Den Briel in te nemen. De storm bleef aanhouden, zodat hij een aanval van Bossu, de stadhouder van Holland, moest doorstaan. Toen besloot hij maar van Den Briel zijn basis te maken.

Lodewijk van Nassau, Oranjes broer, begon vervolgens haastig zijn taak in het veldtochtplan voor 1572. Hij veroverde Bergen in Henegouwen in afwachting van de komst van de Franse hugenoten, die eerst nog het huwelijk van hun voorman Henri de Bourbon met een Franse prinses wilden bijwonen. De Franse hugenoten zijn nooit gekomen, want duizenden van hen vonden de dood in de Bartholomeusnacht te Parijs, waar het huwelijk in een bloedbruiloft verkeerde. Ook de veldtocht van Willem van Oranje zelf werd weer een smadelijke mislukking. Alva bleef wel in het zuiden, en Holland was praktisch vrij van Spaanse troepen. Dat heeft de burgers daar moed gegeven want vanaf mei verklaarde de ene stad na de andere zich daar vóór de prins, ook als de watergeuzen niet in de buurt waren. Misschien hadden de plaatsen in het zuiden dat ook wel gedaan, als ze Alva niet in de buurt geweten hadden. Oranjes leger heeft slechts de magistraat van Mechelen kunnen overreden zich voor hem te verklaren. Ook een stel Gelderse en Overijsselse steden hieven de vaan van de opstand. Alva's terreur had natuurlijk wel weerzin gewekt en economisch ging het niet best. Hoe weloverwogen de keuze voor de opstand is geweest, onttrekt zich grotendeels aan onze waarneming. In Amsterdam en Middelburg, waar de toestand ook niet florissant was, bleef men de koning trouw. Waarschijnlijk was daar de magistraat wat resoluter.

In juli 1572 belegden afgevaardigden van de opstandige Hollandse steden een vrije statenvergadering te Dordrecht. Staatsrechtelijk was dat wel interessant, want in principe moest de landsheer of zijn plaatsvervanger een statenvergadering bijeen roepen, maar hier kwamen ze op eigen houtje bijeen. Ze kozen daar Willem van Oranje tot stadhouder, dat wil zeggen letterlijk als plaatsvervanger van de landsheer. Ze handelden vanuit de fictieve idee dat Filips II het daarmee wel eens zou zijn, omdat de koning geen kwaad kon doen en hier misleid werd door zijn slechte raadgevers. Maar eigenlijk brak te Dordrecht al het besef door dat de statenvergadering in principe soeverein was en dat de stadhouder niet meer was dan de eerste dienaar van de staten. Willem van Oranje begreep dat in Holland voorlopig zijn beste kansen lagen. Nadat zijn veldtocht was mislukt en zijn legers ontbonden waren, vertrok hij naar dat gewest om daar, zoals hij schreef, zijn graf te vinden.

Dat graf leek zeer nabij in de winter van 1572, want toen begon Don Frederik, Alva's zoon, een wraaktocht om de opstandige steden gruwelijk te straffen. Hij trok langs een omweg naar Holland, om zo de rivierovergangen wat gemakkelijker te maken en eventueel ingrijpen van Duitse legers te ontmoedigen. Mechelen in Brabant werd al in oktober geplunderd. Via het oosten, waar Zutphen en

Naarden werden uitgemoord, trok hij het hart van Holland binnen en sloeg het beleg voor Haarlem. Zeven maanden hielden het garnizoen en de bevolking dit beleg vol, toen moesten ze capituleren. Don Frederik heeft inderdaad de meeste burgers gespaard, maar de soldaten liet hij wreedaardig terechtstellen. Enkele honderden werden rug aan rug gebonden in de Haarlemmermeer verdronken. Door deze nodeloze wreedheid werd de bevolking van Holland alleen maar hardnekkiger. De mensen hadden misschien wat lichtvaardig de vaan van de opstand geplant. Nu de overheid met zulke terreur reageerde moest men wel op de ingeslagen weg voortgaan.

Bij Alkmaar moest Don Frederik zich in oktober 1573 terugtrekken, omdat hij niet opgewassen was tegen de vele inundaties. Enkele dagen later leed Bossu, de koningsgezinde stadhouder van Holland, met een aantal schepen een nederlaag tegen een geuzenvloot op de Zuiderzee. De Spanjaarden waren niet onoverwinnelijk en het water was Hollands bondgenoot. Dat bleek ook bij het vermaarde beleg van Leiden in 1574 onder leiding van Valdez. Er was een nieuwe aanvoerder nodig, want in december 1573 had Alva ontslag gekregen en dat had tevens het vertrek van zijn zoon Don Frederik betekend. Alva werd als landvoogd vervangen door de ziekelijke Don Luis de Requesens y Zuniga.

Het leven aan boord van koopvaardijschepen

In de zeventiende eeuw was een belangrijk deel van de Nederlandse beroepsbevolking werkzaam op zeeschepen. Lucassen schat het aantal daarvan in 1610 op vijfendertigduizend en in 1650 op vijftigduizend: dat is zo om en nabij de tien procent. Het maakte verschil bij welke tak van bedrijf men had aangemonsterd. Bij de koopvaardij binnen Europa heersten nogal patriarchale verhoudingen. De schepen waren betrekkelijk klein, hadden een bemanning van vaak niet meer dan tien tot twintig koppen en in veel gevallen waren die afkomstig uit dezelfde stad of streek. De lonen waren daar ook hoger dan op Oostindiëvaarders of bij de marine, maar daar stond tegenover dat er in de winter niet werd gevaren en het scheepsvolk dan dus werkeloos was. Schepen die naar Zuid-Europa voeren waren groter, beter bewapend – in verband met de Duinkerker kapers en de Barbarijse zeerovers – en telden ook een grotere bemanning: wel zo'n zestig tot zeventig koppen. Hetzelfde gold voor de walvisvaarders. Daar waren bovendien de gages goed, omdat er veelal specialisten nodig waren, zoals harpoeniers.

De grootste schepen met de talrijkste bemanning waren de Oostindië-vaarders van de Verenigde Oostindische Compagnie. Ze telden in de zeventiende eeuw gemiddeld honderdzeventig tot tweehonderd koppen en de lonen waren lager dan die van de overige koopvaardijschepen. Vandaar dat men veel buitenlanders moest recruteren. Dat gebeurde met behulp van logementswaarden, volkhouders genoemd, die bemiddelden bij de aan-werving en de matrozen hun uitrusting leverden. Als tegenprestatie hadden zij recht op het handgeld; voor een matroos was dat in de zeventiende eeuw twee maanden gage, zo'n twintig gulden. De waarde van de scheepskist was doorgaans hoger en daarom kregen de volkhouders bovendien een schuld-brief, waarin de voc zich verplichtte om na een volbrachte reis een groter bedrag uit de gage te betalen: wel zo'n honderdvijftig gulden. De volk-houders verkochten die schuldbrieven of celen weer aan kapitalisten, tegen de helft van de waarde, omdat ze niet zo lang op hun geld konden wachten; vandaar hun naam 'ceel- of zielverkopers'. Zo duurde het lang voordat de schepelingen zelf geldelijk voordeel kregen van hun inspanningen.

De voeding aan boord was overigens overvloedig, hoewel niet verfijnd. Er was een veel te groot gebrek aan vitamine c, zodat scheurbuik endemisch was na een paar maanden varen. Het voedsel bestond uit scheepsbeschuit, gort, erwten, bonen, gezouten vlees en spek. Als drank werd bier verstrekt en als het bier op was water. Maar dat water was na maanden niet al te fris meer. De bottelier verschafte ieder het weekrantsoen. Er werden eenheden van een man of zeven gevormd, die gezamenlijk uit eenzelfde schotel aten; 'bak' heette zo'n eenheid. Het leven aan boord was vrij monotoon: er was weinig ontspanning, ook weinig godsdienstigheid en de tucht was streng. De sterftekans was hoog: per jaar stierf in de periode 1620-1630 wel zo'n vijftien procent van de bemanning. Later daalde dat percentage onder de tien. Behalve allerlei ziekten – mede veroorzaakt door de slechte hygiëne – was er natuurlijk het gevaar van een ontmoeting met zeerovers of vijandige inboorlingen. Toch waren er doorgaans voldoende gegadigden voor dit harde leven en de recrutering heeft zelden echt moeilijkheden gegeven. Misschien is er daarbij ook een belustheid op avontuur te constateren en de stille hoop dat een of andere gelukkige gebeurtenis onderweg het fortuin zou binnenbrengen. Maar zo iets kwam zelden voor bij het simpele scheepsvolk.

Die moest het nu weer eens met toegeeflijkheid proberen en kondigde in 1574 een generaal pardon af. Maar de zaken waren al te ver geëscaleerd en de geuzen dichtten: 'Op uw pardoen wij niet en achten, want 't is al verraderij.' Er zou gevochten worden en geleden, en de bevolking van Leiden is daartoe inderdaad bereid geweest. Waarom? Het blijft een raadsel waarom in een oorlog grote groepen mensen tot buitensporige offers bereid zijn. In Leiden zijn tijdens het beleg zesduizend mensen, een derde van de totale bevolking, letterlijk van de honger omgekomen. Dat waren vooral de doodarme textiel-arbeiders, die toch al weinig te verteren hadden wegens het failliet van de traditionele nijverheid. Wat voor belang hadden die bij de vrij-heden waar de hoge heren voor streden? Of vocht men niet voor de vrijheid, was het voor de godsdienst dat men alles, zelfs het leven, over had? Tijdens het beleg zelf was dit probleem ook al gerezen, toen het stadsbestuur gedwongen was om noodgeld van op elkaar geplakte papieren schijven uit te geven, omdat er niet voldoende normaal gangbare munten voorhanden waren. Dit noodgeld zou volgens besluit van het stadsbestuur het opschrift dragen 'Haec libertatis ergo': dit alles verduren we ter wille van de vrijheid. Maar de calvinistische dominees in de stad waren het daarmee volstrekt oneens. Zij wilden dat het opschrift luidde 'Haec religionis ergo': dit alles verduren we ter wille van de godsdienst. De strijd daarover was heftig. Geraert Brandt vertelt in zijn *Historie der Reformatie* hoe burgemeester Van der Werf en stadssecretaris Jan van Hout naast elkaar in de kerk zaten, toen de dominee op de preekstoel heftig stond uit te varen tegen de opinie dat men voor de vrijheid vocht. Jan van Hout werd zo kwaad dat hij een geladen pistool trok en de burge-meester vroeg: 'Wil ik er hem aflichten, meenende van den preek-stoel, 't geen deze wijselik afried en stuitte.' De regenten en de hogere standen vochten ongetwijfeld niet zozeer voor het calvinisme, ook niet voor de vrijheid in abstracte zin, maar veeleer voor de vrijheden, de traditionele privileges die de autonomie van de steden en de eigen aard van de gewesten waarborgden. De dominees en hun kerkbestuur vochten zeker voor Gods woord, zoals zij dat zagen, en dat betekende een monopolie van de calvinistische geloofsbelijdenis zoals die al enkele malen gedefinieerd was. De magistraten voelden wel voor dat standpunt, de strenge katholieken werden verdacht van heulen met Spanje, de calvinisten vormden een revolutionaire voorhoede. Het moest mogelijk zijn te strijden 'voor Gods woord ende 's lands rechten' beide, zoals een geuzelied dichtte. In februari 1573 verboden de Staten van Holland daarom de vrije uitoefening van de katholieke godsdienst en in de herfst van dat jaar sloot ook Willem van Oranje zich bij de calvinisten aan. De laatsten bleven een kleine minderheid vormen en zijn dat nog tientallen jaren gebleven, en daarin ligt een van de grote problemen van onze geschiedenis. Waarom heeft de meerderheid van de bevolking de opstand gesteund, hoewel deze geen deel had aan de vrijheden van de regerende klassen en evenmin protestant was? Het antwoord is niet eenvoudig. Ik denk dat men het saamhorigheidsbesef niet moet onderschatten. Algemeen was de weerzin tegen de Spaanse troepen, die bovendien de nodige wreedheden begingen. Door het stokken van de handel was de economische malaise groot, zodat een verandering van regering misschien verbetering kon brengen. En dan vormden de calvinisten een doelbewuste en vastbesloten revolutionaire voorhoede die de anderen, die trouwens toch niet al te zeer verknocht waren aan de katholieke kerk, tot meelopen kon dwingen. In een oorlogssituatie denkt men niet na, maar stormt men mee naar voren. Dat gebeurde te Leiden, waar overigens ook de nodige Spaansgezinden waren die aandrongen op capitulatie. De 'glippers' die de stad uit vluchtten waren talrijker dan de legende wil doen voorkomen, en het ontzet van Leiden op 3 oktober 1574 kwam maar net op tijd. De geuzenvloot van Boisot, die vanuit de Maasmond over het onder water gezette land kwam aanvaren, had in het verleden misschien wel nameloze wreedheden bedreven, maar in Leiden deelden de geuzen haring en wittebrood uit. Daarom wordt het ontzet nog jaarlijks glorieus herdacht, ook al omdat de textielindustrie sindsdien weer opleefde, wat de bevrijding een extra accent gaf.

De situatie in Holland en Zeeland was in 1574 overigens nog moeilijk genoeg, maar deze veranderde in 1576 ingrijpend door de dood van landvoogd Requesens. Dat was het sein voor de Spaanse troepen om grootscheeps aan het muiten te slaan. Spanje kon de oorlog in de Nederlanden en in de Middellandse Zee tegen de Turken financieel niet aan. De normale inkomsten van de Spaanse kroon waren niet voldoende om de legers te betalen, nu Alva's pogingen mislukt waren om via de 'penningen' de Nederlanden zelf te laten meebetalen aan hun eigen onderdrukking. Enkele malen had de Spaanse regering al moeten verklaren dat de schulden niet meer gehonoreerd zouden worden, met andere woorden een staatsbankroet moeten afkondigen.

Herhaaldelijk had in het verleden ook het geld voor de soldij van de Spaanse troepen ontbroken en dan weigerden die soms maandenlang dienst. Ze muitten volgens een vast patroon, als Britse arbeiders die immer bereid zijn te gaan staken. In 1575 had Filips II opnieuw een staatsbankroet moeten aankondigen. Toen bovendien Requesens stierf, begrepen de Spaanse troepen dat zij de eerstkomende maanden niet op betaling konden rekenen. Zij voltooiden eerst nog de verovering van Zierikzee, trokken toen naar Aalst in Vlaanderen onder zelfgekozen eletto's en begonnen van daaruit de omgeving te brandschatten en te plunderen. Dat was de kans voor een akkoord tussen Holland, Zeeland en de overige gewesten, die nu geregeerd werden door de Raad van State totdat er een nieuwe landvoogd benoemd zou zijn. Deze raad riep de Staten-Generaal bijeen en na vrij vlotte onderhandelingen kwam er in oktober te Gent een vrede of pacificatie tot stand. De Spaanse troepen moesten weg en de privileges moesten gehandhaafd blijven, daarover was men het snel eens. De godsdienst was een moeilijker punt. Daarover moest een vrij bijeen te komen Staten-Generaal maar beslissen, maar de bestaande plakkaten tegen de ketters werden geschorst. Buiten Holland en Zeeland mocht er niets tegen het katholicisme worden ondernomen. Ondertussen had Filips II wel een nieuwe landvoogd benoemd in de persoon van zijn halfbroer Don Juan van Oostenrijk, de overwinnaar van Lepanto, maar de afgevaardigden te Gent besloten dat zij hem alleen konden erkennen als hij de bepalingen van de pacificatie zou aanvaarden en helpen uitvoeren.

Zuidnederlandse immigratie en de nieuwe Leidse textielnijverheid

Volgens J. Briels zijn er tussen 1540 en 1630 ongeveer honderdvijftigduizend mensen uit de Zuidelijke Nederlanden naar het grondgebied van de Republiek benoorden de grote rivieren geëmigreerd. Ze trokken niet allemaal direct daarheen. Sommigen vestigden zich eerst in Engeland of Duitsland, maar kwamen uiteindelijk toch in één van de zeven noordelijke gewesten terecht; zo bijvoorbeeld de ouders van Joost van den Vondel. Zij waren uit Antwerpen afkomstige doopsgezinden. Ze huwden in Keulen, waar de dichter in 1587 het leven zag, maar kwamen uiteindelijk toch in Amsterdam terecht. Ze weken ook niet allemaal om den gelove uit. Velen ontvluchtten alleen maar de ongunstige economische omstandigheden. In 1573 hebben 2511 van 7143 in Engeland woonachtige Zuidnederlanders verklaard dat zij vanwege het werk vertrokken waren en dat hun overkomst niets met godsdienst te maken had. Vermoedelijk gaven dergelijke economische redenen toch slechts voor een minderheid de doorslag, want veel emigranten waren felle protestanten, die weigerden te leven onder de geloofsdwang die het katholieke bewind oplegde. Vooral uit Antwerpen en Gent, centra van het Nederlandse calvinisme, waren de emigranten afkomstig. Tussen 1578 en 1589 zouden alleen uit Antwerpen meer dan veertigduizend personen vertrokken zijn.

De betekenis van dit geschenk van honderdvijftigduizend energieke, beginselvaste personen voor het noorden kan moeilijk worden overschat. Zij hebben de kleur en de toon van het Nederlandse calvinisme grotendeels bepaald. Zij hebben de wat provinciaalse noordelijke reders en schippers gestimuleerd nieuwe zeeën te gaan bevaren en nieuwe markten te zoeken. Zij hebben het noorden bekend gemaakt met nieuwe commerciële en industriële technieken. En ten slotte hebben zij als schoolmeesters, predikanten, schrijvers, schilders en geleerden een moeilijk te overschatten aandeel geleverd in de Nederlandse cultuur.

Hun betekenis bleek bijvoorbeeld in de stad Leiden. Daar had de traditionele industrie van zware voorwollen lakens, volgens bindende voorschriften van Engelse wol vervaardigd, in 1521 een laatste hoogtepunt beleefd met een jaarproduktie van bijna 29.000 stuks laken. Maar daarna was het gestadig bergafwaarts gegaan en aan de vooravond van het beleg was de beroemde Leidse lakennijverheid op sterven na dood. Zij produceerde nog slechts enkele duizenden lakens per jaar. De stad scheen tot een onbelangrijke plattelandsstad terug te zinken, wier industrie weinig meer te beduiden had. Maar na het ontzet van Leiden in 1574 ging het weer bergopwaarts. Dat gebeurde niet onmiddellijk – ook al begon de bevolking te groeien, omdat tijdens het beleg de veiligheid van de plaats gebleken was en het platteland te lijden had van benden soldaten en rovers. De opleving in de industrie zette pas goed in omstreeks 1582, toen de Vlaamse textielgebieden ten prooi vielen aan Parma en vele protestanten een goed heenkomen zochten in het noorden. Vanuit Hondschoote vertrok een groot deel van de bevolking in 1582 juist naar Leiden. Hondschoote gold als 'het voornaamste ende meest heretiecksche nest van Vlaenderen'. Ze kwamen ook van elders en Leiden besefte dat de nieuwe mensen een geschenk waren voor de stad. In 1588 bekende de magistraat 'dat deselve stadt voor eenighe jaren geheel gedepopuleert sijnde... tegenwoordich voor de meesten part wert bewoont bij vremdelingen uyt Brabant, Vlaenderen ende andere quartieren verdreven'. De immigranten introduceerden hier ook nieuwe technieken. Te Rijssel, Atrecht en Hondschoote produceerde men al lang niet meer de oude zware lakens, maar lichtere saaien, waarvan de wol werd gekamd in plaats van gekaard. Die saaien werden minder dicht geweven en minder intensief gevold. Naar dat soort weefsels bestond grote vraag in Zuid-Europa. Bovendien vereisten die weefsels geenszins uitsluitend Engelse wol als grondstof; deze was schaars geworden in de Nederlanden nu de Engelsen een eigen lakenindustrie hadden opgebouwd.

Dat was het begin van een weergaloze opleving in Leiden. Het bleef niet bij de saainering. Te zelfder tijd nam men de produktie van baai ter hand, ook uit minder kostbare grondstof en met een eenvoudiger manier van apprêtise. Er kwam een fustein-nering, waarbij de schering uit katoen of linnen bestond en de inslag uit kamwol. De passement- en lintweverij kwam op, en wat niet al. Op die manier kwam Leiden over de malaise heen. In het midden van de zeventiende eeuw had de stad zelfs de grootste textielproduktie van de hele wereld. In 1665 telde zij dan ook 72.000 inwoners. De produktiemethoden waren daarmee in overeenstemming. Het was gedaan met de middeleeuwse angst voor te grote bedrijven en met voorschriften dat een wever slechts twee getouwen tegelijk in bedrijf mocht hebben. Er kwam een groep van lakenreders op, die tientallen mensen voor zich lieten werken en hen soms concentreerden in grote bedrijfshallen of manufacturen. In Leiden had best een industriële revolutie op gang kunnen komen, zoals in de achttiende eeuw in Engeland. Hier en daar werden al machines toegepast: lintmolens, volmolens. Maar echte mechanisatie kwam toch niet van de grond. Daarvoor waren de voorschriften nog te talrijk en was de verknochtheid aan de oude methoden nog te groot. Wel kwamen er bepaalde uitwassen voor die men gewoonlijk verbindt met het kapitalisme: lange werktijden, vrouwen- en kinderarbeid, en het trucksysteem, dat wil zeggen dat een gedeelte van het loon in goederen werd betaald. Toch was het lot van de Leidse textielarbeiders doorgaans wel draaglijk, zeker vergeleken met het buitenland. Honger bestond nauwelijks, de arbeiders brachten geld bijeen voor 'knechtsbossen' om zich tegen de kosten van ziekte en invaliditeit te wapenen en doorgaans was er weinig werkloosheid. Het was in Leiden na 1574 een harde, weinig sentimentele samenleving. Maar deze bruiste wel van energie, hetgeen voor een niet gering deel te danken was aan immigranten uit het zuiden.

De pacificatie van Gent was een wat moeizaam compromis, en er zouden in het land waarschijnlijk wel protesten zijn gerezen als niet de Spaanse muiters te Aalst zich naar Antwerpen hadden begeven, waar de bezetting van de citadel slaags was geraakt met soldaten van de Staten-Generaal. Dat was het sein voor een vreselijke plundering van de rijke handelsstad Antwerpen. Ongeveer zevenduizend burgers verloren het leven en de vernielingen waren ontzagwekkend. Deze Spaanse furie heeft wezenlijk bijgedragen tot de neergang van Antwerpen, die duidelijk al begonnen is voordat in 1585 de Schelde werd afgesloten. Door de Spaanse furie heeft hier ook meer dan twee jaar de toestand kunnen heersen dat alle zeventien Nederlandse gewesten zich eenparig tegen de Spaanse troepen en de regering van Filips ii keerden. Maar blijvend bleek die saamhorigheid niet te zijn en daardoor is de scheuring der Nederlanden in twee gebieden, waaruit later de koninkrijken België en Nederland zouden ontstaan, een feit geworden. De oorzaken van deze scheuring zijn nog steeds omstreden. Er was nog veel behoudzucht in de Nederlanden, vage loyaliteit tegenover de koning, gehechtheid aan het katholicisme die zich uitte in angst voor het felle revolutionaire elan van de calvinisten te Gent en elders. Bij Zuidnederlandse edelen als Philips van Croy, hertog van Aerschot, bestond ook rivaliteit met Willem van Oranje, die soms wel als onderkoning van de Nederlanden leek op te treden maar zijn aanhangers allerminst in de hand had. Hij had weinig succes met zijn religievrede, die aan zowel katholicisme als calvinisme voldoende armslag moest bieden. Het leek een redelijke oplossing, maar een revolutie is geen tijd voor redelijke oplossingen.

In 1578 kwam eigenlijk al het begin van het einde voor de eenheid der Nederlanden, toen de landvoogd Don Juan plotseling stierf en zijn taak onmiddellijk werd overgenomen door Alexander Farnese, hertog van Parma, een zoon van de vroegere landvoogdes. Parma was niet alleen een goed veldheer, maar ook een kundig diplomaat en begaafd onderhandelaar. In 1579 slaagde hij erin een aantal Waalse edelen, die bekend stonden als de malcontenten, de ontevredenen, tot erkenning van hemzelf als landvoogd en tot gehoorzaamheid aan de koning te brengen. In het begin van dat jaar hadden de Staten van Artesië met een aantal gedeputeerden uit Henegouwen al de Unie van Atrecht gesloten waarin deze vrede met de koning al was voorbereid. Terzelfder tijd was in het noorden, te Utrecht, door een stel noordelijke gewesten een heel andere unie gesloten, die juist het verzet tegen de Spanjaarden moest schragen. In de maanden daarna hebben een aantal Vlaamse en Brabantse steden zich eveneens bij deze Unie van Utrecht aangesloten. Maar omdat Parma deze steden in de loop der jaren successievelijk veroverde, bleef de Unie van Utrecht op den duur beperkt tot de zeven noordelijke gewesten: Holland, Zeeland, Utrecht, Gelre, Overijssel, Friesland en Stad en Ommelanden (Groningen). De bepalingen van deze unie moesten toen dienen als een soort grondwet voor de Republiek der Zeven Verenigde Nederlanden: een doel waarvoor ze niet geschreven en ook niet geschikt waren, vandaar dat het raderwerk van de staatsinrichting daar vaak knarsend tot stilstand kwam.

Voorlopig was het nog niet zo ver. Voorlopig bleef de fictie gehandhaafd dat Filips II nog steeds de wettige koning was en dat men slechts streed tegen zijn slechte raadgevers. Die fictie werd opgegeven in 1581. Het jaar tevoren had Filips II de ban uitgevaardigd tegen Willem van Oranje. Hij had hem vogelvrij verklaard: iedereen mocht hem doden en zou daarvoor een grote beloning ontvangen. Oranje antwoordde daarop met een verdedigingsgeschrift, de *Apologie*, van een heftigheid die iedere verzoening onmogelijk maakte. Hij was toen al lange tijd bezig de soevereiniteit over de Nederlanden aan iemand anders aan te bieden en hij meende die gevonden te hebben in de Franse katholieke koningszoon Frans van Anjou. Die was bereid, maar voordien moesten de Staten-Generaal Filips II openlijk de gehoorzaamheid opzeggen. Dit gebeurde bij het *Plakkaat van Verlatinghe* in 1581. Deze Staten-Generaal hadden zich toen al teruggetrokken naar 's-Gravenhage, omdat Parma in het zuiden het ene succes na het andere boekte, en de leden zich zelfs in Antwerpen niet meer geheel veilig voelden. En hoe lang zou het noorden het volhouden? In 1580 was Rennenberg, de stadhouder van de noordelijke gewesten, weer teruggekeerd tot gehoorzaamheid aan de koning, waardoor Groningen en de Ommelanden verloren gingen, evenals Oldenzaal en Coevorden. In het zuiden verrichtte de nieuwe soeverein Anjou ook niet veel van belang en in 1584 viel prins Willem van Oranje in Delft in de moordenaarshanden van Balthasar Gerards uit Franche-Comté, een uitvoering van het vonnis van 1580 of desnoods het vonnis van de bloedraad uit 1568. De toestand leek hopeloos toen in 1585 ook de havenstad Antwerpen capituleerde voor het veldheerschap van Parma. Niemand in het noorden dacht toen aan de voordelen die de uitschakeling van Antwerpen op den duur aan Amsterdams handel zou bieden. Men was slechts op lijfsbehoud bedacht en aanvaardde de drukkende voorwaarden waarop koningin Elisabeth van Engeland bereid was hulp te bieden. Zij zond haar vertrouweling Robert Dudley, graaf van Leicester, met vijfduizend man troepen naar de Nederlanden. Zou dat voldoende zijn om het getij te keren? Het bleek niet voldoende. Leicester meende bovendien te moeten steunen op de kring van dominees en calvinistische handwerkslieden, en ook de regenten en kooplieden te kunnen bruuskeren. Hij verbood de handel op de vijand, terwijl de graanuitvoer naar Spanje en de commercie met de Zuidelijke Nederlanden nu juist noodzakelijke schakels waren in de overzeese betrekkingen van de zeegewesten. Bovendien vormden de licenten – de uitvoerrechten die betaald moesten worden voor die handel op de vijand – een der weinige geregelde bronnen van inkomsten der generaliteit. Al betrekkelijk vroeg heeft Johan van Oldenbarnevelt, in 1586 benoemd tot landsadvocaat van Holland, ingezien dat van Leicester geen definitieve hulp te verwachten was en hij is opgekomen voor het gezag van de Staten van Holland en dat van de jeugdige Maurits, die in 1585 stadhouder van Holland en Zeeland was geworden als opvolger van zijn vader.

Parma heeft waarschijnlijk de kans gehad om in de jaren 1585 tot 1588 het vuur van de opstand ook in het noorden definitief uit te stampen. Hij heeft misschien te geleidelijk geopereerd en het resultaat willen afwachten van Filips' grote plan, de zending van de Armada of onoverwinnelijke vloot, die in één klap zowel Engeland als Nederland zou moeten uitschakelen. De operatie in 1588 is een beschamende mislukking geworden, zowel door de overwinning in het Kanaal door Howard en Drake als door de blokkade van Parma's leger in de Belgische havens door Hollandse en Zeeuwse schepen die hem verhinderden uit te varen. De zwaarste verliezen leed de Armada overigens door stormen bij Schotland, toen de vloot alweer op de thuisreis was. Het was een bittere nederlaag voor Filips ii, maar daarmee was de Republiek nog niet gered. Nog steeds lag Parma in het zuiden met het beste leger van Europa en nog steeds beperkte het gebied van de opstand zich tot Holland, Zeeland en Utrecht en enkele delen van de overige gewesten. Een of twee veldtochten zouden voldoende moeten zijn. Toen brak er in Frankrijk een opvolgings-strijd uit na de moord op koning Hendrik III in 1589. Filips gaf Parma nu de opdracht prioriteit te geven aan het Franse gevechtsterrein om de rechten te verdedigen van zijn dochter Isabella. Dat heeft de Republiek gered, samen met het veldheerschap van Maurits en zijn neef Willem Lodewijk, de stadhouder van Friesland, en het politiek inzicht van Oldenbarnevelt, die met waarlijk meesterschap de krak-kemikkige constructie van de Unie van Utrecht tot een systeem wist om te smeden waarmee een land te besturen en een oorlog te voeren was. We behoeven de vele steden die Maurits veroverd heeft hier niet op te sommen, van Breda in 1590 tot Groningen in 1594 en al die andere, waardoor tegen 1600 de tuin, dat wil zeggen de omheining van de Republiek gesloten was. De slag bij Nieuwpoort van 1600 is een mooi symbolisch einde van deze episode. Men kan er van alles uit leren. Maurits trok op verlangen van Oldenbarnevelt en de Staten van Holland naar het zeeroversnest Duinkerke, omdat dit een dodelijke bedreiging was voor de nog steeds groeiende handel van de zee-provincies. Maurits zelf vond de onderneming wel wat riskant, maar de Staten-Generaal stelden hem het schitterendste leger ter beschik-king dat de Republiek ooit had bijeengebracht. Bovendien waren er garanties voor prompte betaling gegeven. In de Zuidelijke Neder-landen daarentegen waren de troepen aan het muiten, omdat de soldij weer eens achterstallig was. Daar waren overigens nieuwe soevereinen gekomen in de persoon van Isabella, de dochter van Filips II, en haar man Albertus van Oostenrijk. De aartshertogen heetten ze hier en de oude koning Filips had de illusie dat de Noordelijke Nederlanden spontaan het gezag van deze aartshertogen zouden erkennen. Daar-voor was ondertussen wel te veel gebeurd. Isabella slaagde erin om door haar juwelen te verpanden de muiterij te bedwingen, en zo kon Albertus met een groot leger af gaan op Maurits, die Nieuwpoort aan het belegeren was. In de duinen kwam het tot een grote veldslag, waarbij Maurits uiteindelijk meester van het gevechtsterrein bleef. Toch leed hij zoveel verliezen dat hij de tocht naar Duinkerke niet voortzette, maar terugkeerde. De hele kostbare veldtocht leverde uiteindelijk weinig op.

De slag bij Nieuwpoort leert dat de krachtsverhoudingen sinds 1588 wel grondig gewijzigd waren. Het staatse leger ging in 1600 tot het offensief over en daarbij waren handelsbelangen doorslaggevend, geen militaire overwegingen. Wat vroeger al een van de belangrijkste euvelen van de tegenstander was geweest, geldgebrek, was ook nu aanwezig. Het was een illusie dat vanuit de Zuidelijke Nederlanden nog ooit een succesvolle verovering van de Republiek tot stand zou komen. Van de andere kant had ook het noorden weinig belang meer bij voortzetting van de oorlog. De katholieke reformatie was nu in het zuiden overal doorgedrongen en het was onwaarschijnlijk dat men de bewoners nog tot het calvinisme kon brengen. De handel van het noorden was gebaat bij de uitschakeling van Antwerpen en kon rustig met het zuiden handelen, ook al had dat een andere soeverein. De Duinkerker kapers konden effectiever worden uitgeschakeld door een vredesverdrag dan door een kostbare veldtocht. Eigenlijk zou vrede voor alle partijen het beste geweest zijn, maar in de geschiedenis zegeviert lang niet altijd het gezond verstand. Dat hebben de oostelijke gewesten en de rivierstreken terdege beseft, die in de afgelopen jaren op een gruwelijke wijze van de oorlog te lijden hadden gehad. Maar in de Republiek schonk men niet zoveel aandacht aan morsige boeren, die geen stem in de staat hadden. Dat was al gebleken in 1574, toen om Leiden te ontzetten het platteland van half Zuid-Holland onder water was gezet.

De successen in de Tachtigjarige Oorlog na 1588 waren slechts mogelijk dankzij de gunstige economische situatie waarin de Republiek ondanks alles verkeerde. De basis daarvoor bestond in principe al in het jaar 1576, toen de Spaanse legers zich uit de zeeprovincies Holland, Zeeland, Utrecht en Friesland terugtrokken. Ze zijn daar sindsdien niet meer teruggekeerd. Toen kon het systeem van de Hollandse stapelmarkt gaan werken. Dit systeem heeft ondanks grote bedreigingen tot in de achttiende eeuw kunnen functioneren, en het heeft zo de economische en culturele opbloei van de Gouden Eeuw mogelijk gemaakt.

Het systeem van de stapelmarkt hield in dat uitvoerprodukten uit alle Europese landen en uit de koloniën bij voorkeur naar Hollandse havens verscheept werden, daar in pakhuizen werden opgeslagen, eventueel nog een min of meer intensieve bewerking ondergingen en vervolgens vanuit Holland naar de consumenten vervoerd werden die er behoefte aan hadden. Het systeem paste uitstekend in het ontwikkelingsstadium van de zestiende en zeventiende eeuw. De kooplieden trokken er niet meer op goed geluk op uit om zwervend van markt tot markt te kopen en te verkopen waar zij de hand op konden leggen, zoals in de vroege middeleeuwen. Zij hadden echter nog niet het stadium van tegenwoordig bereikt, nu iedere handelaar dankzij de internationale goederenbeurzen en de snelle berichtgeving uitstekend op de hoogte is van wat er omgaat in de hele wereld, zodat de waren onmiddellijk van het produktieland naar de consumenten kunnen worden gebracht. Het systeem van de Hollandse stapelmarkt sloot aan bij de praktijk van de Italiaanse handelshuizen in de late middeleeuwen, die eveneens een tussenstadium vormden in de goederenuitwisseling. Het sloot ook aan bij de activiteiten van Antwerpen in de zestiende eeuw. Daar was immers de vrijheid die in de middeleeuwen doorgaans alleen tijdens de jaarmarkten had geheerst, over het hele jaar uitgebreid. Kooplieden uit alle Europese landen voerden hun waren daarheen en kwamen zich bevoorraden. Het verschil met de Hollandse stapelmarkt was slechts dat hier niet alles in één stad was geconcentreerd, hoewel natuurlijk Amsterdam de overige steden van de Republiek in betekenis verre overtrof. De Republiek had een bemiddelende functie in Europa: ze lag voldoende in het middelpunt, aan een goed bevaarbare zee, met uitstekende havens en een heel net van rivieren en kanalen. Een extra voordeel was de grote koopvaardijvloot, die in aantal schepen alle overige Europese landen overtrof. Dat heeft de Hollandse stapelmarkt mede in stand helpen houden, maar het heeft ook de jaloezie van de andere mogendheden opgewekt.

Amsterdam had zijn overheersende positie op de stapelmarkt, waarvan de talrijke pakhuizen nog heden getuigen, mede te danken aan zijn traditionele rol in de Oostzeehandel, die de moedernegotie werd genoemd. Het graanoverschot van de grote landgoederen der jonkers in Oost-Pruisen, Polen en de Baltische streken kwam via havens als Dantzig en Riga hoofdzakelijk naar Amsterdam. Al in 1574 voeren er 1865 Hollandse schepen door de Sont en dat aantal is in de jaren daarna alleen maar gestegen. Dat graan was gedeeltelijk bestemd voor de bevolking van Spanje en Italië en men kan zich de retourvrachten van wijn, olie, citrusvruchten, wol en wat niet al meer wel voorstellen. We zouden vele bladzijden kunnen vullen met een opsomming van alle produkten die werden aangevoerd, maar dat zou weinig interessant zijn. Belangrijker is het te wijzen op drie principes die inherent waren aan de stapelmarkt, in stand gehouden door kooplieden en reders met een in wezen kapitalistische mentaliteit. Ten eerste hadden die de neiging om steeds zelf op zoek te gaan naar nieuwe leveranciers van grondstoffen en afzetmarkten. Ten tweede bracht hun belang met zich mee dat zij opkwamen voor de vrijheid in het economisch bedrijf, en dat ze niet gebaat waren met strenge voorschriften en reglementering. En ten derde gaven handel en scheepvaart het bestaan aan een massa andere bedrijfstakken, die mede voor economische bedrijvigheid en werkgelegenheid hier te lande zorgden. Aan deze drie aspecten moeten we enige aandacht schenken.

In het begin van de zestiende eeuw hadden de Noordnederlandse schepen de traditionele routes bevaren en geen behoefte gevoeld aan uitbreiding. Na 1576 werd dat anders. Toen was men niet langer tevreden met Bergen in Noorwegen als noordelijkste doel. Toen kwamen er experimenten om Rusland via de Noordelijke IJszee te bereiken, en een zekere Olivier Brunel uit Dordrecht organiseerde tochten naar de Witte Zee, vóór 1585 nog deels met Antwerps kapitaal. De Russische regering stichtte in deze jaren hier de stad Archangel. In de middeleeuwen voeren Nederlandse schepen in het algemeen nog niet door de Straat van Gibraltar, maar na de tocht van Steven van der Hagen in 1590, die voor het eerst een lading koren naar Italië verscheepte, werd de Straatvaart zeer belangrijk. De Republiek had zelfs achtentwintig jaar lang in de persoon van Cornelis Haga een officiële vertegenwoordiger aan het hof van de Turkse sultan te Constantinopel, die de belangen van de Levanthandel moest behartigen. Het beste voorbeeld van de expansie van het Nederlandse scheepvaartverkeer is echter de opening van de zeewegen naar Indië en Amerika. Strikt nodig was dit niet. Te Antwerpen waren voldoende koloniale waren te krijgen geweest, ook al hadden de Spanjaarden en Portugezen het monopolie binnen de koloniale wateren. Maar het is begrijpelijk dat de Nederlandse reders de uitdaging niet op zich lieten zitten. Het is wel verwonderlijk dat ze aanvankelijk meenden hun doel gemakkelijker via de Noordelijke IJszee te kunnen bereiken dan langs de traditionele routes. De Zuidnederlandse dominee Petrus Plancius was daarvan de grote voorvechter. Hij was een uitstekend cartograaf en onderwees te Amsterdam aan de schippers wetenschappelijke navigatietechnieken, maar hij meende dat niet ver ten oosten van de Oeral de kust al naar het zuiden afboog en dat zo China sneller te bereiken was. Hij had ook Jan Huigen van Linschoten daarvan weten te overtuigen, die toch in Portugese dienst al eens naar Oost-Indië was gevaren en daarvan in een lijvig geschrift, *Itinerario*, verslag heeft gedaan. Hij ging zelfs mee met een eerste expeditie in 1594, die de Karische Zee ten oosten van Nova Zembla bereikte. Uit het heldere water concludeerde Van Linschoten dat zich van daaruit een open weg naar China en Japan moest uitstrekken, maar toch oordeelde men het veiliger om terug te keren voor de winter inviel. De derde tocht onder leiding van Heemskerck en Barentsz in 1596-1597 was de grootste mislukking, maar deze is tevens het meest bekend geworden door de overwintering op Nova Zembla. Deze expedities bewijzen toch wel dat Hollandse reders echte ondernemers waren, die beseften dat 'de kost voor de baat uitgaat' en bereid waren grote financiële risico's te nemen. Zelfs als een expeditie slaagde, was winst niet altijd verzekerd. Dat was het geval met de eerste scheepvaart naar Oost-Indië van 1595 tot 1597. Vier schepen zeilden langs de traditionele route op 2 april 1595 van de rede van Texel: de Mauritius, de Hollandia, de Amsterdam en het kleine jacht Duyfken. De reders waren tien Amsterdamse kooplieden, maar ze hadden de fout begaan om niet een eenhoofdige leiding aan te stellen. Cornelis de Houtman, de vertegenwoordiger van de reders, en Pieter Dirkszoon Keyser als navigator traden het meest op de voorgrond. Er waren voortdurend moeilijkheden. De Houtman trad tactloos tegen de Aziatische vorsten op. Men kon de Molukken, waar de begeerde specerijen te krijgen waren, niet bereiken. Oorspronkelijk waren er tweehonderdveertig man uitgevaren op de vier schepen, die veel kleiner waren dan later gebruikelijk werd. In 1597 keerden slechts drie schepen met zevenentachtig man in het vaderland terug. De meegebrachte lading dekte maar ternauwernood de kosten.

Onmiddellijk echter kwamen er meer 'compagnieën van verre' voor de vaart op Indië in bedrijf. In het jaar 1598 voeren niet minder dan vijf groepen schepen uit en die maakten wel winst. Er dreigde echter een onderlinge concurrentie die deze winsten weer teniet zou doen en die een energiek optreden tegen Spanjaarden en Portugezen onmogelijk zou maken. Op voorstel van Oldenbarnevelt kwam daarom de Verenigde Oostindische Compagnie tot stand. Deze Compagnie kreeg van de Republiek het monopolie van de vaart op Indië, ze kreeg bepaalde soevereine rechten, bijvoorbeeld om soldaten in dienst te nemen, en werd op zeer moderne wijze gefinancierd, namelijk door de uitgifte van overdraagbare aandelen, die recht gaven op een aandeel in de winst. De leiding berustte bij een aantal bewindhebbers uit wier midden een dagelijks bestuur, 'de Heren Zeventien' werd gekozen. In Indië kwam weldra een gouverneur-generaal als hoogste gezaghebber, die niet de taak had om gebied te verwerven, alleen om de belangen van de handel te behartigen en de concurrentie te weren. Iemand als Jan Pieterszoon Coen zag daarbij niet op tegen harde methoden. Hij verdreef de Engelse concurrenten uit de archipel, moordde de bevolking van Banda uit en zag zich gedwongen het fort Jacarta te verwoesten. Op die plaats stichtte hij in 1619 de plaats Batavia, die sindsdien het middelpunt van de Indonesische archipel gebleven is. Coen had gewild dat er veel meer mensen naar Indonesië zouden emigreren, dat er echte volksplantingen zouden komen, zodat de handel vrijgegeven zou kunnen worden. Maar de Heren Zeventien oordeelden anders. De voc werd al gauw behoorlijk winstgevend, en dat vooral dankzij haar monopolie. Dan kon men kleine hoeveelheden specerijen en andere koloniale waren blijven aanvoeren, zodat de prijs in Europa hoog bleef. De Republiek kwam overal in Europa op voor het principe van vrije handel, maar in de andere werelddelen handhaafde zij haar monopolies ter wille van de winst.

Dat bleek ook bij de andere commerciële maatschappij op aandelen, de Geoctroyeerde Westindische Compagnie. Deze kwam pas in 1621 tot stand, omdat de kaapvaart op Spanje een van de uitgesproken doeleinden was en men daar natuurlijk niet mee kon aankomen tijdens het Twaalfjarig Bestand. Vóór 1621 waren er overigens al de nodige tochten naar de Amerikaanse wateren geweest, zoals de tocht van Henry Hudson in 1609, die in opdracht van de voc nogmaals een poging moest doen de noordoostelijke doorvaart te ontdekken. In plaats daarvan voer hij de Hudsonrivier op bij het huidige New York, ontdekte het eiland Manhattan, maar kwam al gauw tot de conclusie dat er zo geen doorvaart naar China zou komen, zelfs geen noordwestelijke. Wel begon een Compagnie van Nieuw-Nederland in 1625 een volksplanting op het eiland Manhattan, die later Nieuw Amsterdam en nog weer later New York zou heten. In Brazilië haalde men al lang suiker, ondanks verboden van de Spaanse regering, die sinds 1580 ook de Portugese bezittingen had overgenomen. De Zuidnederlandse immigrant Isaäc Lemaire probeerde in 1615 het octrooi van de voc letterlijk te omzeilen door via de westelijke route naar de Molukken te varen. In dat jaar voer zijn zoon Jacques inderdaad met twee schepen uit, ontdekte de Straat Lemaire en Kaap Hoorn, ten zuiden van de Straat van Magelhaes, maar toen hij in Indonesië arriveerde, moest Coen niets hebben dan dit soort juridische foefjes en werden schip en lading eenvoudigweg gearresteerd. Wel won Isaäc Lemaire later een proces over deze kwestie voor de Hoge Raad, maar ook dat maakte op Coen geen indruk.

In 1621 kwamen dan al die individuele pogingen onder de vleugels van gwc met vijf kamers en een dagelijks bestuur van de 'Heren Negentien'. Naast Nieuw-Nederland moest ook in Zuid-Amerika gebied verworven worden, wat lukte in 1630 door de verwerving van Pernambuco in Brazilië en in 1634 van de eilandjes Curaçao, Aruba en Bonaire. Brazilië leek kansrijk. Een familielid van de stadhouders, Johan Maurits van Nassau, werd daar zelfs gouverneur, maar de kosten werden te hoog, het 'versuymd Braziel' bleef Portugees en de meeste winst voor de Compagnie bleven de slavenhandel en de kaapvaart opleveren. De meest spectaculaire onderneming was daarbij Piet Heins verovering van de Spaanse zilvervloot in de baai van Matanzas op Cuba. De 177.000 pond zilver en andere waren die dit opleverde hebben altijd meer tot de verbeelding van het Nederlandse volk gesproken dan de minder spectaculaire, maar meer geregelde baten uit de slavenhandel. Met het oog daarop werd in 1637 Sao Jorge da Mina op de Afrikaanse Goudkust veroverd op de Portugezen. Sindsdien heette het Elmina en diende het als verzamelplaats voor de negers die naar Amerika verscheept moesten worden. Deze slavenhandel beschouwden alle Europese naties toen als een volkomen geoorloofde onderneming en men kan zelfs niet zeggen dat de Nederlanders zich er meer aan bezondigd hebben dan hun concurrenten. De Westindische Compagnie bleek op den duur veel minder winstgevend te zijn dan de Oostindische. In 1667 meende men nog een voordelige ruil te doen toen bij de vrede van Breda Suriname met zijn suikerplantages verruild kon worden voor de blanke volksplanting New York. Echt lucratief werd dit alles niet en in 1674 besloot men het oude octrooi niet te verlengen en een nieuwe Westindische compagnie op te richten met een kleiner kapitaal en minder bewindhebbers. Niet alles had succes in de Gouden Eeuw.

Zoals gezegd verschilde de handelspolitiek van de Republiek in de zeventiende eeuw van die van alle omringende landen. Daar begonnen sommige geleerden zonder veel praktische ervaring met de eerste rationele bespiegelingen over economie. Mensen als de Franse minister Colbert kwamen tot de bevinding dat de rijkdom van een natie bestond in de hoeveelheid edel metaal binnen de grenzen. Om die zo groot mogelijk te maken moest de regering die bedrijfstakken stimuleren die geld in het buitenland konden verdienen, met name de scheepvaart en de industrie, en het zou ook dienstig kunnen zijn zoveel mogelijk koloniën te verwerven, om vandaar goedkoop grondstoffen te kunnen halen. Een stelsel van lage invoerrechten en hoge uitvoerrechten op de grondstoffen, en van hoge invoerrechten en lage uitvoerrechten op afgewerkte produkten, zou verder de industrie bevoordelen.

Ziekenzorg

Ziekte en pijn waren in het Nederland van de zeventiende eeuw grotere rampen dan honger en armoede. Alleen de lagere klassen leden echt honger, en dat slechts in tijden van abnormale duurte. Tegen ziekten en pijn stond iedereen machteloos en hulpeloos. Wat zal er in deze tijd een kiespijn geleden zijn en hoeveel heeft Erasmus niet moeten verduren van zijn nierstenen? Volgens buitenlanders heersten er in de Republiek meer ziekten dan elders en zij schreven dit toe aan de vochtige lucht door de vele meren, rivieren en kanalen. Die atmosfeer bevorderde alle mogelijke koorts, met voor ons niet altijd duidelijke namen: derdedaagse koorts, elementse fleersen, schencken en prijlen. Er zal wel veel malaria geheerst hebben. Besmettelijke ziekten als pokken, cholera, dysenterie (rode loop) en tyfus waren wijd verbreid door het slechte drinkwater en de onhygiënische toestanden. Lepra was sinds de middeleeuwen in betekenis afgenomen, maar de pest kwam tot 1670 nog veel voor. Omstreeks dat jaar is de pest uit Nederland verdwenen. Van 1720 tot 1722 is er nog een epidemie geweest in Marseille, maar sindsdien is Europa om moeilijk verklaarbare redenen voor deze ziekte gespaard gebleven.

Er bleven echter nog voldoende andere kwalen over om aan te sterven en de leden van de medische stand konden daartegen in het algemeen weinig ondernemen. Er waren drie soorten vertegenwoordigers van deze stand. Allereerst de universitair gevormde *doctoren van medecinen*, die vaak een officiële aanstelling van het stadsbestuur kregen. Zij voelden zich te hoog om zelf te cureren of te opereren. Zij konden slechts geconsulteerd worden, en dan beperkten ze zich grotendeels tot piskijken en stelden ze een diagnose volgens het systeem van antieke medische schrijvers als Galenus en Hippocrates. Wel hadden zij wat meer kennis van de anatomie dan hun voorgangers. Maar ze deden daarmee niet veel, omdat ze bleven vasthouden aan de opvatting dat het menselijk lichaam beheerst werd door vier vochten: bloed (sanguis), slijm (flegma), zwarte gal (melan cholos) en gele gal (cholos). Overheerste één van de vier vochten, dan kon men dat merken aan het karakter: sanguinisch, flegmatisch, melancholisch of cholerisch. Tevens kon dat een oorzaak van ziekten zijn. Genezing was mogelijk door het overtollige vocht te verwijderen – vandaar dat ze aderlaten en purgeermiddelen voorschreven. De ader opensnijden was overigens het werk van chirurgijns, die wat minder hoog op de maatschappelijke ladder stonden en een gilde vormden. Zij hadden niet aan een universiteit gestudeerd, maar moesten wel een praktisch examen afleggen. Ze verrichtten ook operaties, en dat zonder verdoving – niet alleen amputaties van armen en benen, maar ze sneden ook in de inwendige organen. Ze verwijderden bijvoorbeeld stenen uit de blaas. Hun patiënten moeten wel een hoge pijngrens bezeten hebben. Na afloop zullen ze toch vaak gestorven zijn, omdat de operaties niet steriel waren, aangezien iedere antiseptische maatregel onbekend was. De verloskunde was het exclusieve bedrijf van vroedvrouwen. Er werd in die tijd veel kwaads gezegd over hun onkunde en slordigheid, maar ook zij moesten een officieel examen doen en de kraamvrouwen lieten niet altijd met zich sollen. Er kwamen vaak moeilijke bevallingen voor, omdat in deze tijd bij veel vrouwen het bekken door rachitis vernauwd was. De zuigelingensterfte was hoog en vrouwen vielen na de bevalling vaak ten offer aan kraamvrouwenkoorts. Die werd door de vroedvrouwen zelf onwetend overgebracht, omdat zij hun handen onvoldoende wasten. Toch is dit beeld van de kundigheid van de medische stand misschien iets te somber. Er bestond veel kennis over de heilzame werking van verschillende kruiden, al heerste er nog veel bijgeloof en had men een naïef vertrouwen in de kracht van dure of buitenissige middelen als drinkbaar goud, gemalen parels of drakebloed. Op kermissen opereerden veel kwakzalvers en wonderdoeners, maar dat behoeft op zich nog geen bewijs te zijn van het falen van de officiële genezers, want ook tegenwoordig vinden die nog emplooi, ondanks de hoge vlucht van de medische wetenschap. De zeventiende-eeuwse steden hadden doorgaans één of meer ziekenhuizen binnen of buiten hun muren. Die waren ontstaan uit de middeleeuwse gasthuizen, oorspronkelijk ingericht als onderdak voor pelgrims en andere passanten. Vaak zijn deze gasthuizen ook uitgegroeid tot verzorgingshuizen voor ouden van dagen. Amsterdam heeft in 1578, toen de stad eindelijk de zijde van de Opstand koos, een paar kloosters en passantenhuizen verenigd tot het Binnengasthuis, dat zich steeds meer toelegde op de ziekenverpleging, maar toch ook nog aan passanten hoogstens drie dagen onderdak bleef bieden in de zogenaamde 'baaierd' of slaapzaal. Pas in 1686 heeft het stadsbestuur verboden om nog dergelijke zwervers te herbergen. Dat dubbele karakter van de gasthuizen was niet best voor hun reputatie en alleen de armen lieten zich daar doorgaans opnemen. Het verplegend personeel was bovendien van laag allooi, al hadden de regenten natuurlijk de plicht op hun gedrag toezicht te houden. De naam Binnengasthuis diende in Amsterdam als onderscheiding van het Buitengasthuis, dat voor pestlijders bestemd was en daarom buiten de muren moest liggen. Aanvankelijk stond dit pesthuis ter hoogte van de Herengracht bij de Heiligeweg. Toen vervolgens de grachtengordel werd aangelegd, werd het verplaatst naar de Overtoom en vormde het daar de kern van het latere Wilhelminagasthuis.

Graan en ander voedsel moest goedkoop zijn om de lonen laag te houden. De boeren hadden daarvan misschien wel schade, maar die brachten toch geen geld in het laatje. Dit economisch systeem, mercantilisme genoemd, heerste in Frankrijk, in Engeland, in de Duitse en Italiaanse vorstendommen, in Spanje en zelfs in Turkije, al was het lang niet eenvormig. Het uitte zich bijvoorbeeld in de protectionistische tarieven van de Fransen uit 1664 en 1667 en de Engelse akte van navigatie van 1651, die de eigen schepen op een onredelijke wijze poogde te bevoordelen. Alleen in de Republiek bestond er geen bevoordeling van de industrie en werd alles dienstbaar gemaakt aan de handel die niet gebaat was met beschermende rechten, met reglementen en monopolies. Daarom schreef de grote rechtsgeleerde Hugo de Groot dan ook zijn boek *De vrije zee* tegen de pretenties van Engeland. Er bestonden wel een soort uit- en invoerrechten, de convooien en licenten, maar die dienden een fiscaal doel en moesten niet de eigen industrie beschermen. Uit de convooien en licenten werd namelijk de oorlogsvloot bekostigd. In de Republiek waren bovendien de accijnzen op de eerste levensbehoeften hoger dan in de andere Europese landen en daarmee ging men ook in tegen een grondstelling van het mercantilisme. Hoge accijnzen leidden tot hoge prijzen en daarom hadden de arbeiders hoge lonen nodig, wat de concurrentiepositie van de ondernemers ongunstig maakte. Het moet voor het buitenland frustrerend geweest zijn te zien hoe de Republiek, ondanks al deze fouten tegen wat men toen economische evidentie waande, toch haar buurlanden gemakkelijk voorbijstreefde. 'Poux affamez' (hongerige luizen), zo scholden de Fransen de Nederlanders verbitterd uit.

Want ondanks alles bloeide niet alleen de commercie in de Republiek, maar ook alles wat daarmee verband hield. Bijvoorbeeld de scheepsbouw. Vroeger kwam het scheepstimmerhout voornamelijk uit de Rijnstreken. Dordrecht was toen een centrum van scheepsbouw, hoewel ook andere steden in de vijftiende eeuw hun werven hadden. In de zeventiende eeuw kwam het scheepstimmerhout vooral uit Scandinavië en de Oostzeestreken. De winderige Zaan-streek werd nu het centrum daarvan, omdat het niet meer aanging de boomstammen met handkracht op maat te zagen. Daarvoor dienden nu houtzaagmolens. In de Zaanstreek kwamen ook andere indus-trieën die direct met de zeevaart te maken hadden: zeilmakerijen, touwslagerijen, beschuitbakkerijen en ook brouwerijen. Terwijl in de traditionele biersteden als Delft en Haarlem de brouwerijen in aantal afnamen, bloeiden ze juist op in de havensteden wegens de leveranties aan de schepen. Daarnaast waren er de veredelingsbedrijven of trafieken, zoals men ze noemde: suikerraffinaderijen, tabakskerve-rijen, de diamantindustrie, een van de weinige bedrijfstakken die voor joden openstond, zoutziederijen, olieslagerijen en vele meer. Die industrieën zouden er niet geweest zijn als ze niet noodzakelijk waren vanwege de aangevoerde waren, die een zekere behandeling moesten ondergaan voordat ze geschikt waren voor de consumenten. De handel kon nog op andere wijze stimulerend werken op de industrie. De Delftse plateelbakkerij, de fabricage van Delfts blauw en Delfts bont, is pas goed tot bloei gekomen toen omstreeks 1650 de aanvoer van Chinees porselein sterk verminderde ten gevolge van politieke moeilijkheden in het land van herkomst. Voor de kenners is het zonder meer duidelijk dat men zich bij de beschildering in Delft door Chinese motieven heeft laten inspireren. Ondanks alle accijnzen bloeide ook de gewone industrie, de textielnijverheid bijvoorbeeld, de papierfabricage en de metaalindustrie. Om de concurrentie met het buitenland vol te kunnen houden was het dan wel zaak nieuwe arbeidsbesparende methoden en zoveel mogelijk mechanisatie door te voeren. Bovendien was er een rijke binnenlandse markt, waarvan ook de boeren en tuinders profiteerden. De volkrijke steden konden enorme hoeveelheden voedsel aan en het agrarisch bedrijf was behoorlijk lonend. Daarom kwamen er ook zoveel droogmakerijen tot stand: de Beemster, de Wormer, de Purmer en de Schermer, waaraan de naam van de molenmaker Leeghwater uit het Noord-hollandse De Rijp verbonden was. Zelfs de Haarlemmermeer wilde Leeghwater met behulp van windmolens droogmalen, maar dat was al te ambitieus voor die tijd. De Hollandse stapelmarkt met alles wat daaraan vast zat kon uiteindelijk alleen maar functioneren doordat

Amsterdam de rol van Antwerpen als financieel centrum had overgenomen. Zo kwamen de meest geavanceerde technieken van wisselhandel, van zeeverzekering en van termijnhandel in Amsterdam tot ontwikkeling. In 1609 ontstond de Wisselbank, die dankzij talrijke beleggers gemakkelijk geld kon overmaken, in 1611 de beurs, waar op monster verkocht werd, en zo waren er meer instellingen waarin het financiële en commerciële kunnen van de Hollandse kooplieden zich kon uitleven.

Tot zover is het verhaal van de economie in de zeventiende eeuw een aaneenschakeling van successen. Maar wat merkte de bevolking daarvan? De laatste tijd hebben de historici ondekt dat er wel degelijk armen in de Gouden Eeuw geleefd hebben, dat de rijke gildemalen en kostbare buitenhuizen niet voor iedereen bestemd waren en dat er veel honger en ellende werd geleden. Dat is ongetwijfeld waar, maar toch was de Republiek in de zeventiende eeuw een oase van welvaart vergeleken met het buitenland. Talrijke regionale onderzoekingen, vooral over Frankrijk, in de afgelopen jaren gepubliceerd, hebben ons geleerd hoe gauw een geringe verhoging van de graanprijs daar een hongercrisis veroorzaakte, waarin het de schamele gezellen moeite kostte het leven te houden. Hoe hebben bijvoorbeeld de legers huisgehouden in de Zuidelijke Nederlanden en in Duitsland tijdens de Dertigjarige Oorlog. In veel landen staat de zeventiende eeuw als ongelukseeuw bekend en al kunnen we toegeven dat tussen 1620 en 1640 haast overal in Europa een crisis is losgebarsten, in de Republiek waren de gevolgen daarvan minder merkbaar dan elders en eigenlijk pas na 1660. Een paar cijfers. Omstreeks 1600 zal het loon van een volwaardige arbeidskracht in de Hollandse steden 14 stuivers hebben bedragen, omstreeks 1650 20 stuivers. We kennen de prijzen van twaalfpondsroggebroden te Leiden; die schommelden van 1596 tot 1620 tussen 8,1 en 5,5 stuivers met een lichte neiging om te dalen. Aannemende dat een standaardgezin drie van deze broden nodig heeft per week, moet men concluderen dat een normale ambachtsman meer dan voldoende voedsel kon betalen. Brood was immers het voornaamste voedsel; gort, erwten en bonen waren niet duurder; aardappelen waren nog niet als volksvoedsel in gebruik. De ketel met hutspot die de Spanjaarden tijdens het ontzet van Leiden in de Lammenschans achterlieten zal slechts wortelen en vlees bevat hebben. De aardappel was nog zo onbekend dat de kok die voor koningin

Elisabeth voor het eerst deze delicatesse uit Amerika, de *patata*, moest bereiden, de knollen weggooide en het loof gekookt opdiende. De koningin dacht dat hij haar wilde vergiftigen. Brood was dus het voedsel, men heeft berekend dat daaraan vierenveertig procent van het inkomen besteed kon worden om boven de grens van behoeftigheid te blijven. Daaraan kon een ambachtsman in normale tijden zonder meer voldoen en hij hield zelfs reserves over voor tijden van duurte. Ongeschoolden en ook Leidse textielwerkers verdienden doorgaans minder, maar ook zij behoefden in normale tijden geen honger te lijden.

Het Staatse leger

Het Staatse leger ontstond in principe toen de Staten-Generaal in 1576 troepen gingen aanwerven en de soldaten die tot dan toe Holland en Zeeland hadden verdedigd daarin werden opgenomen. Toen op den duur alleen de zeven gewesten van de Republiek de strijd tegen de Spanjaarden konden volhouden, was het Staatse leger nog slechts in dienst van de regering in Den Haag. Maurits was in naam geen opperbevelhebber. Hij was slechts kapitein-generaal van de troepen die door de gewesten, waarvan hij stadhouder was, betaald werden. Frederik Hendrik en zijn opvolgers waren ook in naam kapitein-generaal van de Generaliteit. De soldaten waren huurlingen en grotendeels vreemdelingen: Engelsen, Duitsers, Fransen en Schotten. Zij werden aangeworven door een kapitein die commissie voor een compagnie had. De soldij was niet hoog, in het begin van de zeventiende eeuw ongeveer acht stuivers per dag voor een gewoon soldaat, dat wil zeggen minder dan een geschoold ambachtsman verdiende, en daarvan moest hij zijn eigen voedsel en zijn uitrusting bekostigen. Deze uitrusting kreeg hij desnoods op voorschot van zijn kapitein, die deze uitgave van de soldij aftrok. Zelf moest de kapitein het geld voor de soldijbetaling van de Staten krijgen. Het was zeer voordelig voor hem om meer soldaten op te geven dan er in werkelijkheid waren. Vandaar dat er vaak monsteringen en parades nodig waren. Bij wanbetaling waren de soldaten gedwongen om bij de omwonende boeren te gaan plunderen. Vandaar dat Oldenbarnevelt zorgde voor prompte betaling en goede controle, een kunst die het Spaanse leger nooit heeft beheerst.

Zo konden Maurits en Willem Lodewijk dit leger tot een geoliede vechtmachine maken. Daarbij lieten ze zich inspireren door de voorschriften van de oude Romeinen. Er waren drie soorten soldaten: piekeniers, musketiers en cavaleristen. De laatsten waren ofwel bewapend met een lans, ofwel met twee pistolen. Ze moesten de infanterie overhoop rijden, en de piekeniers konden zich met hun dichte gelederen daartegen te weer stellen. Schieten met een musket was zeer omslachtig en men kon slechts eens in de twee minuten een schot afvuren. Maurits voerde het exerceren in, hij vormde kleinere eenheden dan gebruikelijk en maakte de gelederen minder diep: geen carrés meer, maar slechts tien man achter elkaar. Hij liet de musketiers eindeloos oefenen om de vuursnelheid op te voeren. Hadden de soldaten uit het voorste gelid geschoten, dan sloten zij achteraan, zodat er een geregeld vuur kon worden onderhouden.

Belegeringen van steden kwamen veel voor. Daar was ook de vestingar-tillerie van belang, maar het voornaamste gevaar kwam toch van de omsingelingslinies die de stad langzaam naderden. Om de muren te doen instorten groeven mineurs en sappeurs mijngangen, bijvoorbeeld te Steenwijk, dat 'met de schoppen is ingenomen'. Maurits zocht verder zijn kracht in snelle verplaatsingen, waarbij hij de troepen veelvuldig langs de rivieren vervoerde. Zijn leger was niet groot, minder dan twintigduizend man, maar hij en Frederik Hendrik wisten die beperkte macht zeer effectief te gebruiken. In de tweede helft van de zeventiende eeuw werden de legers omvangrijker, tot groot misnoegen van de heren Staten, die voor de betaling van de soldij moesten opkomen.

Men kan de bevolking van de Republiek in de Gouden Eeuw niet over één kam scheren. Er zijn verschillende lagen te onderscheiden. Allereerst waren daar de regenten en de grote kooplieden en vooral in de landgewesten ook de leden van de adel. Zij waren de rijke leden van de schuttersgilden, de mensen die in vol ornaat op de portretten van de beste schilders staan. Zij waren goed doorvoed en wilden dat weten ook, want in een tijd waarin velen niet voldoende te eten hadden was het schoonheidsideaal niet de slanke lijn, maar het embonpoint van de schutters en de weelderige vormen die de naakte vrouwen op de schilderijen van Pieter Paul Rubens vertonen. Zij bezaten de grote vermogens, zoals Jan Bicker, die in Amsterdam een heel eiland vol pakhuizen zette en daarnaast zelf zijn statige woonhuis bouwde. Het cahier van de tweehonderdste penning uit 1631 noemt alleen al te Amsterdam vierduizend aangeslagenen met een vermogen van meer dan duizend gulden, met als top Jacob Poppen die meer dan een half miljoen bezat. Aanvankelijk toonden deze kapitalisten hun rijkdom niet zo overdadig, ze bleven eenvoudig en investeerden alles zoveel mogelijk in nieuwe ondernemingen. Na 1650 werd dat anders, toen kochten zij land, bouwden buitenhuizen aan de Vecht en gingen van hun geld leven.

Onder deze toplaag stond een talrijke middenstand van kleinere winkeliers en zelfstandige handwerkmeesters. De gezeten boeren, zeker in de omgeving van de steden, zijn met hen gelijk te stellen. Het ging hun redelijk wel. Echte armoede kenden zij niet. De boeren in de landgewesten hadden een moeilijke periode gekend in de jaren 1580-1600, toen de legers hun beesten roofden en hun velden vertrapten. In die jaren verenigden de Overijsselse boeren zich tot een bende die rondtrok onder het vaandel van een zwaard en een ei en zichzelf de 'Desperaten' noemde. Maar die tijden waren voorbij toen Maurits door zijn overwinningen de Spaanse legers uit de grensstreken verdreven had. Sindsdien kende deze middengroep een zekere weelde en moralistische schrijvers gaven zuur commentaar op het rijke leven van de boeren. Zij waren in staat de schilderijen te kopen van de honderden schilders die in de Republiek werkzaam waren. De prijzen daarvan waren dan ook niet hoog, enkele tientallen guldens per doek doorgaans, waarbij zeegezichten en zedenschilderijen beter in de markt lagen dan dieren of landschappen. De schilders behoorden zelf tot deze groep van zelfstandige kleine ondernemers. Iemand als Rembrandt steeg daar duidelijk bovenuit, hetgeen blijkt uit de hoge prijzen die hij voor zijn schilderwerken kon vragen en uit zijn huwelijk met een burgemeestersdochter uit Leeuwarden.

Daaronder stond de laag van de geschoolde en ongeschoolde arbeiders, zowel de boerenknechts op het platteland als de werkers in de diverse industrieën. Daartoe behoorden ook de matrozen op de visserssvloot en de koopvaardijschepen. Ze hadden allerminst een rijk bestaan, maar kenden doorgaans geen echte honger, zoals hierboven is aangetoond.

De echte armen ten slotte moeten we zoeken onder de grote massa zwervend volk, vaak uit het buitenland afkomstig en niet zelden levend op de rand van de misdaad. Zij waren het vooral die aanmonsterden op de schepen van de voc of de oorlogsvloot. Daartoe behoorden ook de bedelaars en landlopers, de invaliden in de steden, de weduwen en wezen zonder bron van inkomen. Voor de laatste categorieën, de fatsoenlijke armen, was wel steun voorhanden, misschien niet zoveel als in de middeleeuwen met de vele gasthuizen, tafels van de Heilige Geest en kloosters, maar toch waren de rijke burgers en de protestantse diaconieën best bereid hen te bedelen en eventueel te huisvesten. Tegen zwervers en landlopers nam de overheid maatregelen. Ze werden gevangen genomen, soms verbannen, soms te werk gesteld, bijvoorbeeld als roeiers op de galeien waarmee men omstreeks 1600 experimenteerde. In die klassen heerste werkelijk ellende. Jonge meisjes kwamen uit Duitsland op goed geluk naar Amsterdam om een dienst te zoeken, ze sliepen soms nachten lang op de stoep van een burgerhuis en kwamen vaak in de prostitutie terecht. Maar vanuit de hele bevolking bezien bleven dat uitzonderingen.

De vele ziekten, de slechte hygiëne, de herhaaldelijk uitbrekende pestepidemieën veroorzaakten natuurlijk ook de nodige ellende. Het sterftecijfer bleef hoog, vooral onder de lagere volksklassen. Toch bleef tot 1650 de bevolking gestadig toenemen. In dat jaar werd op het huidige grondgebied van Nederland een aantal van 1,85 à 1,9 miljoen bereikt. Omstreeks dat jaar is in heel Europa de bevolkingsgroei tot stilstand gekomen en de Republiek vormt daarin, ondanks de economische welstand, merkwaardig genoeg geen uitzondering. Van 1650 tot 1750 is de bevolking van de Republiek als geheel genomen nagenoeg constant gebleven. In het Noorderkwartier en in de kustgebieden van Friesland en Overijssel is zij zelfs duidelijk gedaald. In een agrarisch district als de Meierij van Den Bosch was er na 1650 nog wel groei, maar dat is niet verwonderlijk, omdat daar na de vrede van Munster nu voor het eerst na lange jaren weer vreedzamer toestanden heersten. Maar de stilstand elders is onverklaarbaar. Hoogstens zou men die kunnen vergelijken met de toestand van de economie, waarin na 1650 ook de periode van groei voorbij was en er meer sprake was van consolidatie op een redelijk niveau van welvaart voor een belangrijk deel van de Nederlandse bevolking.

10 DE INTERNATIONALE BETEKENIS
VAN DE REPUBLIEK

Het zou logisch geweest zijn als na de slag bij Nieuwpoort in 1600 een definitieve vrede met Spanje en met de aartshertogen Albertus en Isabella in Brussel gesloten was. De scheiding der Nederlanden was nu wel definitief, de Republiek kon niet de ambitie hebben de Zuidelijke Nederlanden te veroveren en het calvinisme op te leggen aan katholieken die nu al tientallen jaren de hervormingen van het Concilie van Trente hadden ondervonden. Bovendien zou het niet gunstig zijn voor de handel van het noorden, als de Schelde weer openging en Antwerpen misschien zijn vroegere positie zou hernemen. De aartshertogen en hun Spaanse beschermers konden nog veel minder hopen dat zij met hun geringe financiële middelen nog eens het rijke noorden in militair opzicht konden overwinnen. Sinds 1596 zou dat ook internationaal niet zo gemakkelijk liggen, want in dat jaar hadden Engeland, Frankrijk en de Republiek een Drievoudig Verbond gesloten, waarbij de eerste twee mogendheden de soevereiniteit van de laatste erkenden. Ze zouden nu niet meer dulden dat deze nog verloren zou gaan. Koning Hendrik IV van Frankrijk liet herhaaldelijk merken dat hij het aangenaam zou vinden als de Staten-Generaal hem de soevereiniteit nog eens zouden aanbieden. Maar de heren keken wel uit. In 1581 zouden ze met graagte een Franse monarch geaccepteerd hebben, nu konden ze hun eigen boontjes wel doppen en ze meenden dat hun vrijheden en hun handel het best gebaat waren bij een onafhankelijk bestaan, al moesten ze toegeven dat een republiek in die tijd een anomalie was te midden van de vele koninkrijken en vorstendommen.

Toch is er in 1609 geen definitieve vrede gekomen, slechts een wapenstilstand van twaalf jaar. Dat was vooral de schuld van de buitensporige eisen van de aartshertogen en de koning van Spanje. De laatste meende de handen wat vrijer te hebben, omdat in 1598 Frankrijk en in 1604 Engeland vrede gesloten hadden, maar dat betekende niet dat het verarmde Spanje de grote sommen kon missen die nodig waren voor een succesvol offensief tegen Maurits en diens roemruchte leger. Toch eiste Spanje vrijheid van godsdienst voor de katholieken in het noorden, openstelling van de Schelde en staking van de vaart op Indië. Maurits, de predikanten, de Zuidnederlandse immigranten in de Republiek, Zeeland met zijn kaapvaart en Amsterdam als erfgenaam van Antwerpen – ze wilden geen van allen vrede op die voorwaarden en waren bereid door te vechten. Maar Oldenbarnevelt en de Franse gezant Jeannin spanden zich in om een wapenstilstand te verwezenlijken, en zij zijn vooral verantwoordelijk voor het Twaalfjarig Bestand van 1609 tot 1621. De belangrijke rol van een Franse gezant bij een Nederlands-Spaans verdrag is te verklaren door de grote betekenis van de buitenlandse politiek in de zeventiende eeuw. In deze tijd werden de lotgevallen van de Republiek grotendeels bepaald door haar betrokkenheid in internationale verwikkelingen.

Zelfs de godsdiensttwisten binnen het calvinisme, die voor en tijdens het bestand woedden, hadden internationale betekenis. Ze konden bijvoorbeeld rekenen op de intensieve belangstelling van koning Jacobus I van Engeland. Eindelijk was de tijd gekomen om de geloofsleer van het calvinisme strakker te definiëren, en wat de theologen daarover in de Republiek betoogden was ook maatgevend in het buitenland. Het ging over het vraagstuk van de predestinatie, oftewel de voorbeschikking door God van 's mensen lot. De almacht en de alwetendheid van God impliceren immers dat Hij van het begin af weet welke mensen naar de hemel en welke naar de hel zullen gaan. De mens zelf kan daar niets aan veranderen en bezit geen vrije wil. Dit extreme standpunt werd aan de Leidse universiteit onderwezen door professor Gomarus, geboren te Brugge en dus een immigrant uit de Zuidelijke Nederlanden. Zijn collega Jacob Harmenzoon uit Oudewater, die zich Arminius noemde, meende dat wie uit vrije wil het calvinisme aanvaardde kon rekenen op Gods uitverkiezing, en hij verkondigde daarmee een veel mildere leer. In 1604 was het tot een disputatie gekomen aan de Leidse universiteit en reeds vóór het bestand was de kwestie door dominees op de kansel besproken.

De niet-theologen snapten vaak niet wat de grote strijdvraag was. De Staten van Holland meenden dat het geschilpunt niet veel meer inhield dan 'het schrapsel van een nagel' en Maurits bekende niet te weten of de predestinatie groen of blauw was. De gewone mensen waren doorgaans op de hand van de gomaristen, maar ze schreven aan de arminianen soms de opvattingen van Gomarus toe. Desondanks waren de botsingen fel. Protestantse gemeenten vielen uiteen en de dissidenten vestigden 'kerken onder het kruis' in schuren en stallen. 'Slijkgeuzen' noemde men hen spottend. Arminianen heetten dan met een grove woordverdraaiing 'bavianen'. De regenten in Holland zagen al die onrust met lede ogen aan. Zij waren geen scherpslijpers, maar wilden tot elke prijs voorkomen dat het volk opgezweept werd door religieuze hartstochten en dat de protestantse kerk een staat in de staat zou gaan vormen. Daarom wilden zij ook niet dat er een nationale synode bijeen zou komen om het geschil op te lossen. Toen de arminianen een vertoogschrift of remonstrantie indienden en de gomaristen antwoordden met een contraremonstrantie, probeerden de Staten van Holland de standpunten zonder succes te verzoenen. De raadpensionaris Oldenbarnevelt stond machteloos en behandelde de zaken ook niet erg handig. De Staten van Holland kozen gaandeweg partij voor de arminianen of remonstranten, zoals ze voortaan heetten. Uit rivaliteit met Holland bekeerden de overige gewesten zich toen tot het standpunt van de contraremonstranten en ook Maurits sloot zich in 1617 bij hen aan. Oldenbarnevelt liet nu de Staten van Holland de zogenaamde *scherpe resolutie* aannemen. Daarin onderstreepten de regenten het oppergezag der Staten in kerkelijke aangelegenheden. Ze wezen een nationale synode af en ten slotte kregen de steden toestemming 'waardgelders' in dienst te nemen, eigen soldaten om relletjes te onderdrukken. Dat kon Maurits als kapitein-generaal niet op zich laten zitten. Hij kreeg buitengewone volmachten van de Staten-Generaal, trok de steden langs om overal de waardgelders af te zetten en arresteerde Oldenbarnevelt met enkele van zijn medestanders, waaronder de beroemde rechtsgeleerde Hugo de Groot.

Het conflict was plotseling wel hevig geëscaleerd. Er kwam een speciale generaliteitsrechtbank bijeen van vierentwintig rechters, onder wie verschillende persoonlijke vijanden van Oldenbarnevelt. De scherpe resolutie werd hem zwaar aangerekend en daarmee had hij inderdaad het functioneren van de Republiek bedreigd, maar men kon dit toch moeilijk hoogverraad noemen. Dat hij in ruil voor geld hoogverraad zou hebben gepleegd ten gunste van Frankrijk, bleek allerminst. Desondanks is Oldenbarnevelt in mei 1619 in Den Haag terechtgesteld, omdat Maurits weigerde hem gratie te verlenen als hij daar niet zelf om vroeg – en dat wilde de oude staatsman niet, want daarmee zou hij schuld bekennen. De contraremonstranten triomfeerden ook op een ander terrein. Van 1618 tot 1619 kwam te Dordrecht een nationale synode bijeen die de kerkleer in contraremonstrantse zin definieerde. Daar waren ook drieëntwintig afgevaardigden aanwezig van buitenlandse kerken, waaruit wel blijkt hoezeer de Nederlandse godsdienststrijd internationaal de aandacht trok. Maar tevens waren daar achttien politieke commissarissen namens de Staten-Generaal, die mede de synode voorzaten en zo onderstreepten dat de overheid nadrukkelijk toezicht op de kerken bleef houden. De remonstranten werden uit de vergadering gejaagd en moesten voortaan als 'dissenters' door het leven gaan, samen met lutheranen, doopsgezinden en andere richtingen. Maar de regenten handhaafden het tolerante klimaat van de Republiek, waarin vrijheid van geweten bestond en waarin katholieken en niet-calvinisten hun godsdienst konden uitoefenen, als zij daarmee niet al te zeer te koop liepen. Zo bleef de Republiek ook een toevluchtsoord voor intellectuelen als de Franse wijsgeer René Descartes, die tientallen jaren lang in Nederland heeft verbleven en hier zijn *Discours de la Méthode* heeft laten drukken. Bij de kerkgenootschappen zelf heerste genoeg onverdraagzaamheid, zoals Baruch de Spinoza moest ondervinden, die uit de Portugese synagoge werd gesmeten, maar onder de bescherming van de autoriteiten kon hij zich rustig in Rijnsburg vestigen en zijn werken publiceren zonder censuur of bedreiging. De Portugese joden, waartoe Spinoza behoorde, hadden in de jaren na 1580 een wijkplaats gevonden in de Republiek toen hun land door Spanje veroverd was en zij de keus kregen tussen bekering of emigratie. In de loop van de zeventiende eeuw kwamen daar de Duitse en Oost-europese joden bij, die hierheen vluchtten voor de pogroms tijdens de Dertigjarige Oorlog. Op het eind van de eeuw vluchtten nog eens 75.000 hugenoten naar de Republiek, calvinisten uit Frankrijk die de emigratie verkozen toen Lodewijk xiv in 1685 het edict van Nantes herriep, dat hun een kleine eeuw vrijheid van godsdienst had gegarandeerd. Deze immigratie betekende een heilzame injectie voor de economie en de cultuur van de Republiek. Ze toont tevens aan hoezeer de Republiek open stond voor alles uit het buitenland. De hugenoten constateerden verrast dat ze niet eens Nederlands behoefden te leren, omdat iedereen hier Frans sprak. Ten slotte bewijst het tolerante klimaat dat de geest van de synode van Dordrecht niet echt bezit had genomen van het Nederlandse volk. Het belangrijkste besluit van de synode is waarschijnlijk geweest om te komen tot een officiële Nederlandse bijbelvertaling op last van de Staten-Generaal. Deze *Statenbijbel* is verschenen in 1637 en heeft een moeilijk te onderschatten invloed gehad op de Nederlandse taal en literatuur.

De wapenstilstand was in 1609 voor twaalf jaar gesloten en de oorlog zou dan ook weer in 1621 moeten beginnen. Het is een van de meest verbijsterende zaken in de Tachtigjarige Oorlog, dat dit ook inderdaad gebeurd is. Welk groots doel konden immers beide strijdende partijen met hun kostbare oorlogsinspanningen nog bereiken? Als Oldenbarnevelt nog geleefd had, zou er wel een oplossing gevonden zijn. Maar nu was Maurits heer en meester, en als kapitein-generaal was die geïnteresseerd in een hervatting van de oorlog, ook al omdat deze hem meer inkomsten opleverde. Verder was in 1618 de Dertigjarige Oorlog uitgebroken en de krijgsbedrijven en diplomatieke demarches van de Republiek moeten sindsdien mede in het licht daarvan bezien worden. Dat bleek meteen al in 1621. Na zijn nederlaag in de slag bij de Witte Berg in de buurt van Praag in november 1620 was Frederik van de Palts, de 'Winterkoning', naar Den Haag gevlucht. Hij was de eerste protestantse tegenstander van de Habsburgse keizers en een volle neef van Maurits. Die kon niet werkeloos blijven bij het misfortuin van zijn familie en had Frederik ook al voorheen actief gesteund. Zo begon de oorlog weer in 1621. Maurits had geen succes meer. In 1625, het jaar van zijn dood, ging de stad Breda, de eerste grote verovering van de jonge stadhouder, weer verloren aan de bekwame legeraanvoerder Spinola. Zou de opnieuw begonnen oorlog alleen maar nederlagen opleveren?

Dankzij de nieuwe stadhouder, Maurits' broer Frederik Hendrik (1625-1647) heeft het laatste stuk van de Tachtigjarige Oorlog toch nog wat resultaat gehad, namelijk de aanhechting bij Nederland van de tegenwoordige provincies Noord-Brabant en Limburg alsmede Zeeuws-Vlaanderen. Het verhaal van de krijgsbedrijven zou ons te ver voeren. Wat zou er nog allemaal te noemen zijn: de verovering volgens het boekje van 's-Hertogenbosch in 1629, met het geld van

Piet Heins zilvervloot; de tocht langs de Maas in 1632, toen Venlo en Roermond door verraad en Maastricht na een beroemd beleg de stadhouder in handen vielen; en zoveel meer successen en soms ook wel nederlagen. Voor de bevolking van Staats-Limburg, Staats-Brabant en Staats-Vlaanderen was de verovering niet gunstig. Zij kwamen als generaliteitslanden onder het bewind van de Staten-Generaal en dat betekende een status als wingewest zonder veel vrijheden. Het katholicisme werd in Staats-Brabant formeel verboden, maar in de praktijk won het protestantisme daar geen nieuwe aanhangers en de dominees preekten voor lege kerken. Eigenlijk was het de bedoeling geweest dat er veel meer van de Zuidelijke Nederlanden veroverd zou worden. In 1635 mengde ook Frankrijk zich daadwerkelijk in de Dertigjarige Oorlog en het sloot meteen een verdelingsverdrag met de Republiek inzake de Zuidelijke Nederlanden. Op zich was dit een stimulerende kans om toch nog een eenheid van de Nederlanden tot stand te brengen, waarbij overigens niet alleen de Waalse gewesten, maar zelfs Vlaanderen grotendeels aan Frankrijk toegedacht waren. Maar het plan is niet uitgevoerd, toch ook wel omdat de kooplieden en financiers uit het noorden er niet zoveel voor voelden. Er zijn een paar pogingen gedaan om Antwerpen te veroveren. Zal Amsterdam het erg betreurd hebben dat die mislukt zijn?

Toen er in 1648 in Westfalen vrede gesloten werd na de Dertigjarige Oorlog, vond de Republiek dit een goede gelegenheid om eindelijk een einde te maken aan de Tachtigjarige Oorlog met Spanje. We hadden nu weer uitsluitend met de Spaanse koning van doen, want de aartshertogen Isabella en Albertus waren kinderloos gestorven. Wel hadden we ook de keizer van Duitsland nodig: die moest verklaren dat de zeven gewesten van de Republiek der Verenigde Nederlanden uit het verband van het grote Duitse rijk losgemaakt en zo werkelijk onafhankelijk waren. De keizer heeft dat gedaan, maar om de een of andere duistere reden is hij nog een tijd lang de koning van Spanje met het geheel van de Nederlanden blijven belenen, dus ook met het noorden. Pas in de achttiende eeuw is hij daarmee opgehouden. De rijksstenden hebben deze bepaling van de vrede die in 1648 te Munster werd gesloten zelfs nooit bevestigd. Dat waren echter proceduriële rimpels die geen afbreuk deden aan de duidelijkheid van de onafhankelijkheid. Belangrijker was dat de koning van Spanje nu de soevereiniteit van de Republiek erkende, dat de Schelde gesloten bleef, dat de Spanjaarden werden uitgesloten van de vaart op de gebieden die de Republiek in oost en west verworven had en dat er niets bepaald werd over vrijheid voor de katholieken in het noorden. Frankrijk sloot geen vrede en vocht door. Volgens de bepalingen van het verdrag van 1635 had de Republiek dan ook de oorlog moeten voortzetten, maar zo serieus namen we dat bondgenootschap niet. Wel weigerde Utrecht te tekenen en ook Zeeland en de nieuwe stadhouder Willem ii hadden hun bezwaren. De vrede kostte hem wel tweederde van zijn inkomen, meende de laatste.

Als de regenten gemeend hadden dat ze nu een tijd van besparingen tegemoet konden zien, omdat de oorlog zweeg, kregen ze wel gauw een desillusie. In het vorige hoofdstuk is uiteengezet hoe de Republiek een politiek van vrijhandel wilde doorvoeren, terwijl overal elders in Europa het mercantilisme hoogtij vierde. Dat moest wel spaak lopen. De discrepantie heeft geleid tot drie zeeoorlogen met Engeland, die schatten gelds gekost hebben en grote schade hebben berokkend aan de koopvaardijvloot. De eerste Engelse oorlog duurde van 1652 tot 1654.

De Staatse vloot

Van oudsher bezat de landsheer het oppergezag over de oorlogsvloot. In verband daarmee kregen de stadhouders van Holland en Zeeland dan ook de titel van admiraal-generaal. Maar zij hebben nooit op zee het bevel gevoerd en ze hebben zich ook nauwelijks bemoeid met de organisatie van de oorlogsmarine. Die taak kwam toe aan de vijf admiraliteitscolleges: het college van Noord-Holland te Amsterdam, van Zuid-Holland te Rotterdam, van Zeeland te Middelburg, van West-Friesland te Hoorn of Enkhuizen, en van Friesland te Harlingen. In deze colleges kon het gewestelijk particularisme stuitend tot uiting komen. Zelfs bij de konvooiering hadden schepen van een bepaalde admiraliteit de neiging vooral de koopvaarders uit de eigen streek te bevoordelen. Iedere admiraliteit had het recht een luitenant-admiraal te benoemen als vervanger van de stadhouder. Het bleek op den duur noodzakelijk een eenhoofdige leiding over de vloot te hebben; daarom kregen De Ruyter en na hem Cornelis Tromp de titel van luitenant-admiraal-generaal. Met de financiën zat het doorgaans niet best. Officieel dienden de convooien en licenten, verstard tot in- en uitvoerrechten, ter bekostiging van de oorlogsvloot. De admiraliteitscolleges inden deze rechten, maar door corruptie en ondeskundigheid kwam er niet meer dan de helft van het bedrag binnen waarop men aanspraak kon maken. Het kostte moeite met deze beperkte middelen de taken uit te voeren. Die bestonden tijdens de Tachtigjarige Oorlog uit het beveiligen van de binnenlandse wateren en het vervoeren van het Staatse leger, het blokkeren van de havens op de Vlaamse kust, het verhinderen van troepenverschepingen uit Spanje en het konvooieren van de handelsschepen. Deze laatste taak werd nog gewichtiger tijdens de Engelse zeeoorlogen, maar afdoende was de bescherming niet. De Duinkerker kapers bleven tot 1646 veel afbreuk doen aan de koopvaardij en in de Middellandse Zee vormden de Barbarijse zeerovers een zware bedreiging. Dat waren overigens lang niet alleen Noordafrikanen. Er waren ook heel wat Nederlanders in deze 'vrije nering' met schilderachtige namen als Jacob de Hoerewaard en Veenboer de Verschrikkelijke, die zich Soliman Reis liet noemen.

Aanvankelijk bouwden de admiraliteitscolleges nog geen eigen schepen en vergenoegden zij zich ermee koopvaarders te kopen of zelfs wel te vorderen. Toen was de strijdmethode nog vooral het enteren van een vijandelijk schip en in een strijd van man tegen man de beslissing forceren. Oorlogsschepen moesten daarom een talrijke bemanning hebben, maar ze voerden toen nog niet zoveel geschut. Geleidelijk werd dat anders. De blokkade van de Vlaamse havens bleek met de kleine schepen niet goed mogelijk, en vooral in het begin van de eerste Engelse oorlog bleken de Nederlandse schepen niet opgewassen tegen de grotere Engelse met hun tientallen kanonnen. Er bestonden al wel fregatten als speciale oorlogsschepen, maar sindsdien zijn de admiraliteiten ook kapitale schepen van 150 voet lengte en nog wel grotere gaan bouwen, die uitsluitend dienden voor de strijd ter zee. De 'Zeven Provinciën', het vlaggeschip van De Ruyter, was zo'n kapitaal schip van 163 voet (55 meter) lang. Deze schepen hadden twee dekken en twee rijen kanonnen boven elkaar. De gevechtstactiek was nu ook niet meer het enteren: men trachtte het vijandelijke schip langsscheeps voorbij te varen en het dan de volle laag te geven. Bij dit enfileren en doubleren (een vijandelijk schip aan beide zijden passeren) was het van uitermate groot belang om te varen in kiellinie en gebruik te maken van de windrichting. De Ruyter was daar een meester in. Kapitale schepen droegen soms wel tegen de honderd kanonnen van brons of gietijzer. Om alles te bedienen was ook een talrijke bemanning vereist.

Die bemanning had een hard leven en een karig loon, althans lager dan de gewone matrozen bij de koopvaardij. In oorlogstijd was het beroep bovendien riskant, want in zeeslagen vielen talrijke slachtoffers. Gewonden hadden ook weinig reden tot optimisme, gezien de harde methoden van de scheepschirurgijns. In 1629 telde 's lands vloot 93 schepen, die een bemanning van toch zeker tienduizend man vereisten, en tijdens de Engelse oorlogen was zeker het dubbele aantal nodig. Toch heeft het nooit echt grote moeite gekost om voldoende scheepsvolk voor de vloot aan te werven. Het waren wel harde, opstandige mannen die met strenge tucht in toom gehouden moesten worden. Al in 1612 adviseerde de vice-admiraal Haulthain om op alle oorlogsschepen een voldoend aantal soldaten te plaatsen die de matrozen in de gaten moesten houden. De Nederlandse krijgsbedrijven ter zee zijn voor een groot deel het werk geweest van een revolutionair gestemd proletariaat, dat in normale tijden tot de bedelaars en vagebonden behoorde. Misschien zijn de staaltjes van roekeloosheid en ontembare moed die er van hen zijn overgeleverd, daarmee in verband te brengen. Dit scheepsvolk kon zich ook vereenzelvigen met de vlootvoogden, die voor een groot deel van eenvoudige afkomst waren en via nederige baantjes opgeklommen waren tot hun hoge positie. De Ruyter was begonnen met kinderarbeid in een touwslagerij, Tromp was begonnen als scheepsjongen en Witte de With was een eenvoudige leerjongen geweest in Den Briel eer hij op zeventienjarige leeftijd dienst nam bij de Oostindische Compagnie. Dit soort vlootvoogden kregen erenamen als 'bestevaer' (opa) en hun eenvoud en meeleven met het scheepsvolk werden in pamfletten geprezen. Bij het landleger waren de officieren grotendeels vreemde edellieden en waren de soldaten eveneens van elders afkomstig; maar op de vloot dienden Nederlanders onder eigen kapiteins, grotendeels afkomstig uit dezelfde maatschappelijke laag. Is het daarom dat de vloot altijd populairder is geweest dan het leger?

Deze was in wezen een tragische aangelegenheid, want in Engeland was juist de goed-protestantse Cromwell aan de macht gekomen en eigenlijk zou het veel logischer geweest zijn als de twee naties aan de Noordzee innig hadden samengewerkt. Engeland heeft zo iets inderdaad voorgesteld. Dat zou echter onherroepelijk oorlog met Frankrijk betekend hebben, en de Staatse gedelegeerden hebben het voorstel afgewezen in zesendertig artikelen waarin alles stond wat Engeland maar onwelkom was. In 1651 vaardige Cromwell daarop de *akte van navigatie* of *scheepvaartwet* uit. Deze diende de eigen scheepsbouw en de eigen rederij te beschermen volgens de beste mercantilistische tradities. Europese produkten mochten alleen ingevoerd worden met Engelse schepen of met schepen uit het land van herkomst; goederen uit vreemde werelddelen en verschepingen binnen Engeland zelf mochten uitsluitend met Engelse schepen plaatshebben. Bovendien verklaarde de wet alle Staatse schepen geladen met Franse goederen tot prijs, omdat Engeland en Frankrijk op dat moment in oorlog waren. De akte van navigatie zou op den duur een schakel wegnemen uit de handelsvaart der Nederlanders. Voorlopig zou Engeland toch nog wat aanvulling van Nederlandse scheepsruimte nodig hebben en het is de vraag of de kwestie wel een oorlog waard was. In ieder geval hebben de drie Engelse zeeoorlogen niets opgelost, de akte van navigatie is pas in 1849 opgeheven. De oorlogen waren rampzalig voor de Nederlandse koopvaardij. Honderden handelsschepen werden gekaapt, verbrand of gingen bij gevechtshandelingen verloren. De logische route door het Kanaal werd te gevaarlijk en schepen uit Zuid-Europa en de koloniën moesten de omweg langs het noorden van Schotland maken, waar stormen hen bedreigden. En toch zijn de Engelse oorlogen populair gebleven in de herinnering van het Nederlandse volk. Niemand kent de namen van de legeraanvoerders die onder en naast de stadhouders de veldslagen in de Tachtigjarige Oorlog en de Franse oorlogen leidden. De namen der vlootvoogden Maerten Harpertszoon Tromp, die in 1653 bij Ter Heide sneuvelde, Michiel Adriaenszoon de Ruyter († 1676 bij Sicilië), Witte de With († 1658), Jan Evertsen († 1666) en Jacob van Wassenaer-Obdam († 1665) zijn beroemd gebleven, misschien mede omdat zij allen in de strijd gesneuveld zijn. Zij hebben standbeelden en praalgraven gekregen en nog steeds voelen de Nederlanders een nationalistische streling van hun eigenwaan, als zij bedenken hoe De Ruyter in juni 1667 de Thames en de Medway opvoer en bij Chatham een deel van de Engelse vloot vernietigde. Toegegeven, bij de daarop volgende vrede van Breda kwam er wat verzachting in de bepalingen van de akte van navigatie: deze zou niet gelden voor goederen die langs Rijn en Schelde werden ingevoerd, en de regel 'vrij schip – vrij goed' werd aanvaard, zodat de Engelsen niet langer willekeurig alle goederen uit een land waarmee zij in oorlog waren, in beslag konden nemen. Toch loste de regel het fundamentele probleem niet op dat het steeds meer moeite kostte om de Hollandse stapelmarkt te handhaven, als het buitenland streng bleef vasthouden aan mercantilistische principes. Oorlogen waren daartoe ongeschikt.

De enige krijgsbedrijven die op economisch gebied succes hadden waren de zeeslagen in de noordelijke wateren, die dienden om de Sont open te houden. Dat was een levensbelang voor de hele natie. Als het koren uit de Oostzeestreken niet aankwam leed het hele land honger en de moedernegotie was het fundament van de Nederlandse stapelmarkt. Daarom mengde de Republiek zich in de Noordse oorlog van 1655 tot 1660 tussen Denemarken en Zweden, en dit ingrijpen had succes. Van Wassenaer-Obdam heeft de Denen effectief geholpen de Zweedse dreiging te weerstaan en in 1659 hebben Engeland, Frankrijk en de Republiek te Den Haag een regeling opgesteld waardoor de Sont open bleef. De Ruyter heeft daarop de Zweden van het eiland Funen verdreven en kreeg daarvoor terecht een Deense adellijke titel. Dit gewapend ingrijpen was weliswaar zinvol, maar het heeft nooit die glans van heldenmoed gekregen als de vrij zinloze zeeslagen in de Engelse oorlogen.

Op Europees niveau heeft de Republiek zich in de laatste dertig jaar van de zeventiende eeuw nog verdienstelijk gemaakt door zich te verzetten tegen de Franse hegemonie. Het heeft lang geduurd voordat de regenten het gevaar inzagen. In de zestiende eeuw had het er nog naar uitgezien dat de Habsburgers Europa zouden gaan overheersen, en de Tachtigjarige Oorlog kan ook gelden als een onderdeel van de strijd om dat te voorkomen. Frankrijk was daarin de natuurlijke bondgenoot. Maar na 1648 was de toestand gewijzigd. De Habsburgers in Oostenrijk en Spanje waren tot tweederangs machten afgezakt na de verloren oorlogen. Frankrijk onder Lodewijk xiv was nu het volkrijkste land in Europa, met de grootste militaire macht en een stijgende economische betekenis. Bovendien haakten de eerste minister Mazarin en koning Lodewijk xiv zelf naar expansie, mede gedreven door mercantilistische principes en overdreven ideeën over de glorie van Frankrijk. Lodewijk xiv liefhebberde ook in geopolitieke principes en dat is een gevaarlijk bedrijf, want het dwingt altijd tot het verder opschuiven van de grenzen, nooit tot het inkrimpen daarvan. De koning wilde voor zijn land natuurlijke grenzen en dat betekende in het noorden en oosten de loop van de Rijn. Voorlopig was de koning tevreden met de Zuidelijke Nederlanden. In 1659 bij de vrede van de Pyreneeën had Frankrijk daarvan al enkele forse brokken gekregen, in 1667 eiste hij het hele gebied op, steunend op een soort erfrecht dat daar gold in bepaalde streken. Dit devolutierecht hield in dat als er kinderen uit twee huwelijken waren, ze niet gelijkelijk meedeelden in de erfenis. Goederen die tijdens het eerste huwelijk verworven waren, konden slechts toevallen aan kinderen uit dat eerste huwelijk. 'Welnu,' zei Lodewijk, 'de Zuidelijke Nederlanden zijn in 1621 aan Spanje teruggevallen door de dood van aartshertog Albertus van Oostenrijk, tijdens het eerste huwelijk van koning Filips IV. Ik ben getrouwd met Maria Theresia, een dochter uit dat eerste huwelijk. De huidige Spaanse koning Karel II is een spruit uit diens tweede huwelijk. De Zuidelijke Nederlanden komen dus toe aan mijn vrouw en mij.' Hij wist natuurlijk wel dat het niet aanging een erfrecht dat ergens gold voor geiteweitjes en vette koeien, ook van toepassing te verklaren op internationale verhoudingen, maar machtshonger heeft altijd wel rechtvaardigingen kunnen vinden. De koning stuurde daarom zijn legers naar het noorden en begon de Devolutie-oorlog (1667-1668).

Nu schrok Johan de Witt, de raadpensionaris van Holland, toch wakker. Hij had tot nog toe wel vertrouwen gehad in Frankrijk. Hij voelde weinig voor legerversterking, omdat deze de positie van de prins van Oranje zou versterken, maar hij was toch ook overtuigd van de waarheid van het spreekwoord 'Gallia amica, non vicina': men moest Frankrijk wel als vriend, maar niet als buur hebben. Daarom ging De Witt in op de plannen van de Britse gezant William Temple. In 1668 kwam de Triple Alliantie tussen Engeland, Zweden en de Republiek tot stand, die Frankrijk met oorlog bedreigde als het geen vrede sloot met Spanje. Grommend trok Lodewijk XIV zich terug. Hij zou eerder de aanval hervatten dan Jan de Witt vermoedde.

Kroegbezoek en recreatie

Volgens de Engelse gezant William Temple was er geen Hollander die niet minstens één keer in zijn leven dronken was geweest. Alcoholmisbruik gold als de nationale ondeugd en inderdaad krioelt het in de kerkeraadsnotulen van klachten over drankmisbruik van de gemeenteleden. Het gewone volk dronk vooral bier; een consumptie van een 275 liter per hoofd per jaar lijkt een voorzichtige schatting. Wijn was veel duurder en gold dan ook als de drank voor de hogere standen. In die kringen kwam omstreeks 1650 tevens uit China aangevoerde thee in gebruik, en aan het eind van de eeuw koffie. Uit Frankrijk aangevoerde brandewijn, uit wijn gestookt, en jenever, te Schiedam uit graan vervaardigd, vonden sinds het midden van de zeventiende eeuw waardering bij alle maatschappelijke klassen, mede omdat men er snel dronken van kon worden. Bij doop- en huwelijksfeesten en zelfs bij begrafenissen konden de bezoekers enorme hoeveelheden drank aan, maar in de tussentijd dronk men vooral in de herbergen. Daar was ook gelegenheid voor het roken van tabak uit lange Goudse pijpen, een zede uit Engeland overgewaaid. Er werd veel gezongen in de herbergen, ook wel eens 'opstandige liedekens', er werd gedobbeld en gekaart, en soms sloten de bezoekers, al of niet in dronkenschap, vreemde weddenschappen af. Barent Bakker uit Den Burg wedde bijvoorbeeld in 1624 dat hij in een baktrog van Texel naar Wieringen zou varen en dat lukte hem ook nog. De herbergbezoekers kwamen gauw tot vechten. Het waren weinig sentimentele mensen, wat tevens blijkt uit de aard van de volksvermaken. Het katknuppelen bijvoorbeeld: daarbij werd een kat in een ton gehangen; met knuppels probeerden de omstanders de duigen eruit te slaan en als de kat dan in doodsangst op de grond sprong, werd hij afgemaakt. Of het ganstrekken, bekend uit een gedicht van Bredero. Een gans werd met de poten aan een hoog gespannen touw gebonden en de deelnemers moesten proberen daar onderdoor lopend, rijdend of varend de kop van het arme dier eraf te trekken. Kermissen waren erg populair, die van Amsterdam bijvoorbeeld, of de paardenmarkten van Voorschoten en Valkenburg, waar allerlei ander vermaak hoofdzaak was geworden. Als koning van Engeland vertrouwde Willem III aan zijn ómgeving toe dat hij er tweehonderdduizend gulden voor zou willen geven om vleugels te hebben waarmee hij naar de Haagse kermis kon vliegen.

Merkwaardigerwijze wisten ook verschillende roomse feesten als Sinterklaas, Sint-Maarten en Vastenavond zich te handhaven. Kinderen liepen op vastenavond met de rommelpot rond. Maar het echte carnaval werd boven de grote rivieren onderdrukt. Dominees predikten furieus tegen de Sinterklaasviering, maar zij konden die niet uitbannen, net zo min als de belustheid op dansen, die vooral bij vrouwen en meisjes voorkwam. Het Nederlandse volk was in de zeventiende eeuw grotendeels boven het bestaansminimum uitgekomen, en daarom werd de recreatie belangrijk. Het viel buitenlandse bezoekers op dat hier te lande de mensen uit alle lagen van de maatschappij graag en vaak een dag naar buiten trokken, naar het strand of naar een landelijke herberg, waar goed gegeten en gedronken werd. Bij vorst waagden alle maatschappelijke standen zich op de schaats. In de recreatiegewoonten weerspiegelde zich op verrassende wijze de welvaart van de zeventiende eeuw.

Dat moment kwam in 1672. Het Franse goud had wonderen gedaan. De Engelse koning Karel 11, altijd verlegen om geld, had zich bereid verklaard een derde Engelse oorlog tegen de Republiek te beginnen, Zweden zou neutraal blijven en de Franse gezanten hadden twee prins-bisschoppen uit Duitsland, die van Munster en Keulen, gestrikt voor een aanval op de landgewesten.

In de voorzomer van 1672 kwam dan de aanval, die toen zelfs voor De Witt geen verrassing meer was. Al in februari 1672 was Willem 111 tot kapitein-generaal voor één veldtocht benoemd, en te elfder ure was ook het Staatse leger versterkt, maar toch leek de Republiek niet opgewassen tegen de gecombineerde aanval. Het Franse leger telde 120.000 man onder de beroemdste aanvoerders van Europa: Turenne, Condé, Luxembourg. Het kwam vrij gemakkelijk de grote rivieren over bij het Tolhuis tegenover Elten, en op 21 juni al viel Utrecht. Het leek gedaan met de Republiek, maar toch zijn Holland en Zeeland behouden gebleven dankzij de waterlinie van Gorinchem tot Muiden. De tactische principes van de Franse veldheren gingen niet meer op in het drassige land en zo kreeg Willem 111 tijd om zijn troepen te versterken. De diplomaten uit de Republiek konden bondgenoten activeren en in 1673 waren de Franse troepen gedwongen de Noordelijke Nederlanden te ontruimen. Maar in het rampjaar 1672 was de Republiek wel op het kantje af behouden gebleven. Merkwaardig genoeg herinnert het bekendste volksfeest dat toen ontstaan is niet aan de bedreiging door Lodewijk xiv, maar aan die door de wat komische figuur Bernard van Galen, bisschop van Munster. Op 28 augustus 1672 moest deze 'Bommen-Berend' het beleg van Groningen opgeven en deze datum wordt nog steeds even uitbundig gevierd als het ontzet van Leiden op 3 oktober.

Willem 111, nu stadhouder geworden met grotere bevoegdheden dan een van zijn voorgangers, werd voortaan de ziel van het Europees verzet tegen Frankrijk. Waarschijnlijk heeft de Republiek daardoor meer hooi op de vork genomen dan verantwoord was. De oppositie tegen Frankrijk dwong tot het onderhouden van grote, kostbare legers, tot allerlei diplomatieke stappen die geen rekening hielden met het belang van de stapelmarkt en deze houding heeft ook geleid tot een zeer nauw samengaan met Engeland. Op zich was dat laatste wel gunstig. Al vanaf de vroege middeleeuwen zijn Engeland en de Lage Landen door hun ligging natuurlijke bondgenoten. In 1688 werd stadhouder Willem III zelfs koning van Engeland wegens de rechten van zijn vrouw, een dochter van koning Jacobus II. Het betekende opnieuw negen jaar oorlog met Frankrijk, maar een personele unie met Engeland zou die prijs op den duur wel waard geweest zijn. De overtocht van 1688 werd dan ook met Amsterdams kapitaal gefinancierd. Net als de personele unie van Schotland en Engeland zou deze na verloop van tijd wel omgezet zijn in een nauwere aaneensluiting. Er is niets van gekomen, doordat Willem III in 1702 kinderloos stierf. Hij was volwaardig koning van Engeland, en een erfgenaam geboren uit een eventueel tweede huwelijk zou volledig recht op de Engelse troon gehad hebben, weliswaar pas na zijn schoonzuster Anne en haar kinderen. Waarom is hij niet hertrouwd, toen zijn vrouw Mary in januari 1695 was gestorven?

De staatsinrichting van de Republiek uit de zestiende eeuw was een wankel geheel. De opstandelingen konden zich aanvankelijk niet indenken dat een staat kon functioneren zonder een soeverein aan het hoofd, en daarom hadden de Staten-Generaal na de afzwering van Filips in 1581 de soevereiniteit eerst aan de koning van Frankrijk, en daarna aan de koningin van Engeland aangeboden. Toen beide pogingen op mislukkingen uitdraaiden, had het voor de hand gelegen dan maar het Oranjehuis als regerende dynastie te aanvaarden, maar daartoe is het niet gekomen. Toen Leicester in 1587 de Nederlanden voorgoed verliet, was Maurits al stadhouder van Holland, Zeeland en Overijssel, kort daarna werd hij het ook van Utrecht en Gelderland. Friesland, Groningen en Drenthe hadden een eigen stadhouder in de persoon van Willem Lodewijk, Maurits' neef. Tot 1702 is dat zo gebleven: een eigen stadhouder in Friesland, meestal samen met de twee andere noordelijke gewesten, en een afstammeling van Willem de Zwijger in de vijf overige provincies.

Stadhouder betekent plaatsvervanger, namelijk van de eigenlijke landsheer. Die was er niet meer sinds 1581 en dus moest iemand anders sindsdien soeverein zijn. Dat waren de Staten der Provinciën en zij konden de stadhouder aanstellen en bevelen geven. De Oranjes beseften dat maar al te goed. 'Ik ben der Heren Staten dienaar,' zei Frederik Hendrik nog op zijn sterfbed. Toch hadden de stadhouders uit de tijd dat ze wel degelijk een landsheer vervingen, enige soevereine rechten overgehouden. Zo hadden zij een taak bij de benoeming van magistraten in de steden en konden zij gratie verlenen. Als opperbevelhebber van leger en vloot hadden zij natuurlijk ook de nodige invloed en bovendien waren zij soeverein uit anderen hoofde, namelijk als vorsten van het kleine prinsdom Orange in Zuid-Frankrijk. De Nassause bezittingen hadden in dit opzicht minder betekenis, daar waren ze slechts graaf en pas na de vrede van Munster werden ze als zodanig tot rijksvorst verheven, maar ze bleven ook toen nog onder de keizer staan.

Het blijft toch vreemd dat de stadhouders nooit de echte soevereiniteit gekregen hebben. Er waren gelegenheden te over, zou men denken. Maurits had die positie kunnen bereiken in 1618, en ook Frederik Hendrik, die een echt hof had en door de Franse koning niet meer met de titel 'Excellentie' maar met die van 'Hoogheid', voorbehouden aan vorsten, werd aangesproken. Had Willem II tijd van leven gehad, hoe ver had hij het na 1650 niet kunnen brengen en ook Willem III zou in 1672 of 1674 alles hebben kunnen doen wat hij wilde. Bij nader inzien is dit toch niet helemaal waar. De dynastie was niet zo hecht verankerd. Alleen in het geval van Willem II in 1647 heeft een zoon zijn vader als stadhouder rechtstreeks opgevolgd en dat bleef afhankelijk van de wil van de staten. Willem III heeft tweeëntwintig jaar moeten wachten tot zijn vermeende recht op de waardigheden van zijn voorouders gehonoreerd werd. Hij was de eerste die erfstadhouder was, hetgeen dus een erkenning van de 'survivance' voor zijn zoon inhield, maar hij had nu juist geen kinderen. Maurits zou misschien nog de meeste kans gehad hebben. Toen Leicester in 1587 vertrok was het nog niet duidelijk dat het schip van staat ook zonder eminent hoofd op de brug, zij het zwalkend, zee kon houden. Maar Maurits moest het prinsdom Oranje aan zijn oudste broer Filips Willem laten tot aan diens dood in 1618. Hij was ongetrouwd en voerde niets dat ook maar in de verste verte op een hofstaat leek. Het buitenland kende hem slechts als een uitermate succesvol legeraanvoerder, maar dat soort bendehoofden waren er meer in het Europa van ongeveer 1600. Voor een echte soeverein was iets meer nodig.

Als er dan niet één persoon aan het hoofd van de Republiek kon staan, dan was de Raad van State het meest geschikt als hoogste regeringsorgaan geweest. Als zodanig was deze bijvoorbeeld al opgetreden na de dood van Requesens in 1576, toen er niet onmiddellijk een opvolger als landvoogd aanwezig was. De Raad van State bestond uit twaalf leden en de twee stadhouders, maar heeft zijn betekenis op den duur grotendeels verloren, omdat de afzonderlijke gewesten zich niet wensten te schikken. De soevereiniteit kwam dan ook te berusten bij de gewestelijke statenvergaderingen. Afgevaardigden daaruit stonden weliswaar samen voor unievraagstukken in de Staten-Generaal, maar het was moeilijk daarin tot een beslissing te komen. Volgens de bepalingen van de Unie van Utrecht, die zo goed en zo kwaad als het ging als grondwet dienst moest doen, was er voor bepaalde beslissingen eenparigheid van stemmen vereist. Die was bar moeilijk te bereiken en daarom heeft het ook zo lang geduurd voordat het Twaalfjarig Bestand en de vrede van Munster in kannen en kruiken waren. De afgevaardigden naar de Staten-Generaal kregen een lastbrief mee, waarin stond hoe ze moesten stemmen. Ieder gewest bracht een stem uit. Was er eenparigheid vereist en werd deze niet bij de eerste stemming bereikt, of kwam er iets ter tafel waarover niets in de lastbrief stond, dan gingen de afgevaardigden terug naar de zeven statenvergaderingen 'om ruggespraak te houden met hun lastgevers'. Ook dan konden de heren niet zelfstandig beslissen. Iedere statenvergadering was namelijk op een eigen manier samengesteld. In Holland bijvoorbeeld waren er negentien stemmen, één van de ridderschap en achttien van even zovele steden. In Gelderland had de adel meer invloed en in Friesland bestond de statenvergadering uit de afgevaardigden van elf steden en dertig grietenijen. Daar ging het helemaal op zijn elfendertigst. Want de afgevaardigden in de gewestelijke statenvergadering moesten op hun beurt ruggespraak gaan houden met hun lastgevers en die hielden er niet van de zaken te overhaasten.

De Republiek was geen democratie. De meeste afgevaardigden werden aangewezen door de vroedschappen in de steden en die vulden zich aan door coöptatie, dat wil zeggen: als er een plaats openviel beslisten de zittende leden wie de vacature moest vervullen. Het volk in de steden bleef volledig buiten de zaken. Ook de colleges van ridderschap en van eigenerfde boeren in de andere provincies waren besloten gezelschappen, waarin het eigenbelang van de heren alle kansen kreeg. In de meeste vroedschappen bestonden coterietjes, facties van mensen die soms verwant waren en elkaar de bal toespeelden. De leden van de vroedschap waren zelf onbezoldigd, maar zij konden wel beschikken over een aantal lucratieve ambten in een stad en daarbij letten zij wel degelijk op de groepsbelangen. Soms sloten de facties contracten van correspondentie met elkaar om de onderlinge strijd over openvallende ambten te beperken. Van tevoren werd dan al uitgemaakt welke groep een bepaald ambt zou mogen vergeven. In de achttiende eeuw werd dit alles nog schrijnender, maar dergelijke uitwassen kwamen ook al in de zeventiende eeuw voor. In principe kwam er nooit een vernieuwing binnen de vroedschappen als de facties elkaar in evenwicht hielden. Slechts de stadhouder had het recht een vroedschapscollege geheel of gedeeltelijk te vernieuwen. 'De wet verzetten' heette dat en dit kwam slechts in uitzonderlijke situaties voor. Wel had de stadhouder in veel steden het recht om uit dubbeltallen een kandidaat voor een ambt of functie aan te wijzen, maar dat betekende weinig en meestal benoemde hij braaf de kandidaat die de voorkeur van de vroedschap genoot, aangegeven door een stip voor zijn naam. Alleen Willem III had de hebbelijkheid soms 'buiten de stippen te gaan'.

Het lijkt erop dat met deze staatsinrichtingen helemaal geen beslissingen tot stand konden komen in de Republiek, maar zo erg was het niet. In theorie had iedere stand in de gewestelijke staten, iedere provincie in de Staten-Generaal evenveel invloed. In de praktijk was de ene veel machtiger dan de andere en dat hing samen met het bedrag dat ieder bijeenbracht voor de algemene financiën. Als Amsterdam niet meedeed in de Staten van Holland, moesten de anderen veel te diep in de buidel tasten. Holland betaalde zevenenvijftig procent van de generaliteitslasten en daarom sloten de andere gewesten zich al gauw bij het Hollandse standpunt aan. Bovendien hadden de Staten van Holland een rechtsgeleerde raadsman in dienst, die grote invloed kon hebben, zeker wanneer er een ras-politicus als Oldenbarnevelt of Johan de Witt op die post zat. Landsadvocaat was de titel van Oldenbarnevelt, raadpensionaris van zijn opvolgers. Hij bracht in de Staten van Holland de eerste stem uit, die van de ridderschap, stelde de agenda op en tekende de resoluties. Bovendien was hij altijd lid en woordvoerder van de Hollandse delegatie naar de Staten-Generaal, voerde hij de correspondentie met vreemde mogendheden en had hij een beter overzicht van het politieke gebeuren dan wie ook. Zo kon hij een grote macht in de Republiek krijgen. Maar er waren ook minder bekwame of ambitieuze raadpensionarissen, zoals Jacob Cats of Antonie Duyck, die weinig werk maakten van het ambt.

De eigenlijke macht in de Republiek berustte dus bij degenen die de afvaardigingen naar de gewestelijke statenvergaderingen benoemden, in het bijzonder bij de vroedschappen in de steden. Regenten, bestuurders, noemden zij zichzelf dan ook. De stadhouders uit het

Oranjehuis waren de enigen die zich soms met succes tegen deze regenten konden verzetten. Het lagere volk uitte zijn misnoegen over het machtsmisbruik van de regenten meermalen in oproeren en relletjes, maar het had toch in het algemeen nauwelijks de mogelijkheid om een constructieve oppositie te voeren. Wel hadden de lagere klassen een naïef geloof in de stadhouders uit het Oranjehuis als tegenwicht tegen de regenten. Ook onder de regenten zelf waren er overigens de nodige facties die er hun voordeel in zagen aan te pappen met de prinsen van Oranje. Het is daarom wel juist een Oranjepartij, ook prinsgezinden genoemd, te stellen tegenover een partij van de meerderheid der regenten of staatsgezinden. De historicus Robert Fruin en verschillende van zijn vakbroeders uit de negentiende eeuw hebben betoogd dat de Oranjes het echt nationale standpunt vertegenwoordigden tegenover het particularistische eigenbelang van de regenten.

Hofjes

In de zeventiende eeuw maakte de publieke opinie een onderscheid tussen fatsoenlijke en onfatsoenlijke armen. De laatsten waren de mensen die best konden werken, maar de wilskracht of het initiatief daartoe misten, 'de luie en sterke bedelaars', de landlopers en vagebonden, hoeren en criminelen. Vooral op het platteland konden vagebonden tot een plaag worden, bijvoorbeeld de bende niet-werkende jongeren die omstreeks 1625 rondzwierf tussen Leiden en Den Haag onder leiding van Jan de Parijs. Leden van die bende droegen schilderachtige namen als Jan mettet Lange Haer en Susanne de Babilonische, wier naam meer wijst op haar activiteit als prostituée dan op haar herkomst. Dat soort mensen deugde niet en de bende werd dan ook uiteindelijk aangeklaagd voor het Hof van Holland. Bedelen gold voor de calvinistische kerkeraad als een openbare zonde en een bedelaar kon geen lidmaat zijn. In de middeleeuwen hadden de vrome zielen hun aalmoezen zonder aanzien des persoons gegeven, maar in de zestiende eeuw kwam er een mentaliteitsverandering. Arbeid werd nu een heilige plicht en de calvinisten konden met goede werken toch de hemel niet verdienen. In Amsterdam bestond er een zeer moderne oplossing voor bedelaars en criminelen die niet wilden werken. Daar werden vrouwen verplicht te werk gesteld in het Spinhuis en mannen in het Rasphuis, waar ze aan geregeld werk konden wennen door verfhout fijn te raspen. Dergelijke tuchthuizen waren geheel in de geest van Coornherts boek *Boeventucht*, maar helaas slaagden ze er niet in het probleem van de onfatsoenlijke armen op te lossen.

Voor fatsoenlijke armen was liefdadigheid daarentegen volledig verantwoord. De calvinistische diaconieën hadden misschien wel hun twijfels over de waarde van goede werken, maar ze meenden in ieder geval dat het een christenplicht was om de medemensen te helpen die buiten hun schuld tot armoede waren vervallen. Dat konden oude mannen zijn, wezen, zieken en vooral weduwen en oude vrouwen. Vooral voor hen zijn in de zeventiende eeuw in veel plaatsen hofjes gesticht, doorgaans door individuele personen. Hofjes, meestal in de vorm van een aantal huisjes rond een binnenplaats, met de straat verbonden door een poortgebouw, waren vooral in Hollandse steden talrijk, maar kwamen ook wel in de overige gewesten voor. In het algemeen zijn ze een typisch Nederlands verschijnsel. Als ze een enkele maal in het buitenland worden aangetroffen, dan is er sprake van een bewuste imitatie, zoals de Fuggerei in Augsburg. In dergelijke hofjes kregen 'eersame weduwen en oude vrijsters' in ieder geval vrij wonen en soms daarnaast nog een uitkering in geld of natura. Sommige hofjes namen ook wel echtparen op, maar de meeste waren uitsluitend voor vrouwen bestemd. Kennelijk was er in de steden een overschot aan vrouwen, ondanks hun grote kans om in het kraambed te sterven. De naam hofje verwijst naar de middeleeuwse voorgangers, de begijnhoven, waarin vrome vrouwen ieder in hun eigen huisje leefden en een zekere regel volgden, zonder een religieuze gelofte te hebben gedaan. Dergelijke begijnhoven kwamen uitsluitend voor in de Nederlanden, Duitsland en Noord-Frankrijk. Het verspreidingsgebied van de hofjes is nog beperkter.

Enkele hofjes dateren al uit de late middeleeuwen, bijvoorbeeld het Jeruzalemshof in Leiden, in 1467 gefundeerd door Wouter IJsbrantszoon, een koopman en schepen. Een dergelijk hofje had doorgaans ook een eigen kapel, want de stichters vloeiden over van vroomheid. Na de Reformatie verdwenen de kapellen uiteraard, maar de motieven van de stichters veranderden daarmee niet: zij meenden te handelen vanuit een eerlijk altruïsme. Zij zijn zich waarschijnlijk niet bewust geweest van hun naïeve behoefte om bij hun medeburgers en bij het nageslacht roem te verwerven door hun liefdadigheid, maar die behoefte was wel aanwezig. Dat blijkt uit het feit dat zij moeite hebben gedaan om hun naam in grote letters te vereeuwigen boven een monumentale ingangspoort, soms in de vorm van een gedicht. Pieter Raep had vierentwintig jaar als regent de gelden van de stad Amsterdam beheerd en besloot in 1648 zijn grond in de Amsterdamse

Jordaan te bestemmen voor een hofje. Niemand minder dan Joost van den Vondel vervaardigde een vierregelig rijmpje dat den volke kond moest doen van de vrome stichting. Het is niet het sterkste werk van de prins der Nederlandse dichters, maar het is wel duidelijke taal:

> Peter Raep, de trezorier
> Boude uit mededogen hier
> 't Weduwen- en Weezenhof.
> Men gebruik' het tot Godts lof.

Pieter Adriaanszoon Raeps activiteiten als stadstrezorier zijn al lang vergeten, maar zijn stichting bestaat nog steeds en de naam Raeperhofje houdt zijn nagedachtenis levend. Zo zijn er heel wat Nederlandse families die slechts dankzij hun vrome stichting voortleven in de geschiedenis.

Rijk was het leven niet op de hofjes, maar wel rustig en idyllisch rondom de groene binnenplaats vol bloemen, vaak met een pomp in het midden. Wel waren er heel wat regels, want de regenten van het hofje bleven er nauwlettend op toezien dat hun weldaden slechts aan fatsoenlijke mensen ten goede kwamen. De droevige Suzette Noiret uit Hildebrands *Camera obscura*, die 's nachts niet op het hofje bij haar moeder mocht blijven, ook al vreesde zij dat die plotseling zou overlijden, kon daarvan meepraten. Het mooiste vertrek in de meeste hofjes is de regentenkamer, en van de ingezetenen werd onderdanigheid en dankbaarheid verwacht aan deze heren. En toch hebben zij door de stichting van de hofjes veel nood gelenigd. Ouden van dagen hadden het niet gemakkelijk in vroeger tijden, zeker als zij alleen stonden. Wie dan een huis of kamer in een hofje had weten te verwerven, mocht van geluk spreken. En het waren zeker geen druppels op een gloeiende plaat.

Leiden heeft thans nog vijfendertig bestaande hofjes, vaak met tientallen huisjes en er zijn er vroeger nog meer geweest. Daardoor konden bijna duizend ouden van dagen aan een verzekerd bestaan geholpen worden, en we kunnen gerust zeggen dat dat geen geringe prestatie van onze voorouders is geweest.

Daarmee krijgen de Oranjes misschien te veel eer. Mensen als Oldenbarnevelt, Hugo de Groot en Johan de Witt hadden een open oog voor de belangen van de generaliteit, de Oranjes daarentegen waren meer dan eens bereid alles op te offeren voor de belangen van hun dynastie en de daarmee verwante vorstenhuizen, zoals Pieter Geyl heeft bewezen in zijn studies over Oranje en Stuart.

Er zijn in de zeventiende eeuw enkele hoogtepunten geweest in de strijd tussen Oranjepartij en regentenpartij. De gebeurtenissen die leidden tot de terechtstelling van Oldenbarnevelt in 1619 kwamen al in het vorige hoofdstuk ter sprake. Daar kwam de botsing vooral naar voren als een godsdienstig conflict, waarin het buitenland hogelijk was geïnteresseerd. Maar bovenal was deze als religieuze twist begonnen strijd een worsteling over de politieke principes van de Republiek. Was de godsdienst ondergeschikt aan de staat, kon iedere stad en ieder gewest met een beroep op de eigen vrijheden zich verzetten tegen maatregelen van de generaliteit, en hadden de zes overige gewesten de mogelijkheden om zich te ontdoen van een Hollands overwicht? In Maurits scheen de generaliteit te zegevieren, maar hij heeft met zijn overwinning weinig gedaan, en toen de successen in de opnieuw begonnen oorlog uitbleven, verloor de stadhouder een deel van zijn populariteit en konden de regenten de macht weer uitoefenen die zij nooit echt hadden opgegeven.

Onder Frederik Hendrik werd hun positie bedreigd. Deze stadhouder gedroeg zich veel meer dan zijn broer als een echte vorst. Hij was getrouwd, al was zijn bruid Amalia van Solms niet echt van hoge adel, en voerde een zekere hofstaat. Hij was een fervent aanhanger van de Franse bondgenoot en wist voor zijn zoon en opvolger Willem II een heuse prinses als echtgenote te verwerven in de persoon van Mary Stuart, een dochter van Karel I van Engeland, die weldra in een burgeroorlog verwikkeld zou raken en in 1649 op het schavot zou sterven. De Oranjes achtten het sindsdien hun plicht de belangen van deze Stuarts door dik en dun te steunen, ook als dit niet in het landsbelang was. Frederik Hendrik slaagde er ook in de Staten-Generaal naar zijn hand te zetten, mede omdat er in zijn tijd geen krachtige raadpensionaris was. Het werd de gewoonte dat vooral de zaken van oorlog en buitenlandse politiek bedisseld werden door een klein groepje op 's prinsen kamer, het zogenaamde 'secreet besogne', met voorbijgaan van de bevoegdheden van de voltallige Staten-Generaal. Zo kreeg hij voldoende armslag om de oorlog te voeren, al slaagde hij er nooit in Antwerpen te veroveren. Toeval, of wist Amsterdam dit te voorkomen?

Willem II, Frederik Hendriks zoon, die in 1647 op twintigjarige leeftijd zijn vader in al diens ambten opvolgde, had het moeilijker. Al sinds tientallen jaren was oorlogvoering de voornaamste bezigheid en de voornaamste bron van inkomsten der Oranjes. Maar de vredesonderhandelingen te Munster waren al zo ver gevorderd en Holland was zozeer een voorstander van vrede, dat die niet te stuiten was. Dat betekende dat de stadhouder de Franse bondgenoot, die de strijd voortzette, met schending van het verdrag van 1635 in de steek moest laten. Dat betekende ook dat hij weinig kon doen voor zijn schoonvader Karel I en zijn zwager Karel II, die als balling in de Lage Landen vertoefde. Maar de stadhouder had goede hoop dat eerlang de oorlog wel opnieuw zou beginnen en met het oog daarop moest het leger niet te zwak worden. De gewestelijke statenvergaderingen daarentegen, vooral die van Holland, voelden niets voor een hervatting van de oorlog en wilden eindelijk wel eens af van de zware last, een groot deel van het leger te betalen. Zij wilden de troepen afdanken en na lange, vruchteloze besprekingen met de stadhouder zonden de Staten van Holland aan 42 compagnieën die hun soldij van hen ontvingen, het bericht dat ze niet langer op betaling konden rekenen. Willem II nam dat hoog op, liet de Staten-Generaal een resolutie aannemen dat de 42 compagnieën in functie moesten blijven en stelde zichzelf aan het hoofd van een 'bezending' die de Hollandse steden tot andere gedachten moest brengen. Dat lukte niet erg. Regenten als de burgemeesters Jacob de Witt te Dordrecht en Andries Bicker te Amsterdam lieten zich niet zo gemakkelijk intimideren. Willem II besloot daarom ruim een maand later tot een staatsgreep, waarbij hij Maurits' optreden in 1618 enigszins tot voorbeeld nam. Hij liet zes Hollandse regenten, onder wie Jacob de Witt, oppakken en te Loevestein gevangen zetten. Tegelijkertijd zond hij het leger onder leiding van zijn zwager, de Friese stadhouder Willem Frederik, naar Amsterdam. De overrompeling mislukte, omdat een deel van het leger in de nacht verdwaalde op de Gooise hei. De stad werd in staat van tegenweer gebracht en men dreigde zelfs de zeedijken door te steken om de troepen te verdrijven. Willem II moest zelf komen onderhandelen en had daarmee redelijk succes. Amsterdam wilde de zaak niet op de spits drijven en beloofde de eisen van de stadhouder inzake het leger te zullen steunen in de Staten van Holland. De prins had de overige gewesten al aan zijn zijde. Zijn gezag was door de gebeurtenissen duidelijk vergroot. Hij had op den duur misschien wel monarchale macht kunnen verwerven, als hij niet op 6 november 1650 gestorven was aan de pokken, vierentwintig jaar oud. Acht dagen later schonk zijn weduwe het leven aan haar eerste kind, een jongen: Willem III. Het zou bijna tweeëntwintig jaar duren voor hij stadhouder kon worden.

De staatsgezinden, wier kern gevormd werd door de zes gevangen gezette regenten, de Loevesteinse factie, kregen nu plotseling de kans van hun leven. Nergens was vastgelegd dat er in ieder gewest een stadhouder moest zijn en daarom lieten Holland, Zeeland, Utrecht, Gelderland en Overijssel de post onbezet. Zo kenden ze van 1650 tot 1672, of zelfs tot 1674 en 1675, hun eerste stadhouderloze tijdperk. Alleen de drie noordelijke gewesten behielden hun eigen Willem Frederik. De regenten zeiden dat ze hiermee de tijd van 'de ware vrijheid' waren begonnen. De periode werd beheerst door de raadpensionaris Johan de Witt, een van de begaafdste politici die Nederland heeft gekend, maar die de gevaren van Franse zijde heeft onderschat. Hij had zijn ambt in 1653 aanvaard, toen het slecht ging met de oorlog met Engeland en het volk hier en daar alweer joelde om een stadhouder. Maar hij besloot daaraan niet toe te geven. 'Denk aan Loevestein,' had de oude Jacob de Witt steeds voorgehouden aan zijn zoons Johan en Cornelis, en ze hebben daar consequent naar gehandeld. Er leek ook weinig heil te verwachten van de half-Engelse kliek die zich in de omgeving van de Oranjes verdrong, waarin de intriges en de ruzies tussen Amalia van Solms en haar schoondochter Mary Stuart niet van de lucht waren. De Witt bemoeide zich daar zo min mogelijk mee, maar hij had weinig keus in 1666 toen een zekere ritmeester Buat uit de omgeving van de prins gedurende de tweede Engelse oorlog hoogverraderlijke verbindingen met Engeland bleek te onderhouden. Hij leverde hem over aan de justitie, maar de Oranjepartij maakte veel misbaar over deze terechtstelling. De Witt verzette zich evenmin toen Cromwell bij de vrede na de eerste Engelse oorlog eiste dat de Oranjes niet hersteld zouden worden in de waardigheden van hun voorvaders. Hij liet de Staten van Holland de akte van seclusie aannemen waarin dat besloten werd. Later, in 1667, werd deze akte vervangen door het *Eeuwig edict*, waarbij Holland, op den duur gevolgd door de overige gewesten, verklaarde dat voor altijd de ambten van stadhouder en kapitein-generaal onverenigbaar zouden zijn. Toch erkende dit edict impliciet de mogelijkheid dat Willem III eens het opperbevel over het leger zou krijgen en in februari 1672 was het zo ver. Willem III kreeg, nog voor de oorlog begonnen was, een aanstelling als kapitein-generaal voor een veldtocht. Het was De Witts noodlot dat de volle macht van Frankrijk zich tegen de Republiek keerde en dat hij, misschien onbewust, het leger had verwaarloosd om Willem III buiten de deur te houden. Zo beroerd kon de toestand overigens niet zijn, anders had de Republiek in 1672 nooit stand kunnen houden. Toen de omstandigheden hem ertoe dwongen, aarzelde De Witt niet om aan Willem III de bevoegdheden te geven die vereist waren. Maar het volk, de dominees en de hele Oranjepartij wilden meer. Toen de aanval werkelijk kwam, dreven zij de benoeming van Willem III tot stadhouder door, en Jan de Witt legde het ambt van raadpensionaris neer. Maar de politieke hartstochten waren nu echt gewekt. Zijn broer Cornelis zat in de Gevangenpoort te Den Haag, op de verzonnen aanklacht dat hij de prins wilde vermoorden. Jan de Witt kwam hem bezoeken, maar een menigte dromde voor de gevangenis bijeen, sleepte de broers naar buiten en heeft ze daar op gruwelijke wijze gelyncht. Toch zijn er in het rampjaar 1672 maar enkele politieke moorden gepleegd. Wel heeft Willem III op veel plaatsen 'de wet verzet'. Van de vierhonderdzestig leden van de vroedschap in achttien Hollandse steden heeft hij er in dat jaar honderddertig vervangen. In het vervolg stemden die in de staten wel zoals de prins wilde, maar een echte verandering in het staatsbestel betekende dat niet. Er kwam geen democratie en Willem III werd geen soeverein. Wel heeft hij in 1674, door regeringsreglementen in de herwonnen landgewesten in te voeren, ervoor gezorgd dat de Staten daar in het vervolg tot serviele jabroers zouden verworden. Maar verder is hij niet gegaan, kennelijk tevreden dat de regenten hem voortaan niets meer in de weg legden bij zijn buitenlandse politiek. Een moment heeft het erop geleken dat er toch een constitutionele verandering zou komen, toen Gelderland in 1675 Willem III de waardigheid van hertog aanbood. Hij had die graag willen aanvaarden, maar de bezwaren in de rest van het land waren zo groot dat hij toch maar geweigerd heeft. Geleidelijk aan stak de regentenpartij het hoofd weer op. Tegen de wil van Willem III wist die partij in 1678 de vrede met Frankrijk door te drijven, want de oorlog kostte schatten gelds en het nut voor de Republiek was zeer twijfelachtig. En waarschijnlijk hadden de regenten gelijk. De economie leek na 1672 over het hoogtepunt heen. De Republiek was niet in staat om steeds maar het centrum te vormen van de oppositie tegen het machtige Frankrijk. Willem iii bleef maar de ene oorlog na de andere voeren tegen Lodewijk xiv. De Spaanse successie-oorlog van 1702 tot 1713 heeft de Republiek als erfenis van Willem iii nog mee helpen bekostigen. De regenten vonden het al lang rustig dat hij geen lijfelijke erfgenamen had en dat ze het tweede stadhouderloze tijdvak konden beginnen.

Veepest

Driemaal heeft de veepest gedurende de achttiende eeuw in Nederland toegeslagen en vele boeren hebben als gevolg daarvan een groot deel van hun koeien verloren en zijn soms tot de bedelstaf gebracht. Veepest of runderpest is een virusziekte, waarbij de besmetting doorgaans plaatsheeft door een rechtstreekse contact tussen gezonde en zieke dieren. Aangezien besmetting ook kon plaatshebben voordat de ziekteverschijnselen zichtbaar werden, was het in de achttiende eeuw heel moeilijk om effectieve maatregelen te nemen. Het enige wat werkelijk hielp was wat de Italiaanse geleerde Lancisius voorstelde: het onmiddellijk afslachten van het vee dat besmet en verdacht was. Maar zo'n radicale maatregel was in de vrijgevochten Republiek niet door te voeren, hoewel deze in 1714 in Engeland wel succes had gehad.

De veepest was in het verleden endemisch in het oosten van Europa en in de grote Aziatische steppen. Vaak werd de ziekte verspreid doordat legers op mars besmet vee meevoerden. Waarschijnlijk hebben de Hunnen al tijdens de grote volksverhuizing de ziekte verspreid, maar daarover bestaan weinig gegevens. De drie besmettingsgolven in Europa in de achttiende eeuw begonnen respectievelijk in 1709 tijdens de Spaanse successie-oorlog, in 1740 tijdens de Oostenrijke successie-oorlog en in 1765. Nederland werd bereikt in respectievelijk 1713, l744 en 1768. Was de ziekte eenmaal binnengedrongen, dan bleef deze jarenlang de rundveestapel teisteren. Vooral na 1768 wilde zij maar niet verdwijnen.

De sterfte onder de koeien was bijzonder hoog: bij een eerste aanval zeker zeventig procent. Later werd dit percentage minder, omdat er meer resistent vee kwam. Voor Hollands Noorderkwartier bestaat er een precieze opgave voor de periode 1744-1745: zeventig procent van de koeien is toen gestorven, tien procent is hersteld en de rest is gezond gebleven. In gebieden met intensieve veeteelt kon dat percentage hoger liggen, omdat alle beesten daar besmet raakten. In de Friese grietenij Hemelumer Oldeferd waren er in

dezelfde periode in totaal 2844 runderen. Daarvan zijn er 20 stuks onaangetast gebleven; 2554 stuks besmet en gestorven; 270 stuks besmet en
hersteld. Bijna negentig procent van de rundveestapel is hier dus bezweken
en dat moet voor de boeren, uitsluitend veetelers, een catastrofe zijn
geweest. De overheid vaardigde wel plakkaten uit met een verbod op invoer
en strenge voorschriften over het diep begraven van gestorven vee, maar dat
hielp allemaal niet. Pas op het eind van de eeuw organiseerde de Groninger
boer Geert Reinders een veefonds, dat compensatie gaf bij het afmaken van
verdacht vee. Door enkele honderden runderen in 1813 radicaal af te
slachten, heeft men op die manier een nieuwe golf van de veepest voorkomen.

Het spreekt vanzelf dat jammerklachten over de ziekte in de achttiende eeuw
niet van de lucht waren. Toch is de veestapel enigszins op peil gebleven.
Boeren die geluk hadden konden zelfs enig voordeel behalen, want de
prijzen van boter, kaas en gezond vee stegen enerzijds, zoals verwacht kon
worden, terwijl anderzijds de pachtprijzen van grasland tot extreem lage
waarden daalden, met name omstreeks 1750. Vooral kalveren van herstelde
koeien maakten een goede prijs, want die hadden, naar in de praktijk bleek,
een zekere immuniteit. In normale jaren werd ongeveer de helft van de
koekalveren geslacht; door ze alle in leven te laten kon er na de epidemie snel
herstel volgen.

Om de veestapel weer op peil te brengen, zijn er bovendien heel wat
runderen uit Denemarken geïmporteerd. Daardoor zou thans het zwart-
bonte vee in Nederland overwegen. Opvallend is dat er op zeventiende-
eeuwse schilderijen voornamelijk of zelfs uitsluitend roodachtige en witte
koeien te zien zijn.

Het is karakteristiek voor de zeventiende eeuw dat er bij brede
volkslagen een grote aanhankelijkheid ten aanzien van het Oranjehuis
bestond en een zeer kritische geest ten opzichte van de regenten,
terwijl de laatsten toch geen blijvende gevolgen voor de politieke
situatie teweeg konden brengen. De mensen waren hevig geïnteresseerd in politieke vraagstukken. Dat blijkt uit de talloze vlugschriften
die over alle mogelijke kwesties verschenen zijn, de pamfletten of
blauwe boekjes. Die werden druk gelezen, want het Nederlandse volk
was aardig geletterd: zestig of tachtig procent kon lezen. Als we horen
hoe de scholen waren ingericht met onderwijzers zonder veel be-
kwaamheid, die doorgaans geen subsidie kregen en moesten leven

van de schoolgelden, als we de onhandige haneboeken zien waaruit de kindertjes lezen moesten leren, dan vervult dat percentage ons met verbazing. De protestantse kerken hebben grote verdiensten gehad omdat zij de nadruk legden op het lezen van de bijbel en de dominees in hun urenlange preken de mensen belangstelling hebben bijgebracht voor intellectuele vraagstukken. Maar lang niet allen waren calvinisten. Toch was kennelijk het besef dat de mens niet bij brood alleen leeft, ook bij katholieken en protestantse dissenters doorgedrongen. Dat wil niet zeggen dat er een hoog intellectueel peil bereikt was. De ruwe vermaken, de primitieve hartstochten, de naïeve aanhankelijkheid aan het Oranjehuis leren wel anders. Maar in de zeventiende eeuw was er ook bij de lagere volksklassen toch een klimaat geschapen waarin de werken van Vondel, Hooft en Bredero door grote scharen theaterbezoekers gewaardeerd konden worden, waarin een markt bestond voor de werken van honderden schilders en waarin ook de prestaties van geleerden als Simon Stevin, Jan Swammerdam, Anthonie van Leeuwenhoek en Christiaan Huygens konden gedijen.

Groei en daling van de bevolking hebben vaak iets raadselachtigs. Lang niet altijd zijn er duidelijke oorzaken aan te wijzen voor stagnatie of vermindering van de bevolking, zoals daar zijn: het stijgen van het sterftecijfer door het uitbreken van een epidemische ziekte als de Zwarte Dood van omstreeks 1350, of de daling van het geboortecijfer door de invoering van de anticonceptiepil na 1960. Zo is omstreeks 1650 in heel Europa de bevolkingsgroei gestokt, terwijl juist in de tweede helft van de zeventiende eeuw de pest begon te verdwijnen en er ook nauwelijks factoren aan te wijzen zijn die het geboortecijfer omlaag gebracht kunnen hebben. Maar het verschijnsel is onmiskenbaar – niet alleen in het dichtbevolkte Frankrijk, in het arme en door de Dertigjarige Oorlog verwoeste Duitsland of in het dorre Spanje, dat in 1650 duidelijk over zijn hoogtepunt heen was, maar ook in de rijke Republiek, waar de welvaart onverminderd bleef voortduren, slechts af en toe wat bedreigd door enkele jaren van oorlog. De cijfers spreken duidelijke taal. In sommige gebieden is de grootte van de bevolking na 1650 zelfs afgenomen, zoals in Hollands Noorderkwartier en in Friesland. In heel Holland benoorden het IJ zou de bevolking tussen 1650 en 1750 zelfs gedaald zijn van 211.000 tot 128.000, wat als een dramatische ontvolking moet gelden. In landgewesten als Overijssel, op de Veluwe of in de generaliteitslanden Brabant en Limburg verliep de ontwikkeling wat geleidelijker. Daar was na 1650 soms nog wel groei en die groei moet gedeeltelijk als een inhaaloperatie gezien worden na de verwoestingen van de Tachtigjarige Oorlog. Omstreeks 1700 was het platteland van Brabant en Limburg relatief overbevolkt en toen stokte ook daar de aanwas. Na 1680 daalde het inwonertal van de Hollandse industriesteden als Leiden en Haarlem eveneens. Samenvattend mogen we wel stellen dat tussen 1650 en 1750 de bevolking van de Republiek zich heeft gehandhaafd op ongeveer 1,9 miljoen, waarbij sommige gebieden nog

wel wat groei, en andere streken en steden een duidelijke bevolkings-
daling te zien gaven.

Zoals gezegd volgde de Republiek daarmee een Europees patroon.
In het buitenland kan men dat in verband brengen met een algemene
agrarische en economische recessie, de zogenaamde crisis van de
zeventiende eeuw, die in sommige landen al lang vóór 1650 te
constateren valt in dalende prijzen en moeilijkheden bij de produktie
en de afzet van goederen. Maar in de Republiek was daarvan omstreeks 1650 nog geen sprake. De totale hoeveelheid goederen die
werden verscheept, de doorvaarten door de Sont, de tonnage van de
Nederlandse vloot bevonden zich nog steeds in een stijgende lijn. De
Leidse textielindustrie beleefde in de jaren 1664 en 1671 een absoluut
hoogtepunt met een produktie van meer dan 138.000 stuks laken,
saaien, greinen en andere textielvoortbrengselen. Pas na die datum
begon er een duidelijke teruggang. Na 1672 was er ook een haast
permanente oorlogstoestand en die bevorderde uiteraard het economische leven niet. Een verklaring voor de demografische omslag
omstreeks 1650 is echter niet te vinden in de economische ontwikkeling van de Republiek.

Omstreeks 1750 begon in de rest van Europa de bevolking opnieuw
te groeien. Dit keer was deze demografische evolutie nauwelijks in de
Republiek te constateren. Er was wel enige groei. Het aantal inwoners,
2078.691, dat de uitkomst is van de eerste officiële Nederlandse
volkstelling in 1795 en dat redelijk betrouwbaar is, ligt meer dan
100.000 boven de geschatte 1,9 miljoen van 1750, maar erg spectaculair
is die toename niet. Dat komt waarschijnlijk omdat omstreeks 1750 de
vlekken op de welvaart al duidelijk waarneembaar waren. Over die
tijd spreken we verderop in dit hoofdstuk.

Omstreeks 1650 leek in de Republiek alles nog botertje tot de
boom, zoals Vondel in zijn *Leeuwendalers* van 1647 zong, zijn 'lants-
spel' over de komende vrede. Ironisch genoeg zouden juist de boeren
de enigen zijn die al omstreeks 1650 in de Republiek met crisisver-
schijnselen geconfronteerd werden: lage prijzen, afzetmoeilijkheden,
dalende waarde van de grond. Aanvankelijk leek alles niet zo dramatisch, al dateren de droogmakerijen uit de zeventiende eeuw haast
allemaal van voor 1650, en dat niet alleen omdat de meest geschikte
plassen al waren aangevat. Als de grondprijzen werkelijk hoog waren
gebleven, zou Leeghwater wel de kans gekregen hebben ook de

Haarlemmermeer droog te malen, zoals hij hartstochtelijk bepleitte, al waren de technische moeilijkheden groot. Aanvankelijk kon de Republiek nog wel profiteren van de dalende graanprijzen elders, omdat hier te lande het graan gedeeltelijk werd ingevoerd en de prijzen van zuivel en vlees een tijd lang op niveau bleven. Maar op den duur konden ook die geen stand houden en toen daar in de eerste helft van de achttiende eeuw nog natuurrampen als het uitbreken van de veepest en de aantasting van de dijkbeschoeiingen door de paalworm bijkwamen, toen werd het niet best voor de boeren. Vooral de twintig jaren van 1730 tot 1750 waren één voortdurende crisisperiode, waarin de boeren haast niets beurden voor hun produkten op de markt, terwijl de grondbelasting en de waterstaatslasten wel op hetzelfde hoge peil bleven. In die tijd hebben verschillende grondeigenaars eenvoudigweg hun grondbezit opgegeven door de spa in de dijk te steken, als teken dat zij afstand deden van hun eigendom. Ieder die de spa uit de grond trok mocht het land gratis hebben, maar moest dan wel alle lasten betalen. Wie zijn eigen grond zelf bebouwde, kon het soms redden door zelf zijn produkten op te eten. Verpachters vervloekten de dag dat zij gemeend hadden dat grond een veilige belegging was. Pachtprijzen daalden tot een belachelijk laag peil en soms mocht een pachter gratis blijven zitten als hij slechts de bebouwing en exploitatie wilde continueren in de krampachtige hoop op betere tijden.

De bevolking van de Republiek bestond echter niet voor het merendeel uit boeren, zeker niet in Holland. Voor de niet-agrarische bevolking, voor de handelaars en nederingdoenden, de ambachtslieden en de loontrekkenden was de tijd van de agrarische crisis niet onvoordelig. De prijzen van consumptiegoederen daalden sterk, terwijl de nominale lonen ongeveer gelijk bleven en de andere inkomsten eveneens op peil bleven. Zo steeg het reële loon en daarmee de koopkracht, zodat de welvaart toenam, althans voor degenen die werk hadden. En dat was na 1680 en zeker na 1700 niet voor iedereen meer het geval. In bepaalde sectoren heerste slappe nering, bijvoorbeeld in de Leidse en Haarlemse textielnijverheid. In Leiden waren in 1671 nog 138.739 eenheden geproduceerd van alle in Leiden bestaande soorten textiel, daarna begon de neergang. Tegen 1700 was het jaarlijks gemiddelde gedaald tot 85.000 stuks en in de achttiende eeuw bleef de produktie dalen naar 50.000 stuks en nog minder. In deze tijd was werkloosheid het grootste probleem voor de stad. Dat was echter een extreem geval. De economische achteruitgang van de Republiek is vaak zwaar overdreven en er waren genoeg industrieën die zich aardig wisten te handhaven, terwijl het in de handel en de scheepvaart, zeker in het begin van de eeuw, lang niet slecht ging. De convooien en licenten, de in- en uitvoerrechten brachten na 1680 extreem hoge bedragen op, veel meer dan omstreeks 1650 en dat bleef zo tot ongeveer 1760. Toen begonnen ze te dalen, een signaal dat het goederenverkeer van de Republiek ook in absolute zin wat begon af te nemen. Datzelfde leren de tabellen van de Sonttol, waaruit men de intensiteit van de handel op de Oostzeegebieden, de zogenaamde moedernegotie, kan afmeten. In de achttiende eeuw was het aantal doorvaarten van Nederlandse schepen niet geringer dan in de normale jaren van de zeventiende, alleen in oorlogsjaren was er een duidelijke teruggang. In de jaren 1760-1780 was er zelfs met 2200 doorvaarten gemiddeld per jaar een veel grotere frequentie dan in de tweede helft van de zeventiende eeuw, toen een gemiddelde van ruim 1400 werd gehaald met bovendien wat kleinere schepen. En toch was er achteruitgang, niet absoluut maar relatief, want de handel en de scheepvaart en de industrie van het buitenland groeiden veel sterker. Op het totaal aantal Sontdoorvaarten maken die van Nederlandse schepen in de zeventiende eeuw meer dan vijftig procent van het totaal uit, in de 'bloeiperiode' 1760-1780 echter maar dertig procent.

Rariteitenkabinetten

Het oudste museum van Nederland staat te Haarlem aan het Spaarne. Het is Teylers Museum voor de Natuurwetenschappen, ontstaan in 1778, toen Pieter Teyler van der Hulst overleed en zijn testament bepaalde dat een deel van zijn vermogen moest worden aangewend tot 'de bevordering van Godsdienst, aanmoediging van de kunsten en wetenschappen en het nut van het algemeen'. Volgens de aanwijzingen van dit testament ontstonden er ook twee genootschappen: 'Teylers eerste of godgeleerd genootschap' en 'Teylers tweede genootschap' ter bevordering van de natuurwetenschappen, de dichtkunst, de geschiedenis, de tekenkunst en de penningkunde. Daartoe diende ook de verzameling die Teyler al tijdens zijn leven bijeen had gebracht en die in zijn woonhuis bleef opgesteld. De verzameling werd al spoedig uitgebreid, onder andere met de grote elektriseermachine van Van Marum, die thans nog een van de meest spectaculaire stukken in de grote of ovale zaal van het museum is.

Teylers combinatie van godgeleerdheid en natuurwetenschappen is symptomatisch voor de achttiende eeuw, toen men graag Gods goedheid en grootheid aanschouwde in de wonderen der natuur. Teylers verzameling is een van de talrijke rariteitenkabinetten waaraan rijke burgers uit de achttiende eeuw graag hun goede geld besteedden en die ook vaak op veilingen verkocht werden. Beroemd waren de verzamelingen van de Delftse opperschout De la Faille, de Amsterdamse burgemeester Witsen, Job de Wilde, de Rotterdamse geschiedschrijver Cornelis van Alkemade, Pieter Valckenier uit Den Haag en de Haarlemse predikant Dorville. Van alles werd daarin opgesteld: menselijke organen en dieren op sterk water, fossielen, geraamtes, machines, telescopen, prenten en schilderijen, waarbij het buitenissige de voorkeur had. Men kan glimlachen om deze primitieve verzamelwoede, maar de rariteitenkabinetten hebben wel degelijk bijgedragen tot de popularisering en de verbreiding van de wetenschappelijke ontdekkingen. Zo zijn in de achttiende eeuw de ideeën over de zon als middelpunt van het heelal – en niet de aarde – algemeen verbreid geworden dankzij de planetaria, telluria en lunaria die in de rariteitenkabinetten stonden opgesteld. Zo zijn ook de inzichten van Newton bekend geworden. Er bestond een ware honger naar natuurwetenschappelijke kennis en deze vond voedsel in de talrijke geleerde genootschappen, zoals het genootschap dat uit Teylers nalatenschap werd bekostigd. Het meest bekend was de Hollandse Maatschappij van Wetenschappen, die met haar economische tak daadwerkelijk wilde bijdragen tot verbetering van de economie. Een geliefd middel daartoe was het uitschrijven van prijsvragen, maar de antwoorden daarop hebben weinig wezenlijke bijdragen geleverd.

De geest die uit dit alles spreekt is rationalistisch. De mensen meenden dat met natuurwetten, met microscopen en telescopen verklaard kon worden wat vroeger een wonder scheen. Toch bleef bij dit alles de godsdienst onaangetast: men bleef in alles de hand Gods ontwaren.

Op zich behoefde dat geen bezwaar te zijn, als desondanks de welvaart in de Republiek op peil bleef. Voor degenen die werk hadden en regelmatig hun loon beurden was dat ook zo, zeker voor 1750, zoals hiervoor bleek. De Republiek bleef ook een aantrekkelijk land voor buitenlandse immigranten en voor seizoenarbeiders die in de oogsttijd als hannekemaaiers vanuit Westfalen hierheen trokken ondanks alle malaise in de landbouw. Ook op de Oostindiëvaarders monsterden veel Duitsers aan. Aan de andere kant namen de werkloosheid en het pauperisme hier te lande duidelijk toe, en heus niet alleen in de Leidse textielindustrie. Het is eigenlijk opmerkelijk dat onder deze omstandigheden de lonen in het algemeen op peil bleven en niet verlaagd werden; dat is waarschijnlijk toe te schrijven aan een wat conservatieve en atavistische mentaliteit bij de patroons en de reders, die eigenlijk maar weinig van een kapitalistische mentaliteit hadden. Dit zal ook een van de voornaamste oorzaken zijn van het feit dat in de achttiende eeuw de industriële revolutie wel op gang gekomen is in Engeland en in België, maar niet in de Republiek. De vraag hoe het mogelijk is dat in de achttiende eeuw een hoog loonpeil, veel werkloosheid en veel buitenlandse gastarbeiders naast elkaar konden voorkomen, is nog niet voldoende onderzocht, hoewel die vraag ongetwijfeld actuele waarde heeft. Sommige historici hebben verondersteld dat de uitstekende sociale voorzieningen een verklaring zouden kunnen zijn: de armenzorg van de diaconieën, de bedeling en de talrijke hofjes. Zij zouden daarin best gelijk kunnen hebben.

Na 1750 begon het echter voor grotere groepen van de bevolking wel degelijk moeilijk te worden, omdat de agrarische crisis toen overwonnen was en de prijzen van consumptiegoederen stegen, terwijl de nominale lonen gelijk bleven, zodat de koopkracht daalde. Bovendien begon de concurrentie van het buitenland zwaarder te worden. Deze ontwikkeling is uitstekend af te lezen uit de statistieken van lonen en prijzen, die uit deze tijd in overvloed voorhanden zijn en redelijk betrouwbaar mogen heten, omdat er in de achttiende en negentiende eeuw eigenlijk geen sprake is van devaluatie van de gangbare munten. In de Franse tijd na 1789 is natuurlijk wel geknoeid met het papiergeld, maar in de achttiende eeuw hadden de mensen weinig vertrouwen in bankbiljetten na de mislukking van experimenten daarmee door John Law. De regeringen durfden daarom niet over te gaan tot uitgifte daarvan en ook in de Republiek bedienden de mensen zich uitsluitend van klinkende munt. Het was alleen triest dat na 1750 de koopkracht van die klinkende gouden en zilveren munten begon te dalen, omdat de prijzen stegen en de lonen en inkomsten van de grote massa gelijk bleven. Verschillende groepen moesten nu zelfs op het voedsel gaan beknibbelen.

Daarmee houdt het succes van aardappelen als het nieuwe volksvoedsel verband. Pas na 1750 is de consumptie daarvan in de Republiek werkelijk algemeen geworden. De teelt van aardappelen was al omstreeks 1700 op de Zeeuwse en Zuidhollandse eilanden geïntroduceerd, maar het heeft nog een hele tijd geduurd voordat aardappelen als volwaardig voedsel werden geaccepteerd. De lagere standen waren daartoe het eerst geneigd, veelal door de nood gedwongen. De hogere standen hebben voor 1775 zelden of nooit aardappelen gegeten; die achtten dat knolgewas slechts geschikt als veevoer of hoogstens als iets voor de lagere standen. Deze laatste hebben vooral na 1750 hun voedingspatroon veranderd. Dat valt af te leiden uit de consumptiecijfers van graan: tussen 1750 en 1800 zijn deze wel met veertig procent per persoon verminderd, omdat bij de hoofdmaaltijd sindsdien aardappelen op tafel kwamen. Aardappelen vervingen voortaan ook de knollen en de brij in de stoofpot, die in de vorm van potage voorheen veel gegeten werden.

De aardappel heeft veel voordelen boven brood. Ten eerste is de opbrengst ervan per hectare dubbel zo hoog als bij graan. Een bepaalde oppervlakte kan als weiland calorieën leveren in de vorm van vlees en zuivel, verder als graanakker of als aardappelveld. De voedingswaarde die dat land respectievelijk als weiland, graanakker of aardappelveld oplevert, verhoudt zich dan als 2:5:10. Bovendien is de aardappel als zomervrucht veel minder afhankelijk van het weer dan graan. Bij de graanteelt kan de oogst door hevige vorst, door zware regens of door droogte al gauw mislukken. Bij aardappelen bestaat daarop veel minder kans. Het heeft tot 1845 geduurd voordat er een aardappeloogst totaal mislukte, maar toen waren de gevolgen dan ook rampzalig. De bevolking van Ierland werd gehalveerd. Tenslotte bevat de aardappel, anders dan graan, een zekere hoeveelheid vitamine-c. Daardoor verdween de scheurbuik als een volksziekte die voordien niet alleen op de schepen, maar ook aan de vaste wal veel was voorgekomen. Zo is in de tweede helft van de achttiende eeuw de introductie van de aardappel een fraaie oplossing geweest van het voedselprobleem, waardoor de stijging van de bevolking in de rest van Europa mede verklaard kan worden.

In Nederland is de bevolkingstoename minder spectaculair geweest dan elders en daarvoor is een gerede verklaring te vinden in de armoede, die steeds grotere groepen in zijn greep kreeg. Tot 1780 bleven de ergste effecten nog versluierd. De vierde Engelse oorlog, die in dat jaar uitbrak, maakte de malaise in handel en industrie duidelijk voelbaar en vanaf dat jaar is er ook sprake van absolute achteruitgang in vergelijking met het buitenland. Lang van tevoren was echter duidelijk geworden dat de spankracht verdwenen was uit de Nederlandse economie. Er was geld en kapitaal genoeg en de bezitters waren ook best bereid dit te investeren, maar er ging niet veel creativiteit meer uit van hun ondernemingen. Om dit duidelijk te maken kunnen we twee families van kooplieden en industriëlen met elkaar vergelijken: de Trippen in de zeventiende eeuw, en de handelsfirma de Neufville van 1730 tot 1764. Aan ieder van hen is een proefschrift gewijd. Elias Trip en zijn zwager Louis de Geer waren uit Luik afkomstig, immigreerden naar de Republiek en begonnen daar ijzerwaren uit hun geboorteland te importeren. Al gauw wierpen zij zich op de winstgevende wapenhandel en kregen ze daardoor oog voor de mogelijkheden van de ijzer- en koperproduktie in Zweden. In 1634 richtten zij een maatschappij op voor de koperhandel met een kapitaal van 2,4 miljoen gulden. Zij streefden naar beheersing van de markt, legden in Zweden wegen aan om mijnen te exploiteren en leenden op onderpand van het koper aan de Zweedse regering. Zij waren bereid gigantische risico's te nemen, verzonnen zakelijke transacties die nog niet eerder vertoond waren en bezaten een volkomen kapitalistische mentaliteit. Men kan de Trippen met het volste recht echte ondernemers noemen, want zij demonstreerden datgene wat men in de economische geschiedenis een typisch ondernemersgedrag noemt. De firma De Neufville daarentegen had in de achttiende eeuw contacten over heel Europa voor de afzet van zijden en linnen weefsels, maar echt innoverend trad deze niet meer op. Alles verliep rustig volgens vastgestelde en voorgeschreven patronen. De Neufvilles waren geen echte ondernemers, zoals de Trippen dat waren geweest in de zeventiende eeuw. Dat was symptomatisch voor meer zakenlieden in de achttiende eeuw. Jarenlang bleven de winsten en de omzet redelijk op peil, maar op den duur konden zij de concurrentie met het buitenland niet volhouden. Omstreeks 1780 bleek het opeens goed mis te zijn met de economie van de Republiek, toen de scheepvaart stokte door de vierde Engelse oorlog van 1780 tot 1784. Van die slag hebben handel en industrie zich niet meer hersteld. Alleen de stad Rotterdam handhaafde intensieve contacten met Engeland, maar in de rest van het land begon er een langdurige malaise, die tot ver in de negentiende eeuw heeft voortgeduurd en grote ellende gebracht heeft aan de lagere standen. Werkloosheid, verpaupering, drankmisbruik en verstandelijke minderwaardigheid werden kenmerkend voor Nederland. De diepste oorzaak daarvan was dat het land niet bijtijds heeft meegedaan met de nieuwe ontwikkelingen in de economie, zoals die zich voornamelijk in Groot-Brittannië manifesteerden en die bekend staan als de industriële revolutie.

De paalworm

De hedendaagse zeedijken in Nederland, zacht glooiend en aan de zeezijde versterkt en beschoeid met basaltblokken, verschillen in uiterlijk aanzienlijk van die uit de zeventiende eeuw en uit de tijd daarvoor. In Zeeland zullen aarden dijken met gras begroeid waarschijnlijk wel een tijd lang afdoende bescherming hebben geboden, omdat op de stromen daar de golfslag wat minder hevig is. De dijken in Friesland en Groningen en rond de Zuiderzee zullen aanvankelijk ook wel als een simpele aarden wal zijn opgetrokken. Maar de boeren moeten al gauw bemerkt hebben dat die niet bestand waren tegen het beuken van de golfslag tijdens een storm. Het was nodig om de voet van de dijk te versterken met taai slik dat op de schorren te vinden was. Die aardkluiten werden met de slikkenhaak afgestoken en dan met vletten naar de dijk gebracht. Als bij eb de dijkvoet droogviel kon de taaie brij als bescherming worden aangebracht. Deze slikkerdijken boden nog niet voldoende bescherming. Het was dienstig om daartegen nog een band van zeewier op te tasten, wat een elastische en stevige bescherming tegen de golfslag vormde. Dit zeewier moest op zijn plaats gehouden worden door een aaneengesloten paalwerk, dat weer vóór de wierriem gedeeltelijk in de grond, gedeeltelijk in het water stak. Zo waren die zeedijken veel steiler dan tegenwoordig. Ze staken als een soort rechte muren in zee, maar boden een vrij betrouwbare bescherming. Er zijn zelfs dijken bekend die uitsluitend bestonden uit wier en paalwerk.

In 1731 deden degenen die met de zorg voor de zeedijken belast waren, een afschuwelijke ontdekking. Haast overal was het houtwerk van de zeedijken onherstelbaar aangetast door de paal- of scheepsworm. Dit weekdier (teredo navalis) was afkomstig uit de tropische wateren en richtte daar vaak grote verwoestingen aan. Het beest had een mond bezet met vlijmscherpe schelpen, waarmee het gemakkelijk in hout kon boren en daarin grote gangen maken, tot vijfenveertig centimeter lengte. Het wijfje produceerde drie à vier maal per jaar één à vijf miljoen eitjes. De jongen doorliepen in de kieuwbroedzakken van het moederdier het larvenstadium en werden gedeponeerd op hout in zout water. Dat hout was hun voedsel. Paalwormen konden wel drie jaar oud worden. In tropische wateren konden zij aan schepen grote verwoestingen aanrichten. In 1649 was de hele vloot van Witte de With in de Braziliaanse wateren door wormen aangetast. Hij kwam er, zonder verlof van de heren Staten, haastig mee naar huis zeilen 'voordat deze alleen nog maar diende om in de bakkersoven gestoken te worden'.

De paalwormen die in 1730-1731 opeens alle Nederlandse zeeweringen aangetast bleken te hebben, zijn ongetwijfeld ook in de scheepskielen naar de noordelijke zeeën gebracht. De eerste tekenen van de ramp kondigden zich aan in de herfst van 1730, toen met een kleine herfststorm enkele palen van de zeedijk bij Westkapelle omver bleken te vallen. Uitwendig leken ze onaangetast, maar van binnen waren ze door en door met gangen doorvreten. Weldra bleken ook de Westfriese Zeedijk en andere dijken aangetast. Gelukkig waren het alleen maar zeedijken in zout water; de rivierdijken bleven gespaard. Deze ramp kwam net in een tijd van diepe agrarische depressie. Er waren slechte verdiensten voor de boeren, die zojuist een epidemie van de veepest achter de rug hadden en wie een tweede te wachten stond. Juist nu moesten ze de extra gelden voor dijksherstel opbrengen. Vervanging van de aangevreten palen hielp niet: binnen twee jaar was het nieuwe hout even wormstekig als het oude. Sommigen zagen in het optreden van de paalworm een straf van God wegens de schanddaden van de rondzwervende zigeuners of wegens te grote tolerantie tegenover mensen met afwijkende meningen op godsdienstig gebied. Juist in de jaren dertig van de achttiende eeuw kwam er een hevige vervolging van homoseksuelen en in meer dan één geschrift staat duidelijk vermeld dat God de paalworm gezonden heeft wegens zijn toorn over de heersende homoseksualiteit. De wetenschappelijke achttiende eeuw had echter ook een andere benadering. Er zijn verschillende geschriften verschenen met vrij exacte beschrijvingen van de levenscyclus en de gewoonten van de paalworm, en met mogelijk succesvolle bestrijdingswijzen en raadgevingen om de dijken te redden. Bekende publikaties waren die van Cornelis Belkmeer, een doopsgezinde leraar en chirurgijn te Enkhuizen, en van Godfried Sellius, een professor in de rechten en de natuurkunde. Het enige werkzame middel werd aangewezen door twee Westfriese schoolmeesters, Pieter Straat en Pieter van der Deure. De dijken moesten aan de voet niet langer worden verstevigd met wier en een krebbing van palen, maar met een beschoeiing van stenen op het aarden dijklichaam. Dat kreeg zo ook een minder steile helling – de vorm van onze huidige zeedijken. Het was een kostbare operatie. Het hele land werd afgezocht naar natuursteen en veel hunebedden zijn daarvoor ontmanteld, in die mate zelfs dat ze door een verordening van 1734 wettelijke bescherming kregen. Het kostte meer dan een ton om één kilometer dijk van een stenen beschoeiing te voorzien. De dijkplichtige boeren hebben hun laatste penningen eraan moeten besteden om deze nieuwe ramp te keren en velen hebben hun land door spasteken finaal moeten opgeven. De overheid hielp zoveel mogelijk met subsidies, maar de voornaamste last viel op de ingelanden van de dijk- en waterschappen. Op den duur is het goed geweest dat de houten palen verdwenen: de dijken werden steviger, het onderhoud werd goedkoper. Ook veel houten sluizen waren aangevreten en moesten vervangen worden door constructies van steen en metaal. Laag-Nederland is de bedreiging te boven gekomen, maar het heeft veel geld gekost en een blijvende verandering in het uiterlijk van de zeedijken gebracht.

In Engeland en Schotland kwamen in de loop van de achttiende eeuw revolutionaire veranderingen tot stand in de textielindustrie, vooral bij de katoenproduktie, een nieuw produkt immers waarbij de ondernemers niet verplicht waren de traditionele methoden toe te passen. Zowel het spinnen als het weven geschiedde daar voortaan mechanisch. Aanvankelijk werden de machines door waterkracht aangedreven. Dat betekende dat de spinners en wevers hun werk niet meer thuis konden doen, maar geconcentreerd werden in echte fabrieken. Deze lagen aanvankelijk vooral langs snelstromende rivieren, die de kracht voor de machines moesten leveren. Vandaar dat het Engelse woord voor fabriek nog altijd 'mill', letterlijk molen is. Later kwamen stoommachines in gebruik als de centrale aandrijfkracht voor deze fabrieken. De stoommachines werden het eerst toegepast bij de mijnbouw, waar ze dienden om het water uit de mijnen op te pompen. Omstreeks 1770 heeft James Watt verschillende verbeteringen bij de stoommachines aangebracht, zodat ze voortaan ook buiten de mijnbouw economisch te gebruiken waren. Daardoor kwam de nadruk te liggen op de zware industrie. IJzer was voortaan het materiaal voor haast alle werktuigen, en steenkool werd de voornaamste brandstof. Ook op andere terreinen kwamen de vernieuwingen in Groot-Brittannië. Zo kwamen er verbeteringen aan de wegen, met name dankzij een zekere MacAdam, die asfaltwegen aanlegde. In het begin van de negentiende eeuw plaatsten avontuurlijke lieden stoommachines op wagens en schepen, waarmee de spoorwegen en de stoomvaart ontstonden. Zelfs in de landbouw zinderde het van inventiviteit.

Het is gebruikelijk zich heden ten dage zeer negatief uit te laten over deze vroege fase van de industriële revolutie. Toen zou het vrolijke, groene Engeland vervangen zijn door de sombere krotten van gore industriesteden; toen zou de jeugd verbannen zijn uit de geurende heidevelden naar de 'duistere, satanische fabrieken', waar de arbeiders twaalf à zestien uur per dag moesten werken zonder een straaltje van arbeidsvreugde. Het patroon van deze beschrijvingen is min of meer bepaald door een boek van Friedrich Engels uit 1845, *Over de toestand van de arbeidende klassen in Engeland.* Florissant was die toestand inderdaad niet, maar hij was toch al een heel stuk verbeterd sinds het begin van de eeuw, want de mechanisering en rationalisering van de produktie heeft het aantal beschikbare goederen zeer vergroot. Op den duur zijn zo de reële lonen gestegen, hetgeen in Engeland zonder meer te constateren is. De industriële revolutie en het kapitalisme zijn dus juist de middelen geweest waarmee de Europese bevolking zich blijvend heeft weten te ontworstelen aan de misère en de honger van de zeventiende eeuw. Het slechtste lot hadden in Groot-Brittannië rond 1780 niet de arbeiders in de moderne, mechanisch aangedreven fabrieken, maar de werkers die de traditionele methoden trouw bleven: de handwevers en de turfgravers die niet opkonden tegen de concurrentie van de steenkool.

In die positie bevond zich eigenlijk heel Nederland in vergelijking met Engeland, met Schotland en ook met België, waar al in de achttiende eeuw de industriële revolutie op gang kwam. Bij Rotterdam is in 1787 een stoommachine in gebruik genomen voor de polderbemaling, maar het heeft tot 1797 geduurd voordat een fabrikant er een in gebruik nam en ook toen bleef dat een uitzondering. We kunnen zonder meer de stelling handhaven dat in Nederland de industriële revolutie pas omstreeks 1870 op gang is gekomen. De oorzaken daarvan zijn niet gemakkelijk aan te geven. Er bestond wel degelijk belangstelling bij de verlichte burgerij voor alle mogelijke nieuwe uitvindingen, maar de waarlijk invloedrijke mensen weigerden die toe te passen. De industrie was hier altijd minder belangrijk geweest dan de handel en daarin waren minder spectaculaire vernieuwingen mogelijk. In het verkeer zou men hebben kunnen experimenteren met straatwegen, met locomotieven en stoomboten, maar hier te lande waren de mensen best tevreden met het wijdvertakte systeem van trekschuiten, waarmee men comfortabel en volgens vaste dienstregeling de naburige steden kon bereiken. Eigenlijk had de industriële revolutie best in de Republiek op gang kunnen komen, maar dan niet in de achttiende, maar al in de zeventiende eeuw. Toen zijn er in de textielindustrie, in de scheepsbouw, in de diverse veredelingsindustrieën verschillende uitvindingen toegepast, maar toch niet zoveel dat het systeem daardoor ingrijpend gewijzigd werd. In de achttiende eeuw was het daarvoor te laat: toen waren de zakenlieden al te zeer vastgeroest in hun traditionele gewoonten om nog echt creatief te zijn. Dat blijkt uit de handelwijze van de Oostindische Compagnie. Die had in de zeventiende eeuw het monopolie verworven van de handel in specerijen en andere koloniale waren. Sindsdien was het haar politiek om daarvan slechts kleine hoeveelheden aan te voeren, ten einde de prijs hoog te houden. Dat lukte een tijd lang vrij aardig en de specerijen waren dan ook peperduur. In de achttiende eeuw werd dat monopolie doorbroken en er werden nu ook in andere landen van Europa voldoende koloniale waren ingevoerd, bijvoorbeeld de katoen, die zo'n stimulerende werking op de Engelse industrie had. Maar de Oostindische Compagnie bleef volharden in de politiek van beperkte aanvoer. De prijzen hielden geen niveau, maar de Compagnie wilde toch dividend uitkeren en sloot daartoe leningen af. Daardoor kwam zij in een financieel moeras, wat leidde tot liquidatie op het eind van de eeuw.

Slechts op één terrein manifesteerden de inventiviteit en de creativiteit van de Nederlanders zich in de achttiende eeuw nog volop. Dat was in het bankwezen, de effectenhandel, het geldverkeer en alles wat daarmee samenhing. Amsterdam bleef het financiële middelpunt van de wereld en huizen als Hope en Co., die zichzelf nog als handelsfirma betitelden, deden voornamelijk bankzaken. Daarbij schuwden de heren risico's niet, maar zo konden er ook nog grote kapitalen verdiend worden. De Republiek was het meest geschikte land voor de uitgifte van buitenlandse leningen, niet alleen van staatshoofden maar zelfs van industriëlen. Als daaraan wat risico verbonden was, uitte zich dat in de hoogte van de rente. De handelshuizen hier deden ook veel aan commissiehandel. Zij brachten dan bijvoorbeeld een verscheper van Baltisch graan in contact met een afnemer in Italië of Spanje en zorgden ervoor dat de waren rechtstreeks verscheept werden naar de koper, vaak op buitenlandse vaartuigen. Dat leverde de Nederlandse handelaar een mooi commissieloon op voor zijn moeite, maar op die manier werd wel de positie van de Nederlandse stapelmarkt aangetast en de werkgelegenheid van sjouwers, pakhuismeesters en matrozen hier te lande ging achteruit. Enkele malen is er in de achttiende eeuw ook een financiële crisis geweest, een krach, als enkele debiteuren niet konden betalen en er een kettingreactie op gang kwam van handelshuizen die het een na het ander failliet gingen, omdat zij bij elkaar in de schuld hadden gestaan. Zo gebeurde het bijvoorbeeld in 1720, in 1763 en 1772-1773. Toch was een dergelijke crisis betrekkelijk gauw overwonnen en over het algemeen genomen hebben de Nederlandse zakenlieden in de achttiende eeuw nog goed verdiend. Dat uitte zich in hun rijke buitenhuizen, hun kunstverzamelingen en hun kostbare liefhebberijen. Maar het geld werd voornamelijk opnieuw belegd en doorgegeven aan de erfgenamen. Het geld dat in de zeventiende eeuw verdiend was met goederenhandel en industrie, werd in de achttiende eeuw doorgaans vermeerderd door commissiehandel en bankzaken, om ten slotte in de negentiende eeuw terecht te komen in de zakken van een vrij talrijke klasse van renteniers, die het leven in de steden grotendeels bepaalden. Er was veel rijkdom in Nederland, maar de eigenaars wisten niet goed hoe zij die rijkdom creatief konden aanwenden.

Na de dood van Willem III ontstond over zijn materiële erfenis een jarenlange twist tussen de Friese stadhouder Jan Willem Friso en de Pruisische koning Frederik I. De Republiek kreeg alleen te maken met zijn geestelijke erfenis, namelijk de Spaanse successie-oorlog. De regenten hebben deze erfenis zuchtend aanvaard. Zij konden niet toestaan dat Filips V, een kleinzoon van Lodewijk XIV, koning van Spanje en de Zuidelijke Nederlanden zou worden en zijn rechten op de Franse troon niet zou opgeven. Dat zou Frankrijk een te grote hegemonie geven in Europa en de Zonnekoning kon dan gemakkelijk besluiten de Republiek als aanslibsel van de Rijn bij zijn gebied te voegen. De oorlog kostte anders wel schatten geld, meer geld dan zelfs de rijke Republiek kon opbrengen. Met het lacuneuze belastingstelsel moest een leger van honderdduizend man betaald worden en dat was te veel. De staatsschuld steeg dan ook tot onaanvaardbare hoogte. Voordelen leverde de oorlog ook niet op, zelfs geen roem en glorie. De Friese stadhouder Jan Willem Friso was geboren in 1687 en in 1702 was hij te jong voor een zelfstandig commando. John Churchill, de hertog van Marlborough, behaalde schitterende overwinningen bij Blenheim, bij Ramillies en bij Oudenaarde. Zijn verre nazaat Winston Churchill heeft er briljant over geschreven, maar daarbij wel verzuimd te vermelden dat Marlboroughs troepen grotendeels met Nederlands geld betaald moesten worden. In 1704 veroverde een Engels-Staats eskader Gibraltar in Spanje, maar het garnizoen dat daar sindsdien de zeestraat bewaakte, bestond uitsluitend uit Engelsen. Van 1706 tot 1715 hebben de Engelsen en de Nederlanders een gemeenschappelijk bestuur, een condominium gevoerd over een groot deel van de Zuidelijke Nederlanden, maar ook dat leverde niet veel tastbaars op. De leiding van de oorlog berustte in de Republiek bij de brave raadpensionaris Heinsius, die het vak bij Willem III geleerd had. Enkele malen heeft hij de gelegenheid gehad de Republiek uit de oorlog terug te trekken, maar uit loyaliteit tegenover Engeland heeft hij volgehouden tot aan de vrede van Utrecht in 1713, toen bepaald werd dat Filips v koning bleef van Spanje. De Zuidelijke Nederlanden kwamen echter aan Oostenrijk en dit had de Republiek dan toch bereikt, al was haar internationaal prestige zeer gedaald; de vrede werd gesloten 'chez vous, sur vous et sans vous', zoals de Franse gevolmachtigde De Polignac zei: bij u in Utrecht, over uw belangen, maar zonder u erbij te betrekken. Als een soort troostprijs mocht de Republiek in 1715 het barrièretraktaat met Oostenrijk sluiten. Er kwamen Staatse garnizoenen in een aantal Zuidnederlandse grens-vestigingen, waarop een eventuele Franse inval stuk zou moeten lopen. Maar te zijner tijd zou blijken dat de regenten een illusie koesterden als ze meenden dat deze achttiende-eeuwse Maginotlinie veiligheid garandeerde.

Tijdens de Spaanse successie-oorlog hadden sommigen wel ge-speeld met de gedachte om de Friese stadhouder Jan Willem Friso ook in de andere gewesten te benoemen, totdat hij in 1711, terugkerend van het leger in de Zuidelijke Nederlanden, in het Hollands Diep ver-dronk. Postuum werd hem nog een zoontje geboren, de latere Willem iv, en zo bleef het geslacht van Oranje-Nassau voortbestaan. Voor-lopig was er natuurlijk geen behoefte om een baby tot stadhouder te verheffen en ook Jan Willem Friso maakte weinig kans. De regenten hadden hartgrondig hun bekomst van het systeem van Willem iii, die overal zijn favorieten had begunstigd, als ze hem maar wilden steunen in zijn buitenlandse politiek. In gewesten als Gelderland, Utrecht en Overijssel had Willem iii diepgaande invloed gehad op de samen-stelling van de vroedschappen en daar zijn soms bloedige twisten uitgebroken tussen de Oude en de Nieuwe Plooi. De Oude Plooi waren de Orangisten, de Nieuwe Plooi bestond deels uit concurre-rende fracties van zittende regenten, maar daarbij sloten zich ook leden van de sociaal stijgende burgerfamilies aan, die op deze manier soms zelf in de vroedschap kwamen. Vaak stellen de historici de regentenheerschappij voor als een rigide familieregering, waarbij nooit vernieuwingen zouden zijn opgetreden. Het is duidelijk dat een eng met elkaar verzwagerde en vermaagschapte coterie zich niet meer dan tweehonderd jaar in een en hetzelfde stadsbestuur kon handhaven, alleen al niet door de onderlinge huwelijken die inteelt bevorderden. In de vroedschappen van haast alle steden zijn van tijd tot tijd nieuwe mensen binnengehaald en heus niet alleen als de wet verzet werd, zoals in 1618 of 1672. Het blijft echter waar dat volgens de ideeën van de grote massa de regenten en magistraten een gesloten groep bleven, die niet bereid was talenten van buitenaf onbekrompen toegang te verlenen. Zij vormden lang niet altijd een erg verlicht gezelschap, zij waren conservatief in hart en nieren, doodsbang voor opstanden en veranderingen die hun privileges en inkomsten konden bedreigen. Zij waren ook tuk op lucratieve baantjes en anders dan in de zeventiende eeuw begonnen de buitenstaanders deze misstanden in pamfletten aan de kaak te stellen.

Bovendien werden de gebreken van de staatsinrichting der Republiek als geheel hoe langer hoe duidelijker. Er zijn in de achttiende eeuw drie pogingen ondernomen om het schip van staat vlot te trekken uit de modder van een constitutie die het tot een immobiliteit dwong, waarbij noodzakelijke besluiten niet tot stand kwamen. De eerste poging was tijdens de Grote Vergadering van 1716 tot 1717, de tweede onder het stadhouderschap van Willem IV van 1747 tot 1751 en de derde werd ondernomen in de patriottentijd van 1780 tot 1787. Alle drie de pogingen zijn mislukt. Het werd steeds duidelijker dat de regenten het karwei niet alleen konden klaren, maar dat alle hens aan dek zouden moeten komen. Of om de maritieme beeldspraak op te geven en duidelijke taal te spreken: alleen met inschakeling van de verlichte burgers kon de hoogst noodzakelijke vernieuwing in het Nederlandse staatsbestel tot stand komen. Een eerste aanzet daartoe was al merkbaar van 1747 tot 1751. Van 1780 tot 1787 kregen de gewone burgers alle kansen, maar succes werd hun onthouden door buitenlands ingrijpen. Van 1795 tot 1798 hadden zij eindelijk resultaat en kwam een waarlijk democratische grondwet tot stand, die alle volwassen mannen een stem in de staat gaf. Die uiterst belangrijke episode komt eerst in het volgende hoofdstuk ter sprake.

De eerste poging was dus in de jaren 1716-1717 en ging uit van de regenten. Het was na de vrede van Utrecht noodzakelijk geworden de financiële toestand te verbeteren, want de Republiek dreigde te bezwijken onder de schuldenlast. Het gewest Holland alleen al had zijn schulden tijdens de oorlog met honderddertig miljoen gulden zien toenemen en het had bovendien grote voorschotten gedaan aan de overige gewesten, waarvan sommige jaren achterstallig waren met hun verplichtingen. Er was geld genoeg in de Republiek, maar met het bestaande belastingsysteem zou het niet lukken dit geld ten behoeve van de staat aan te wenden. Bovendien werden de belastingen verpacht, hetgeen leidde tot enorme fraude. Wie niet stekeblind was, moest inzien dat hervormingen geboden waren. Maar die zouden niet tot stand kunnen komen met een Staten-Generaal die in het verleden al zo vaak machteloos was gebleken, met gewestelijke staten die als het ware uitnodigden om ieders particuliere belangen te bewaken, en met stedelijke besturen die bol stonden van factiezucht en egoïstische belustheid op winstgevende baantjes. Hervorming zou slechts mogelijk zijn als er werkelijk een centraal gezag met voldoende autoriteit kwam. Dit gezag kon berusten bij een persoon, bijvoorbeeld een soevereine stadhouder of een vorst, maar ook bij een college of een raad. Er waren genoeg regenten die dat inzagen. Een van hen was Adolf Hendrik, graaf van Rechteren, die zitting had in de Staten van Overijssel. Op zijn initiatief diende die bij de Staten-Generaal het voorstel in om een buitengewone vergadering te Den Haag bijeen te roepen van weinige afgevaardigden, die voldoende gezag zouden krijgen om de noodzakelijke verbeteringen in de constitutie aan te brengen. Zij zouden moeten kunnen beslissen zonder dat ze ruggespraak behoefden te houden met hun lastgevers.

De Staten-Generaal zonden het voorstel om advies naar de Raad van State. De secretaris daarvan was Simon van Slingelandt en deze was door zijn ervaringen in verschillende ambten al lang tot de overtuiging gekomen dat de hervorming van de staatsinstellingen zo gauw mogelijk ter hand moest worden genomen. Hij ergerde zich aan het tergend langzame tempo van de verantwoordelijke staatsorganen. Het beginsel van ruggespraak was heilloos, de eenparigheid van stemmen die haast altijd vereist was, doemde tot machteloosheid. Hij vond dat de Raad van State het hoogste regeringsorgaan moest worden, zoals ook aanvankelijk de bedoeling geweest was, en dat daarin de beslissingen met een gewone meerderheid van stemmen genomen moesten worden. Hij adviseerde daarom in dezelfde geest als Van Rechteren gedaan had en de Staten-Generaal begon de bedoelde bijeenkomst te organiseren.

De Grote Vergadering kwam bijeen op 28 november 1716 in de Trèveszaal te Den Haag. Er waren vierendertig afgevaardigden uit alle gewesten, behalve uit Groningen, waar Stad en Ommelanden elkaar zo in de haren zaten dat ze geen deputatie konden afvaardigen. Dit was wel symptomatisch voor de malaise in de Republiek. Erger was dat de statenvergaderingen, jaloers op hun rechten, de afgevaardigden toch verplicht hadden tot ruggespraak. Dit is dan ook de vergadering geweest waarover het rijmpje gaat: 'De heren dronken een glas, deden een plas en lieten de zaak zoals ze was.' Op 14 september 1717 heeft Van Rechteren de vergadering moeten sluiten met een rede waarin hij constateerde dat 'na verloop van tien maanden niet één punt was afgedaan'. Ja, er was overeenstemming bereikt over een vermindering van de troepen tot 34.000 man. Ook werd de rente van de generaliteitsschuld arbitrair tot vier procent teruggebracht: eigenlijk een verkapt staatsbankroet, maar wat moest men anders. De hele achttiende eeuw hebben de regeerders met allerlei lapmiddelen geld moeten zien te vinden, dan weer met een 'liberale gift', een soort heffing ineens op vermogens boven tweeduizend gulden, even later met een 'personele quotisatie', een belasting op het geschatte inkomen van de rijken die meer dan zeshonderd gulden per jaar verdienden. Dat laatste was eigenlijk verbazend modern en interessant, maar al die maatregelen bleven incidenteel, er zat geen systeem in. Mensen als Van Rechteren en Van Slingelandt meenden dat alles nog wel in orde zou komen als de oorspronkelijke bedoelingen van de stichters van de Unie van Utrecht een kans zouden krijgen. Zij hadden de illusie dat de regenten zonder hulp van anderen de Republiek konden redden. In de loop van de eeuw werd het duidelijk dat de tijd voor de geprivilegieerde klassen voorbij was en dat er een democratische revolutie voor de deur stond. In de Republiek deden zich namelijk dezelfde verschijnselen voor als in landen waar weliswaar een centraal gezag was, zoals Frankrijk en de Zuidelijke Nederlanden, maar die slechts een aandeel in de regering wilden geven aan de geprivilegieerde standen. Ook daar begon dit systeem te kraken.

De Republiek kon het zich bij de berooide toestand van haar geldmiddelen eigenlijk niet veroorloven nog ooit in een oorlog verwikkeld te raken. Toch gebeurde dit in het jaar 1740. Keizer Karel VI van Duitsland en Oostenrijk had geen zoons, slechts een dochter, Maria Theresia. Hij had een pragmatieke sanctie uitgevaardigd, een wet die haar de opvolging moest garanderen. Maar hij was er niet gerust op dat dit zonder problemen zou gebeuren, want er waren andere pretendenten, met name Karel Albert van Beieren. Daarom zocht Karel VI zoveel mogelijk steun in het buitenland voor zijn plannen, opdat Maria Theresia, als haar opvolging betwist zou worden, niet alleen zou staan. Een rustige successie was tenslotte ook van belang voor de handhaving van het Europese evenwicht. In 1731 heeft de Republiek, in ruil voor handelsconcessies, samen met andere staten Karel VI zijn zin gegeven bij het verdrag van Wenen. Het leek een voordelige overeenkomst, want alles was zo goed geregeld dat een oorlog onwaarschijnlijk was. De Republiek had echter geen rekening gehouden met de onbetrouwbaarheid en de expansiedrang van de meeste staten. Toen in 1740 Karel VI stierf, was koning Frederik II van Pruisen er als de kippen bij om gebruik te maken van de gevaren die Maria Theresia bedreigden. Zonder een schijn van recht stuurde hij zijn legers naar Silezië, alleen maar omdat hij vond dat dit een mooie aanwinst voor het Pruisische grondbezit was. En daarna tuimelden ook de andere mogendheden over elkaar heen om een graantje mee te pikken uit de Oostenrijkse voorraad, ook Frankrijk natuurlijk, dat nog steeds geïnteresseerd was in de Zuidelijke Nederlanden.

Nu moest de Republiek haar beloften aan Karel VI nakomen, maar dat kostte moeite. Een paar jaar lang kon zij zich ervan afmaken door minimale aantallen soldaten naar enkele gevechtsterreinen te sturen, omdat Frankrijk nog niet tot een inval in de Zuidelijke Nederlanden was overgegaan. Dat was maar goed ook, want bij een echte bedreiging zou het volk wel om een verheffing van de Friese stadhouder in de andere gewesten gaan roepen, en dat was een bedreiging voor de heren regenten. De zoon van Jan Willem Friso was allang volwassen, hij was zelfs getrouwd met een Engelse koningsdochter, net als Willem II en Willem III. Hij leek grote ambities te hebben en op den duur zou hij niet zijn tegen te houden. In 1744 besloot Frankrijk tot een agressiever politiek en viel het de Zuidelijke Nederlanden binnen.

Pauperisme in de achttiende eeuw. De bende van de Witte Veer
Pauperisme leidt gemakkelijk tot criminaliteit. Mede daarom wilden de verlichte denkers in de achttiende eeuw de mensen verheffen door werkgelegenheid te scheppen. Het verband tussen de twee komt duidelijk tot uiting in de processen die omstreeks 1725 gevoerd zijn tegen leden van de zigeunerbende van de Witte Veer. Deze bende had haar hoofdkwartier in het Ravensbos bij het gehucht Zandschel tussen Dongen en Kaatsheuvel.

Daar woonden soms enkele honderden vagebonden bijeen in tenten onder leiding van een kapitein, Zwarte Johannes genaamd. Zigeuners waren in de Nederlanden al in de vijftiende eeuw verschenen. Zoals men weet zijn ze oorspronkelijk afkomstig uit India, maar in de vijftiende eeuw vertelden ze dat ze om Christus' wil verdreven waren uit 'Klein Egypte' – en daarom worden zij in het Engels 'gypsies' genoemd. Aanvankelijk hadden ze wel wat sympathie geoogst, maar die was gauw verdwenen en in de achttiende eeuw werden ze door de gezeten burgerij verafschuwd en gevreesd als gauwdieven en onbetrouwbaar geboefte. In het doodarme Noord-Brabant was hun reputatie wat beter. In de omgeving van de Zandschel konden ze terecht bij enkele kroegen en helers waar ze hun gestolen buit konden verkopen. Verschillende 'witte' zigeuners sloten zich bij hen aan: Nederlanders die geen heil meer zagen in een geregeld bestaan. De plaatselijke schout was corrupt en bereid een oogje toe te knijpen tegen betaling van een jaarlijkse som gelds. Als er af en toe een klopjacht tegen de zigeuners, een 'heiden-jacht', werd gehouden, konden ze gauw genoeg naar zuidelijke streken vluchten, tot waar de rechtsmacht van de Republiek niet reikte.

Vanuit de Zandschel struinden zij in normale tijden heel de Republiek door, tot in Noord-Holland en Friesland toe, 'lopende dagelix door de steden en dorpen'. Ze leurden met waardeloze koopwaar en zogenaamd wonder-dadige zalven, en vervielen al gauw tot kleine diefstallen en oplichterijen. Uit de processen blijkt inderdaad dat ze vaak wasgoed stalen dat buiten hing, en ook linnen van de bleekvelden in de duinen bij Haarlem. Ze probeerden met allerlei trucs en verzinsels de mensen wat op de mouw te spelden en hun dan geld afhandig te maken; 'hokhano-baro' heette dat in de zigeunertaal. Zo kwamen in Sneek twee zigeunerinnen, Berber Cornelis en Hendrina IJs-brands, binnen bij Imkje en Grietje Schels doordat ze toestemming kregen zich wat bij het vuur te warmen. Nauwelijks binnengekomen riep Berber uit: 'Ik ben met drie helmen geboren; daardoor merk ik dat hier een schat van wel drieduizend gulden begraven ligt. Een geest die in het huis zweeft zegt me dit.' Imkje en Grietje lieten zich bedotten. Zij gaven de zigeu-nerinnen vier geldstukken en een hompje brood om de geest te verleiden hun de plaats te wijzen waar de schat verborgen was. De volgende morgen kwamen de zigeunerinnen al van verre, roepend: 'Daer is Uw goed. Waart gij al niet bange, dat 't weg was?' Zo wonnen ze het vertrouwen. De twee heidinnen vroegen: 'Geeft nu al het goud en zilver, dat in huis is. Daarmee kunnen we de schat naar boven trekken.' Ze lichtten een plavuis op voor de bedstee, groeven een gat en stopten daarin alle goud en zilver. Daarna rukte de oudste, Berber, een deken van de bedstee, legde die over het gat en voegde de zusters toe 'dat sij daarnaar niet moesten zien, maar dat sij de volgende dag weder souden komen'. Natuurlijk kwamen ze niet terug en toen Imkje en Grietje toch naar het gat durfden te kijken, bleek hun goud en zilver verdwenen. De zigeunerinnen Berber en Hendrina werden later gevangen genomen. Toen kwamen er ook inlichtingen boven water over een veel ernstiger misdrijf: de moord op de molenaarsfamilie te Kalslagen aan de Westeinderplas. Daar was in februari 1725 een hele groep 's nachts verschenen. Eén had naar de molenaar geroepen: 'Kees, set ons over' – er liep een trekvaart langs de weg – maar voor de molenaar goed en wel had kunnen antwoorden, waren Pootje en nog vijf andere zigeuners de molen binnen gestormd onder het slaken van de kreet: ''t Is ons om geen oversetten te doen, maar om Uw goed en bloed.' Buiten maakten ze de molenaar af en zijn vrouw Grietje beten zij toe: 'Sa donderhoer. Brengt nu op al wat gij in de wereld hebt of gij sult aanstonds sterven.' Huilend had Grietje een zakje met honderd Carolusguldens van onder haar bedstee te voorschijn gehaald. De zuster van de molenaar werd neergestoken, en de kinderen werden de sieraden van het lijf gerukt. Toen Grietje zag dat een zigeuner een groot mes trok om haar driejarig kind de zilveren knoopjes van de mouwen te snijden, dacht ze dat het kind ook vermoord werd en viel in zwijm. De rovers takelden haar erg toe, maar ze overleefde het en zou later kroongetuige zijn in het proces tegen de snode daders, die uiteraard aan de galg eindigden voor zover ze konden worden opgespoord. Want sentimentaliteit tegenover dit soort misdadigers was in het begin van de achttiende eeuw niet te verwachten. Hoe het verder met de bende van de Witte Veer is verlopen, weten we niet bij gebrek aan gegevens. Lang zullen ze het toch niet meer in de Zandschel hebben kunnen volhouden, want omstreeks 1750 waren alle zigeuners uit de Noordelijke Nederlanden verdreven door middel van zogenaamde heidenjachten. Hierbij werkten soms verschillende gewesten samen. De zigeuners werden meedogenloos uitgeroeid of voorgoed verjaagd. Twee opmerkingen zijn hier nog van belang. Het is opvallend dat ook bij gewone mensen zoveel buit te behalen was. Er zat kennelijk veel geld onder de mensen, ook bij laaggeplaatsten, maar er was weinig gelegenheid om dat geld produktief te investeren. Verder waren veel zigeuners in de achttiende eeuw tot ernstige criminaliteit vervallen, maar zij waren niet de enigen. Er waren meer roversbenden actief, waarin men soms wel zigeuners aantreft, bijvoorbeeld de Limburgse Bokkerijders. Het ligt voor de hand om een verband te leggen tussen het pauperisme en deze criminaliteit.

Meteen bleek hoe weinig veiligheid het barrièretraktaat van 1715 werkelijk gaf, want de garnizoenen van de barrièresteden capituleerden met verbijsterende snelheid. Misschien zou het nog lukken vrede te sluiten, voordat ergere dingen gebeurden. Toen de onderhandelingen daarover niet vlot genoeg verliepen, besloot Frankrijk in 1747 de zaak te forceren en liet het zijn legers ook Staats-Vlaanderen, grondgebied van de Republiek, binnenvallen. De staatkundige gevolgen waren dezelfde als in 1672. Weer kwam er de roep om een stadhouder nu het land militair bedreigd werd – het eerst in Zeeland, dat immers buitenlandse troepen binnen zijn grenzen had. Maar de beweging sloeg over naar de andere gewesten: in elk daarvan werd Willem IV tot stadhouder benoemd en op het eind van 1747 had hij grotere bevoegdheden dan ieder van zijn voorgangers. Niet alleen was hij stadhouder in alle zeven Nederlandse provincies en Drenthe, hem was ook de opvolging gegarandeerd in de mannelijke en vrouwelijke linie. Als algemeen erfstadhouder was zijn positie nauwelijks te onderscheiden van die van een monarch. Hij had met die macht uitstekende kansen het land te redden uit zijn militaire nood en vooral uit het moeras van de ontoereikende staatsinstellingen.

Als redder en verlosser was Willem IV echter niet geschikt. Hij had een zwakke gezondheid en een ernstige rugafwijking, ten gevolge van een val van een paard op vijfjarige leeftijd. Hij had een redelijke intelligentie en zijn opleiding was gedegen, maar hij beet zich vast in details en had niet de moed initiatieven of belangrijke besluiten te nemen. Hij was conservatief en moest niets hebben van volksopstanden, hoewel hij daaraan zijn verheffing tot stadhouder te danken had. Militair heeft hij niets verricht. In september 1747 viel de stad Bergen op Zoom in handen van de Franse legers. De garnizoenscommandant, de zevenentachtigjarige Cronström, was door Willem IV persoonlijk benoemd, maar hij had de verdediging weinig competent geleid. Gelukkig kwam in april 1748 te Aken een algemene vrede tot stand. De Zuidelijke Nederlanden kwamen weer onder Oostenrijks bestuur, en de barrièresteden werden hersteld. De Republiek kon zich weer veilig voelen en gaan werken aan de noodzakelijke vernieuwing, als tenminste de nieuwe stadhouder hiertoe het initiatief zou willen nemen.

Brede volkslagen hadden al hun hoop op de stadhouder gesteld. Ontwikkelde burgers, die sociaal net onder de regentenstand stonden, zagen in dat met zijn hulp het egoïsme van de stadsbesturen in ieder geval gebreideld moest worden. De lagere volksklassen verwachtten traditioneel van een Oranje de oplossing voor al hun problemen. De oplossingen die de burgers aandroegen waren nogal naïef. Zij konden zich nog geen echt democratische regeringsvorm voorstellen, maar ervoeren aan den lijve dat de financiële tekorten groot waren en dat in de Republiek alles belast was, behalve de lucht die men inademde. Daartegenover zagen ze hoe de regenten goede sier maakten met de opbrengst van talrijke ambten. Vandaar dat ze voorstelden dat deze ambten voortaan in het openbaar verkocht zouden worden ten behoeve van de staat. De postmeesterschappen, die veel geld opbrachten, moesten zelfs rechtstreeks aan de staat komen. Het was verder beter voortaan de belastingen niet meer te verpachten, maar die ook door overheidsdienaren te laten innen. Burgers die deze eisen stelden, waren vaak lid van de stedelijke schutterijen; ten onrechte meenden ze dat dergelijke gilden vroeger overal een beslissende stem in het stadsbestuur hadden gehad. Vandaar dat ze ook herstel eisten van de gildeprivileges. Dergelijke eisen waren zo omstreeks 1748 overal te horen. De bekendste beweging is die van de Doelisten te Amsterdam, die zich noemden naar de Doelen waarin zij zich oefenden in het schieten. Het waren weinig vergaande verlangens: als ze waren ingewilligd zou er nog niet veel veranderd zijn in de staatsinrichting van de Republiek.

Willem IV vond de eisen van de Doelisten en de andere burgers over het algemeen wel rechtvaardig. Hij zou een geweldige populariteit in het land gekregen hebben, als hij zich aan het hoofd van de beweging had geplaatst. Eigenlijk was de tijd rijp voor een verlicht despoot. Maar dat was Willem IV nu juist niet: hij was allerminst verlicht en het was volmaakt tegen zijn natuur om despotisch op te treden. Hij wilde graag gehoor geven aan de stem des volks en 'het vaderland dienen', maar slechts 'geroepen door lieden van aanzien en gezag', dat wil zeggen door de regenten. 'Ik wil niet profiteren van volksoproeren,' zei hij letterlijk. Toen de Doelistenbeweging in Amsterdam op haar hoogtepunt was, kwam de stadhouder braaf naar Amsterdam, benoemde daar enige nieuwe regentengeslachten in de vroedschap, maar hield verdere hervormingen tegen. Hij wilde het liefst net zo regeren als Willem III gedaan had, met een wijd vertakt patronagesysteem en met favorieten in alle regeringslichamen, maar dat was niet wat de tijd vergde. Van 1780 tot 1787 zou blijken dat de stadhouders op die manier de volksgunst dreigden te verspelen. In ieder geval bleek in de jaren 1747-1751 dat het oude systeem zijn beste tijd gehad had. Ook de stapelmarkt was niet meer wat zij geweest was. Misschien zou die hersteld kunnen worden door van de Republiek een echt vrijhandelsland te maken. In 1751 bereikten de Staten-Generaal inderdaad een voorstel daartoe: 'gelimiteerd porto-franco' heette dat in het half-Franse jargon van die dagen. Het was een gedurfde propositie in een tijd dat overal elders nog het protectionisme heerste, hoewel verschillende verlichte denkers al tot de conclusie begonnen te komen dat de economie het best gedijde bij zo min mogelijk regelingen. In de Republiek van de achttiende eeuw konden echter wel plannen gemaakt worden, maar om die plannen ook in praktijk te brengen was heel wat anders. Hoe zou de vloot bijvoorbeeld betaald worden, als de opbrengsten van de convooien en licenten wegvielen? Er is niets gekomen van het 'porto-franco'.

In 1751 stierf Willem IV en volgens de wet van het erfstadhouderschap volgde zijn driejarig zoontje Willem V nu op, eerst onder regentschap van zijn moeder Anna, later onder leiding van de Duitse vorst Lodewijk Ernst von Brunswijk-Wolfenbüttel, 'de dikke hertog'. Hervormingen in de staat leken nu helemaal onmogelijk, zeker in de jaren voordat de stadhouder volwassen werd. Maar de toestand gedoogde geen uitstel meer. Bovendien begon de economische malaise zichtbaar en voelbaar te worden. Buitenlandse bezoekers juichten niet meer over de welvaart en de properheid van de Nederlandse binnenhuizen. James Boswell klaagde over de vervallen staat van de stad Utrecht, over de menigte van armoedzaaiers die hij daar aantrof, die zich in leven hielden met aardappelen en jenever. Anderen vonden Amsterdam vies, met dooie honden en katten drijvend in de grachten. Ook in de Gouden Eeuw waren er natuurlijk armen geweest, maar nu begon werkelijk pauperisme te heersen in de zin van chronische armoede in een stad of streek, een toestand van algemene ellende onder de lagere bevolking ten gevolge van maatschappelijke omstandigheden. Het siert de verlichte burgers in de Republiek dat zij dit soort armoede niet alleen met de traditionele middelen van aalmoezen en bedeling hebben bestreden. In 1777 werd als afdeling van de 'Hollandsche Maatschappij der Wetenschappen' een 'Oeconomische Tak' gesticht 'ter bevordering van de welvaart'.

Juist de leden daarvan vonden dat bedeling het aantal armen alleen maar zou vergroten, omdat de prikkel tot arbeid verdween. Daarom dichtte Betje Wolff haar economische liedjes. Anderen stichtten verschillende ondernemingen om hen 'die door eigen schuld en vadsigheid ballasten der samenleving waren geworden' desnoods onder dwang te maken tot nuttige leden van de maatschappij. Helaas kon men weinig anders bedenken dan spinnerijen, waar nog volkomen traditioneel met het spinnewiel werd gewerkt, terwijl in Engeland daarvoor allang machines bestonden. Alleen een Duitser, Von Carnap, exploiteerde in Nijmegen sinds 1791 een katoenspinnerij die werkte met uit Engeland ingevoerde machines; zijn collega's verweten hem echter dat hij hogere jeugdlonen betaalde dan het armbestuur traditioneel aan kinderen placht toe te kennen. Bovendien ergerde Von Carnap zich aan de ongezeglijkheid van het werkvolk, en teleurgesteld keerde hij terug naar het Ruhrgebied, waar de arbeiders meer van aanpakken hielden. En zo bleef het pauperisme, met alle begeleidende verschijnselen van drankmisbruik en criminaliteit, hier te lande bestaan, ondanks de verdienstelijke pogingen van enkele goedwillende verlichte burgers om werkgelegenheid te scheppen.

De grondwet van 1798

Revoluties zijn doorgaans hevige en bloedige gebeurtenissen. Er vallen slachtoffers en de revolutionairen bekreunen zich niet om alle mogelijke legale bijzonderheden. Mao tse Tung heeft dat al uitgesproken in zijn *Rode boekje*. Bij de revolutie van 1795 zijn geen doden gevallen en een tijd lang meenden de revolutionairen te kunnen functioneren binnen de oude kaders. Daarom spreekt men spottend van de 'fluwelen revolutie', en verschillende historici hebben de neiging vertoond de resultaten van deze revolutie als onbetekenend af te doen. Dat is onterecht. Door de revolutie van 1795 heeft Nederland voor het eerst een democratische grondwet en een democratische regering gekregen. Door de gematigdheid in 1795 is verzuimd de tegenstanders meteen uit te schakelen, zodat het lang geduurd heeft voordat de nieuwe grondwet eindelijk in kannen en kruiken was, maar het gaat niet aan om onze voorvaderen hun gematigdheid te verwijten.

Begin 1795 waren overal patriotten als 'provisionele representanten' in de bestaande regeringsorganen gekomen, zoals de gewestelijke Staten en de Staten-Generaal, en deze oude instellingen bleven functioneren tot 1 maart

1796. Wel was er al op 26 februari 1795 een commissie benoemd die belast werd met de voorbereiding van een algemene staatshervorming. Op 29 mei 1795 diende deze commissie een reglement in bij de Staten-Generaal om een Nationale Vergadering bijeen te roepen. Deze zou voorlopig de regering voeren en tevens een ontwerpgrondwet moeten opstellen. De afgevaardigden werden gekozen met algemeen kiesrecht voor mannen; alleen bedeelden en huispersoneel waren uitgesloten. Dat was een belangrijke verandering in het staatkundig leven van de Republiek. De organisatie van dit algemeen kiesrecht was niet slecht geregeld. Het hele land werd verdeeld in 124 kiesdistricten, ieder van vijftienduizend zielen. Die zielen werden gesplitst in dertig grondvergaderingen van vijfhonderd, dat wil zeggen een dikke honderd leden met stemrecht. De leden wezen een kiezer aan, en de dertig kiezers van een district kozen een afgevaardigde in de Nationale Vergadering. Zo'n afgevaardigde kreeg reiskosten en een daggeld van tien gulden vergoed.

Het comité uit de Nationale Vergadering dat een grondwet moest opstellen, bestond helaas voornamelijk uit aanhangers van de bestaande toestanden, vooral van de zelfstandigheid der gewesten. Federalisten heetten ze dan ook. Ze kwamen op de proppen met een federalistisch grondwetsontwerp, dat door de grondvergaderingen op 8 augustus 1797 met een overweldigende meerderheid werd verworpen. Op 1 september 1797 kwam een tweede Nationale Vergadering bijeen, en een nieuwe grondwetscommissie ging aan het werk. Zou die meer succes hebben? Dat succes kwam in ieder geval wel toen op 22 januari 1798 een aantal radicale patriotten een staatsgreep pleegde en de voornaamste federalisten gevangen zette. Het nieuwe grondwetsontwerp, geschreven door een comité van zeven man, kwam snel tot stand en werd op 23 april 1798 met overweldigende meerderheid aangenomen in de grondvergaderingen.

De grondwet der Bataafse Republiek begon met wat algemene beginselen waarin de rechten van de mens en de burger stonden opgesomd. Om de oude gewestelijke zelfstandigheid, 'de zevenkoppige hydra', afdoende te beteugelen kwam er een heel nieuwe indeling in acht departementen, waarvan de grenzen weinig overeenkomsten hadden met die van de vroegere zeven provinciën. De wetgevende macht bestond uit twee kamers, allebei gekozen door de grondvergaderingen, zoals dat ook met de Nationale Vergaderingen gebeurd was. De Eerste Kamer stelde de wetsontwerpen op, de Tweede Kamer kon die goed- of afkeuren. De uitvoerende macht berustte bij een uitvoerend bewind van vijf leden, gekozen door de twee Kamers. De vijf leden werden bijgestaan door acht agenten met een eigen departement, te vergelijken met onze ministers. De rechterlijke macht werd onafhankelijk. De schulden van de diverse provincies werden samengesmolten. Er kwam een scheiding van kerk en staat en er zou een algemene wetgeving worden voorbereid.

De grondwet van 1798 heeft slechts drie jaar gefunctioneerd. Zij betekende een wel erg radicale breuk met het verleden. De opstelling van die grondwet verliep niet glad, maar dat was ook te verwachten bij de heersende tegenstellingen. Als eerste democratische grondwet van Nederland verdient zij echter meer belangstelling en waardering dan ze van de meeste historici heeft gekregen.

Er bestond echter veel meer belangstelling voor politieke zaken en in de jaren 1780-1787 ondernamen verlichte burgers een derde, haast gelukte poging om de staat te hervormen. Het begon met verzet van verschillende oppositionele regenten tegen de patronagepolitiek van Willem v en de orangisten die daarvan profiteerden. Patriotten, vaderlandslievenden, gaven zij zichzelf als nietszeggende erenaam. Kezen heetten zij in de volksmond, naar de prominente regent Kees de Gijselaar, die samen met Van Berckel en Zeeberg in de Staten van Holland een anti-stadhouderlijk driemanschap vormde. Zo omstreeks 1780 waren er controverses genoeg. Net als elders in Europa wekte de Amerikaanse vrijheidsoorlog met zijn onafhankelijkheidsverklaring, geïnspireerd op het Nederlandse Plakkaat van Verlatinghe, in de Republiek groot enthousiasme, maar Willem v bleef vasthouden aan het Engelse bondgenootschap. Hij voelde niets voor versterking van de vloot, maar voelde veel meer voor 'augmentatie' van het leger, terwijl de patriotten veel meer heil zagen in Frankrijk – sinds 1778 de bondgenoot van de vrijheidslievende Amerikanen – en daarom tegen vermeerdering van het leger waren. Deze patriotten bevoordeelden de Amerikanen tot groot misnoegen van de Engelsen. In 1780 kwam het tot de vierde Engelse oorlog en deze was desastreus voor de Nederlandse koopvaardij. De oppositionele regenten gaven meteen maar weer de schuld aan de arme stadhouder. Van dit soort inzichten deden ze breedvoerig den volke kond in allerlei pamfletten en geschriften, zoals *Aan het volk van Nederland* van de Overijsselse edelman Joan Derk van der Capellen tot den Pol uit 1781. Hij bepleitte daarin dat de oppositionele regenten moesten gaan samenwerken met de burgers of ingezetenen die geen politieke rechten hadden. Dankzij deze samenwerking konden zij dan aan de stadhouder diens buitensporige voorrechten ontnemen. Die gedachte viel op vruchtbare bodem en de rampen van de volgende jaren deden de betrokkenheid van de verlichte burgers bij de staatszaken alleen maar groeien. Zij hadden eigenlijk andere belangen dan de oppositionele regenten; die regenten wilden in laatste instantie terug naar de 'ware vrijheid' van het eerste stadhouderloze tijdvak. Burgers als Pieter Paulus en Quint Ondaatje begonnen in te zien dat het hele volk een stem in de staat moest krijgen en men kan ze terecht als 'democraten' betitelen.

Nadat de vrede van Parijs in 1784 een eind had gemaakt aan de vierde Engelse oorlog, raakten de zaken in een stroomversnelling. Al in 1782 hadden patriotten uit het hele land contact met elkaar gehad en geheime programma's opgesteld, waarin gesproken werd over de verkiezing van burgergecommitteerden en de oprichting van vrijkorpsen, legertjes die een soort volksmilitie moesten vormen om zich te verzetten tegen de huurtroepen der tirannen. In 1784 kwamen dergelijke vrijkorpsen werkelijk tot stand. In Utrecht kregen de burgers van de Staten verlof hun bezwaren tegen de staatsinstellingen naar voren te brengen. Onder leiding van de student Quint Ondaatje publiceerden zij binnen enkele dagen een ontwerp-grondwet voor de provincie, waarin werkelijk democratische beginselen waren neergelegd. In 1785 beperkten de Staten van Holland de bevoegdheden van de stadhouder als commandant van Den Haag. Vertoornd verliet deze het gewest en vestigde zich in Gelderland, eerst op het Loo, later in Nijmegen, het terrein overlatend aan zijn tegenstanders.

Er is in deze patriottentijd een zekere overeenkomst met wat tussen 1789 en 1792 in Frankrijk zou gebeuren. In beide landen begon de beweging met een oppositie van de geprivilegieerde standen: in Nederland waren dit de regenten, in Frankrijk de adel en de leden van het parlement. Beiden mobiliseerden de derde stand: door oproepen en geschriften in de Republiek, door bijeenroeping van de Staten-Generaal in Frankrijk. Militair geweld voerde de revolutie verder: de bestorming van de Bastille in Frankrijk, de organisatie van de vrijkorpsen in de Republiek. In beide landen beijverden de burgers zich om een nieuwe constitutie te schrijven, na een eed in de Kaatsbaan van Versailles, die zijn pendant heeft in de *Akte van*

Verbintenis uit juni 1785 tijdens het derde congres van de patriotse vrijkorpsen. En koning Lodewijk XVI en stadhouder Willem V zijn uiteindelijk allebei gevlucht. Maar hier openbaren zich verschillen. De vlucht naar Varennes van Lodewijk XVI is mislukt, Willem V kon zich rustig in Gelderland vestigen. Buitenlandse interventie heeft ten slotte in 1787 een eind gemaakt aan de revolutie der patriotten. Oostenrijk en Pruisen hebben in 1792 in Frankrijk hetzelfde beoogd, maar ze hebben daarmee geen succes gehad.

Er was in de Republiek ook meer gelegenheid en kans op succes voor een restauratie van de oude toestand. De Oranjepartij was nog sterk en organiseerde de lagere bevolking om aanhankelijkheid te tonen aan de stadhouder. De 'Bijltjes', de scheepsbouwers in Amsterdam, en Kaat Mossel in Rotterdam traden daarbij prominent naar voren. De Engelse gezant Harris was bovendien bereid alle steun te geven, zelfs geldelijke. Maar eerst moest stadhouder Willem V naar Holland terugkeren: pas dan zouden de demonstraties voor Oranje werkelijk effectief zijn. Willem V echter weigerde, hij was niet onintelligent en hij wilde zich niet op die manier laten gebruiken voor de belangen van een regentenfactie. In zijn plaats bood zijn vrouw, prinses Wilhelmina van Pruisen, een nicht van Frederik II, zich aan om naar Holland te komen. Een vrijkorps van patriotten hield haar echter aan bij Goejanverwellesluis en verhinderde haar verdere reis op 28 juni 1787.

Weloverwogen en op aandringen van de Oranjepartij heeft in de herfst van 1787 een Pruisisch leger een eind gemaakt aan de democratische revolutie der patriotten in de Republiek. De vliegende legertjes van vrijkorporisten hebben hier en daar wel degelijk tegenstand geboden, maar ze waren te zwak en te weinig professioneel. Trouwens, de anti-Oranjepartij was niet homogeen. De tegenstelling tussen regenten en democratische patriotten begon zich steeds duidelijker te openbaren. Willem V kwam terug in 1787 en heeft nog ruim zeven jaar op de oude voet kunnen regeren, totdat hij begin 1795 voor het Franse leger moest vluchten. Toen kon de democratische constitutie, die ook al in de jaren 1784-1787 eraan scheen te komen, werkelijk worden ingevoerd – en dat niet gedicteerd door Franse bezetters, maar geschreven in werkelijk nationale zin en voorbereid sinds 1748. Het is gebruikelijk in de Nederlandse historiografie om de patriottentijd te beschrijven als een soort komische opera, geregisseerd door buitenlandse gezanten, maar dit beeld is vals. Een echte democratische revolutie leek zich in die jaren te voltrekken, die mede mislukt is doordat er eigenlijk geen forum was, waarvoor de gebeurtenissen zich konden ontrollen. In verschillende steden waren de patriotten ieder op hun eigen manier bezig en er was te weinig coördinatie. Want anders had Kees de Gijselaar kunnen uitgroeien tot de Nederlandse Mirabeau en Quint Ondaatje tot de Danton der Lage Landen.

14 STAATKUNDIGE VERNIEUWING.
ECONOMISCHE MISÈRE

De restauratie van 1787 was geen zachtzinnige affaire. De prinsgezinden waren van plan behoorlijk af te rekenen met de 'bliksemse
patriotten'. Veel meer dan tienduizend mensen zijn uit voorzorg het
land uitgevlucht, eerst in hoofdzaak naar de Zuidelijke Nederlanden,
en vandaar zijn ze grotendeels in Frankrijk terecht gekomen. Er waren
ook heel wat eenvoudige ambachtslieden bij deze vluchtelingen en
velen hebben in het buitenland bittere armoede geleden alvorens zij in
1795 naar de Republiek konden terugkeren. De Nederlandse patriotten zijn uiteraard onder de indruk geraakt van de dramatische
gebeurtenissen in Frankrijk tijdens de glorieuze revolutiejaren van
1789 tot 1795. Dat wil niet zeggen dat de staatkundige vernieuwing in
de Bataafse Republiek na 1795 eenvoudigweg een blauwdruk van het
Franse origineel was, te meer omdat de nodige patriotten in het
vaderland waren achtergebleven en daar langzamerhand de kop weer
durfden opsteken. Te Amsterdam bijvoorbeeld vormden mensen als
Schimmelpenninck, Gogel, Goldberg en Krayenhof al in 1794 een
'comité revolutionnair'.

Toch zou de omwenteling in de Republiek veroorzaakt worden
door het optreden van de Franse legers. Frankrijk verklaarde al op 20
april 1792 aan Oostenrijk de oorlog. Na de kanonnade van Valmy
konden de Franse legers tot het offensief overgaan in de Zuidelijke
Nederlanden. Op 6 november 1792 behaalde generaal Dumouriez een
grote overwinning bij Jemappes, waardoor bijna het gehele gebied
hem in handen viel. Dronken van revolutionair enthousiasme verklaarden de jacobijnen op 1 februari 1793 vervolgens de oorlog aan alle
gekroonde tirannen, onder andere aan Engeland en aan stadhouder
Willem v. Bij de troepen van Dumouriez bevonden zich ook uitge-
weken patriotten die nu een Bataafs legioen vormden onder leiding
van generaal Daendels uit Hattem. Ze moesten nog even wachten met

de bevrijding van de Republiek, omdat de Franse legers op 18 maart 1793 een grote nederlaag leden bij Neerwinden en Dumouriez zich vervolgens overgaf aan de Oostenrijkers. De Nederlandse patriotten in Frankrijk deden er ook het verstandigst aan zich op de achtergrond te houden tijdens de terreur in Frankrijk, toen de radicale jacobijnen van Robespierre met hun vreemdelingenhaat het voor het zeggen hadden. Daarom is de activiteit van de leesgezelschappen en de geheime comités van patriotten die in de Republiek waren achtergebleven, belangrijker in de jaren 1793 en 1794 dan wat de uitgewekenen deden. De Nederlandse democraten moesten wel in het zadel geholpen worden door de Franse bevrijders. Toen zij daar eenmaal zaten waren ze best in staat hun eigen programma uit te voeren.

De Franse bevrijders verschenen op het eind van 1794. Al in de zomer hadden de generaals Jourdan en Pichegru de Zuidelijke Nederlanden opnieuw veroverd en Pichegru, de commandant van het noorderleger, had tevens de meeste plaatsen in de generaliteitslanden ten zuiden van de grote rivieren bezet. De Staatse legers boden wel tegenstand onder leiding van de erfprins, de latere koning Willem I, en zijn broer, prins Frederik, maar tegen het revolutionaire elan van de Fransen waren ze niet opgewassen. Trouwens, in het vaderland heerste weinig vastbeslotenheid. Duizenden patriotten stonden te popelen om de Fransen als bevrijders te begroeten. Ook de zittende regenten gaven weinig voor de papieren van de stadhouder. Op 27 december 1794 trok het Franse leger van Pichegru over de bevroren Maas het kerngebied van de Republiek binnen. Half januari stortte de tegenstand van het Staatse leger en dat van de bondgenoten in, en op 18 januari 1795 vertrok stadhouder Willem V naar Engeland. Terzelfder tijd namen overal in de steden patriotten het bestuur over. Dat gebeurde zeer beheerst en zonder bloedvergieten; de zittende regenten zagen wel in dat hun tijd voorbij was.

In haast alle steden maakten zij zonder veel bezwaar plaats voor de patriotten. In Amsterdam trokken bijvoorbeeld op 19 januari 1795 de heren van het comité révolutionnair met Schimmelpenninck aan het hoofd 's morgens om tien uur naar het stadhuis, waar ze zonder verzet werden binnengelaten. Een proclamatie werd voorgelezen, waarin stond dat de zittende magistraat was afgezet. De aanwezige regenten begaven zich gewillig per rijtuig naar huis. In hun plaats kwam een stadsbestuur van eenentwintig 'provisionele representanten van het volk van Amsterdam'. 'Met de levendigste toejuichingen van de ontzachelijke menigte der op het Plein der Revolutie (zo was de Dam herdoopt) zich bevindende burgers' werd de nieuwe regering begroet. Het nieuwe stadsbestuur bestond uit nette, gematigde mensen, deftige kooplieden van de Heren- en de Keizersgracht. Van de eenentwintig leden konden slechts drie gerekend worden tot de kleinere burgerij: een assuradeur, een horlogemaker en een winkelier. Toch betekende hun optreden een radicale breuk met het verleden.

In de overige Hollandse steden vonden net zulke omwentelingen plaats als die in Amsterdam. Daardoor kwamen patriotten als afgevaardigden naar de Staten van Holland. De leden van dat college blaakten nu van revolutionair vuur. De representatie van de ridderschap werd afgeschaft, men zou in het vervolg hoofdelijk stemmen en niet meer per stad. Dergelijke dingen gebeurden ook in de andere gewesten. Ook daar gingen de gewestelijke statenvergaderingen om en in maart 1795 waren zelfs de Staten-Generaal op nieuwe leest geschoeid, zonder dat er een slachtoffer was gevallen. Nu konden een nieuwe maatschappij en een nieuwe staatsinrichting tot stand komen, op grondslag van de rechten van de mens en van de burger, die in navolging van Frankrijk door de verschillende colleges van afgevaardigden werden aangenomen en gepubliceerd. Principes verkondigen was gemakkelijk genoeg, het kostte aanzienlijk meer moeite om het een en ander in praktijk te brengen. Alle mensen waren vrij en gelijk. Rooms-katholieken en protestantse dissenters kregen al gauw dezelfde rechten als de leden van de hervormde kerk; verschillende van hen werden ook representant in een vertegenwoordigend lichaam. Maar joden waren toch eigenlijk een vreemd volk, en konden die dezelfde rechten krijgen als goede christenen? Het heeft tot 2 september 1796 geduurd eer de emancipatie van de joden definitief werd geregeld. In principe zouden ook de slaven in de koloniën vrij moeten worden, maar er waren slechts enkelen die dat durfden te bepleiten. Zouden de vrijgelaten slaven niet in opstand komen, zoals in het Franse Santo Domingo? En wat te doen met de ambachtsgilden? De revolutionairen waren doorgaans aanhangers van liberale economische principes en verschillende van hen waren bekend met de principes van Adam Smith en diens doctrine van *laissez-faire*. De gilden beperkten de economische vrijheid en dienden dus te verdwijnen, maar in een tijd van economische malaise gaven ze ook onderlinge steun aan behoeftige leden en beschermden ze tegen oneerlijke concurrentie. In artikel 53 van de staatsregeling van 1798 werden de gilden inderdaad opgeheven, maar de feitelijke liquidatie ging in diverse steden niet van harte en in de een of andere vorm bleven corporaties van mensen met hetzelfde beroep vaak bestaan. En ook in de grote politiek ging bepaald niet alles van een leien dakje. Hiervoor is al duidelijk gemaakt hoe lang het wel heeft geduurd voordat de staatsregeling van 1798 uiteindelijk toch kon worden aangenomen.

Dat kwam vooral omdat er bij de Bataafse revolutie van begin 1795 niet uitsluitend radicale scherpslijpers op het kussen kwamen. Ze waren er wel, mensen als de Tilburgse industrieel Pieter Vreede en de Leidse hoogleraar Valckenaer; jacobijnen noemden hun tegenstanders hen soms minachtend. Ze vormden slechts een minderheid, hadden hooguit een dertigtal zetels in de Nationale Vergadering van 126 leden. De meesten waren daar gematigd, velen wilden zelfs heel wat van de vroegere staatsregeling behouden en met name de zelfstandigheid der gewesten. Zij wilden de oude statenbond handhaven en kregen daarom de naam federalisten, naar het Latijnse woord *foedus* (verbond). Jacob de Mist, een advocaat uit Kampen, en Gerrit van Marle, zijn collega uit Zwolle, behoorden tot hun meest welsprekende vertegenwoordigers. Hun tegenstanders waren daarentegen voorstanders van centralisatie en een ingrijpende omwenteling van het Nederlandse staatsbestel. Vandaar dat zij unitarissen heetten. In de eerste Nationale Vergadering was er nog een vrij grote groep van gematigden, die zich tussen de twee partijen opstelden. Moderaten heetten ze, of ook wel minachtend slijmgasten. Rutger Jan Schimmelpenninck kan als hun woordvoerder gelden. In de tweede Nationale Vergadering van 1797 waren de tegenstellingen verscherpt en was de groep der gematigden zeer verminderd.

De Cockerills en de industriële revolutie in België

De Belgische historicus H. van der Wee heeft een ingenieuze verklaring gegeven voor het feit dat de industriële revolutie in België al zeer vroeg succes heeft gehad, terwijl Nederland hopeloos achterbleef, hoewel de belangstelling voor economische vraagstukken hier te lande geenszins minder was dan in het zuiden. Volgens hem was het grote succes van het commercieel kapitalisme, dat in de zeventiende eeuw tot zijn laatste consequenties werd uitgebouwd, verantwoordelijk voor Nederlands onmacht om het Engelse voorbeeld te volgen. Noodzakelijkerwijze ontstond daardoor een zekere verstarring in de achttiende eeuw, toen de groeifactoren bij de industrie lagen. Door de hoge lonen als gevolg van de zware accijnzen hadden de Nederlandse industriesteden zich gespecialiseerd in hoogwaardige produkten, waarbij de prijs het hoge loon mogelijk maakte, zoals Delfts aardewerk, Leids laken en Goudse pijpen. Maar dit soort produkten leende zich niet voor de mechanisatie en arbeidsverdeling die kenmerkend waren voor de industriële revolutie. De bloei van de agrarische sector in Holland en Friesland maakte daar een nevenindustrie onmogelijk. Slechts in achteraf gelegen streken als Twente en Noord-Brabant kwam wat textielindustrie voor, maar die lagen zo ver van de internationale markt dat innovaties daarbij slechts laat optraden.

In België was echter in de zeventiende eeuw het stedelijk commercieel kapitalisme vernietigd. De bevolking trok weer naar het platteland en daar openbaarden zich in de achttiende eeuw vernieuwingstendensen. Allereerst in de agrarische sector, maar weldra ook in de textielindustrie, de mijnbouw en de metaalnijverheid. De Oostenrijkse machthebbers hielpen daarbij doordat ze de export over land bevorderden, de infrastructuur van wegen en dergelijke bevorderden en de industrie steunden door een verstandig mercantilisme. Ten slotte verschafte de inlijving bij Frankrijk in 1794 aan de Belgische industrie een geweldig afzetgebied. Daardoor konden echte ondernemers, *entrepreneurs* zoals de Angelsaksische economen hen noemen, hun dromen werkelijkheid doen worden. Twee van hen krijgen hier enige aandacht: Lieven Bauwens te Gent en het geslacht Cockerill in het Luikse.

Lieven Bauwens (1769-1822) behoorde tot een geslacht van leerlooiers en werd al op jeugdige leeftijd door zijn vader naar Engeland gestuurd om het vak te leren. Daar maakte hij tevens kennis met de uitvindingen in de katoenproduktie en hij besloot enkele machines naar België over te brengen, hoewel de Engelse regering de export had verboden. Toch slaagde hij erin de spinmachine, de Mule-jenny, in onderdelen naar het vasteland te smokkelen. Later zou hij hiervoor in Engeland bij verstek ter dood veroordeeld worden. In Gent bestond toen al een bloeiende katoendrukkerij, maar men importeerde daarvoor kant-en-klare witte katoenen weefsels uit India, de zogenaamde calicots. Lieven Bauwens kon nu concurrerend zelf katoendraad spinnen. Het weven moest voorlopig blijven gebeuren op een handgetouw. Zijn eerste fabriek vestigde hij te Passy bij Parijs, maar in 1800 bouwde hij een fabriek in Gent in het oude kartuizer klooster. Later, in 1804, richtte hij nog een derde fabriek op, in Drongen, in de buurt van Gent. Tevens was Bauwens directeur van de stedelijke gevangenis en hij liet de gevangenen een deel van zijn gesponnen draden tot calicots weven. Hij experimenteerde ook met mechanische weefgetouwen en was rusteloos bezig. In 1810 bezocht Napoleon zijn bedrijf en schonk hem het legioen van eer. In dat jaar barstte echter ook de crisis los in de textielnijverheid en Bauwens werd een der slachtoffers. Door zijn inspirerend voorbeeld had hij de nijverheid te Gent niet weinig gestimuleerd en gezorgd voor een toeneming van de werkgelegenheid.

Een beter voorbeeld nog van echte entrepreneurs zijn de Cockerills, vooral de jongste zoon John Cockerill (1790-1840). De vader William Cockerill (1759-1832) was een werktuigkundige uit Lancashire, die in 1797 zijn vaderland verliet wegens de heersende werkloosheid. In 1799 sloot hij een overeenkomst met de lakenfirma Simonis en Biolley te Verviers om allerlei machines voor de wolindustrie te bouwen. Dat lukte en zo kwam er een snelle, volledig geslaagde mechanisatie van de lakenindustrie in de Vesdre-streek. William senior had wel beloofd dat hij uitsluitend voor de firma Simonis en Biolley zou werken, maar zijn zoons waren niet aan die afspraak gebonden. In 1807 vestigde William junior een machinefabriek te Luik en daarmee kon hij de overige wolfabrikanten in Verviers en omgeving van alle gewenste instrumenten voorzien. Daar kwam ook de zeventienjarige John te werken, die in 1812 de hele zaak overnam, toen er al tweeduizend arbeiders werkzaam waren. Hij leverde produkten over heel Europa. De regerings-wisseling van 1814 deerde hem niet en in 1816 begon hij ook stoommachines te bouwen. Koning Willem I had een fijne neus voor dit soort ondernemers die zijn plannen konden steunen. In 1817 verschafte hij John Cockerill voor een spotprijs het voormalig paleis van de Luikse bisschoppen te Seraing. Dat werd nu het centrum van het Cockerill-imperium. Hier richtte John de eerste hoogovens met cokesverbranding op en toen Roentgen in Rotterdam in 1823 met stoomboten wilde gaan varen, was Cockerill de aangewezen man om een exclusief contract voor de levering van scheepsmachines af te sluiten. Voor financiering van de grootse plannen zorgde de Société Générale, opgericht in 1822, en als het moest verstrekte ook de regering wel leningen en subsidies. John Cockerill was uiteraard een aanhanger van koning Willem I, maar na 1830 kon hij ook samenwerken met de nieuwe

Belgische regering, als het erom ging zijn gigantisch economisch imperium tot verdere expansie op te stoten. Ten slotte heeft de kapitalistische begoocheling van steeds maar willen groeien ook John Cockerill over de kop gejaagd. In 1838 kwam de crisis. Hij kon niet meer aan zijn verplichtingen voldoen. De Belgische overheid hield het bedrijf echter boven water, omdat anders tienduizenden gezinnen brodeloos zouden zijn geworden. Het bedrijf werd een NV. John Cockerill stierf gedesillusioneerd in 1840, maar tijdens zijn grote jaren waren de woorden van een Engels commentator in menig opzicht op hem van toepassing geweest: 'Hij is een industrieel zoals Shakespeare een dichter was.'

Historici als Colenbrander en Japikse hebben zich vrolijk gemaakt over de retoriek die in de Nationale Vergaderingen in de ellenlange redevoeringen doorklonk. Ze hebben beweerd dat in de Republiek niets origineels tot stand kwam en dat alles van Frankrijk werd overgenomen, en ze hebben het betreurd dat uiteindelijk de grondwet van 1798 alleen via de staatsgreep van 22 januari 1798 tot stand kon komen. Er was zelfs een tweede staatsgreep nodig om de radicalen, die zelf een voorlopig uitvoerend bewind hadden gevormd, te dwingen de bepalingen van hun eigen grondwet na te leven, nieuwe verkiezingen uit te schrijven en een definitief uitvoerend bewind te benoemen. Deze tweede staatsgreep geschiedde onder leiding van Daendels, op verzoek van de agenten Spoors (voor het leger) en Gogel (voor financiën). Op 12 juni trok Daendels met een paar afdelingen soldaten het gebouw van het uitvoerend bewind in Den Haag binnen. De twee belangrijkste directeuren, Wijbo Fijnje en Pieter Vreede, wisten te ontsnappen, maar hun rol was uitgespeeld. Er kwamen nieuwe verkiezingen en drie jaren lang is de Bataafse Republiek geregeerd volgens de bepalingen van de staatsregeling van 1798. Dat is werkelijk een origineel staatsstuk geweest, waarbij het nodige aan Franse voorbeelden is ontleend, maar niet zozeer omdat de Franse bezetting zo nodig hier alles wilde regelen. Ondanks de retoriek over vrijheid en vriendschap, waarvan ook de Fransen niet wars waren, hebben de Fransen meer aandacht gehad voor de materiële rijkdom die in de Republiek lag opgetast dan voor de overeenkomsten in politieke denkbeelden. Immers, Pichegru had in december 1794 vooral tot zijn inval in de Noordelijke Nederlanden besloten omdat hij zijn leger niet meer kon voeden in de verarmde en leeg geplunderde Zuidelijke Nederlanden. Waar het de Fransen werkelijk om te doen was blijkt uit de bepalingen van het Haags verdrag, het vredesverdrag tussen Frankrijk en de Republiek, gesloten in mei 1795. In ruil voor de erkenning van de Bataafse Republiek en de garantie dat Frankrijk zich niet zou mengen in de binnenlandse aangelegenheden daarvan, beloofden de Nederlanders een schadeloosstelling van honderd miljoen gulden. Frankrijk mocht Maastricht, Venlo en Staats-Vlaanderen inlijven en kreeg medebestuur over de haven van Vlissingen. In een geheime clausule beloofde de Republiek tot de vrede vijfentwintigduizend man Franse troepen te onderhouden. Om deze reële voordelen was het de conventie te doen en de leden in Parijs waren opgetogen. Toen de Franse onderhandelaar Siéyès in Parijs terugkeerde, smeet hij een aantal guldens op de tafel voor het Comité de Salut Public en riep uit: 'Ik heb daarvan honderd miljoen stuks meegebracht.'

De Nederlandse maatschappij weerspiegeld in de *Camera obscura*

In 1839 verscheen de eerste druk van Hildebrands *Camera obscura*, met daarin beroemde schetsen als 'De familie Stastok', 'Een onaangenaam mens in de Haarlemmerhout' en 'Een oude kennis'. In latere drukken kwamen er nog meer verhalen bij, met name 'De familie Kegge' en het onvoltooid gebleven 'Gerrit Witse', beide in 1840 geschreven. De auteur was dominee Nicolaas Beets, die nog tot 1903 geleefd heeft, maar na zijn meesterwerk slechts onbetekenende gelegenheidsrijmelarij en stichtelijke beschouwingen heeft gepubliceerd. Potgieter oordeelde vrij hard over de *Camera*, sprak minachtend over 'copijeerlust des dagelijkschen levens' en vond dat de literatuur de mens tot iets hogers moest aansporen. Zelf had hij in *Jan, Jannetje en hun jongste kind* de staf gebroken over de maatschappij van zijn dagen, waarin niet de kloeke Jannen van weleer, maar de slome Jan Salie de toon aangaf. Hij zal in de *Camera obscura* gezien hebben hoe trefzeker Beets de geborneerde, conservatieve inwoners van Nederland met hun gebrek aan visie en initiatief geportretteerd heeft, en daaruit afgeleid hebben dat Jan Salie nog steeds aan de macht was.

Kenmerkend voor de sfeer van het boek is de oude Pieter Stastok uit de stad D., waarin gemakkelijk Delft te herkennen is. Zijn grootvader en vader hebben een zeer bloeiende en hijzelf een vrij bloeiende lintweverij gehad, maar hij werkt niet meer. Op zolder ligt nog een vrij aanzienlijke partij oortjesband, die oom Stastok liever daar ziet verrotten dan haar beneden de marktwaarde te verkopen. Hij heeft een onverzettelijke afkeer van stoommachines en leeft vrij sober, volgens vaste principes. Op een avondje met gasten wordt vrij bescheiden gepresenteerd: een kopje thee met een aangeklede boterham en evenveeltjes. Wijn of sterke drank komt niet op tafel. De mensen werken niet hard in Delft. Zowel de oudste commies ter secretarie Van Naslaan als de makelaar Dorbeen heeft tijd te over. Op een doordeweekse dag is een groot gezelschap in een koffiehuis aanwezig om pot te spelen op het biljart, te weten: een pikeur der kleine manege, een tweede luitenant van de infanterie, een chirurgijnsleerling 'die te veel tijd had', een graankoper, een gesjeesd student, een advocaat en een jongeling van drieëndertig jaren die op zijn moeders zak leeft een hond houdt, en nooit iets heeft uitgevoerd. In heel de *Camera* komt geen enkele industrieel of ondernemer voor – wel veel huispersoneel en mensen die van de lief-dadigheid leven, zoals het diakenhuismannetje Keesje en de moeder van Suzette Noiret, die op een hofje woont. Stastok en Van Naslaan zijn het eens over de meerdere voortreffelijkheid van de inrichting der gilden, zoals die vroeger bestond, boven die van de patenten, onder het ministerie Gogel ingevoerd. De lagere standen zijn onderdanig en serviel. Hildebrand zelf toont in 1837 wel enthousiasme voor de spoorwegen, maar is eigenlijk best tevreden met de maatschappij van zijn dagen waarin hij als jong student algemeen geëerd werd. De parvenu Kegge, die zijn geld verdiend heeft in Guyana en niet in Oost-Indië, wekt zijn afkeer en alle sympathie gaat naar de edelman baron Van Nagel en diens aristocratische dochter. De sfeer uit de *Camera obscura* stijgt eveneens op uit een op statistieken gebaseerde studie van professor J.A. de Jonge over Delft in de negentiende eeuw. Vóór 1850, ja tot 1870 was dit een 'stille, nette plaats' waar hij geen enkele echte onder-nemer kon aantreffen. Wie de *Camera obscura* goed leest, kan begrijpen waarom de industriële revolutie in Nederland zo laat en zo moeilijk van de grond kon komen.

Deze financiële aderlating kon de Republiek zich overigens nauwe-lijks veroorloven, want het ging bar slecht met de economie. Veel patriotten waren in abstracto wel aanhangers van liberale beginselen, maar dat bracht geen brood op de plank. Sinds 1780 liep de overzeese handel schrikbarend terug; doordat de Republiek in 1795 weer in oorlog met Engeland kwam, werd dat proces nog verhaast. Engeland beheerste de zee en ook de gecombineerde zeemacht van Frankrijk en de Republiek kon die Britse hegemonie niet aantasten. Op 11 oktober

1797 leed de Bataafse vloot onder admiraal De Winter een zware nederlaag tegen een Engels smaldeel ter hoogte van Camperduin bij de Hondsbosse Zeewering. Men kan niet zeggen dat er heimelijk nog veel sympathie voor de Oranjes zou zijn, die nu met Engeland verbonden waren. Het scheepsvolk vocht dapper genoeg, maar de Engelsen waren nu eenmaal sterker. Twee jaar later, in 1799, landden de Engelsen en de Russen zelfs met een expeditieleger van zestien- à zeventienduizend man in Noord-Holland. Mogelijk is de Bataafse vloot toen in verwarring gebracht, doordat de vijandelijke schepen de prinsenvlag voerden. Maar toen de troepen eenmaal aan land waren konden zij niet verder komen dan Bergen en Alkmaar, er ontstond geen volksbeweging ten gunste van de invallers en in oktober, na twee maanden, trokken de invallers zich terug.

Afkeer van de Fransen en onvrede met de nieuwe regering van de Bataafse Republiek vormden niet de grootste problemen in 1800. De grootste problemen waren de armoede, de werkloosheid en de economische misère waardoor vooral Holland, Zeeland en Utrecht geteisterd werden. De landbouw begon zich aardig te herstellen na de grote crisis van het midden van de achttiende eeuw; nog steeds was ongeveer vijftig procent van de beroepsbevolking in de Republiek werkzaam in de agrarische sector, en die hadden het niet beroerder dan ze het altijd al gehad hadden. Maar in de handels- en industriesteden van het Westen heerste diepe malaise. De overzeese handel stagneerde, zoals gezegd. De handel over land beleefde nauwelijks betere tijden. De Zuidelijke Nederlanden, die in 1794 bij Frankrijk waren ingelijfd, konden profiteren van het geweldig grote afzetgebied dat opeens voor hen open lag. De export van de Bataafse Republiek daarentegen stuitte aan de zuidgrens op een douanelinie met veel hogere toltarieven dan er voor 1795 met de Oostenrijkse Nederlanden bestaan hadden. De patriotten hadden hun mond vol van de gouden tijden die voor de economie zouden aanbreken als hun liberale ideeën in praktijk gebracht werden. Bij de plechtige optocht op 3 maart 1796 in Den Haag, ter ere van de bijeenkomst der Nationale Vergadering, werden er op diverse wagens voorstellingen meegevoerd die moesten symboliseren hoe de diverse sectoren van de Nederlandse economie zouden opbloeien onder de regeringen van vrijheid, gelijkheid en broederschap. Vooral de industrie zou tot nieuw leven moeten komen. En inderdaad lagen hier behoorlijke kansen. Nog steeds was er veel kapitaal in de Republiek dat om investeringen vroeg, en de arbeidende bevolking was behoorlijk ontwikkeld. Zoals in de Zuidelijke Nederlanden in deze jaren de industriële revolutie met stoommachines en nieuwe produktiemethoden op gang kwam, zo zou dat ook in het noorden mogelijk moeten zijn. Helaas is er niets van in huis gekomen, mogelijk omdat de leveranties aan Frankrijk te veel kapitaal wegzogen, mogelijk ook omdat er nog geen echte industriële ondernemers in Nederland rondliepen. De kapitaalbezitters weigerden te investeren in andere zaken dan staatsleningen, banken en handelsondernemingen. Inventiviteit en belangstelling voor de natuurwetenschappen waren zeker aanwezig, maar leidden niet tot innovaties op industrieel terrein.

Als in het noorden een industriële revolutie op gang was gekomen, zou daarmee de levensstandaard van de arbeidende bevolking niet onmiddellijk zijn gaan stijgen. Dat bleek bijvoorbeeld in België, waar in Vlaanderen – in de streek van Verviers, in de omgeving van Luik en elders – machines ingevoerd werden bij de textielindustrie, de mijnbouw en de hoogovens. Daar bleef het loonpeil aanvankelijk ook nog laag. Maar daar kwam tenminste uitzicht op een betere toekomst. In Nederland daarentegen nam de armoede toe in de traditionele handels- en industriesteden, en daar leek het alleen maar slechter te zullen worden. Alleen de landbouw beleefde een zekere bloei, maar dit leidde juist weer tot hogere prijzen voor de eerste levensbehoeften, tot nadeel van de armen in de steden. De aantallen bedeelden waren daar groot. Historici hebben de neiging enkele spectaculaire cijfers te noemen, die geen algemene geldigheid hebben. Zo was op een bepaald moment in 1809 meer dan vijftig procent van de Amsterdammers bedeeld, maar dat was niet de normale toestand. Normaal was wel dat in de hele Franse tijd in de provincie Utrecht een tiende van de bevolking op de bedeling was aangewezen. En in Holland lag dit cijfer nog wat hoger, tegen de vijftien procent. Er valt ook te constateren dat het aantal vondelingen in Amsterdam na 1795 spectaculair toenam en dat de totale bevolking daalde van 217.024 in 1795 naar 180.179 in 1815. De bedelarij werd een nog groter probleem dan in de achttiende eeuw en de bedelaars werden agressiever. Boeren in Winterswijk durfden hun geen aalmoezen te weigeren uit vrees dat hun woningen in vlammen zouden opgaan. En ook de koopkracht van de mensen die wel werk hadden daalde. Uit een statistiek van de lonen van ongeschoolde bouwvakkers in Alkmaar, afgezet tegen de prijs van roggebrood, blijkt dat voor hen de toestand na 1780 en vooral sinds 1795 dramatisch verslechterde. Er is bittere armoede geleden in de Franse tijd. En ook de middengroepen van winkeliers, zelfstandige ambachtslieden en kleine ambtenaren raakten in moeilijkheden: bij hen is een duidelijke verarming en declassering te constateren.

Daartegenover konden enkele volksvertegenwoordigers en radicale politieke denkers wel betogen dat de staat de plicht had zijn behoeftige burgers te hulp te komen en dat iedereen recht op arbeid had, maar in de praktijk bleek daar weinig van. Al in de patriotse tijd was het parool geweest dat werkverschaffing nuttiger, eervoller en goedkoper was dan bedeling, maar het terrein bleef hier beheerst door goedwillende particulieren die weinig concrete resultaten boekten. Wel sprak de staatsregeling van 1798 uit dat de overheid een taak had bij de bestrijding van de armoede. Als gevolg daarvan kwam op 15 juli 1800 een algemene armenwet tot stand, waardoor de staat toezicht kreeg op de verschillende particuliere armbesturen. De staat zou zelfs werkhuizen en gestichten moeten oprichten, waarin valide paupers arbeid en kinderen van armen een nuttige opvoeding zouden krijgen. Maar de kerken en de particuliere armbesturen hielden niet van dit soort pottekijkerij. De armenwet van 1800 is nooit uitgevoerd en in 1802 zelfs officieel ingetrokken.

De Bataafse bestuurders hadden overigens een brandende belangstelling voor alles wat te maken had met het herstel van de welvaart. In 1798 kwam er zelfs een agent of minister 'van Nationale Oeconomie, zich uitstrekkende tot Koophandel, Zeevaart, Visscherijen, Fabrieken, Trafieken, Landbouw en alle andere middelen van bestaan'. Sinds 1799 was dit de zeer bekwame J. Goldberg, die een grote activiteit heeft ontplooid en mede de kaders heeft gebouwd waardoor uiteindelijk de welvaart van Nederland is verwezenlijkt. Met name heeft hij de basis gelegd voor een betere informatie over het bedrijfsleven, door middel van een aantal enquêtes die hij heeft georganiseerd. Zijn collega Izaak Gogel, sinds 1798 agent van financiën, heeft nog belangrijker werk gedaan doordat hij de maatregelen heeft genomen die in 1805 leidden tot de invoering van samenhangende centrale belastingen. Het belastingstelsel van vóór 1795 was immers een van de zwakke punten van de Republiek geweest. Over nieuwe heffingen moest eindeloos lang onderhandeld worden tussen de autonome gewesten. Er bestond een rigide stelsel van verdeling over de zeven provinciën, waarbij een Hollands quota van meer dan zevenenvijftig procent van het totale bedrag waarschijnlijk te hoog was en waarbij de nadruk veel te veel op indirecte belastingen, met name op accijnzen viel. Gogel was een voorstander van directe belastingen; in deze tijd was een echte inkomstenbelasting nog niet mogelijk, maar wie zijn rijkdom wilde tonen moest daarvoor wel betalen. Dit is de grondslag van de personele belasting, die geheven werd naar de kenmerken van welstand: huurwaarde, personeel dat men in dienst had, het bezit aan paarden, de aanwezigheid van haardsteden, vensters en meubelen in de woning. Daarnaast handhaafde Gogel accijnzen op zout, zeep, turf, geslacht, gemaal, tabak en sterke dranken. Iedereen die verder een bedrijf of vrij beroep uitoefende moest patentbelasting betalen. Ook kwam er een uniforme grondbelasting, waarvoor een betrouwbaar kadaster werd aangelegd. Convooien en licenten bleven gehandhaafd.

Nog meer heilzame unificatie bracht de Franse tijd. In 1812 kwam er eindelijk eenheid in de maten en gewichten door de invoering van het Franse metrieke stelsel. Iedere historicus die wel eens heeft moeten werken met de mudden, roeden, ellen en bunders uit het ancien régime, zal voldoende begrip hebben voor het belang van die maatregel. De zes provinciale munthuizen werden samengevoegd tot de rijksmunt in Utrecht. In 1811 kwam er een bevolkingsregister waar alle geboorten, huwelijken en sterfgevallen werden geregistreerd. Toen hebben alle Nederlanders een achternaam moeten aannemen en velen van de thans levenden hebben nog redenen om het gebrek aan inventiviteit of de platvloerse geestigheid van hun voorvaderen te betreuren. Ten slotte kwam er een goede regeling voor het onderwijs dankzij de schoolopziener Adriaan van den Ende en de agent van nationale opvoeding J.H. van der Palm, die later grote bekendheid zou krijgen als zoetgevooisde kanselredenaar. Zij bepaalden dat een openbaar onderwijs dat van overheidswege gegeven en bekostigd zou worden, regel moest zijn en dat de kerken toestemming nodig hadden voor het oprichten van bijzondere scholen. Wel zou het hoofddoel ook op de openbare scholen zijn 'een opleiding tot alle maatschappelijke en christelijke deugden', een formulering die de bittere pil voor de kerken wat moest verzoeten en die zich lang heeft weten te handhaven. Er kwam nu ook een algemeen voorgeschreven spelling, opgesteld door de Leidse hoogleraar Siegenbeek.

Zoals men ziet waren de verantwoordelijke bestuurders in de praktijk geen echte volgelingen van de leer van niet-inmenging, van *laissez-passer*. Zij hadden veeleer de behoefte de zaken van bovenaf te regelen, ook op economisch gebied. Eigenlijk zou men hen eerder mercantilistisch dan liberaal kunnen noemen, en daarom zal Koning Willem I later zo voortreffelijk hebben kunnen samenwerken met de ambtenaren die hun eerste ervaringen in de Franse tijd hadden opgedaan. Daarbij was het natuurlijk ook van belang dat de extreem-democratische beginselen van de staatsregeling van 1798 geleidelijk aan wat werden teruggedraaid. In 1801 kwam een nieuwe staatsregeling tot stand, die reactionair en aristocratisch moet heten in vergelijking met die van 1798. Drie tendensen hebben daartoe meegewerkt. Allereerst was er een duidelijke invloed vanuit Frankrijk, waar Napoleon Bonaparte door de staatsgreep van 18 brumaire (9 november 1799) eerste consul en feitelijk dictator was geworden. Napoleon was vóór alles generaal en hij vond dat de Bataafse burgers hem onvoldoende subsidies gaven voor zijn belangrijke oorlogen. Daarom zou een nieuwe grondwet waarin de uitvoerende macht versterkt werd, hem niet onwelkom zijn. Verder was er natuurlijk in Nederland ook wel wat ontgoocheling, omdat er ondanks de democratische beginselen geen hemel op aarde was neergedaald en het sukkelen bleef met de economie. Met name de kunstmatige indeling in departementen met miskenning van de oude provinciegrenzen was niet populair. Belangrijk was ten slotte ook dat veel aristocraten en zelfs Orangisten meenden dat zij onderhand best weer eens in de regering konden komen en zij vonden voor die opvatting begrip bij veel van de zittende magistraten. Er deed het hele jaar 1801 een ontwerpstaatsregeling de ronde, waar verschillende geïnteresseerde partijen hun steentje aan bijdroegen. Het vertegenwoordigend lichaam evenwel verwierp het ontwerp met algemene stemmen. Volkomen onwettig legde het uitvoerend bewind het toen toch aan de grondvergaderingen voor, die het eveneens met grote meerderheid verwierpen. De directeuren rekenden echter de thuisblijvers bij de voorstemmers en verklaarden het ontwerp op die bedenkelijke manier tot aangenomen. Op die manier werd het nieuwe bestuur over wat nu het Bataafse Gemenebest heette geboren. Het staat bekend als het staatsbewind en kan nauwelijks democratisch heten. Het is een van de minst succesvolle regeringen geweest die Nederland heeft gekend. De uitvoerende macht berustte bij een staatsbewind van twaalf leden, dat de eerste keer als een soort coöptatie benoemd was door de drie directeuren die waren blijven zitten. Er kwamen zo zelfs twee Orangisten in: Brantsen en Van Burmania Rengers. De wetgevende macht berustte bij een wetgevend lichaam van vijfendertig leden, dat de eerste keer rechtstreeks benoemd was door het staatsbewind. Pas in 1803 trad daarvoor een kiessysteem in werking. De grenzen van de oude provincies werden hersteld. Was het een wonder dat Gijsbert Karel van Hogendorp in oktober 1801 de tijd gekomen achtte om een *Verklaring aan het staatsbewind* te publiceren, waarin hij restauratie van het Oranjehuis bepleitte? Willem v van zijn kant ontsloeg zijn aanhangers van hun verplichting aan hem als stadhouder door de brieven van Oraniënstein van december 1801 uit te vaardigen. Dit betekende dat zij weer openbare ambten konden gaan bekleden en in 1802 zouden Orangisten volgens een schatting veertig procent van alle posten in de verschillende departementen vervullen. In 1802 kwam er ook vrede met Engeland tot stand te Amiens, waarbij Nederland de meeste koloniën terugkreeg, behalve Ceylon en wat Zuidamerikaanse bezittingen. Zou de handel en daarmee de welvaart zich misschien nog herstellen?

Helaas: het volgend jaar, 1803, brak de oorlog met Engeland opnieuw uit en dit betekende een einde van alle illusies. De Republiek was definitief geketend aan Frankrijk, waar Napoleon in 1804 zichzelf tot keizer kroonde. Geleidelijk aan zou hij heel Europa trachten te beheersen en zeker Nederland kon daarbij niet buiten spel blijven. Napoleon had het geld van de Bataafse burgers nodig. Hij ergerde zich aan de vele Engelse goederen die hier via Duitsland binnenkwamen. Er was een staatsschuld van 1126 miljoen gulden waarop jaarlijks 34 miljoen aan rente moest worden betaald, terwijl er nog steeds geen goed belastingstelsel was. Er moest maar eens een eenhoofdige leiding komen met veel centralisme. De Nederlandse gezant te Parijs, Rutger Jan Schimmelpenninck, leek niet ongeschikt als staatshoofd en hij kon de mooie titel van raadpensionaris krijgen: dan werd meteen lippendienst bewezen aan de historie. Schimmelpenninck was afkomstig uit een burgerlijk geslacht, maar hij had vele contacten met aristocratische regenten en hij zou het liefst maar de lijn van de reactie, die in 1801 was aangezet, doortrekken. Hij was bang dat algemene belastingen fnuikend zouden zijn voor de rijken en het is misschien karakteristiek voor hem dat hij tijdens zijn bewind de heerlijke rechten herstelde. Napoleon heeft zich tegen deze ideeën niet verzet toen Talleyrand, zijn minister van buitenlandse zaken, zijn goedkeuring had gegeven aan een rapport van Schimmelpenninck. Van 1805 tot 1806 is hij raadpensionaris geweest en onder zijn bewind zijn enkele goede maatregelen tot stand gekomen, zoals de belastingwetten van Gogel en de definitieve regeling van het openbaar onderwijs. Maar dat geschiedde veeleer ondanks Schimmelpennincks principes, en de voornaamste verdienste daarvan komt toe aan zijn medewerkers Gogel, Goldberg en Van den Ende. Schimmelpennincks bestuur was dan niet onsuccesvol, toch heeft het slechts ruim een jaar geduurd, omdat Napoleon andere plannen had. Als hoofd van de Corsicaanse familie-clan der Bonapartes had hij de plicht zoveel mogelijk voor zijn verwanten te doen. Zijn jongere broer Lodewijk, geboren in 1778, had zich altijd in dienst van de grote keizer gesteld. Hij had hem bijgestaan in zijn veldtochten en was in 1802 gehoorzaam getrouwd met Napoleons stiefdochter Hortense de Beauharnais, en toch had hij het niet verder gebracht dan brigade-generaal. In de zomer van 1806 kwam de beloning: zijn benoeming tot koning van Holland. Bovendien kon hij zo beter de Franse belangen in het oog houden, want na de vernietiging van de Franse vloot bij Trafalgar in 1805 wanhoopte Napoleon eraan of hij Engeland nog met militaire middelen op de knieën zou kunnen krijgen. Daarom besloot hij het Continentaal Stelsel in te voeren, dat Engeland economisch moest overwinnen, omdat het de import van Engelse goederen op het vasteland onmogelijk maakte. Napoleon moest de hele kustlijn van Europa beheersen en uiteraard ook die van de Nederlanden. Tijdens de regering van Koning Lodewijk (1806-1810) is dit echter een zwakke stee gebleven, omdat de goedhartige koning weinig door-tastend optrad tegen de wijdvertakte smokkelhandel. Goedhartig was de koning inderdaad, en ook vrijgevig en gauw ontroerd, hetgeen hij toonde bij gelegenheden als de ontploffing van het kruitschip te Leiden en ernstige rivieroverstromingen in de Betuwe. Maar men kan moeilijk zeggen dat deze eerste koning van Nederland uit de ge-schiedenis een bijzonder efficiënt bewind heeft gevoerd. Hij was ongedurig en verkwistend, zijn slechte gezondheid – waarschijnlijk leed hij aan chronische syfilis – en de indiscreties van zijn vrouw maakten hem tot de risee van heel Europa. Engelse troepen die in 1809 op de Zeeuwse eilanden landden en in niet geringe mate Antwerpen bedreigden, verschaften Napoleon als het ware het voorwendsel om eerst al het land ten zuiden van de grote rivieren bij Frankrijk in te lijven en vervolgens, in juli 1810, heel het koninkrijk Holland, met alle gevolgen van dien.

Nu werd het menens. Nu werd ook bij ons het Continentaal Stelsel in volle omvang doorgevoerd. Nederlandse jongemannen moesten nu als recruten dienen in de Franse legers, terwijl al eeuwenlang de oorlogen hier met buitenlandse huurtroepen waren uitgevochten. Er kwam ook een drastische oplossing voor het probleem van de steeds maar stijgende staatsschuld, waarvan de rente nauwelijks meer op te brengen was. Met één pennestreek werd ook hier, evenals in Frankrijk, de tiërcering doorgevoerd, dat wil zeggen dat slechts eenderde van de rente werkelijk werd uitbetaald. De douanelinie aan de zuidgrens bleef voorlopig bestaan en zou pas in 1812 verdwijnen. Dit waren stuk voor stuk harde maatregelen, die naar men zou verwachten geëigend waren om nationaal verzet op te roepen. Toch is er geen sprake van verzet geweest. De ambtenaren bleven in functie. Er werd alleen veel efficiënter gewerkt. Er kwamen goede landwegen, de bekende Napoleonwegen, onder andere tussen Amsterdam en Utrecht, en de belastingen daalden zelfs. Toen Napoleon in 1812 verslagen uit Rusland terugkeerde, toen hij in 1813 een nederlaag leed bij Leipzig, kon zijn bewind niet duren en heeft Nederland zich ook bevrijd. Maar het gaat niet aan om de Franse inlijving gelijk te stellen aan de Duitse bezetting van 1940-1945, en in degenen die met de Fransen samenwerkten een soort vroege NSB'ers te zien. Dat blijkt wel uit het feit dat velen na 1813 eenvoudig in hun ambt gecontinueerd werden. Het is voor de zelfstandigheid van Nederland van belang geweest dat in november 1813, toen de Franse troepen zich terugtrokken in Parijs, een driemanschap, Van Hogendorp, Van der Duyn van Maasdam en Van Limburg Stirum, een voorlopig bestuur heeft gevormd en de erfprins heeft uitgenodigd naar Nederland terug te keren. Het is een nationale mythe dat het hele volk hunkerde naar de bevrijding. De romantische taferelen op het monument van Plein 1813 in Den Haag overdrijven het enthousiasme voor Oranje, dat zeker niet in alle kringen van de bevolking algemeen was. Door de overdreven aandacht die in de Nederlandse geschiedenis wordt gegeven aan de restauratie van 1813, blijft de werkelijke betekenis van de jaren 1795 tot 1813 al te zeer versluierd. Juist in die jaren immers is de centralisatie gekomen, juist toen zijn de fundamenten voor een echte democratie gelegd, toen ook zijn de economische opvattingen doorgebroken die pas veel later in praktijk zijn gebracht en die sindsdien voor een welvaart hebben gezorgd die zonder weerga mag heten.

Alle de aanzienlijken komen in de regeering.
Het volk krijgt een vrolijken dag op gemeene kosten.
De oude tijden komen wederom.
Oranje Boven!

Zo stond te lezen in de proclamatie die Van Hogendorp in november 1813 als vlugschrift verspreidde. Deze oud-regent leek te menen dat een volledige restauratie mogelijk was en dat de oude Republiek der Zeven Verenigde Nederlanden op de een of andere manier zou kunnen herleven. Dat kon natuurlijk niet na de centralisatie, de democratie en het efficiënte bestuur uit de Franse tijd. Willem Frederik, de zoon van de oude stadhouder Willem v, heeft misschien soortgelijke illusies gekoesterd toen hij op 30 november 1813 te Scheveningen landde, maar weldra heeft hij begrip getoond voor de realiteit van de omstandigheden hier te lande. Hij zag in dat hij geen stadhouder meer kon worden, maar koning moest zijn van een gecentraliseerd rijk, dat de Unie van Utrecht had afgedaan, dat er een nieuwe grondwet moest komen en dat hij aangewezen was op de steun van ambtsdragers als Van Maanen, Falck en Kemper, die het vak tijdens de Franse tijd hadden geleerd. 'De Koning is patriots geworden,' constateerden de oud-regenten teleurgesteld, maar daarin vergisten ze zich toch. Willem I gedroeg zich veeleer als een verlicht despoot in de beste tradities van de achttiende eeuw. Er kwam een grondwet, maar dan één die volgens de koning niet was afgedwongen door het volk, maar die door hem uit vrije wil was geschonken om de onderdanen meer bij het bestuur te betrekken, en niet om hen de gelegenheid tot oppositie te geven. Algemeen kiesrecht, zoals in 1798, kwam er natuurlijk niet en het parlement werd nog samengesteld door verkiezingen vanuit de provinciale staten, zodat de gewestelijke zelfstandigheid een zwaar accent kreeg. Ministers waren nog precies wat het woord letterlijk betekende, dienaren van de koning, en wie kritiek op hen zou willen oefenen, beschuldigde daarmee tegelijk de koning, want er bestond geen ministeriële verantwoordelijkheid. In principe was er openbaarheid van financiën, maar de koning liet zich daardoor niet storen als hij met geheime fondsen een heilzaam doel kon realiseren. Het parlement moest de wetten goedkeuren, maar zo nodig regelde Willem I ook belangrijke zaken door middel van koninklijke besluiten, waarbij hij geen lastige pottekijkers hoefde te dulden.

De Nederlandse onderdanen hadden trouwens rekening te houden met de eisen van de grote politiek, nu Europa opnieuw moest worden ingericht na Napoleons nederlaag. In de loop van 1813 was de erfprins Willem Frederik al naar Engeland getrokken om met minister Castlereagh over zijn belangen te praten. Het was toen nog allerminst zeker dat hij eerlang in Nederland zou opvolgen, maar toch koesterde hij al grote ambities. Wat moest er met de Zuidelijke Nederlanden gebeuren? Aan Frankrijk laten kon niet, Oostenrijk had er geen belangstelling voor en niemand dacht nog aan een zelfstandig België. De grote mogendheden, Engeland voorop, wensten wel een sterke wachtpost aan Frankrijks noordgrenzen en hier lagen grote kansen voor Willem I. In juni 1814 werd de vereniging van Nederland en België onder de soevereine vorst Willem I geregeld in de acht artikelen van Londen. Nederland en België moesten versmelten in 'een innige en totale vereniging'. De godsdienst zou vrij zijn en de Belgen moesten op passende wijze in de Staten-Generaal vertegenwoordigd zijn. De enorme staatsschuld van Nederland en de onbetekenende van België zouden in een amalgama worden samengevoegd en op beide landen gezamenlijk drukken. Geen van de Belgen was gekend in de besluiten van de grote mogendheden, die op het Wener congres van 1814-1815 bevestigd werden. Veel conservatieve geestelijken waren echter furieus tegen de vrijheid van godsdienst onder een protestantse koning. De protesten kregen kans gehoord te worden toen een Belgische vergadering van notabelen moest oordelen over het nieuwe grondwetsontwerp, waarin deze vrijheid van godsdienst was vastgelegd en waarin ook de Staten-Generaal gesplitst werden in een Eerste en een Tweede Kamer, naar Engels voorbeeld. De notabelen verwierpen het ontwerp met een flinke meerderheid, maar Willem I rekende een honderdtal mensen die alleen vanwege de godsdienstvrijheid hadden tegengestemd en alle thuisblijvers tot de voorstemmers, en verklaarde de grondwet voor aangenomen. De Belgen waren verontwaardigd over deze 'Hollandse rekenkunde', maar Willem i dacht dat hun woede wel zou verminderen als zij de zegeningen van zijn bewind zouden ervaren. Bovendien heeft het Oranjehuis in 1815 de nieuw-verworven grond met de wapens in de vuist verdedigd, toen Napoleon uit Elba ontsnapte. De kroonprins, de in 1792 geboren latere Willem ii, oogstte onsterfelijke krijgsroem als generaal in het Engelse leger. 'De held van Quatre-Bras en Waterloo' kreeg zelfs op het slagveld een kogel door de schouder, een gebeurtenis die vereeuwigd is op een gigantisch schilderij van Pieneman. Al is dus het bloed der Oranjes vergoten ter verdediging van het nieuw-gewonnen gebied, de 'innige en totale vereniging' van Nederland en België, die de acht artikelen van Londen hadden gevraagd, is niet mogelijk gebleken.

Dat kwam ook doordat het economisch niet goed ging, vooral niet met Nederland. Dat land was sterk verarmd uit de Franse tijd gekomen. Veel Nederlandse investeringen in het buitenland bleken verdwenen te zijn of waardeloos geworden na de verwarring van de Napoleontische oorlogen, de staatsschuld was tot astronomische hoogten gestegen en er was voor de arbeidende bevolking te weinig werkgelegenheid, omdat de industrie met de verouderde handkracht bleef werken, de handelaars de illusies koesterden dat het oude systeem van de stapelmarkt te herstellen was en de bevolking van hoog tot laag heel weinig initiatief toonde. Alleen in de landbouw ging het wat beter. Dat blijkt uit een behoorlijke hoeveelheid droog-makerijen en andere landaanwinningsprojecten uit de eerste helft van de negentiende eeuw. Na de euforie van de jaren 1814 en 1815, toen er een schijnwelvaart heerste door een massale invoer van Engelse goederen, was 1816 meteen alweer een hongerjaar, mede omdat de aardappeloogst onvoldoende opbracht. Het eigenaardige is dat on-middellijk in 1815 de bevolking zeer krachtig is gaan groeien, ondanks de ongunstige economische omstandigheden. Van 1815 tot 1830 nam de bevolking toe van net 2,2 miljoen tot ruim 2,6 miljoen. Is het dan toch waar dat na iedere oorlog de natuur voor nieuw kanonnenvlees zorgt? Het grote aantal nieuwe monden dat gevoed moest worden, terwijl de economie bleef stagneren, maakte de spoeling voor de individuele mens dun. Van 1770 tot 1850 is het inkomen per capita, dat wil zeggen datgene wat iedereen gemiddeld jaarlijks te verteren had, zelfs gedaald van 250 tot 246 gulden. En dat in een tijd die in Engeland een grandioze opgang van de economie te zien gaf en waarin ook elders het inkomen per hoofd van de bevolking steeg. Het aantal armen en bedeelden bleef groot in Nederland.

De Zuidelijke Nederlanden zagen na 1815 een vergelijkbare bevolkingsgroei van 3,2 miljoen in de Napoleontische tijd naar 3,8 miljoen in 1830, 4 miljoen in 1840 en bijna 5 miljoen in 1865. Daar was de industriële revolutie wel op gang gekomen, maar dat betekende niet onmiddellijk een vetpot voor de hele bevolking. Ten eerste hadden de lonen en inkomens in de achttiende eeuw erg laag gelegen en de achterstand was niet zo gauw in te halen. Verder kwam de moderne industriële ontwikkeling niet overal meteen op gang. Tot 1830 gebeurde dat vooral in de textielsector in Gent en Verviers en in de ijzerindustrie en mijnbouw in Luik en Henegouwen. Tenslotte was de kapitalistische industrie, méér dan het traditionele handwerk, vaak het slachtoffer van crises en recessies. Bij werkloosheid waren er nauwelijks sociale voorzieningen, en ontslagen arbeiders moesten terugvallen op particuliere armbesturen die niet altijd voldoende toegerust waren voor een adequate steunverlening. Werkloze industrie-arbeiders vormen al gauw een revolutionaire massa en dat is in België ook te constateren. De economische crisis in het jaar 1830, na de strenge winter van 1829-1830, heeft wel degelijk het succes van de Belgische revolutie in de hand gewerkt.

Willem I had zich twee belangrijke taken gesteld: de vereniging van Nederland en België tot een succes maken, en in beide landen de welvaart herstellen door de moderne economie te introduceren. Daarbij zou Nederland als handelsland uit het buitenland de grondstoffen moeten aanvoeren voor de Belgische industrie en de produkten daarvan overal ter wereld verkopen. Grondstoffenleverancier en afzetgebied zouden in de eerste plaats de koloniën in Oost en West moeten zijn, die Engeland voor het grootste deel had teruggegeven. De economische opvattingen van de koning waren nog niet die van het klassieke liberalisme. Hij voelde niets voor staatsonthouding, maar meende dat de overheid op alle mogelijke manieren het economisch leven moest stimuleren. Ook in dit opzicht sloot hij beter aan bij de traditie van de verlichte despoten dan bij die van Adam Smith.

Willem I heeft bij de meeste historici lof geoogst voor zijn economische activiteiten en terecht. Toch hebben zijn maatregelen althans in Nederland nauwelijks het beoogde effect gehad, en dat bewijst wel dat de individuele mens de onpersoonlijke krachten van de economie maar tot op zekere hoogte kan sturen. In het zuiden had hij meer succes, maar daar was dan ook al eerder, onafhankelijk van de koning, een moderne economische ontwikkeling op gang gekomen. 's Konings maatregelen zijn overigens zeker een stimulans geweest. Allereerst werd de infrastructuur verbeterd: zowel in het zuiden als in het noorden kwamen verschillende kanalen tot stand en ook de lengte van het landwegennet groeide, eigenlijk nog veel meer dan in de Franse tijd. Meteen in 1814 werd de Nederlandse Bank opgericht, die het recht kreeg bankbiljetten uit te geven. Sinds de ongelukkige ervaringen met de bank van John Law in de twintiger jaren van de achttiende eeuw en de assignaten in de Franse tijd bestond er een groot wantrouwen tegen papiergeld, maar de betrouwbaarheid van de Nederlandse Bank heeft dat wantrouwen doen verdwijnen. Gewone bankzaken en kredietverlening, die ook tot de taken van de Nederlandse Bank behoorden, waren de hoofdtaak voor de Algemene Nederlandsche Maatschappij ter Begunstiging van de Volksvlijt, die beter bekend is onder zijn Franse naam, de Société Générale. Dat was in principe een particuliere onderneming, maar de koning nam een zeer werkzaam aandeel in de oprichting daarvan in 1822. Datzelfde was het geval bij de Nederlandse Handelmaatschappij, gesticht in 1824. De koning nam zelf aandelen voor een bedrag van vier miljoen gulden en garandeerde een rente van 4,5 procent gedurende twintig jaar. De bedoeling van de NHM was aanvankelijk om handelsrelaties te stimuleren over de hele wereld, maar vanaf 1830 concentreerde zij zich op Indonesië. Daar begon in 1830 het cultuurstelsel van generaal Van den Bosch te werken, waarbij de bevolking verplicht werd handelsgewassen als suiker en koffie voor het gouvernement te verbouwen. Deze produkten transporteerde de NHM dan naar de veilingen in Amsterdam, terwijl op de uitreis grote hoeveelheden bedrukt katoen werden geladen, bedoeld als kleding voor de Javanen. Deze handelsbeweging was geheel volgens de idealen van de koning: de koloniën leverden grondstoffen en waren afzetgebied, de Nederlandse handelaars vervoerden de waren, die door de Belgische industrie werden vervaardigd. De ironie van het geval wilde echter, dat op het moment dat dit stelsel van de grond kwam, het jaar 1830, tevens de afscheiding van België tot stand kwam. Het gevolg was dat toen een textielindustrie in het noorden uit de grond gestampt moest worden, en wel in Twente. Dit systeem had verder al heel weinig met liberale kapitalistische ideeën te maken, hetgeen ook kenmerkend is voor de mercantilistische ideeën van de koning.

Deze had overigens grote waardering voor mensen die net als hij de zegeningen van de techniek wilden introduceren en nieuwe uitvindingen in de praktijk brachten. Hij heeft zich eens laten ontvallen dat hij, als hij geen koning was geweest, de koopman Van Hoboken had willen zijn, wiens schepen op aller heren landen voeren en die een eigen scheepswerf bezat. Dergelijke mensen waren er in het noorden wel meer, zoals de oud-zeeofficier G.M. Roentgen, sinds 1823 directeur van de Nederlandsche Stoombootmaatschappij te Rotterdam, of Paul van Vlissingen, die in 1825 te Amsterdam de stoomvaart introduceerde. Dit soort ondernemers was overigens veel talrijker in het zuiden: daar heeft men geprofiteerd van de economische politiek van het vergrote koninkrijk der Nederlanden. Het is werkelijk waar wat er staat onder een plaat waarop de ontmoeting van John Cockerill en Koning Willem I is afgebeeld: 'Ga onbevreesd door met uw grote ondernemingen en besef dat de koning der Nederlanden altijd geld beschikbaar heeft ten gunste van de industrie.'

Men zou dan ook verwachten dat er bij de ondernemers in het zuiden een groot enthousiasme bestond voor het nieuwe koninkrijk. In zekere zin was dat ook zo en de hele industriële sector in België heeft een zware crisis doorgemaakt door de revolutie van 1830, toen de afzetgebieden in Nederland en de koloniën plotseling wegvielen. En toch waren ze niet echt gelukkig met het nieuwe bestuur. Dit kwam vooral door Willems taalpolitiek. De hogere standen in Vlaanderen en Wallonië waren door en door verfranst en ergerden zich aan de bevordering van het Nederlands. Willem I en zijn Nederlandse adviseurs gingen ervan uit dat Vlaanderen en Brabant Nederlandstalige gewesten waren en dat het de taak van het onderwijs was het Frans daar terug te dringen. Het onderwijs in het zuiden is onmiskenbaar verbeterd op basis van de principes van openbaar onderwijs, die sinds 1806 in Nederland golden. Door de leidende geesten in België is Nederland dit niet in dank afgenomen – niet door de intellectuelen en de ondernemers, en zeker niet door de geestelijken van de rooms-katholieke kerk, die traditioneel het onderwijs beheersten en in Willem I hun onverzoenlijke vijand zagen.

De moeilijkheden bij het aanvaarden van de grondwet en de Belgische bezwaren tegen de 'Hollandse rekenkunde' in 1815 waren slechts een eerste symptoom geweest van de oppositie der rooms-katholieken. Daarna zijn de conflicten niet minder geworden, maar juist in intensiviteit toegenomen. Er kwam een sfeer waarin haast alles tot een grief kon worden: van het optreden tegen Mgr. De Broglie, bisschop van Gent en fanatiek aanhanger van het ancien régime, tot bezwaren tegen de accijnzen. In 1816 beval Mgr. De Broglie zijn geestelijken de absolutie te weigeren aan allen die de eed op de grondwet hadden afgelegd. In 1817 verbood hij te bidden voor een vlotte bevalling van de kroonprinses Anna Paulowna. Even later vluchtte hij naar Frankrijk en werd hij bij verstek veroordeeld door een Brussels gerechtshof wegens opruiing tot opstandigheid en ongehoorzaamheid jegens het openbaar gezag. Zoiets wekte weerzin, maar er waren meer grieven: van de koperen centen die de zuinige Willem bij zijn inhuldiging in Brussel rondstrooide in plaats van zilvergeld en waarvoor men hem smalend 'de koperen koning' noemde, tot de accijns op het malen van graan, die ook in België was ingevoerd en die het brood duur maakte. 'Veur 't geloove en de maelderye,' zongen de revolutionaire Brusselaars in 1830 ter verklaring van hun optreden.

In 1825 besloot de regering om eens en voor al af te rekenen met de domme en conservatieve geestelijkheid die geen oog had voor de ware vooruitgang. Dat manco kwam doordat de kerk zelf haar priesters opleidde, vanaf de klein-seminaries waar ze al heel jong kwamen en niet alleen Grieks en Latijn leerden, maar ook geïndoctrineerd werden met haat tegen alles wat modern was. Daarom schafte de regering de klein-seminaries af, Grieks en Latijn konden de toekomstige priesters ook doceren op de staatsscholen. De eigenlijke priesteropleiding mocht de kerk zelf blijven verzorgen op de groot-seminaria.

Werkverschaffing. De Maatschappij van Weldadigheid

In de eerste helft van de negentiende eeuw is het aantal armen in Nederland toegenomen. Dat blijkt uit de statistieken. Het aantal bedeelden groeide en het bedrag dat per persoon werd uitgekeerd daalde, omdat de armbesturen gebrek aan geld begonnen te krijgen. Hoogstens zou men ter verontschuldiging kunnen aanvoeren dat de bevolking ook fors toenam, zodat het percentage van tegen de twintig procent van de totale bevolking dat op bedeling was aangewezen ongeveer gelijk bleef, maar erg overtuigend klinkt dat niet. Bij de grootse ontwikkeling van de Europese economie had het welvaartspeil moeten stijgen, maar in Nederland gebeurde dit niet. Eerst na 1850 begon het aantal bedeelden langzaam te verminderen. Het welvaartspeil van degenen die zichzelf wel konden bedruipen lag trouwens niet hoog. Na 1825 vertoonden de vleesprijzen en de graanprijzen een stijgende tendens en dit had tot gevolg dat het verbruik van vlees en brood per hoofd van de bevolking afnam. Aardappelen vormden in de eerste helft van de negentiende eeuw het hoofdbestanddeel van het Nederlandse voedselpakket. Bij dagloners, kleine boeren en zelfs bij de ambachtslieden en neringdoenden kwam zelden of nooit vlees, kaas of boter op tafel. Aardappelen werden gegeten met mosterd, soms niet eens met wat vet. Daarnaast stonden roggebrood en grutterswaren, vaak in de vorm van pap, op het menu. De bevolking was niet gezond. De kindersterfte was hoog, vooral bij zuigelingen die geen borstvoeding kregen. Die moesten al veel te gauw uit de gewone pot meeëten en kregen alle mogelijke ingewandstoornissen.

De dragers van de publieke opinie en vooral de medici zagen de gevaren van de toestand wel in. Mensen als J. Vosmaer in 1827 en G.J. Mulder in 1847 gaven de schuld van de slechte volksgezondheid aan de eenzijdige voeding met aardappelen. Ze constateerden dat er, ondanks de werkloosheid bij de Nederlanders, grote aantallen buitenlanders werden aangesteld en ze schreven dit toe aan de luiheid, de zwakke lichaamskracht en het gebrek aan vakkennis van de Nederlanders. De schuld daarvan was het stelsel van bedeling door de armbesturen. Dat doodde alle initiatief, veroordeelde de mensen tot een uitzichtloos bestaan en zou op den duur de levenskracht van de Nederlandse natie ondermijnen. Wilde het volk werkelijk uit de malaise geraken, dan zou het weer werk moeten krijgen en opgeleid worden tot deugd. Niet bedeling, maar werkverschaffing en volksopvoeding zouden het probleem van de armoede kunnen oplossen. Dat inzicht was in de beste traditie van de Verlichting: beide methoden, én werkverschaffing én volksonderwijs, zijn sinds 1750 vaak beproefd, maar ze werden voorlopig nog niet met succes bekroond.

Een nieuwe grootscheepse poging deed generaal Van den Bosch in 1818 door de oprichting van de Maatschappij van Weldadigheid. Van den Bosch is beschreven als 'een geestdriftig Nederlander'. Hij was geboren in 1780 en had in de Franse tijd carrière gemaakt in Oost-Indië. Hij was met een behoorlijk fortuin teruggekeerd naar het vaderland en genoot daar het vertrouwen van koning Willem 1. Hij had de werken van de beste economen uit zijn tijd gelezen en wilde iets doen om de grote armoede in het land te verminderen. Hij wilde werklozen en bedelaars inschakelen bij de ontginning van de woeste gronden in Nederland. In de geest van de Franse fysiocraten meende hij dat landbouw een bij uitstek produktief werk was en bijdroeg tot een hoger zedelijk peil. Het is kenmerkend voor de tijd waarin hij leefde dat niet de overheid deze taak ter hand nam, maar een particuliere vereniging, de genoemde Maatschappij van Weldadigheid, waarvan de leden vijf cent per week betaalden. Koning Willem 1 oefende echter wel druk uit op alle officieren en onderofficieren van het Nederlandse leger om lid en contribuant te worden, zodat het aantal leden in korte tijd steeg naar meer dan 22.000. Met de contributies kocht Van den Bosch in 1818 een groot landgoed in Drenthe, dat hij Frederiksoord noemde, naar 's konings zoon prins Frederik, de nominale voorzitter. Er werden meteen tweeënvijftig huisjes gebouwd, waar weldra kolonisten binnen trokken. Zij waren in principe vrijwilligers, maar stonden onder een scherpe discipline die in handen was van onderofficieren uit het leger. De mannen moesten spitten en ontginnen, de vrouwen en kinderen moesten vlas en wol spinnen.

Aanvankelijk leek de kolonie wel te floreren. De mensen werkten hard en na verloop van tijd zouden ze zich wel zelf kunnen bedruipen, als alles meezat. In 1820 kwamen er zelfs twee kolonies bij, Willemsoord en Wilhelminaoord, en het enthousiasme in den lande was groot. Plaatselijke subcommissies die zeventienhonderd gulden bijeen hadden gebracht, kregen het recht om een gezin naar één van de kolonies te sturen. Maar Van den Bosch sloot ook contracten af met gemeente- en armbesturen: tegen een jaarlijkse betaling van vijfentwintig gulden per hoofd gedurende zestien jaar konden die besturen bedeelden in de kolonies plaatsen om zo het aantal daarvan in hun eigen gemeente te verminderen. Daarnaast werd er in Ommerschans een kolonie gesticht waar bedelaars gedwongen werden heen gestuurd. En dit soort mensen misten de stad en voelden niets voor boerenwerk. Maar zij kwamen in enorme aantallen, want deze oplossing was goedkoper dan de gebruikelijke bedeling. De zaken dreigden Van den Bosch boven het hoofd te groeien. Hij zal heimelijk opgelucht zijn geweest toen Willem 1 hem in 1827 naar West-Indië zond en hij vervolgens in januari 1830 als gouverneur-generaal in Oost-Indië mocht aantreden.

De Maatschappij van Weldadigheid heeft haar stichter wel overleefd. Ze bestaat in feite nog steeds en heeft grote bezittingen in Drenthe. De bedelaarskolonies zijn in 1859 overgenomen door de Staat der Nederlanden en zijn thans de rijkswerkinrichtingen Ommerschans en Veenhuizen. De Maatschappij van Weldadigheid heeft ongetwijfeld nuttig werk verricht, maar het is een illusie gebleken dat alleen door de ontginning van woeste gronden, door streng toezicht, door verplicht onderwijs en kerkbezoek het probleem van het pauperisme kon worden uitgeroeid.

Maar voordien moest iedere student een opleiding voltooid hebben aan het Collegium Philosophicum te Leuven, waar hij de verlichte ideeën zou kunnen indrinken die hem immuun moesten maken voor het klerikale gif dat hem eventueel later zou worden toegediend. De kerk heeft deze maatregel natuurlijk niet geaccepteerd, en in 1830 heeft Willem I haar moeten intrekken. Maar toen was het al te laat. Ondertussen hadden de liberale intellectuelen die hem tot dan toe hadden gesteund, hem in de steek gelaten.

Deze Franstalige elite van advocaten, journalisten, industriëlen en hun meelopers had zich al verzet tegen de taalpolitiek in Vlaanderen. Ze vreesden geen emplooi meer te krijgen als het Nederlands de leidende taal in het koninkrijk zou worden. Ook hadden ze bezwaren tegen de beknotting van de vrijheid van drukpers. Tot nog toe was hun afkeer van de katholieken met hun conservatieve ideeën nog groter geweest dan hun bezwaren tegen de regering, maar na 1825 begon dat te veranderen, mede doordat veel Belgische katholieken waardering begonnen te koesteren voor de ideeën van de Fransman Lamennais, en deze had wel oog voor de idealen van de Franse Revolutie. Zo staakten in 1828 de liberalen en katholieken hun aanvallen op elkaar in de persorganen. Ook in de Tweede Kamer kwam het tot een zekere samenwerking tussen hen. Die samenwerking heette wat hoogdravend een 'monsterverbond', en op zich behoefde dat nog niet te leiden tot een afscheiding van België. De Franse julirevolutie van 1830 heeft echter alles in een stroomversnelling gebracht.

Er waren in Brussel veel Franse emigranten die mede het straatbeeld beheersten. Er waren in de zomer van 1830 ook relletjes geweest van werkloze arbeiders en er heerste een atmosfeer van spanning. In de maand augustus 1830 waren er avond aan avond opvoeringen van een opera van Auber, *La muette de Portici*, over de vrijheidsstrijd der Napolitanen in 1647, en daarin kwamen voortdurend luidruchtige open doekjes en ordeverstoringen voor. Philippe Lesbroussart, een jonge liberaal, leraar aan het Brusselse atheneum, ging herhaaldelijk de opera bezoeken met zijn oudste leerlingen en liet toe dat ze dan herrie schopten. Op 25 augustus 1830, de dag na de verjaardag van de koning, kwam het na afloop van de voorstelling tot ernstige rellen. De kantoren van *Le National,* een regeringsgezinde krant, en de huizen van een paar ministers en functionarissen werden door een luidruchtige menigte kort en klein geslagen. Was dit de revolutie, zoals die een maand tevoren in Parijs was uitgebroken?

Het had geen revolutie behoeven te worden, maar dat is wel gebeurd, in hoofdzaak door het aarzelend optreden van de koning. De burgers van Brussel waren allerminst gediend van anarchie en plundering. Ze vormden al op 27 augustus een burgerwacht om de orde te handhaven en zonden een delegatie naar Den Haag om aan te dringen op herstel der grieven. Niets wijst erop dat een groot aantal mensen toen al onafhankelijkheid nastreefde. Er was nog veel te redden geweest, maar Willem 1 was daarvoor niet de geschikte figuur. Hij had de neiging zich in details te verliezen, kon weinig aan anderen overlaten en voelde niets voor snelle beslissingen. De Brusselse verzoekschriften zouden bestudeerd moeten worden, maar tegelijkertijd ging er een leger onder de kroonprins en prins Frederik naar Brussel om de orde te herstellen. De kroonprins Willem heeft in deze maanden in België ook een dubieuze rol gespeeld, omdat hij meende dat hij zelf de aangewezen persoon was onder wie de Belgen een zekere autonomie moesten krijgen. De eisen van de Belgen escaleerden echter. Begin september wensten zij al een bestuurlijke scheiding en nadat het leger werkelijk Brussel binnen was gerukt en daar drie dagen lang verbitterde straatgevechten had geleverd, proclameerde op 4 oktober 1830 een voorlopig bewind de zelfstandige Belgische staat. De ontwikkeling was veel te snel gegaan voor de bedachtzame Hollanders. Terwijl Den Haag zich nog over herstel der grieven beraadde, eisten de Brusselaars al een bestuurlijke scheiding. Toen de Staten-Generaal eind september daarmee akkoord gingen, stond België op het punt zich onafhankelijk te verklaren.

Willem 1 had echter nog een pijl op zijn boog. De grote mogendheden hadden in 1814 besloten tot vereniging van de Noordelijke en de Zuidelijke Nederlanden, en diezelfde grote mogendheden moesten nu ook maar hun schepping verdedigen. De koning deed dan ook een beroep op hen. De internationale omstandigheden waren echter drastisch veranderd sinds 1814, en in januari 1831 vaardigde een conferentie te Londen protocollen uit die de zelfstandigheid van België erkenden en de afscheiding regelden. Koning Willem 1 was zo verstandig deze januari-protocollen te aanvaarden. Het Belgisch nationaal congres echter verwierp ze, omdat het gunstiger voorwaarden wenste. Met name ging het niet akkoord met een overname van meer dan de helft van de bestaande staatsschuld. Inderdaad wist in juni 1831 de pas gekozen Belgische koning Leopold van Saksen-Coburg gunstiger voorwaarden te bedingen. Deze onrechtvaardigheid deed plotseling het Nederlands nationalisme uitbarsten in vehemente haat tegen het 'muitziek rot der Belgen'. Nu moest er gevochten worden en in de tiendaagse veldtocht van 2 tot 12 augustus 1831 heeft het Nederlandse leger voor het laatst in de historie een eclatante overwinning geboekt. Duizenden vrijwilligers, met name veel studenten, trokken mee en werden door het thuisfront gestimuleerd met golven retorische poëzie. Toen Leuven was bezet, trok echter een Frans leger de Belgische zuidgrens over. Tot een confrontatie met die machtige mogendheid durfde Willem 1 het niet te laten komen en het leger trok zich terug. Inderdaad kwamen er toch zekere verbeteringen in de scheidingsvoorwaarden in oktober 1831. Na felle discussies accepteerde België de nieuwe regeling, maar Willem 1 verwierp haar. Dat was dom, want meer viel er toch niet te halen. Door een starre, onverzoenlijke politiek kwam Nederland internationaal in de kou te staan. Het handhaafde een groot leger in Noord-Brabant dat niets uitrichtte, maar wel schatten gelds kostte en de staatsschuld nog hoger deed stijgen. Eindelijk, in 1839, aanvaardde Nederland een eindregeling, die niet noemenswaard verschilde van die van oktober 1831.

Het cultuurstelsel

Tot ver in de negentiende eeuw was het voornaamste doel van de Nederlanders in de Oostindische archipel het behalen van zoveel mogelijk winst. Pas in 1899 was deze mentaliteit veranderd. Toen publiceerde C.T. van Deventer in *De Gids* het artikel 'Een Eereschuld', waarin hij betoogde dat Nederland moest ophouden met alleen maar geld uit de koloniën te persen, maar dat het integendeel wat terug moest doen voor de vele winsten uit het verleden door goed onderwijs, medische verzorging en alles wat de inheemse bevolking van voordeel kon zijn. Dit artikel was het begin van de ethische politiek. In 1816, toen Nederland Oost-Indië van Engeland terugkreeg na de Franse tijd, was nog niemand tot dit inzicht gekomen. Maar er heerste wel verschil van mening over de meest voordelige wijze om het land te exploiteren. Daar was allereerst het compagniesysteem: de Verenigde Oostindische Compagnie had het monopolie bezeten op de handel in koloniale waren. Zij had daarvan geprofiteerd door slechts beperkte hoeveelheden naar Europa te voeren, zodat de prijs hoog kon blijven. Dit systeem was zinloos geworden nu het monopolie doorbroken was. Tijdens het Engelse tussenbestuur op Java had de landvoogd Raffles geproclameerd dat alle grond eigendom van het gouvernement was en dat de grondbezitters daarvoor pacht moesten betalen. Dit landrentesysteem leverde echter weinig op, omdat de Javanen uitsluitend rijst verbouwden, waarvoor nauwelijks een internationale markt bestond, zodat zij over weinig geld beschikten. Anderen, met name Dirk van Hogendorp, bepleitten een derde systeem: Indië openstellen voor het particuliere initiatief en de vrije handel van Europese ondernemers. De overheid zou hun winsten kunnen afromen door forse belastingen. Dit systeem was evenwel te zeer in strijd met de mercantilistische instelling van Willem I.

Een vierde systeem heeft het ten slotte gewonnen: het cultuurstelsel, gepropageerd door generaal Van den Bosch, gouverneur-generaal van 1830 tot 1835. Hij begreep dat Europa geen behoefte had aan rijst, maar aan handelsgewassen als koffie, suiker, thee en peper. Uit eigen beweging zouden de Javaanse boeren niet tot de verbouw daarvan overgaan. Ze moesten daartoe gedwongen worden. Van den Bosch was met de beste bedoelingen bezield. Hij achtte het volkomen billijk als de Indonesische grondgebruikers ongeveer een vijfde van hun grond met handelsgewassen zouden beplanten. Ze konden voor de opbrengst, waar het gouvernement recht op had, zelfs een redelijke vergoeding krijgen.

De grote hoeveelheden koffie, suiker et cetera die zo binnenkwamen, moest de Nederlandse Handelmaatschappij in consignatie nemen en in Nederland op veilingen verkopen. Als retourvracht konden ze dan linnen en katoen meenemen, waarvoor de regering zogenaamde lijnwaadcontracten sloot. De NHM liet haar schepen in Nederland bouwen, hetgeen de vaderlandse scheepsbouw weer stimuleerde.

Het systeem was niet zo gek, maar het leidde tot misbruiken. Vandaar dat de *Max Havelaar*, het requisitoir van Multatuli tegen het koloniale systeem, als ondertitel heeft *De koffieveilingen van de Nederlandsche Handel-Maat-*

schappij. In dat boek beweert hij overigens dat het gouvernement om de winsten van het cultuurstelsel niet in gevaar te brengen, weigerde op te treden tegen de knevelarijen van de inlandse hoofden. De winsten uit het cultuurstelsel voor de Staat der Nederlanden mochten er dan ook wezen. In sommige jaren maakte het Indonesische batig slot een kwart uit van alle staatsinkomsten.

Door de afscheiding van België was een grondwetsherziening nodig. Het zou goed zijn geweest als dan tegelijkertijd echt democratische beginselen zouden zijn doorgevoerd, zoals in de Belgische grondwet van 1831, waardoor ook een einde zou kunnen komen aan het persoonlijk regiment van de koningen. Dan zouden grote problemen als de verstikkende armoede, de veel te grote staatsschuld en het internationale isolement van Nederland eerder tot een oplossing kunnen komen. Maar het land stond niet te trappelen voor vernieuwingen en van de grote meerderheid van conservatieven en conservatief-liberalen in de Tweede Kamer ging ook weinig initiatief uit. In 1840 werd slechts bepaald dat de ministers voortaan strafrechtelijk verantwoordelijk waren. Het parlement had niet te oordelen over de doelmatigheid van hun besluiten; slechts als de ministers duidelijk de wet overtraden kon het tot een gerechtelijke vervolging komen. Koning Willem I vond dit overigens al te ver gaan. Gedesillusioneerd deed hij in 1840 afstand.

Onder de nieuwe koning Willem II (1840-1849) is het dan toch tot de grondwetsherziening van 1848 gekomen. Die grondwetsherziening is het startpunt geworden van de opgang van Nederland naar een moderne staat, in politiek, economisch en sociaal opzicht. Aanvankelijk zag het daar helemaal niet naar uit. De nieuwe koning was een impulsief en onberekenbaar man, die veel minder visie en werkkracht dan zijn vader had en in wezen veel conservatiever was. Toch heeft die impulsiviteit een belangrijke stoot gegeven tot de grondwetsherziening van 1848. Bovendien kregen onder hem ministers meer de kans een eigen beleid te voeren. Voorlopig was het voornaamste Nederlandse probleem van financiële aard. Er dreigde een staatsbankroet, de rentebetaling op de staatsschuld vergde meer dan de helft van de belastingopbrengsten en het was zeer de vraag of kapitaalverstrekkers nog wilden intekenen op staatsleningen met een aanvaardbare rente. Dankzij Floris van Hall, een Amsterdams advocaat die in 1843 minister van financiën werd, slaagde een grote lening van 127 miljoen gulden tegen drie procent, en dit alleen maar omdat er 'een stok achter de deur' stond. Mislukte de lening, dan zou er een vermogensheffing komen. Sindsdien verbeterden de financiële omstandigheden, vooral ook omdat de baten uit de koloniën steeds rijker begonnen te vloeien en in sommige jaren wel een kwart van de staatsinkomsten uitmaakten.

Het probleem van de armoede was vele malen moeilijker. In 1843 begon er een internationale crisis waar de Nederlandse handel wel degelijk van te lijden had. In 1845 mislukte de aardappeloogst, hetgeen honger veroorzaakte. In 1848-1849 woedde de Aziatische cholera, veroorzaakt door besmet drinkwater. In 1847 waren er formele hongeroproeren in Friesland en Groningen, die met wapengeweld bedwongen moesten worden. Alleen al in de stad Groningen vielen zeven doden. Onder die omstandigheden kwam het bericht van de februari-revolutie in Parijs, dat als een bom insloeg. De koning was nog meer onder de indruk van de revoluties in Duitsland in maart, waar verschillende vorsten zich gedwongen zagen een geschreven grondwet te beloven. Grondwetsherziening werd ook in Nederland besproken. In 1844 hadden negen kamerleden onder leiding van de Leidse hoogleraar J.R. Thorbecke zelfs een vergaand voorstel daartoe ingediend, maar dat was niet eens in behandeling genomen. De conservatieve kamer zou er zeker niet toe overgaan als de koning er niet voor voelde. Echter, op 13 maart 1848 deed de koning de ongebruikelijke stap dat hij, buiten medeweten van zijn ministers, de voorzitter van de Tweede Kamer ontbood en hem opdracht gaf een vergaande grondwetsherziening voor te bereiden. De wetsvoorstellen zijn later in dat jaar voorbereid door een commissie onder leiding van Thorbecke en mede dankzij persoonlijke bemoeienis van de koning door het parlement aanvaard. Een echte revolutionaire situatie heerste er niet in Nederland in 1848. Er waren wat luidruchtige demonstraties in Den Haag, die grote indruk op de koning maakten. In Amsterdam organiseerden enkele tientallen Duitse communisten op 24 maart een manifestatie op de Dam, die wel tweeduizend man op de been bracht maar uiteindelijk toch weinig om het lijf had, en zo bleef alles betrekkelijk rustig. Na 1848 is er echter een nieuw elan in Nederland te bespeuren. De oude regenten moesten definitief afhaken en de nieuwe burgerij kon de macht overnemen. De grondwet van 1848, die directe verkiezingen, ministeriële verantwoordelijkheid, openbaarheid van bestuur en de burgerlijke vrijheden garandeerde, heeft daarbij onmiskenbaar een grote betekenis gehad.

16 HET NEDERLANDSE IMPERIALISME
1597-1942

Het woord imperialisme is afgeleid van het Latijnse woord imperium, dat militair oppergezag of keizerrijk betekent. Het wordt in drie betekenissen gebruikt. Allereerst is het de natuurlijke neiging van iedere krachtige mogendheid naar uitbreiding. In deze betekenis is het imperialisme iets van alle tijden; men kan rustig spreken van het Perzische of het Romeinse imperialisme tijdens de oude geschiedenis. In de zestiende eeuw hebben eerst de Spanjaarden en Portugezen en naar hun voorbeeld de Engelsen, de Fransen, de Nederlanders en andere volken een nieuwe betekenis gegeven aan het woord imperialisme, toen zij na de grote ontdekkingen gingen streven naar het bezit van overzeese koloniën. Tot dan toe had het imperialisme zich op de aangrenzende gebieden van een staat gericht en was het vooral uit op vergroting van macht, nu lagen de gebieden ver weg en het voornaamste doel was winst te maken door handelswaren uit de koloniën te halen. Doorgaans namen de Europese machten niet het bestuur over. Ze vergenoegden zich met de vestiging van een aantal forten en factorijen. In de negentiende eeuw heeft dit streven zich geïntensiveerd tot het moderne economische imperialisme, dat volgens Lenin het laatste stadium was van het zieltogende kapitalisme. In de tijd van het moderne imperialisme ging het er uitsluitend om door middel van brute macht zoveel mogelijk grondstoffen en afzetgebieden te beheersen. In die tijd vond een beschamende wedren om de koloniën plaats tussen de Europese naties, die zich er niet voor geneerden om bijvoorbeeld Afrika te verdelen alsof de hele wereld hun toebehoorde.

In hoofdstuk 9 is al het een en ander gezegd over de ontdekkingstochten der Nederlanders en de activiteiten van de Verenigde Oostindische Compagnie en de Geoctroyeerde Westindische Compagnie. In dit hoofdstuk zal wat systematischer worden nagegaan hoe Nederland in drieëneenhalve eeuw zijn koloniën heeft geëxploiteerd, en welke gevolgen dit heeft gehad voor de autochtone bewoners en voor de Nederlanders zelf. Daarbij is een viertal perioden te onderscheiden. Eerst was er tot ongeveer 1680 een periode van snelle expansie, waarin de beide compagnieën de hele wereld hun handelsterrein achtten. Op talloze plaatsen langs de zeven zeeën verrezen Nederlandse factorijen, van Japan tot Brazilië en in haast alle tussengelegen gebieden. Na 1680 kwam er een periode van consolidatie, waarin de voc zich vooral concentreerde op de Oostindische archipel en met name op Java. De gwc was toen een maatschappij voor de slavenhandel geworden, die ook participeerde in de exploitatie van Guyana en de Nederlandse Antillen. De overige bezittingen waren verloren gegaan. Na de Franse tijd waren de compagnieën verdwenen; hun bezittingen en schulden waren overgegaan op de Nederlandse staat. Daarmee begon de derde periode, die duurde tot ongeveer 1900, waarin de Nederlanders de koloniën voornamelijk als een winstobject bleven zien. En winsten zijn er inderdaad uitgekomen, althans uit Indonesië. Tot 1870 profiteerde vooral de staat daarvan door middel van het cultuurstelsel; na 1870 vloeide de winst voornamelijk in de zakken van particulieren, toen Indonesië opengesteld was voor het particulier initiatief. Suriname en de Antillen hebben een winstgevende koloniale plantage-economie kunnen volhouden dankzij de slavenarbeid. Na de afschaffing van de slavernij is er een economische malaise begonnen. Op de Antillen verminderde deze malaise door de vestiging van raffinaderijen voor Venezolaanse olie sinds 1916, terwijl Suriname ondanks de ontdekking van rijke bauxietlagen toch altijd een probleemland is gebleven.

Omstreeks 1900 begon de vierde periode van het imperialisme. In Nederland begon het besef door te dringen dat het moederland niet alleen maar tot taak had zoveel mogelijk winst te maken: het had ook de roeping om de autochtone bevolking te beschaven, te ontwikkelen, tot groter welvaart te brengen en in een verre toekomst zelfbestuur te schenken. Deze opvatting is de kern van de zogenaamde ethische politiek, die in zoverre zijn uiteindelijk doel heeft bereikt, dat Indonesiërs, Surinamers en in zekere zin ook Antillianen zichzelf onafhankelijk hebben gemaakt – en dit veel sneller dan de aanhangers van de ethische politiek voor mogelijk hebben gehouden.

De voc dan heeft tijdens de twee eeuwen van haar bestaan van 1602 tot 1799 vrij trouw de principes gevolgd van het commerciële imperialisme, zoals dat in de zestiende eeuw geboren was. Dat betekende dat er in het algemeen geen veroveringen plaatsvonden. De verovering van Batavia in 1619 op de sultan van Jacatra was een uitzondering, maar dat kwam doordat er toch een plaats moest zijn waar uitsluitend de compagnie het gezag had, om van daaruit verder alle handel- en scheepvaartbewegingen in het verre Oosten te regelen. Maar verder gingen de Heren Zeventien niet. Dat betekende dat in West-Java de sultan van Bantam geëerbiedigd werd en dat men zich zelfs schikte in de aanwezigheid van Engelse kooplui in diens gebied. Het oppergezag op heel Java kreeg in de zeventiende eeuw overigens het islamitische rijk van Mataram, geregeerd door de sultan of Soesoehoenan van Soerakarta. De Heren Zeventien schreven voor dat de compagnie goede betrekkingen met deze heerser onderhield, en er zijn heel wat gezantschappen naar zijn hof gestuurd. Rijklof van Goens is in het midden van de zeventiende eeuw niet minder dan vijf maal naar Soerakarta getrokken en heeft fascinerende verslagen gemaakt over zijn belevenissen daar en de inrichting van het rijk met zijn vier groepen inwoners: de talrijke donker gekleurde boeren; daarboven de ontelbare prinsen die op de een of andere manier verwant waren met de soesoehoenan; verder was er dan nog een grote groep kooplui en handwerkslieden, vooral in de havensteden; en ten slotte vond men tot in de kleinste dorpen een klasse van islamitische schrijvers, geestelijke leiders en heilige mannen, door de Hollanders minachtend afgedaan als 'papen ende ander gespuys'.

In de zeventiende eeuw onderging dit rijk van Mataram nog nauwelijks invloed van de aanwezigheid van de compagnie en zo wilden de Heren Zeventien het ook. De gouverneurs-generaal daarentegen hadden vaak de neiging de zaken wat sneller te regelen dan door eindeloze onderhandelingen, namelijk door militair ingrijpen. Soldaten waren immers de grootste groep onder de compagniesdienaren. Daarbij hadden zij het voordeel dat het gemiddeld twee jaar duurde voor het antwoord op een missive naar het vaderland weer in Batavia ontvangen werd. Zo konden zij ongestraft reageren op de manier van een Spaanse onderkoning in Zuid-Amerika, die bij een onmogelijke order zei: 'Ik gehoorzaam, maar voer de order toch niet uit.' Dat militaire optreden was nog vaker nodig op de specerij-eilanden van de Molukken. Daar ging het erom het monopolie van peper en kruidnagelen te handhaven, en allereerst de Engelsen en Portugezen te verjagen. Berucht is de uitmoording in 1621 van een aantal Engelsen op het eiland Banda onder verantwoordelijkheid van J.P. Coen. Er zijn later grote diplomatieke moeilijkheden uit voortgevloeid, maar op een dergelijke drastische wijze wist Coen de concurrentie wel kopschuw te maken. Ook de inlandse hoofden werd ingescherpt dat zij hun specerijen alleen aan de compagnie mochten leveren. Als het tegendeel vermoed werd of als een te overvloedige produktie de controle te moeilijk maakte, hielden de compagniesdienaren enkele hongi-tochten om de kruidnagelplantages die niet waren toegestaan te vernietigen. Het kostte twaalf à vijftien jaar voordat nieuwe nagelbomen vrucht zouden dragen: een dergelijke maatregel was dus wel effectief.

De VOC moest nog een ander commercieel probleem onder ogen zien. Er bestond in Azië weinig vraag naar Europese produkten. De specerijen en de andere Indische waren moesten dus met goud en zilver betaald worden. Vandaar dat de meeste uitzeilende Oostindiëvaarders een behoorlijke hoeveelheid edelmetaal aan boord hadden. Tegenwoordig bieden scheepswrakken aan duikers ruim gelegenheid tot schatgraven. Daarom probeerde de VOC in de zeventiende eeuw overal in Azië factorijen te vestigen en op die manier een deel van de interne Aziatische handel te veroveren. Op die manier konden de specerijen van de Molukken misschien met andere Aziatische produkten betaald worden en hoefde er niet zoveel zilver uit Nederland te komen. Inderdaad bestond daar grote belangstelling voor textiel uit Voor-Indië. Vandaar dat al in 1602 Joris van Spilbergen op Ceylon landde en dat later factorijen gesticht werden aan de westkusten van Malabar en aan de oostkust van Coromandel in het zuiden van het grote Indiase subcontinent. In het noordwesten daarvan, binnen het machtsgebied van het rijk van de groot-Mogols, kwam een vestiging in Suratte. Van daaruit werd ook contact gelegd met Perzië, maar echt bloeien deed het handelsverkeer hier toch niet.

Schepen van de compagnie probeerden ook greep te krijgen op de immense mogelijkheden van de handel met China en Japan. Dat waren krachtige mogendheden, overtuigd van hun eigen voortreffelijkheid; het was zeer de vraag of die de vestiging van blanke handelaars zouden toestaan. Japan bijvoorbeeld had in de zestiende eeuw de Portugezen weliswaar faciliteiten gegeven, en in de zeventiende eeuw mochten ook Engelsen en Nederlanders hun waren invoeren, maar toch moesten de sjogoens uit het geslacht Tokugawa, die toen aan de macht kwamen, eigenlijk niets van vreemdelingen hebben. Zij waren te vergelijken met hofmeiers, die alle macht in handen hadden en de keizer tot een soort nominaal religieus hoofd hadden gemaakt. In 1641 vond in Japan een reeks maatregelen tegen de buitenlanders zijn bekroning, toen alleen de Hollanders zeer beperkte rechten hielden en aan alle overige Europeanen rigoureus de toegang werd ontzegd. De Hollanders mochten alleen verblijven op een kunstmatig eilandje bij Nagasaki van slechts 120 bij 75 meter groot, Desjima genaamd. Alleen daar kon nog uitwisseling van goederen plaatshebben. Die toestand heeft meer dan tweehonderd jaar geduurd, totdat in 1853 de Amerikaanse 'commodore' Perry, gesteund door de macht van zijn oorlogsschepen, de openstelling van de Japanse havens kon eisen. In de tussentijd hadden de Japanners alleen via Desjima zicht op de westerse beschavingen, en zij zagen die uiteraard door Hollandse ogen. Vandaar dan ook dat de Japanners die belangstelling hadden voor de rest van de wereld, de zogenaamde Rangakusja, de moeite namen Nederlands te leren om de boeken die via Desjima geïmporteerd werden te kunnen lezen. De concurrenten der Nederlandse kooplieden verspreidden allerlei gruwelverhalen over de vernederingen die zij moesten ondergaan om handel te mogen drijven. Zo zouden de Nederlanders bijvoorbeeld het christelijk kruis moeten vertrappen. Dat paste goed in het beeld van de Hollandse kooplui die de nering boven alles heetten te stellen. Zelfs al zouden ze door de hel moeten varen en hun zeilen zengen in het helse vuur, ze zouden het doen als ze op die manier winst konden behalen.

In China had de compagnie nauwelijks meer succes. Daar heersten in het begin van de zeventiende eeuw keizers uit de Ming-dynastie en die lieten vreemdelingen niet toe op het vasteland. De Nederlanders probeerden vaste voet te krijgen op het eiland Taiwan, toen Formosa genoemd. Zij leken daar aanvankelijk succes te hebben. Maar in 1661 gingen de factorijen daar weer verloren toen een Chinese rebel, Cheng-Ch'eng-kung, die meegevochten had in de verwarde jaren na de val van de Ming-dynastie, als een tweede Tsjang-kai Tsjek naar Taiwan uitweek. De Nederlanders begrepen weinig van de interne Chinese politiek, ze namen niet de moeite hun taal te leren en verdietsten Chinese namen op soms komische wijze. Een eretitel van Cheng-Ch'eng-kung was Kuo-hsing-yeh (heer van de keizerlijke stamnaam), en de Nederlanders spraken daarom over de zeerover Coxinga, alsof hij een Friese kaasboer was. Chinees porselein en Chinees lakwerk bleven overigens in Nederland hoog gewaardeerd en de Chinese handelaars waren best bereid en in staat om dat aan de compagnie te leveren. Ze waren zelfs bereid bestellingen voor bepaalde voorstellingen uit te voeren. Dit Chinese porselein is beschilderd met allerlei Europese motieven, gezien door Chinese bril. Het aardewerk staat bekend als 'Chine de commande'.

De wereldbestormende activiteit van de VOC was in de zeventiende eeuw ook kenmerkend voor de Westindische Compagnie. Hier leverde die politiek een duidelijke mislukking op. Brazilië moest in 1661 weer aan Portugal gelaten worden, Nieuw-Nederland ging in 1664 aan de Engelsen verloren en in 1674 werd de oude grote GWC geliquideerd. In hetzelfde jaar werd een nieuwe compagnie opgericht met een veel kleiner kapitaal, die overigens nauwelijks meer een handelsmonopolie kon handhaven. In de achttiende eeuw was de handel op de Antillen en Guyana in de praktijk wel vrij. De bezittingen in West-Afrika, met name Elmina, dienden vooral de slavenhandel. In Guyana en op de Antillen lag voortaan de nadruk op de plantage-economie die, met behulp van slaven, voedsel en handelsgewassen voortbracht. Suriname was in 1667 veroverd door Abraham Crijnssen. De Westindische Compagnie bezat overigens in de achttiende eeuw maar eenderde van het bestuur over deze kolonie. Het lichaam dat het land bestuurde stond bekend als de 'Sociëteit van Suriname'. Erg winstgevend was het land overigens niet. De beste tijd voor Suriname was het midden van de achttiende eeuw tot aan de beurscrisis van 1773. Het eilandje Sint-Eustatius heeft een korte bloeiperiode gekend tijdens de Amerikaanse vrijheidsoorlog van 1776 tot 1783, toen daar een uitgebreide smokkelhandel bestond en de bijnaam 'gouden rots' op zijn plaats was. Maar verder was de positie van de Nederlanders in het Atlantisch gebied eerder bescheiden. Zelfs in de slavenhandel vervulden ze een ondergeschikte rol, hoewel het buitenland graag dacht dat dit mensonterend bedrijf typisch iets voor Nederlanders was. De kapitein in het gedicht 'Das Sklavenschiff' van Heinrich Heine, met zijn naam 'Mijnheer Van Koek', is duidelijk zo'n stereotiepe Hollander.

De bevrijding der slaven

Al in 1713 verordonneerden de Heren Zeventien van de VOC dat slaven die het grondgebied van de Republiek in Europa betraden, daardoor automatisch de vrijheid verkregen. Dat was zestig jaar voordat een dergelijke uitspraak in Engeland gedaan werd. In dit opzicht was de Republiek, die de vrijheid zo hoog achtte, dus bepaald voorlijk. Het heeft echter betrekkelijk lang geduurd voor de slavernij ook in de koloniën verdween. Slavenhandel werd ook van Nederlandse zijde vrij vroeg verboden. Vanaf 1808 was het in Engeland verboden in een Engelse haven een slavenschip uit te reden, en in 1814 heeft het nieuwe koninkrijk der Nederlanden zich daarbij aangesloten. Er kwamen al gauw gemengde Engels-Nederlandse zeegerechten waar de marine van beide naties opgebrachte slavenschepen naar toe kon brengen. Er zal wel wat smokkelhandel geweest zijn, maar niets wijst erop dat Nederlandse schepen daarbij bovenmatig betrokken waren.

Daarmee was de slavernij als instituut in de koloniën echter nog niet verdwenen. Indonesië kende voornamelijk huisslaven en daarnaast zevenduizend man die werkzaam waren op de plantages van het eiland Banda, de zogenaamde Banda-perkeniers. Het zou geen economische ramp zijn deze slaven, wier aantal in de negentiende eeuw toch al begon te verminderen, te emanciperen, maar Nederland bleef aarzelen het Engelse voorbeeld van 1833 of het Franse van 1848 te volgen. Dat is vreemd, want zowel de liberalen met hun beginselen van de Franse Revolutie als de protestantse voormannen van het zogenaamde Réveil waren daarvan warme voorstanders. Ze lieten zich echter nauwelijks horen in het parlement en op andere plaatsen waar dit van belang was. Eindelijk, in het Indische regeringsreglement van 1854, werd bepaald dat uiterlijk op 1 januari 1860 de slavernij in geheel Nederlands-Indië werd afgeschaft. Inderdaad zijn vooral in 1859 enkele duizenden slaven, meest huisslaven, vrijgekocht.

Veel ernstiger was het probleem in Suriname en op de Antillen. Daar heersten ook veel wreder toestanden, want daar werkten haast alle slaven op plantages, en het is bekend dat hun lot doorgaans veel harder was dan dat van huisbedienden. In de achttiende en het begin van de negentiende eeuw waren daar ook verschillende slavenopstanden uitgebroken, die met bruut geweld en barbaarse straffen als afschrikwekkend voorbeeld onderdrukt waren. Terecht vreesden de plantagebezitters dat vrij verklaarde slaven niet zouden willen werken op de plantages, maar naar de steden zouden trekken of het oerwoud zouden opzoeken. En dat zou het einde zijn voor de landbouw van de Westindische koloniën, de enige bron van inkomsten voor deze gebieden. Brits Guyana gaf daarvan een beangstigend voorbeeld. Daar was de slavernij in 1833 afgeschaft en sindsdien heerste er malaise op de plantages. Surinaamse slaven vluchtten al naar het buurland om daar de zegeningen der vrijheid te genieten. Nederland zou op den duur ook wel tot emancipatie moeten overgaan, maar het had tijd nodig, tijd om de fouten te vermijden die in de Engelse koloniën waren begaan. Ondertussen verbeterden de toestanden voor de plantageslaven wel enigszins, en er zijn tussen 1833 en 1863 geen grote opstanden geweest.

Het verschijnen van de bestseller *De negerhut van oom Tom* in 1852 heeft de Nederlanders de ogen geopend. Het volgend jaar al kwam er een staatscommissie die de emancipatie in oost en west moest voorbereiden. Voor Oost-Indië lukte dat al in 1854, maar voor Suriname en de Antillen ging dat niet zo vlot. Er kwamen tussen 1858 en 1860 drie voorstellen van minister Rochussen in behandeling, maar alle drie werden ze afgestemd. Uiteindelijk had minister Loudon meer succes. Hij had zijn uiterste best gedaan om rekening te houden met de belangen van de plantagebezitters. Niet alleen kregen ze per slaaf een behoorlijke schadevergoeding, gedurende tien jaar zouden de voormalige slaven ook nog onder staatstoezicht blijven en dan verplicht zijn om voor loon op de plantages te blijven werken. Tevens zou de regering drie miljoen gulden beschikbaar stellen om de immigratie van buitenlandse arbeidskrachten in Suriname en op de Antillen te bevorderen. Die moesten het werk van de slaven overnemen als die er de brui aan zouden geven, wat nogal eens voorkwam.

In 1862 is dit ontwerp aangenomen: door amendementen werd de vrijheid van de voormalige slaven beter gegarandeerd en konden zij zich gemakkelijker onttrekken aan de tien jaar gedwongen tewerkstelling. Ook voelde de Kamer niets voor door de regering geregelde immigratie: deze kon beter overgelaten worden aan het particulier initiatief, vonden de parlementariërs. En zo werden op 1 juli 1863 alle slaven vrij verklaard. Deze bevrijding werd in Paramaribo vol vreugde gevierd, en ze wordt thans nog steeds herdacht als nationale feestdag. In Suriname kregen ongeveer 33.000 mensen de vrijheid, op de Antillen 10.000. Maar het betekende wel de neergang van de plantages. Dit was nog niet onmiddellijk evident. De suikeropbrengst daalde, maar niet zo catastrofaal als sommigen gedacht hadden. Geleidelijk aan trokken de voormalige slaven toch naar de stad of naar het oerwoud. Verschillende plantages werden eenvoudigweg verlaten. Er immigreerden weliswaar vrije arbeiders, maar die verkozen doorgaans ander werk dan de harde arbeid op de plantages. Chinezen en Portugezen begonnen als landarbeiders, maar eindigden doorgaans in de handel. In 1873 kwamen de eerste Hindoestaanse contractarbeiders uit Brits-Indië, sinds 1890 gevolgd door Javanen. Zij hebben gezorgd voor een multiraciale samenleving, maar de plantagecultuur hebben zij niet kunnen redden.

De VOC daarentegen heeft na 1680 nog mooie winsten behaald. Toch ontstond ook hier een concentratie op een paar kerngebieden, net als in het Atlantisch gebied. Zo'n kerngebied was in Azië vooral Java. In de zeventiende eeuw waren er de nodige vestigingen in de buitengewesten gekomen: op de Molukken natuurlijk, waar Ambon het middelpunt werd, maar ook elders. Gouverneur-generaal Van Diemen had de Portugezen uit Malakka verdreven, Cornelis Speelman had in 1667 Makasar veroverd en ook aan de westkust van Sumatra vestigde de compagnie zich. Die bezittingen bleven in de achttiende eeuw weliswaar behouden, maar ze werden niet uitgebreid. De inter-Aziatische handel nam evenmin toe. Integendeel, die kromp duidelijk in, terwijl met de cijfers in de hand kan worden aangetoond dat het aantal schepen dat tussen Nederland en Azië jaarlijks uitvoer duidelijk toenam: in de periode tot 1700 bedroeg dat gemiddeld per jaar ongeveer twintig; van 1700 tot 1790 lag het aantal boven de dertig. Het aantal schepen dat naar het vaderland terugvoer was kleiner. Hierin weerspiegelt zich niet alleen het verlies door schipbreuk en verovering, want heel wat schepen werden ingeschakeld bij de inter-Aziatische handel. Datzelfde geldt voor het aantal personen: van 1602 tot 1700 zijn in totaal 324.000 personen uit Nederland op compagniesschepen naar Azië vertrokken; slechts 113.000 hebben zich in Azië voor de terugtocht ingescheept. Van 1700 tot 1795 zijn de aantallen heel wat groter: respectievelijk 671.000 vertrekkers en slechts 266.000 die zijn teruggekomen. Alles bij elkaar is het een enorme volksverhuizing geweest en deze heeft zowel de Nederlandse als de Indonesische gemeenschap diepgaand beïnvloed. Er waren heel wat buitenlanders bij de soldaten en andere compagniesdienaren die uit Nederland vertrokken. Zij trouwden vaak met inheemse vrouwen zonder daardoor op te gaan in de Indonesische gemeenschap. Verschillenden hebben in de tropen fortuin gemaakt, niet omdat de salarissen en de gages zo hoog waren, maar omdat oogluikend werd toegestaan dat kistjes en balen privé-koopwaar werden verzonden. Deze smokkelhandel nam op den duur zulke grote vormen aan dat het monopolie van de voc daardoor in de praktijk werd ondergraven.

Toch kwamen tot zo ongeveer 1780 de aandeelhouders nog wel aan hun trekken. De politiek op Java had nu ook een wijziging ondergaan ten opzichte van het rijk van Mataram. Zonder bezwaar had de voc aanvankelijk de hegemonie daarvan op Java erkend en zolang de handel voortgang kon vinden waren gezanten bereid tot de meest extravagante eerbetuigingen. In 1677 kwam echter een Madoerese prins Trunadjaja in opstand tegen de Soesoehoenan Amangkurat 1. Deze moest wegvluchten uit zijn paleis. Hij stierf al gauw, maar had eerst een beroep op de Nederlanders gedaan om hem te steunen. De Nederlanders gingen daarop in en brachten inderdaad de erfgenaam van Amangkurat terug op de troon van Soerakarta, maar sindsdien was de verhouding toch anders. De Soesoehoenan noemde de gouverneur-generaal voortaan beschermer of vader, later zelfs groot-vader, en dat betekende in de praktijk dat het rijk van Mataram een protectoraat van de voc werd. De voc trok hoe langer hoe meer territoriaal gezag naar zich toe. In 1755 viel het rijk van Mataram zelfs uiteen in twee gebieden: Soerakarta onder de soesoehoenan en Djokjakarta onder een sultan. Die twee gebieden staan sindsdien bekend als de Vorstenlanden; ze waren nog wel zelfstandig, maar konden niet meer pretenderen heel Java te beheersen. De hegemonie daarover was overgegaan op de voc.

Eén ander gebied won net als Java duidelijk aan belang in de achttiende eeuw. Dit was de Kaapkolonie, in 1652 als verversingssta-tion gesticht door Jan van Riebeeck, die zijn carrière begonnen was als scheepsarts. Scheurbuik, een ziekte veroorzaakt door gebrek aan vitamine-c, was één van de belangrijkste doodsoorzaken aan boord van compagniesschepen. De medici hadden geen helder inzicht in de aard van de ziekte, maar ze hadden bemerkt dat de verschijnselen verdwenen als de lijders aan land gingen en ander voedsel kregen dan aan boord van de schepen werd opgeschaft. Vandaar dat de Heren Zeventien al lang uitkeken naar een geschikt punt halfweg de lange zeereis naar Indië. Vitamine-c-stations heeft men later dergelijke vestigingen wel genoemd. Aanvankelijk leken de eilanden Sint-He-lena of Mauritius, genoemd naar prins Maurits, daarvoor geschikt, maar ten slotte kozen de Heren voor een nederzetting aan de Tafelbaai als 'Indische zeeherberg'. Aanvankelijk telde de kolonie slechts enkele tientallen compagniesdienaren en vrijburgers; die laatsten waren particulieren die voor eigen rekening voedsel produceerden en dit aan de scheepsbemanningen moesten verkopen. Het was al gauw de vraag of ze alleen aan Nederlandse schepen mochten leveren dan wel ook buitenlanders mochten bedienen. In het algemeen werd dit laatste toegestaan, maar Engelsen, Fransen en dergelijke moesten dan wel hogere prijzen betalen. De boeren waren vooral veetelers. Ze bezaten grote kudden schapen en ruilden ook wel vee voor wapens, kleding en werktuigen met de autochtone Bosjesmannen en Hottentotten. In Kaapstad namen de diverse families zieke scheepsbemanningen in de kost, de officieren bij de nette families, het gewone scheepsvolk bij de lagere bevolking. Weldra kwamen er ook de nodige zwarte en Maleise slaven. Talrijk waren de klachten over de seksuele relaties van het bootsvolk met slavinnen, die voor een deel van de Kaapse kleurlingen hebben gezorgd.

In de achttiende eeuw nam het aantal kolonisten aan de Kaap toe. Er kwamen na 1685 nogal wat Franse hugenoten en ook mensen die in Duitsland waren geboren. In 1780 leefden er tussen de elf- en twaalfduizend vrijburgers, waarvan drieduizend in Kaapstad. De overigen waren niet direct ingeschakeld bij de ravitaillering. Dat waren zelfstandige boeren in de buitengewesten als Graaf Reinet, honderden kilometers van Kaapstad verwijderd. Hun koren werd na 1750 uitgevoerd naar Batavia, ook verbouwden ze wijn, maar veeteelt bleef het voornaamste middel van bestaan. Daarbij stuitten ze op het eind van de achttiende eeuw al op de voorhoedes van de Zoeloes en de Bantoes, die naar het zuiden opdrongen en eveneens vooral veehouders waren. Ook deze boeren in de buitengewesten hielden slaven, hoewel in deze tijd nog nauwelijks sprake was van een geprononceerd rassenvooroordeel. Integendeel, seksuele relaties tussen boeren en slavinnen kwamen vaak voor. De boeren begonnen geleidelijk aan een eigen identiteit te demonstreren. Ze ergerden zich aan de betutteling en de vele voorschriften van de compagnie. Ze dachten dat met grotere vrijhandel veel betere resultaten te behalen waren. Toen in 1806 de Kaapkolonie definitief door Engeland werd veroverd, zullen ze dat niet als een grote ramp ervaren hebben. Pas de latere ontwikkelingen hebben hen gebracht tot de grote trek die heeft geleid tot de stichting van Oranje Vrijstaat en Transvaal.

Zo ontstond er in de diverse kerngebieden – Java, Suriname en

Zuid-Afrika – een echte koloniale samenleving met een eigen cultureel patroon dat zich al wat begon te onderscheiden van dat in het moederland. Men voelde zich superieur aan de inheemsen, maar besefte aan de andere kant toch dat men te gering in aantal was om weerstand te bieden aan een vastbesloten aanval. Men viel soms ten prooi aan een panische angst. Berucht is bijvoorbeeld de zinloze moord op duizenden stads-Chinezen in Batavia in 1740, nadat de Nederlanders zonder enige grond een opstand hadden vermoed. Maar doorgaans verliep het leven volgens vaste patronen. Het verlies van het monopolie van de specerijen in de tweede helft van de achttiende eeuw, de rare politiek van de VOC, die ging lenen om dividend te kunnen uitkeren, ook als er verlies werd geleden, en ten slotte de Vierde Engelse Oorlog van 1780 tot 1784 – dat alles gaf het oude systeem de doodsteek. In 1791 ging de GWC failliet, in 1799 de VOC. De staat nam alle bezittingen en schulden over. Tijdens de Franse tijd veroverde Engeland successievelijk alle Nederlandse koloniale vestigingen, uitgezonderd natuurlijk Desjima voor de kust van Japan. In 1816, toen de meeste koloniën – behalve de Kaapkolonie, Ceylon en Brits Guyana – teruggegeven werden, moest er een heel nieuw systeem komen. Java bleef overigens tot 1811 in Nederlandse handen en in de jaren 1800-1811 kon de staat dus proefdraaien op bestuurlijk gebied. De centralisatie van het moederland zou ook in Indonesië wel succes kunnen hebben, zo dachten velen. Vooral gouverneur-generaal Daendels trad van 1808 tot 1811 regelend op bij veel zaken. Hij heeft ten koste van talloze mensenlevens een grote postweg laten aanleggen over de hele lengte van Java. Dat bleek een nuttige verbetering. Het rijk van Mataram had lokale opstanden moeilijk kunnen onderdrukken door gebrek aan communicatie. Voortaan duurde de reis per wagen van Batavia naar Surabaja nog maar zes of zeven dagen. Daendels had ook met zijn ontembare energie de nodige maatregelen genomen om een verwachte Engelse aanval te kunnen afslaan. Zijn opvolger moest toch na de nodige gevechten capituleren en zelfs de heldendood van de dronken sergeant Mulder, die zich met zijn redoute in de lucht liet vliegen, mocht niet baten. Het Engelse tussenbestuur onder Raffles van 1811 tot 1816 is belangrijk geweest, omdat toen nog eens duidelijk is vastgesteld dat het gouvernement de rechtsopvolger was van de Indonesische vorsten. Als het land hun toebehoorde, beweerden die vorsten, dan gold dat ook voor de nieuwe machthebbers. Vandaar dat Raffles alle Javaanse boeren pacht of 'rent' liet betalen, hetzij in rijst of in geld. Engeland had toentertijd voldoende koloniale waren die het door het continentale stelsel toch niet naar het vasteland kon uitvoeren, en het was daarin dus nauwelijks geïnteresseerd.

In 1816 dan voer een commissie-generaal van drie aanzienlijke mannen uit om Indonesië van de Engelsen over te nemen. Het verarmde vaderland kon de koloniale baten best gebruiken, maar voorlopig draaide dit uit op een desillusie. In plaats van geld op te leveren, kostte het gebied alleen maar grote sommen door opstanden en militaire veroveringen. Het gevaarlijkst was de Java-oorlog van 1825 tot 1830, geleid door de religieuze dweper Diponegoro, een kleinzoon van een sultan van Djokjakarta. In de onzekerheid hoe Indonesië het best geëxploiteerd kon worden, waren er legio moge-lijkheden om de Javanen uit te mergelen, en dit gebeurde ook. Van-daar dat er voldoende mensen waren om de heilige man Diponegoro in zijn opstand te volgen. Eerst na vijf jaar kon deze gevangen worden genomen, waarmee de opstand was onderdrukt. In hetzelfde jaar 1830 voerde de nieuwe gouverneur-generaal Van den Bosch het cultuur-stelsel in en hoeveel kwaads men daarvan ook kan zeggen, het werkte en het heeft de Indonesische archipel een belangrijke plaats in de wereldhandel gegeven.

De droogmaking van de Haarlemmermeer

Tussen Haarlem en Leiden lagen in de middeleeuwen vier meren die geleidelijk samenvloeiden tot een onafzienbare waterplas van zeventien-duizend hectare groot, de Haarlemmermeer. Bij storm kon het er geducht spoken en soms kwam het water tot dicht bij de muren van Haarlem of Amsterdam. Er werden de nodige plannen tot droogmaking gesmeed. Al in de zeventiende eeuw had Leeghwater zijn *Haarlemmer-Meer-Boeck* ge-schreven, waarin hij beweerde dat de drooglegging per hectare een stuk goedkoper zou zijn dan bij de Beemster. Hij had echter wel wat bezwaren over het hoofd gezien, bijvoorbeeld aangaande de waterlozing van Rijnland. In de achttiende eeuw maakte Nicolaas Cruquius, landmeter van het hoogheemraadschap Rijnland, een plan om met 112 zware molens een deel van de Meer droog te malen, zodat er voldoende boezemwater voor de uitwatering zou overblijven. In 1819 vroeg baron Van Lijnden van Hemmen met enkele andere heren octrooi aan voor de droogmaking van de Meer met behulp van stoomgemalen. Ook dit plan ging niet door, wegens de oppositie der conservatieven. De namen van deze drie pioniers zijn echter vereeuwigd in de drie grote gemalen: de Leeghwater, de Cruquius en de Lijnden. In 1836 stuwden echter twee stormvloeden het water tot voor de muren van Amsterdam en tot binnen Leiden. Toen was het pleit gauw beslist: in 1838 nam het parlement een wet aan dat de staat de droogmaking van de Haarlemmermeer zou ondernemen, hetgeen zeer bijzonder was in deze tijd van particulier initiatief. Ook nu ontbraken de tegenstanders niet. Het hoogheemraadschap Rijnland vreesde voor de afwatering, maar het kreeg een verbeterde verbinding en verhoogde sluiscapaciteit te Katwijk. De stad Leiden wees erop dat ze de inkomsten uit de visserij zou moeten derven, maar kreeg daarvoor compensatie. Haarlem vreesde dat het Spaarne te ondiep zou worden voor de scheepvaart, maar dit bezwaar bleek ongefundeerd.

In 1840 stak de voorzitter van de commissie van toezicht bij Hillegom de eerste spade in de grond voor de aanleg van ringvaart en ringdijk. Vijf jaar later waren die pas voltooid. De wet van 1838 had niet geregeld of de bemaling met windmolens of met stoom moest geschieden. Een nauwkeurige berekening toonde aan dat windbemaling miljoenen guldens duurder zou zijn. Het werd dus stoom, een methode die al veel vaker voor bemaling was toegepast, al in de achttiende eeuw zelfs, want de toenmalige grote landeigenaars waren allerminst conservatief geweest. Aanvankelijk zouden de machines in Nederland gebouwd worden, maar toen bleek dat de laagste Nederlandse inschrijver veertig procent boven het buitenland zat, werden de zaken haastig in Engeland besteld. Pas in 1848 begon de Leeghwater te malen, spoedig gevolgd door de Lijnden en de Cruquius. Vier jaar later viel de polder droog. De waterwolf was bedwongen, maar toen moest het land nog worden ontgonnen. De verkoop van de grond leverde een goede prijs op, want de landbouw bloeide in Nederland. De grond bracht acht miljoen op, de kosten van de droogmaking hadden 14,5 miljoen bedragen. Het verschil zou de staat de volgende jaren wel aan grondbelasting en dergelijke kunnen innen. De kopers waren vooral rijke kapitalisten uit de grote steden. In de Meer zelf kwamen voornamelijk pachters te wonen. De sociaal-geograaf Ter Veen heeft in een beroemde dissertatie betoogd dat daaronder veel uitschot school, aan drank verslaafd en slechte bedrijfsvoerders. Onlangs is echter bewezen dat deze pioniers merendeels hard werkende en bekwame vaklieden waren, die open stonden voor innovaties en meer landbouwmachines gebruikten dan de boeren elders in Nederland.

In de negentiende en twintigste eeuw zijn ook successievelijk de buitengewesten onder effectief Nederlands bestuur gekomen. Dit gebeurde niet op grond van een consequent imperialistisch programma. Vaak voelden de Nederlanders zich tot ingrijpen gedwongen omdat de onrust of de zeeroof in bepaalde streken een te grote omvang had aangenomen. 'Natuurkundige opsporingen, het dempen van kleine onlusten en het regelen van geschillen' waren volgens de woorden van minister Baud uit 1841 aanleidingen om het gezag uit te breiden. In het moederland waren de rekenmeesters geen voorstanders van die politiek. De veroveringen in de buitengewesten kostten voorlopig alleen maar geld en zouden het 'batig slot' van de Indische begroting in gevaar kunnen brengen.

Het liefst sloten ze met de inlandse machthebbers een verdrag waardoor dezen hun macht behielden, maar het oppergezag van de Nederlandse staat erkenden. Tenslotte hadden de Nederlanders in de Indonesische archipel ook een zekere internationaal erkende verantwoordelijkheid om de orde te handhaven. Alleen was er in een traktaat met Engeland bepaald dat ze de onafhankelijkheid van de sultan van Atjeh in het noorden van Sumatra zouden ontzien. Engeland was namelijk beducht voor zijn eigen kolonie Malakka. Wel zouden de Nederlanders de zeeroverij in de Straat van Malakka beteugelen. Dit was echter een wat moeilijke opdracht, omdat de zeeroof vooral door de sultan zelf werd bedreven. In 1871 kwam er een herziening van het Sumatra-traktaat met Engeland, waardoor Nederland de vrije hand kreeg in heel Sumatra. Weldra is toen de Atjehoorlog van 1873 tot 1904 uitgebroken, die een slechte naam heeft gekregen als een typisch imperialistisch avontuur. Vooral generaal Van Heutsz, die de oorlog tot een goed einde heeft weten te brengen, moet het hierbij ontgelden. Wie vindt dat Nederland niets te zoeken heeft buiten de grenzen van zijn gebied in Europa, heeft natuurlijk gelijk met dit negatieve oordeel. Wie erkent dat een koloniserende mogendheid het recht heeft de orde te handhaven en gebieden die een bedreiging vormen te pacificeren, moet toegeven dat Van Heutsz met energie is opgetreden en meer dan zijn voorgangers op de hoogte was van de volksaard der Atjehers, waarbij hij zich liet voorlichten door de geleerde Snouck Hurgronje.

Het cultuurstelsel was winstgevend, maar natuurlijk in strijd met alle liberale beginselen. Daarom ijverden de ondernemers in Nederland voor openstelling van Indonesië voor het vrije initiatief, de zogenaamde vrije arbeid. In 1870 was het dan zover. De gedwongen cultures zouden geleidelijk aan moeten verdwijnen en particulieren konden gouvernementsgrond in erfpacht krijgen. Dit gaf de mogelijkheid tot de stichting van door particulieren geleide plantages, die meestal in het bezit waren van naamloze vennootschappen, de zogeheten cultuurmaatschappijen. Toen werd de rijke grond van Indonesië pas goed voor de internationale markt geëxploiteerd, via tabaksplantages in Deli aan Sumatra's oostkust, koffieplantages in de Preanger op Java, tinmijnen op Banka en Biliton, petroleumbronnen op Borneo, rubberplantages, suikerfabrieken en wat al niet meer door de hele archipel. Toen zijn door heel wat Nederlanders fortuinen in 'ons Indië' verdiend. Maar ook de inheemse bevolking heeft geprofiteerd, hetgeen blijkt uit een ongekende bevolkingsaanwas door betere medische verzorging, door voldoende voedsel, maar ook door een goed bestuur en een consequent gehandhaafde vrede.

Het Binnenlands Bestuur was streng hiërarchisch geregeld. Aan de top stond de gouverneur-generaal met de Raad van Indië. Pas in 1918 kwam er met de Volksraad een eerste aanzet tot volksvertegenwoordiging. Onder de gouverneur-generaal stonden acht of negen gouverneurs, daaronder residenten en assistent-residenten. Een assistent-resident had een behoorlijk district onder zich. Hij had de steun van slechts enkele blanke ambtenaren en schakelde ook Indonesiërs bij de administratie in. De Indische bestuursambtenaren werden sinds het eind van de negentiende eeuw bij voorkeur universitair gevormd. De universiteit van Leiden had daarvoor een speciale opleiding. Daar heerste in de twintigste eeuw duidelijk de zogenaamde ethische richting, die leerde dat het de eerste taak der Nederlanders in de koloniën was om beschaving, welvaart en ontwikkeling aan de inheemse bevolking te brengen en niet om zoveel mogelijk winst te behalen. Het bedrijfsleven vond zelfs dat de aanhangers van deze ethische richting te weinig met de realiteit rekening hielden, en het wist te bewerken dat er een tweede opleidingsmogelijkheid in Utrecht kwam, die in sommige kringen smalend 'oliefaculteit' heette. De binnenlandse-bestuursambtenaren werkten samen met inheemse regenten, vaak leden van de plaatselijke adel of afstammelingen van vroeger regerende geslachten. Op die manier wisten zij over het algemeen wel het vertrouwen van de bevolking te winnen. De verantwoordelijke mensen in Indonesië hebben echter de kracht van de nationalistische beweging onderschat. De ethische richting begreep dat op den duur een zelfbestuur voor Indonesië onontkoombaar zou zijn, de aanhangers daarvan zagen de mogelijkheid daartoe eerst in een verre toekomst. Onderwijs voor de Indonesiërs genoot trouwens een lage prioriteit en de bevolking bleef in hoofdzaak analfabeet. De weinigen die wel middelbaar en hoger onderwijs konden volgen, voelden zich na afloop van hun studie vaak gefrustreerd en zij waren gauw geneigd zich aan te sluiten bij nationalistische bewegingen. Het gouvernement reageerde daarop met onbegrip. Roerige leiders werden geïnterneerd in een kamp aan de bovenloop van de Digoel op Nieuw-Guinea. De internationale economische crisis na 1929 trof Indonesië hard. Voor de inkomsten was het land aangewezen op de internationale markt, en deze was nu in elkaar gestort. Schijnbaar verflauwde daarmee ook het nationalistisch verzet, maar na 1945 zou blijken hoe krachtig dit intussen was geworden. Het bleek een illusie dat Nederland na de nederlaag tegen Japan eenvoudig weer bij het verleden kon aanknopen, en in 1949 kwam het tot soevereiniteitsoverdracht.

De invloed van Nederland op Indonesië en die van Indonesië op Nederland is in de voorafgaande eeuwen groot geweest. Daarvan lijkt in Indonesië zelf weinig te beklijven. In de voormalige Franse en Engelse koloniën is de algemene taal vaak Engels of Frans gebleven, omdat men met de vele streektalen elkaar anders niet verstaat. In Indonesië bestaat er met het Bahasa Indonesia echter een goed alternatief voor het Nederlands, en verder gebruikt men daarnaast het Engels. Weldra zal daar de generatie die nog Nederlands spreekt en verstaat zijn uitgestorven. Nederland heeft na de oorlog een groot aantal mensen die een tijdelijk of blijvend bestaan in Indonesië hadden opgebouwd, in zijn samenleving moeten integreren en is daarin redelijk geslaagd. Slechts met de Zuidmolukkers, de vroegere Ambonese militairen uit het Koninklijke Nederlands-Indische Leger, is dat minder goed gelukt. Maar verder blijkt ook wat een diepe sporen de tropische samenleving op veel intellectuelen daar gedrukt heeft. Met name blijkt dit in de letterkunde.

Suriname en de Nederlandse Antillen hebben veel minder invloed op de Nederlandse samenleving gehad. Tot 1863 hebben de planters daar een vrij winstgevend bedrijf kunnen voeren, hoewel gehinderd door een gebrek aan slaven omdat de Engelsen de slavenhandel verboden. Wel bestond er een uitgebreide smokkelhandel, ondanks het feit dat de Nederlandse autoriteiten hun best deden om daaraan paal en perk te stellen. De bevrijding van de slaven in 1863 betekende een economische ramp voor de planters. Sindsdien konden Suriname noch de Nederlandse Antillen economisch op eigen benen staan, tot er voor Suriname in 1918 mogelijkheden gloorden door de ontdekking van bauxiet in de bodem, de grondstof voor aluminium. Curaçao kreeg in 1916 een grote olieraffinaderij, waar de Shell de olie uit Venezuela naar toe voerde, en dat gaf aan het eiland de nodige werkgelegenheid. In de Tweede Wereldoorlog werden beide gebieden volledig ingeschakeld bij de oorlogseconomie van de Verenigde Staten. De overige koloniën die Nederland in 1814 terugkreeg bij het traktaat van Londen, zijn in de negentiende eeuw één voor één afgestaan, doorgaans aan Engeland. Plaatsen als Elmina aan de westkust van Afrika of Cochin in Voor-Indië hebben dan ook weinig invloed gehad op het Nederlandse volkskarakter.

Eindelijk was het dan zo ver. Eindelijk kwam er beweging en groei in de al meer dan een eeuw vastgelopen economie. Eindelijk begonnen mechanisatie, arbeidsverdeling en grootschalige bedrijven ook hier door te dringen. En dat betekende een gigantische toename van de verdiensten. Tussen 1850 en 1890 is het nationaal inkomen verdubbeld. In 1850 bedroeg dit volgens Teijl 751 miljoen en in 1890 1516 miljoen gulden. De intrinsieke waarde van de munt is in die tijd gelijk gebleven en dit betekent derhalve een enorme groei. Natuurlijk is in deze periode ook de bevolking gegroeid, en wel zeer fors. In 1849 bedroeg het aantal inwoners 3.056.879 en bij de volkstelling van 1889 was dit gestegen tot 4.511.415, een groeitempo dat nooit in het verleden gehaald was en moet worden toegeschreven aan betere medische verzorging, betere levensomstandigheden en betere voeding door hogere inkomens. Want al was de bevolking met vijftig procent toegenomen, het nationaal inkomen was in veertig jaar honderd procent groter geworden en dat betekent dat het inkomen per capita, het bedrag dat men per hoofd van de bevolking te verteren had, ook navenant gegroeid was van 250 tot 335 gulden per jaar. Volgens een andere berekening is dat inkomen per hoofd van de bevolking van 1851 tot 1870 gegroeid met dertien procent en van 1871 tot 1890 met tweeëntwintig, terwijl het in de eerste helft van de negentiende eeuw zelfs met enkele percenten was gedaald. Deze verhoogde koopkracht kwam niet in de eerste plaats aan de rijken ten goede. Kapitaal-bezitters waren er in Nederland altijd geweest, maar zij hadden er in de eerste helft van de negentiende eeuw tegen opgezien hun geld produktief in Nederland te investeren. De levensomstandigheden van de loontrekkers en de kleine zelfstandigen verbeterden, in het begin vooral die van de mensen op het platteland in agrarische beroepen. Tot 1875 bleven de prijzen van landbouwprodukten betrekkelijk hoog, wat nadelig was voor de stedelingen. Daarna daalden de voedselprijzen onder invloed van de grote agrarische crisis, en ook doordat enkele accijnzen verdwenen, met name die op geslacht vlees en op meel. Lage prijzen waren misschien niet gunstig voor de internationale economie, maar goedkoop brood was een zegen voor de loontrekkers in de steden.

Het zou ook wel al te gek zijn geweest als na 1850 het kapitalisme en de industriële revolutie in Nederland nog niet tot ontwikkeling zouden zijn gekomen. Alle internationale omstandigheden schenen Nederland te bevoordelen. Van 1850 tot 1875 heerste internationaal een hoogconjunctuur met toenemende produktie, stijgende beurskoersen, groeiende bevolkingen en een optimistische instelling die tot steeds nieuwe investeringen en ondernemingen aanzette. Nederland als handelsland profiteerde vooral van de vrijhandel, waartoe Engeland het initiatief had genomen. De Ierse hongersnood als gevolg van de mislukking van de aardappeloogst leidde daar in 1846 pardoes tot de afschaffing van de invoerrechten op graan. In 1849 verdween de beruchte akte van navigatie, en sindsdien was Engeland bereid de tarieven af te schaffen voor landen die hunnerzijds hetzelfde wilden doen. Nederland heeft niet geaarzeld. Minister Van Hall had al in 1845 de in- en uitvoerrechten verlaagd, en in 1862 kwam er praktisch een vrijhandelstarief tot stand. Al in 1850 kondigde minister Van Bosse zijn scheepvaartwetten af, en daarmee maakte hij een eind aan de protectie van de zeescheepvaart. In 1851 vervielen de Nederlandse lasten op de Rijnvaart. Duitsland schafte zijn beperkingen overigens pas in 1867 af.

Engeland en Duitsland waren sinds die tijd belangrijke handelspartners en exportmarkten: Engeland vooral voor voedselprodukten, Duitsland voor grondstoffen en goederen die via Rotterdam werden ingevoerd. De agrarische sector was in Nederland nog altijd belangrijk. Vijftig procent van de beroepsbevolking was in die sector werkzaam in 1850. En de mogelijkheden voor export boden de boeren gouden kansen: de Friese boter was in Engeland beroemd, hier en daar begon de groenteteelt zich al op het buitenland te richten, en zelfs voor typische luxegewassen als sierheesters en bloembollen kwam er nu een markt. Bovendien was er bij de boeren niets van hun traditionele conservatisme te bemerken. Ze waren best bereid te experimenteren met kunstmest en landbouwmachines. In de Groninger veenkoloniën hadden ze er geen bezwaar tegen om hun oogsten aan de nieuwe aardappelmeelfabrieken te leveren. Omdat de graanboeren dankzij de kunstmest het stro niet meer nodig hadden om stalmest te maken, kon hier ook een strokartonindustrie van de grond komen. En zo waren er meer innovaties. Toen de Engelsen voor hun copieuze ontbijt bacon nodig bleken te hebben, kwam in Nederland in korte tijd de varkensteelt tot ontwikkeling, waarvoor zelfs complete exportslachterijen werden opgericht. Het platteland had de wekroep van de nieuwe tijd verstaan.

De agrarische crisis die in 1878 toesloeg, betekende natuurlijk een fikse desillusie. Dat was nu eenmaal het risico van oriëntatie op de wereldmarkt en de invoering van het kapitalisme. Crises zijn daarvan normale begeleidingsverschijnselen, omdat ondernemers geneigd zijn de toekomstige vraag te overschatten, en daarom te veel investeren en te veel lenen. Als er dan een paar faillissementen komen, soms veroorzaakt door een plotselinge daling van de aandelenkoersen op de beurs, komt het economisch leven knarsend tot stilstand. Omstreeks 1878 waren er nog wel een paar andere redenen. De Amerikaanse spoorwegen bereikten toen de grote graanproducerende streken ten westen van de Mississippi, en met het goedkope Amerikaanse graan konden de Europese boeren niet concurreren. Landen als Frankrijk en Duitsland gingen toen weer tot protectie over, wat niet gunstig was voor de Nederlandse export. Ook Nederlandse boeren pleitten voor verhoging van invoerrechten, maar ons land is daartoe evenmin als Engeland overgegaan. Toch dreigden we ook de positie op de Engelse zuivelmarkt te verliezen. Maar dat was de eigen schuld van de handelaars. Er werd op een smerige wijze geknoeid met de Nederlandse boter: allerlei minderwaardige rommel werd daarin gemengd, zodat Engeland dit bedrog op den duur niet meer accepteerde en overging op boter uit Denemarken en Normandië. En toch hebben de Nederlandse agrariërs de crisis overleefd en er misschien zelfs wel van geleerd. Vanaf die tijd is er goed agrarisch onderwijs gekomen, vooral op de landbouwwinterscholen, en de boeren begrepen dat de tijd voor het karnen en kaasmaken op de eigen boerderij voorbij was. Van het eind van de negentiende eeuw dateren de eerste coöperatieve zuivelfabrieken, wier produkten langzaamaan de buitenlandse markten terug veroverd hebben. De boeren waren zeer gevoelig voor de adviezen van rijkslandbouwconsulenten, en toen in de jaren na 1895 de landbouwcrisis voorbij was, konden ze langzamerhand hun positie op de buitenlandse markten herwinnen.

Landbouw en veeteelt kunnen in de moderne wereld moeilijk als het trekpaard van de economie fungeren. Handel en industrie zijn daarvoor geschikter, en dan vooral de industrie, geconcentreerd in grote fabrieken die werken met stoommachines of later met elektrische apparaten. In dit opzicht behaalde de industriële revolutie in Nederland nog geen absolute triomf tussen 1850 en 1890. Nog in 1889 overheerste het kleine bedrijf in de nijverheid: meer dan vijfenzeventig procent van de beroepsbevolking werkte in ondernemingen met minder dan tien mensen. Pas tegen 1870 is de Twentse textielindustrie massaal overgegaan op stoomspinnerijen en stoomweverijen; voordien waren er nog heel wat thuiswerkers met handgetouwen. In de Zaanstreek waren er in 1871 nog maar enkele stoommachines. De mensen meenden daar dat ze het werk best met windzaagmolens af konden. Echt een industrieel klimaat heerste niet in Nederland. Er was grote diversiteit, er werd flink geproduceerd, maar toch was de doorbraak nog niet helemaal gekomen. 'Meer, maar op de oude wijze' is een kernachtige en juiste karakteristiek. Sommige bedrijven, bijvoorbeeld chemische fabrieken, werkten in het begin vooral met buitenlandse arbeiders, omdat het opleidingsniveau of de energie van de Nederlandse arbeiders te laag was. En toch veranderde het klimaat langzamerhand, vooral na 1870. Toen kwamen er ook meer mensen die als echte ondernemers te bestempelen zijn, die open stonden voor vernieuwingen en rusteloos bezig waren om hun zaken steeds weidser terreinen te laten omvatten. Zo iemand was in Delft de predikantszoon J.C. van Marken die, gewapend met een diploma als Delfts technoloog en een enkel jaar praktijk in een obscuur fabriekje, een behoorlijk bedrijfskapitaal wist te lenen en daarmee de ene onderneming na de andere uit de grond stampte. Zijn bekendste stichting was de Nederlandse gist- en spiritusfabriek, maar daarnaast bloeiden ook zijn Delftse oliefabriek, een lijmfabriek en een coöperatieve drukkerij. Bovendien toonde hij zich nog een verlicht werkgever, die met de werknemers overleg pleegde over de belangen van het bedrijf.

Dergelijke ondernemers waren er nog veel meer in de commerciële branche, die immers karakteristiek is voor Nederland. Het land handhaafde zijn aandeel in de groeiende wereldhandel en breidde dat zelfs uit. Dat betekende een toenemende activiteit in de havens, vooral die van Rotterdam en Amsterdam, die beide een goede verbinding kregen met de zee, respectievelijk door de Nieuwe Waterweg en het Noordzeekanaal. De liberale en conservatieve kabinetten van na 1848 hadden het inzicht dat zij, bij alle vurig beleden standpunten van staatsonthouding, toch moesten zorgen voor een behoorlijke infrastructuur en met name voor goede verkeersverbindingen. Er zijn heel wat kanalen gegraven tussen 1850 en 1890. En al is Nederland pas in 1839 begonnen met spoorwegaanleg, na 1860 is het hard gegaan. In dat jaar kwam namelijk de spoorwegwet-Van Hall tot stand, die bepaalde dat de staat spoorwegen zou aanleggen, die vervolgens door particuliere maatschappijen geëxploiteerd zouden worden. Dat was iets bijzonders in deze liberale tijd. Overal in het buitenland was de aanleg van spoorwegen de taak van particuliere maatschappijen, die daarvoor hoogstens subsidie kregen. Het compromis van Van Hall heeft goed gewerkt, mede omdat nu ook voor de aanliggende bedrijven de economisch nuttige, maar verder onrendabele lijnen mogelijk werden. Toch moest Nederland het vooral hebben van zijn uitstekende waterwegen en daarbij was de ligging van Rotterdam gunstiger dan die van Amsterdam. De Rijnvaart op Duitsland nam in de negentiende eeuw immers toe, toen na 1870 in het Ruhrgebied in een verbluffend tempo een grote industrie werd opgebouwd. Rotterdam groeide enorm en zoog de mensen uit het omringende platteland bij duizenden naar zich toe. De stad is in de negentiende eeuw veel meer gegroeid dan Amsterdam en misschien is daaruit mede de onmiskenbare rivaliteit tussen de twee plaatsen te verklaren.

De groei der steden is een van de meest kenmerkende trekken van de tijd na 1870. De woningbouw daar zorgde voor veel werk, vooral omstreeks 1880. De gemeentewet van Thorbecke uit het jaar 1851 heeft de ruimte geschapen voor een gezonde ontplooiing van de autonomie. Het verschil tussen steden en dorpen verdween. Alle gemeenten konden zich eigen inkomsten verschaffen door opcenten te leggen op de directe belastingen. Gemeentelijke accijnzen dienden zoveel mogelijk te verdwijnen. Op die manier kreeg ook het plaatselijk patriottisme meer armslag: welvarende burgers kregen de kans wat voor hun eigen stad te doen. Veel parken, schouwburgen en verenigingsgebouwen dateren juist uit de tweede helft van de negentiende eeuw. Toegegeven, de grauwe wijken van arbeidershuizen en huurkazernes die toen zonder veel kunstzin neergepoot werden, waren vaak niet erg fraai. De woningwet van 1901 heeft heel wat misstanden moeten verbeteren, maar de woonomstandigheden in de verkrotte, verpauperde binnensteden van vóór 1850 waren nog veel slechter. In Amsterdam en elders daalde het percentage gezinnen dat in kelderwoningen huisde. Verschillende vestingsteden werden ontmanteld en konden zich bevrijden van de kluisters die verouderde militaire inzichten vroeger hadden gesteld. Hier en daar kwam voor de gegoede standen al iets van het forenzendom om de hoek kijken.

Er kwam dus wat verbetering, maar dat wil niet zeggen dat de toestanden ideaal waren. Vooral voor de periode van 1850 tot 1870 blijkt uit een aantal gepubliceerde huishoudrekeningen van arbeiders dat het grote moeite kostte om met het schamele loon de eindjes aan elkaar te knopen. Ook betrof een onevenredig groot deel van de uitgaven voedsel: niet minder dan vijfenzestig procent. Dit wijst op een armelijk bestaan, want volgens de wet van Engel daalt bij een stijgend inkomen het percentage dat daarvan aan voedsel wordt besteed. In 1963-1964 was dat bij hand- en landarbeiders in Nederland bijvoorbeeld slechts eenderde. Er waren tussen 1850 en 1870 geen sociale wetten. Vrouwen- en kinderarbeid was geen uitzondering. Berucht in dit opzicht zijn bijvoorbeeld de aardewerkfabrieken van Regout te Maastricht. Het is echter een misvatting dat dergelijke kinderarbeid slechts voorkwam bij het kapitalistische stelsel. Ook in de zeventiende eeuw had Michiel de Ruyter aan het grote wiel moeten draaien in de touwslagerijen van de gebroeders Lampsens. Ook in de middeleeuwen hadden vooral vrouwen het garen voor de Leidse lakennijverheid moeten spinnen; zelfs de zeer restrictieve gildebepalingen hadden geen bezwaar tegen lange werkdagen van soms wel veertien uur in de zomer. En in de jaren na 1870 kwam er wel degelijk verbetering. In 1874 wist het parlementslid Sam van Houten een initiatiefwet aangenomen te krijgen die overmatige arbeid en verwaarlozing van kinderen moest tegengaan.

Prostitutie in de negentiende eeuw

Prostitutie is van alle tijden, en niet ten onrechte spreekt men van het oudste beroep. Oude oosterse rijken als Babylonië kenden al tempelprostitutie, het antieke Athene had beroemde hetaeren en ook in de zeer christelijke middeleeuwen meende men hoeren te moeten dulden, omdat anders de

zedige vrouwen zich niet buitenshuis konden wagen uit angst voor ver-
krachting. Alleen enkele scherpslijpers als Lodewijk de Vrome, die alle
prostituées uit Aken verdreef, meenden dat zij het kwaad konden uitroeien,
maar een wijs man als Thomas van Aquino wist wel beter. 'Neem de hoeren
weg uit de wereld, en gij zult deze geheel met ontucht vullen,' zou hij gezegd
hebben. De libertijnse zeventiende eeuw in de Republiek was er natuurlijk
niet vrij van en de schilders uit die tijd beeldden vaak deernen, koppe-
laarsters en wellustige mannen af, al of niet met een morele bedoeling. Het is
evenwel verwonderlijk dat het verschijnsel prostitutie in de zeer preutse
negentiende eeuw zo'n brede omvang bleek te hebben. In 1896 telden de
controleurs van het bevolkingsregister te Amsterdam 228 huizen van
ontucht met 1030 prostituées, en in de twee andere grote steden Rotterdam
en Den Haag lag hun aantal niet veel lager. In kleinere steden was het
verschijnsel veel minder omvangrijk, maar wel aanwezig, zodat er op het
eind van de eeuw zeker enkele duizenden vrouwen het beroep van prostituée uitoefenden, en in de decennia daarvoor was dit verbijsterend hoge
aantal niet lager.

Zij moeten de nodige klanten gehad hebben. Onder die klanten zijn in
havensteden als Amsterdam en Rotterdam passagierende matrozen geweest. In marktsteden in de provincie kwamen de nodige boeren van het
platteland om de zondigheid van de stad te ervaren. Alles wijst erop dat juist
de gezeten burgers met hun overdreven fatsoensnormen in die tijd voor de
nodige klandizie zorgden. Dat kwam door het bestaan van een zogenaamde
dubbele moraal. Vrouwen en meisjes moesten kuis en zedig zijn, ze mochten
niets weten van het geslachtelijke, en het kwam meer dan eens voor dat zij
het huwelijk ingingen zonder te weten waar de kinderen vandaan kwamen.
Maar voor mannen golden andere normen. Jongemannen mochten hun
wilde haren verliezen en echtgenoten konden de seksuele bevrediging die de
kuise huismoeders niet konden schenken, buitenshuis in bordelen gaan
zoeken. Daarbij was het gevaar voor geslachtsziekten groot. Menig leven is
verwoest door de syfilis, hoewel geneeskundig onderzoek van publieke
vrouwen in de negentiende eeuw verplicht was. Toen Nederland in 1810 bij
Frankrijk was ingelijfd, werd hier de code-Napoléon ingevoerd: er werd
toezicht gehouden op de bordelen en andere plaatsen van ontucht. Alle
houders van publieke huizen, muziek- of speelhuizen of stille huizen
moesten zich bij de politie laten inschrijven. De inwonende meisjes kregen
dan een rode kaart, waarmee ze zich twee maal per week bij de politie-
chirurgijns moesten melden voor onderzoek. Bleken zij ziek, dan kregen ze

een witte kaart waarop de aard van hun ziekte vermeld stond. Ze mochten dan hun beroep niet uitoefenen totdat zij genezen waren en hun rode kaart terugkregen. Later werden de kaarten afgeschaft, maar de controle bleef bestaan. De gemeentewet van 1851 kende eveneens reglementering van de prostitutie.

Daartegen begon echter verzet te rijzen, omdat op die manier de overheid te veel bij de prostitutie betrokken werd en dit bedrijf als beroep erkende. Ook kwam het vaak voor dat de politie steekpenningen kreeg om een oogje toe te knijpen. Dominee Otto Heldringh was een bekend tegenstander. In 1847 richtte hij het asiel Steenbeek bij Zetten op, waar gevallen vrouwen die uit hun beroep wilden stappen, een toevluchtsoord konden vinden. Een andere poging tot bestrijding deed de Nederlandse middernachtszending-vereniging, opgericht in 1888. Leden daarvan stelden zich op bij bordelen en trachtten door overreding de bezoekers van hun voornemens af te brengen. Het gevolg van dit alles was dat een onduidelijke toestand ontstond. In sommige gemeenten waren bordelen toegestaan, in andere waren ze verboden. Daarbuiten was er overigens altijd straatprostitutie, die gebruik maakte van rendez-voushuizen of louche hotelletjes, en ook wel het bedrijf van dames die alleen of met een souteneur leefden in zogenaamde stille huizen.

In Amsterdam waren verscheidene beroemde bordelen. Omstreeks 1830 was op de Nieuwmarkt 'De Fontein' gevestigd, een groot gebouw met een apart restaurant en een danszaal. In de biljartzaal op de bovenste verdieping speelden volledig naakte meisjes biljart, terwijl de heren toekeken. Op de Nieuwezijds Voorburgwal was het Maison Weinthal gevestigd, evenals Madame Fatima, en 't Groene Paleis stond op het Rokin. In de negentiende eeuw was in verscheidene steden de rosse buurt vaak anders gelegen dan tegenwoordig. De Nes in Amsterdam was toen een bekend vermaakcentrum en een zedige vrouw kon zich beter niet in de Kalverstraat wagen.

Er waren erg veel buitenlandse prostituées. Dat hing ook samen met de zogenaamde handel in blanke slavinnen. Veel van de meisjes werden min of meer tot ontucht gedwongen door gewetenloze souteneurs en hoerenmadams. Zij zorgden ervoor dat de meisjes bij hen in de schuld stonden voor kleren of huisvesting en daar niet zo gemakkelijk van afkwamen. Buitenlandse vrouwen waren in die omstandigheden natuurlijk extra hulpeloos en dat was dan ook de bedoeling. Het kwam veel voor dat meisjes van de ene stad naar de andere getransporteerd werden, en dat een dergelijke aanvoer van nieuwe waar door de bordeelhouders via verschillende kanalen bij de klanten werd geadverteerd. In 1889 waren er in Rotterdam 170 buitenlandse geregistreerde prostituées, voornamelijk Duitse, terwijl de 72 buitenlandse prostituées uit Amsterdam voor het grootste deel Franse en Belgische vrouwen waren.

De wet-Regout van 1911 ter bestrijding van de zedeloosheid hief de bordelen op. De abolitionisten hadden hun zin, de reglementering werd afgeschaft. Slechts de souteneurs waren voortaan strafbaar, en daaruit blijkt dat de overheid begon in te zien dat prostitutie ook een sociaal probleem is en dat veel vrouwen slechts onder dwang zich daartoe lenen. Toch hebben de verbeterde sociale toestanden er geen eind aan gemaakt. In 1977 waren in de drie grote steden Amsterdam, Rotterdam en Den Haag blijkens een enquête in totaal 6850 personen als prostituée werkzaam.

Na 1870 bleven de lonen stijgen, terwijl de prijzen daalden. Bovendien begonnen de arbeiders zich van hun macht bewust te worden. De eerste moderne werkstaking is die van de scheepstimmerlieden te Amsterdam in 1869. Ze verzochten om een loonsverhoging van twintig cent per dag en om beëindiging van de voortdurende afwijking van de officiële werktijd van twaalf uur. De stakers zagen hun eisen grotendeels ingewilligd, al was er nog geen vakvereniging en geen weerstandskas. Ze kregen bijdragen van solidaire collega's. Eigenlijk was een werkstaking toen nog officieel verboden, maar de overheid greep niet in. Drie jaar later, in 1872, werden trouwens door de opheffing van het coalitieverbod vakverenigingen en werkstakingen wel legaal, en sindsdien zijn ze een normaal begeleidingsverschijnsel van de economische ontwikkeling geweest. De rol daarvan is wel eens overdreven. De verbetering van de toestand der arbeidende klasse is in de eerste plaats een gevolg van de toegenomen produktiviteit van het bedrijfsleven. Dat dwong de ondernemers hogere lonen te betalen en de arbeidsomstandigheden te verbeteren, als ze tenminste voldoende werknemers wilden behouden. Sommigen zullen dat misschien graag gedaan hebben uit sociaal bewustzijn. Maar ook de meest hardvochtige fabrieksdirecteur kon uit welbegrepen eigenbelang niet om de economische wetten heen. De vakbeweging heeft zich in Nederland pas duidelijk gemanifesteerd toen de lonen al begonnen te stijgen en toen de eerste sociale wetten al op stapel stonden.

Niet de arbeiders zijn de meest zichtbare groep in Nederland in de jaren 1850-1890, maar de burgers, en wel in al hun manifestaties: als ondernemers, als advocaten en andere intellectuelen, als bedaagde handelaars en ook als renteniers. In de jaren vóór 1850 hadden edelen en afstammelingen van stedelijke regenten met autocratisch regerende koningen aan het hoofd nog de dienst uitgemaakt, maar na de grondwetsherziening van 1848 ging het leiderschap over op de hogere burgerij. De stroeve Thorbecke was de leider van deze burgers. Driemaal heeft hij tussen 1849 en 1872 een kabinet van liberale ministers geleid. Echte politieke partijen bestonden er vóór 1880 nog nauwelijks. Het kiesrecht was voorbehouden aan mensen die een behoorlijke som in de directe belasting betaalden: in 1853 honderdentwaalf gulden per jaar voor Amsterdammers die wilden meedoen aan de verkiezingen voor de Tweede Kamer en de Provinciale Staten. Daarom was er nog niet zo'n behoefte aan organisatie door partijen. In 1853 waren er slechts 83.561 kiesgerechtigden voor de Tweede Kamer in Nederland. In 1890 was dat aantal gestegen tot 295.570 en toen was er onderhand wel een heel partijstelsel gegroeid. Er bestond bij het denkend deel der natie toch een zekere eenstemmigheid over het nut van vrijhandel en de schade die al te veel regels aan het economisch leven konden toebrengen. De meest fervente aanhangers van het liberale gedachtengoed meenden dat een consequente doorvoering daarvan niet alleen een voortdurende vooruitgang van de materiële welvaart, maar ook een geestelijke en morele groei zou verzekeren. Oorlog zou uitgebannen zijn als heel de wereld de vrijhandel zou doorvoeren, want dan kwam er een internationale arbeidsverdeling tot stand, waarbij alle volkeren zo afhankelijk van elkaar waren dat ze elkaar niet konden bestrijden. Er waren ook de nodige realisten en conservatieven in den lande die niets moesten hebben van dergelijke gedachtenspinsels en opkwamen voor gevestigde belangen. Soms pleitten die zelfs voor protectie en regeringsingrijpen. Zo deden bijvoorbeeld de vertegenwoordigers van de boeren tijdens de agrarische crisis na 1878, maar zij konden nog geen meerderheid krijgen.

De grote tegenstelling tussen wat men 'liberalen' en 'conservatieven' noemt lag niet op economisch, maar op politiek vlak. Nogmaals dient onderstreept dat die tegenstelling in het parlement allerminst duidelijk was, omdat veel kamerleden nu eens met Thorbecke en dan weer met zijn tegenstanders instemden. Dat deden ook de katholieken en de protestanten, waarvan een aantal zich onder leiding van Groen van Prinsterer antirevolutionairen noemden, zonder overigens een echte fractie te vormen. Het grootste politieke probleem bleef aanvankelijk de positie van de koning. Door de bepaling in de grondwet van 1848 ('De koning is onschendbaar. De ministers zijn verantwoordelijk') was hij geworden tot een ornament in het staatsbestel. Desnoods tegen de eigen overtuiging in, zou hij voortaan de beslissingen van het kabinet moeten onderschrijven. Maar vele bepalingen in de grondwet, zoals 'de koning benoemt ministers en ontslaat hen naar welgevallen' of 'de uitvoerende macht berust bij de koning', leken in een andere richting te wijzen. Velen meenden, en Willem III (1849-1890) in de eerste plaats, dat de invloed van de koning op het staatsbestel nog zeer groot diende te zijn. Dat heeft voor de nodige conflicten gezorgd, nog verscherpt door het feit dat Thorbecke en Willem III elkaar niet mochten. 'Professor' noemde de vorst zijn minister honend.

Het heeft bijna twintig jaar geduurd voordat de koning en zijn aanhangers de spelregels van de parlementaire democratie volledig hebben willen aanvaarden. En ook daarna bleef Willem III zich bemoeien met de keuze van personen bij kabinetsformaties. Twee crises zijn er geweest: de ene in 1853 bij de zogenaamde aprilbeweging, en de andere in de jaren 1866-1868 naar aanleiding van het koloniale en buitenlandse beleid, dat de koning aan de hand van de grondwet tot zijn speciale prerogatief rekende. De aprilbeweging was het gevolg van de invoering van nieuwe bisschoppen van de rooms-katholieke kerk in Haarlem en Utrecht. Bij de grondwetsherziening van 1848 was scheiding tussen kerk en staat vastgesteld. Er was geen twijfel over mogelijk dat de paus van Rome het volste recht had om de organisatie van zijn kerk naar believen te regelen, ook zonder toestemming van de regering, en Thorbecke maakte dit duidelijk aan koning en parlement. Maar bij brede kringen in Nederland was een latent antipapisme aanwezig. Verschillende dominees wisten hun gemeenteleden in beweging te krijgen door beeldend te preken over de herinvoering van de inquisitie en andere middeleeuwse gruwelen die voor de deur zouden staan. Conservatieve tegenstanders van Thorbecke roken hier hun kans om hun gehate tegenstander ten val te brengen. De twee groepen van orthodoxe protestanten en vijanden van Thorbecke werkten samen om de koning een petitie aan te bieden met het verzoek om de roomse bisschoppen tegen te houden. Op 15 april 1853 bood dominee Bernard ter Haar te Amsterdam de koning een verzoekschrift met 51.000 handtekeningen aan om 'niet het zegel harer Vorstelijke goedkeuring te hechten aan de vestiging eener Bisschoppelijke hiërarchie'. Het was uiteraard bekend dat dit zou gebeuren, en het kabinet onder leiding van Thorbecke had een antwoord voor de koning opgesteld. Hij moest zeggen dat de nieuwe hiërarchie geen koninklijke goedkeuring van node had en dat hij ervoor zou waken dat niemands rechten gekrenkt werden. De ministers hadden daartoe het recht, tenslotte droegen zij de verantwoording. De koning kwam echter met een antwoord van eigen makelij, waarin hij uiteraard niet kon toezeggen dat hij de bisschoppen zou tegenhouden, maar dat toch als een kritiek op Thorbecke uitgelegd kon worden: 'Mijn regering leverde menige treurige ogenblikken op... en deze dag heeft de band tussen het Huis van Oranje en het Vaderland nog hechter vastgesnoerd.' Thorbecke was woedend. In de Tweede Kamer had hij het vertrouwen van de leden gekregen voor zijn beleid, en dan had de koning niet het recht hem in het publiek af te vallen. Het kabinet bood zijn ontslag aan en er kwamen nieuwe verkiezingen. Als Thorbeckes aanhangers even sterk of nog sterker in de nieuwe Kamer zouden zijn teruggekeerd, dan had er nog een moeilijk constitutioneel dilemma kunnen ontstaan. Gelukkig voor de koning kregen de orthodoxe protestanten veel aanhang en Floris van Hall, die al eens het land van een financieel bankroet had gered, kon een nieuwe regering vormen. Hij had evenwel voldoende respect voor de grondwet om in te zien dat hij de katholieke bisschoppen niet kon tegenhouden. Drie jaar later moest ook hij voortijdig ontslag nemen wegens de verontwaardiging in den lande over een wetsvoorstel ter regeling van het lager onderwijs. Zijn kabinet had eveneens het vertrouwen van het parlement, maar weer meende de koning dat aan protestantse verontwaardiging genoegdoening moest worden gegeven en Van Hall en de zijnen konden gaan. Benoemde en ontsloeg de koning dan toch ministers naar welgevallen en kon hij op eigen initiatief de Kamer ontbinden?

De zaak is een hele tijd in dubio gebleven, maar kwam ten slotte tot een oplossing in de jaren 1866-1868 onder het conservatieve kabinet Heemskerk-Van Zuylen. Twee kwesties speelden een rol. Minister Mijer van koloniën trad plotseling af. De volgende dag stond in de

Staatscourant dat hij benoemd was tot gouverneur-generaal van Nederlands-Indië. Hij had zichzelf op deze zeer begeerde post benoemd. De Kamer nam een motie van de antirevolutionair Keuchenius aan, waarin werd uitgesproken dat deze gang van zaken niet in 's lands belang was. Daarop ontbond de koning de Kamer en schreef nieuwe verkiezingen uit. De nieuwe Kamer telde nauwelijks meer aanhangers van het kabinet dan de vorige, maar besloot de kat eerst even uit de boom te kijken. Het volgend jaar was er weer een nieuwe kwestie. Nog steeds was Willem III groothertog van Luxemburg, waar hij zich door zijn broer Hendrik als stadhouder liet vertegenwoordigen. Luxemburg was een arm land en kostte alleen maar geld. Toen Napoleon III interesse toonde om Luxemburg te kopen, voelde minister Van Zuylen van buitenlandse zaken daar wel voor. De voorgenomen transactie kwam echter Bismarck, de ijzeren kanselier uit Pruisen, ter ore. Die begon onmiddellijk te briesen over een dergelijke verkwanseling van Duitse mensen aan vreemde Fransen. Nederland was in een gevaarlijke situatie geraakt, maar de zaak kwam tot een oplossing tijdens een conferentie te Londen, waar de voorgenomen verkoop werd verboden en waar de mogendheden, waaronder Nederland, de neutraliteit van Luxemburg garandeerden. Minister Van Zuylen vond dat hij goed werk had gedaan, maar de Kamer oordeelde anders. Die vond dat hij Nederlands neutraliteit met zijn garantie in gevaar bracht en toonde dat door de begroting van buitenlandse zaken te verwerpen, 'om redenen buiten de cijfers gelegen'. Weer ontbond de koning de Kamer. De nieuwe Kamer was minder dociel dan de vorige en nam een motie-Blusse aan, die uitsprak dat de kamerontbinding niet in 's lands belang was geweest, en verwierp ten overvloede opnieuw de begroting van Van Zuylen. De koning weigerde het ontslag dat alle ministers hem aanboden te aanvaarden, want hij vond dat 'ze hem goed gediend hadden'. Hij heeft zelfs eenderde kamerontbinding, waarop Heemskerk aandrong, overwogen, maar ten slotte heeft hij toch Thorbecke ontvangen en toegestemd in de vorming van een liberaal kabinet. Sindsdien is het een ongeschreven parlementaire spelregel dat inzake een zelfde conflict slechts eenmaal de Kamer mag worden ontbonden. Toen tegen 1880 ook werkelijke politieke partijen ontstonden met echte fracties, was het bovendien duidelijker hoe de Kamer tegenover de ministers stond. Sindsdien heeft geen soeverein in Nederland door middel van koninklijke kabinetten zijn wil aan het land proberen op te leggen.

De liberale burgers waren overtuigd van de waarde van goed onderwijs, zowel voor hun eigen kinderen als voor de verheffing van de lagere standen. 'Hoe meer scholen hoe minder gevangenissen' was een leuze, voor het eerst geformuleerd tijdens de Verlichting in de achttiende eeuw, maar van harte onderschreven in de negentiende. Vóór 1850 was dat nog niet duidelijk aan het licht getreden. Ondanks de fraaie schoolwetten uit de Franse tijd was de materiële positie van de onderwijzers in het lager en middelbaar onderwijs slecht. Hun opleidingsniveau was vaak laag en er waren nog veel particuliere scholen. Die konden uit idealistische motieven door een vereniging worden gedreven, bijvoorbeeld door de Maatschappij tot Nut van 't Algemeen, maar waren soms ook opgezet om winst te maken: de zogenaamde bijzondere scholen der tweede klasse. Wel hield de staat op alle scholen tot in details toezicht, regelde de toelatingseisen voor de onderwijzers en keurde boeken en leermiddelen goed. Een onder-wijzer der vierde klasse behoefde overigens alleen maar bekwaam te zijn om de leerlingen lezen en schrijven te leren. Beheerste hij ook andere vakken, dan kon hij examen doen voor een hogere graad. Latijnse scholen leidden op voor de universiteit, maar waren erg eenzijdig. De drie rijksuniversiteiten telden een gering aantal studen-ten, in 1850 in totaal 1082, waarvan dertig procent theologie en zesenveertig procent rechten studeerde.

Na 1850 kwam er geleidelijk aan verbetering. De schoolwetten van 1857 en 1878 verbeterden het opleidingsniveau van de onderwijzers in het lager onderwijs. In 1861 begon de eerste ambachtsschool en in 1863 stichtte Thorbecke de HBS als een opleidingsmogelijkheid voor de zonen der burgerij die geen wetenschappelijke opleiding nastreefden. Sindsdien stegen ook de uitgaven voor onderwijs van de rijksoverheid van 1,5 procent van het totaal in 1850 tot 6,2 procent in 1890. De eisen die aan de openbare lagere scholen werden gesteld, golden ook voor de bijzondere scholen. En dat waren hoe langer hoe meer confessi-onele scholen. Aanvankelijk hadden katholieken en protestanten gemeend dat ze hun kinderen wel naar de openbare scholen konden sturen, die immers ook opleidden tot 'alle christelijke en maatschap-pelijke deugden'. Maar dit christendom boven geloofsverdeeldheid was veel te slap voor de orthodoxe protestanten, en ook voor de

katholieken die zich hoe langer hoe meer oriënteerden op de anti-
liberale directieven van de paus van Rome 'over de bergen' en daarom
'ultra-montaans' genoemd werden. Katholieken en orthodoxe protestanten wilden hun eigen scholen handhaven, maar door de kwali-
teitseisen gesteld in de wetten van 1857 en 1878, kostten die veel geld en
ze wilden eigenlijk wel subsidie van de overheid. De liberale burgers
daarentegen waren best tevreden met de openbare school. Zij keerden
zich geleidelijk af van de strenge orthodoxie. Ze bleven wel protestant,
maar voelden meer voor de vrijzinnige richtingen die niets moesten
hebben van opgelegde dogma's en de Godheid van Jezus vaak
ontkenden.

De schoolwet van 1878 van Kappeyne van de Coppello is zelfs de
aanleiding geworden tot echte partijvorming in Nederland. De
leider van de orthodoxe protestanten was toen Abraham Kuyper.
Hij nam het initiatief tot samenwerking met de rooms-katholieken
en hun voorman Schaepman, die immers 'stoelden op dezelfde
wortel des geloofs' en in de schoolkwestie hetzelfde nastreefden.
Daarvoor zou een strakkere organisatie wenselijk zijn en in 1878
kwam de bond van antirevolutionaire kiesverenigingen tot stand,
die het door Kuyper opgestelde *Program* onderschreven. Ook
Schaepman schreef enkele jaren later een brochure, *Een Katholieke
Partij-Proeve van een Program*, maar het duurde tot na 1890 tot er
iets ontstond dat als voorstadium van de rooms-katholieke staatspartij zou kunnen gelden. De liberalen kregen eveneens wat meer
partij-organisatie, bekroond in 1885 door de oprichting van de
Liberale Unie. Maar al omstreeks 1880 waren er drie echte fracties
in de Kamer aanwezig: de anti-revolutionairen, de rooms-katholieken en de liberalen. De conservatieven hebben het niet tot een partij-
organisatie gebracht en verdwenen als factor uit de Nederlandse
politiek. Toen er in 1887 een nieuwe grondwetsherziening kwam en
het kiesrecht, in afwachting van een definitieve regeling, meteen al
een behoorlijke uitbreiding kreeg, verwierven protestanten en katholieken zelfs de meerderheid in de Kamer. Samen vormden zij dan
ook het kabinet-Mackay, een coalitiekabinet zoals dat in het Nederlandse politieke jargon heet. Het was het teken dat nieuwe groepen
zich emancipeerden en hun plaats onder de zon opeisten. De belangrijkste wet die het kabinet-Mackay heeft verwezenlijkt, is uiteraard een lager-onderwijswet geweest, waarbij bijzondere scholen

subsidie kregen – namelijk dezelfde rijksbijdrage als de openbare scholen – maar nog geen geld van de gemeenten.

Het had er even naar uitgezien dat Nederland een republiek zou worden. Het koningschap van Willem III was niet populair in den lande. Met drie zoons leek de opvolging verzekerd, maar hoewel twee daarvan de volwassen leeftijd bereikten lieten zij geen wettig nakroost na en stierven al vóór hun vader. Kroonprins Willem mocht niet trouwen met de adellijke dames die hij zelf verkoos, omdat alleen een prinses voor hem goed genoeg was. Prins Alexander was ziekelijk, hij droeg een ijzeren korset wegens zijn zwakke rug en hield daar een leverbeschadiging aan over. De dynastie is gered door Wilhelmina. Zij werd in 1880 geboren als enig kind uit het tweede huwelijk van Willem III, dat hij in 1879 als tweeënzestigjarige sloot met Emma van Waldeck-Pyrmont, die toen eenentwintig lentes telde. In 1890 kwam zo voor het eerst in de Nederlandse geschiedenis een vrouw aan het hoofd van de staat, de eerste acht jaar onder regentschap van haar moeder Emma. Misschien was dat een door het toeval gedicteerd teken dat ook voor de vrouwen emancipatie begon te gloren.

Ziekten en ziekenzorg in de negentiende eeuw

In de eerste helft van de negentiende eeuw was het sterftecijfer hoog in Nederland, hoger bij voorbeeld dan in het naburige België. Dat kwam natuurlijk door de slechte huisvesting en de schamele voeding van een groot deel der bevolking, maar ook door de slechte kwaliteit van het drinkwater in diverse gewesten. Vooral in Zeeland was de sterfte hoog en die is in verband te brengen met de verzilting van het oppervlaktewater, dat zo een uitstekende broedplaats werd voor de malariamug. De toenmalige medici hadden geen flauw idee hoe deze ziekte ontstond. Zij dachten dat uit de poelen slechte lucht opsteeg – vandaar 'mal aria' – en spraken daarom van moeraskoortsen of ook, aangezien de ziekte gepaard ging met hevige koortsaanvallen om de dag of om de twee dagen, van 'anderdaagse of derdedaagse koorts'. Na 1830 bleek overigens kinine een goed bestrijdingsmiddel van de malaria. Het slechte drinkwater veroorzaakte in het hele land permanent allerlei ingewandstoornissen, die vaak dodelijk bleken. Het drinkwater is ook verantwoordelijk voor de vier grote epidemieën van Aziatische cholera die de negentiende eeuw te zien gaf, namelijk in 1832-1833, 1848-1849, 1866-1867 en 1886. Het ergste was de cholera van 1848 tot 1849 met 22.078 overledenen in de Nederlandse provincies ten noorden van de grote rivieren. De tuberculose was ook een voortdurend gevaar. Het ware karakter van de ziekte en de rol van de tuberkelbacil waren natuurlijk onbekend. Men kende alleen het laatste, fatale stadium met bloedspuwingen en hoge koorts, dat als vliegende tering gevreesd was.

De medische stand was tot ongeveer 1875 vrij machteloos tegenover deze en andere kwalen. Toen in de Bataafse tijd de chirurgijnsgilden werden opgeheven, kwam er een nieuwe regeling die het onderscheid handhaafde tussen dokters in de medicijnen, die aan de universiteiten theoretisch geschoold waren, en praktische heelmeesters en vroedvrouwen. Deze lagere graden kon men halen aan klinische scholen in enkele steden. Er bestonden op die manier niet minder dan twaalf verschillende diploma's voor genezers. In 1865 bracht Thorbecke dat aantal terug tot één, dat van arts, waarvoor men slechts examen kon doen na een voltooide medische studie aan de universiteit.

Toen was ook de mogelijkheid geboden voor de groei van een medische stand die werkelijk wat tegen ziekten kon doen. Het peil van de medische wetenschap in Nederland lag tot dusver niet erg hoog. Nederlandse artsen hebben weinig bijgedragen tot de opwindende ontdekkingen die hun collega's in het buitenland deden: bacteriën die besmettelijke ziekten veroorzaakten, aseptische maatregelen en verdovingen met chloroform, waardoor operaties beter lukten en zoveel andere zaken. Zij bleven als vanouds aderlaten, koppen zetten en de crisis in de ziekte afwachten, vaak op grond van soms heel rare theorieën over de werking van het menselijk lichaam. Maar na 1875 verbeterden de toestanden, ook in het hospitaalwezen waar verpleegsters van beter allooi dan vroeger de taken overnamen. In het jaar 1875 kwam in Hilversum de eerste kruisvereniging tot stand, die in navolging van het Rode Kruis van Henri Dunant 'zou trachten ook in vredestijd de ellenden des levens te lenigen'. Eerst hebben dergelijke verenigingen getracht om door adviezen de hygiënische toestanden te verbeteren. Toen er meer verpleegsters kwamen, richtten zij zich op de ambulante gezondheidszorg. Protestanten hebben het Witte Kruis nage-volgd met hun Oranje-Groene Kruis, katholieken met het Wit-Gele Kruis en de drie instellingen te zamen hebben een grote invloed ten goede betekend. Door al die maatregelen begon vanaf 1875 het sterftecijfer merkbaar te dalen, al zou de tuberculose nog lang een zeer gevreesde volksziekte blijven.

Omstreeks 1890 beleefde het moderne kapitalisme in al zijn facetten
eindelijk ook in Nederland zijn triomf, met alle goede en slechte
begeleidingsverschijnselen: verhoging van de produktie en stijging
van de inkomens, maar ook periodiek terugkerende crises, soms
schrijnende werkloosheid en misschien ook wel vervreemding bij de
arbeiders door geestdodend werk aan de lopende band. In de eerste
jaren na 1890 was er nog weinig te bemerken van een stijging van het
inkomen per hoofd van de bevolking als gevolg van de zeer zware
internationale crisis van 1893 tot 1894. In 1900 echter begon een tijd
van duidelijke opgang, die tot 1914 duurde, waarin het per-capita-
inkomen steeg met 26 procent.

Die hogere inkomsten betekenden voor de bevolking betere voeding, kleding, huisvesting, hygiënische omstandigheden en ten slotte
ook betere medische verzorging, te meer omdat de artsen nu eindelijk
wat meer greep op de ziekten begonnen te krijgen. Dat resulteerde in
een forse daling van het sterftecijfer: van 25,5 promille per jaar in de
periode 1871-1875 tot 12,9 promille in de jaren 1911-1915. Deze op zich
zeer gunstige ontwikkeling veroorzaakte natuurlijk een gigantische
bevolkingsgroei: van 4.511.415 inwoners in 1889 tot 6.865.314 in 1920.
Hierdoor dreigden de verworvenheden van de gestegen produktie
weer te verdwijnen, maar de groei van 1894 tot 1914 was zo intensief en
zo harmonisch, dat dit gevaar zich nog niet in volle omvang manifesteerde. Dat kwam mede doordat niet alleen het sterftecijfer maar
ook de geboortencijfers begonnen te dalen: van 35,9 promille in de
periode 1871-1875 tot 28,0 promille in de jaren 1911-1915. Het is echter
duidelijk dat het sterftecijfer veel sneller daalde, zodat het geboortenoverschot in de laatste vijfjaarlijkse periode per saldo was toegenomen tot 15,0 promille. Het dalende aantal geboorten was gedeeltelijk een gevolg van een bewuste beperking. Die is in alle perioden van

de wereldgeschiedenis wel in praktijk gebracht, maar pas in de negentiende eeuw zijn economen en filantropen de gevaren van een ongebreidelde bevolkingsgroei voor het welvaartspeil gaan inzien. Ze zijn een campagne begonnen voor beperking juist bij de arbeidersgezinnen. Een van de eersten die dit deed was de Engelse econoom Malthus met zijn oproep tot late huwelijken en seksuele onthouding, maar hijzelf twijfelde al aan de haalbaarheid daarvan en zijn oproep heeft het geboortencijfer niet merkbaar omlaag gebracht. In de loop van de negentiende eeuw kwamen er echter betrouwbare preservatieven ter beschikking, met name condoom en pessarium. Volgens mensen als Aletta Jacobs, de eerste vrouwelijke arts in Nederland, en de liberale politicus Sam van Houten zouden die een oplossing van het bevolkingsvraagstuk kunnen geven. Ze stichtten in 1882 de Nieuw-Malthusiaansche Bond, die de kennis en de verkoop van voorbehoedsmiddelen wilde stimuleren, ook om de arbeidersklasse te verheffen. Gezien het dalende geboortencijfer hadden ze daarmee wel succes, hoewel katholieken en protestanten van het begin af aan rabiate tegenstanders waren van neo-malthusiaanse praktijken en ook de socialisten er aanvankelijk niets van moesten hebben. Volgens hen waren alle misstanden de schuld van het kapitalisme. Als dat zou verdwijnen zou het bevolkingsprobleem ook wel zijn opgelost. In het buitenland was abortus provocatus een heel gebruikelijk middel om het kindertal te beperken. Het was wel strafbaar, evenals in Nederland, maar het bewijs was moeilijk te leveren. In Nederland kwam abortus natuurlijk ook wel voor, maar waarschijnlijk toch veel minder dan bijvoorbeeld in België en Frankrijk.

Dat het moderne kapitalisme na 1890 in Nederland goed doordrong uitte zich vooral in de nijverheid. Van 1859 tot 1889, in een periode van dertig jaar, was de beroepsbevolking in de nijverheid gegroeid met 156.000 personen, oftewel gemiddeld ruim vijfduizend mensen per jaar. Bovendien hadden die vaak werk gevonden in uitgesproken kleine bedrijven met minder dan tien werknemers. In 1889 was nog driekwart van de beroepsbevolking in de nijverheid werkzaam in dat soort bedrijven. Maar in de twintig jaar van 1889 tot 1909 nam het aantal werknemers in de nijverheid toe met 234.000, dat wil zeggen bijna twaalfduizend per jaar. Die vonden vooral werk in de uitgesproken grote bedrijven als Philips, Unilever, de Koninklijke

Olie of hoe die concerns ook verder mogen heten. Een bedrijf als Philips was typisch voor de moderne periode. Omstreeks 1890 was de elektrische gloeilamp een nieuw produkt waarvoor nog geen grote markt bestond, maar dat wel toekomstmogelijkheden had. Gerard Philips was een jong werktuigkundig ingenieur uit Zaltbommel, die het wel eens met een gloeilampenfabriekje wilde proberen. Zijn vader had een aantal kleine bedrijven, wilde wel met wat kapitaal steunen, maar de gemeente Zaltbommel zag weinig in een nieuw bedrijf. Min of meer bij toeval kwam Gerard Philips daarop in Eindhoven terecht, het middelpunt van een armoedige streek met lage lonen en een groot arbeidspotentieel. De eerste jaren waren moeilijk, maar de zaak begon van de grond te komen toen in 1895 zijn broer Anton voor de commerciële leiding werd aangetrokken. Hij bestormde op reizen door heel Europa alle mogelijke afzetmarkten, stelde in verschillende landen vertegenwoordigers aan en in 1908 waren er al 1050 arbeiders in het bedrijf werkzaam. Uit zakelijke overwegingen kwamen er ook diverse sociale maatregelen: vrije geneeskundige hulp voor de werknemers en hun gezinnen, woningbouw voor de arbeiders, een pensioenfonds en wat niet al. Tot de folklore van het bedrijf behoort dat dit uit pure menslievendheid gebeurde, dat 'meneer Anton' als een vader voor zijn mensen was en in de zomer Betuwse kersen en met Sinterklaas speculaaspoppen onder het personeel uitdeelde. Dergelijke sentimentaliteit mag men best afwijzen, maar een onbevoordeeld toeschouwer zal moeten erkennen dat een concern als Philips een goed geleid bedrijf was, dat ook veel investeerde in wetenschappelijk onderzoek, inzag hoe belangrijk de afzetmarkten waren en op die manier een grote bijdrage gaf aan de werkgelegenheid en het welvaartspeil van de Brabantse bevolking.

Nieuwe produkten boden grote mogelijkheden voor de vorming van dergelijke gigantische concerns. Margarine was zo'n produkt. Het Unilever-concern is gegroeid uit de boterhandel. Twee firma's van boterhandelaren uit het Brabantse plaatsje Oss, Van den Bergh en Jurgens, exporteerden boter naar Engeland. Ze zagen onmiddellijk de mogelijkheden van de margarine, de kunstboter die in Frankrijk was uitgevonden. Beide firma's openden in het hele land margarinefabrieken, waarbij zij de afzet bleven verzorgen. Jurgens bleef voorlopig in Oss, Van den Bergh verhuisde in 1891 naar Rotterdam. Het bleek weldra wenselijk om zich van grondstoffen te verzekeren door de aankoop van plantages van aardnoten of door belangen bij de walvisvaart. Daarvoor was uiteraard veel kapitaal nodig en de bedrijven konden de investeringen niet meer uitsluitend uit zelf verdiende gelden bekostigen. Ze moesten dus een beroep op de kapitaalmarkt doen. Het werden naamloze vennootschappen. Daarin bezaten de oorspronkelijke eigenaars aanvankelijk nog wel de meerderheid van de aandelen, maar geleidelijk verdween dat karakter van een familie-NV. Van den Bergh en Jurgens hadden het in zich om een moordende concurrentie te voeren, niet alleen met elkaar, maar ook met soortgelijke concerns in het buitenland. Om die concurrentie te voorkomen kwamen de bedrijven al gauw tot prijsafspraken en zelfs winstpoolovereenkomsten. Met dit soort afspraken ging het wel eens mis, mede omdat er nu zoveel produkten vervaardigd werden. Zo waren Van den Bergh en Jurgens ook overgegaan op de zeepfabricage. Er kwam na de Eerste Wereldoorlog een NV Margarine-Unie tot stand voor een nog nauwere samenwerking en in 1929 kwam de kroon op het werk door de stichting van de Unilever, samengesteld uit de Nederlandse Margarine-Unie en het Engelse concern Lever Brothers. De gevaren voor de consument waren natuurlijk levensgroot. Dergelijke internationale concerns hebben immers een grote macht om arbitrair de prijzen vast te stellen en zo de concurrentie uit te schakelen. In de Verenigde Staten heeft de overheid meer oog voor deze gevaren en heeft ze enkele anti-trustwetten uitgevaardigd. Europa lijkt wat beter van vertrouwen en het gevaar dat de grote concerns de samenleving volkomen gaan beheersen, lijkt vooralsnog denkbeeldig. Misschien komt dat ook doordat er te veel grote bedrijven zijn in een volledig ontwikkelde kapitalistische maatschappij. Deze veelheid was ook in Nederland manifest na 1890. Kleinere bedrijven hadden het soms zeer moeilijk om zich staande te houden naast deze grote broers, maar als ze goed geleid werden bleken die tot nu toe toch altijd nog levensvatbaar.

De concentratie uitte zich ook in de commerciële sector. De middeleeuwse marktkramen waren in de loop der tijden tot kleine winkels van alle mogelijke neringdoenden geworden, die ieder hun eigen klantenkring bedienden, hun zaak voortdurend open hielden, lange werktijden maakten en er niet tegen opzagen om ook bij de mensen thuis bestellingen te gaan opnemen. De grootwinkelbedrijven werkten anders. Die zagen ook meer het belang in van reclame. Ze vervingen de kleine uitstalramen door grote spiegelruiten en boden een veel groter assortiment aan dan de kleine buurtwinkeliers. Een voorloper daarvan was te Amsterdam de Winkel van Sinkel, die begon als manufacturenhandel, in 1860 herenconfectie ging verkopen en daar later lingerie en kindergoed aan toevoegde, benevens goedkope meubelen, tapijten en linoleum. De zaak moest in 1903 sluiten, vooral omdat toen andere warenhuizen de taak hadden overgenomen. Zij waren vooral talrijk in de kledingbranche. Dat kwam doordat confectie meer en meer aanvaard werd. Vroeger bestelden mannen hun kostuum bij een kleermaker; vrouwen naaiden zelf hun japonnen of deden een beroep op een huisnaaister. Door een verbeterd matensysteem kon de confectie-industrie daarmee concurreren. Amsterdam dankte daaraan zijn vele confectie-ateliers. Het waren vooral katholieke manufacturenhandelaars uit Westfalen die succes hadden met hun warenhuizen: C. en A. Brenninkmeyer, Vroom en Dreesmann, Bahlmann en andere. Daarnaast kwamen er puur Nederlandse bedrijven op als De Bijenkorf, terwijl de zogenaamde 'Franse bazars' meestal met Belgisch kapitaal werkten. Het personeel van deze grootwinkelbedrijven stelde zijn eisen inzake werktijden. Zo kon iets gedaan worden aan de waanzinnig lange openingstijden van de winkels, tot laat op zaterdagavond en zondag toe. Amsterdam was de eerste gemeente die een verordening op de winkelsluiting vaststelde, namelijk in 1911. De winkels moesten uiterlijk om negen uur 's avonds sluiten, en dat gold ook voor de kleine buurtwinkels die door de eigenaars zelf gedreven werden. Een andere vorm van grootwinkelbedrijven waren de winkelketens met talrijke filiaalbedrijven die hun voorraad betrokken via een centraal kantoor. Voorbeelden daarvan zijn Albert Heijn, die in 1887 begon met een kruidenierswinkel te Oostzaan, zijn concurrent Simon de Wit, die in 1864 startte met een kaashandel in Wormerveer, en het bedrijf van P. de Gruyter, ontstaan uit een grutterszaak in 's-Hertogenbosch. Ter verdediging sloten zelfstandige winkeliers zich wel aaneen in een coöperatie. Ondanks al deze concentraties bleef de concurrentie groot en de prijzen hadden tot 1914 geenszins de neiging om te stijgen.

Grootwinkelbedrijven in de commerciële sector en internationale concerns in de industrie waren na 1890 twee heel duidelijke manifestaties van het moderne kapitalisme in Nederland, zij het niet de

enige. Een andere was de toenemende betekenis van de grote handels-
banken. Zij waren uitstekend geschikt om langlopend krediet te
verschaffen aan ondernemingen, en dat hebben ze in het begin vooral
gedaan aan Indische cultuurmaatschappijen die vanaf de suikercrisis
van 1884 met financiële moeilijkheden te kampen hadden. Daarvoor
waren kapitaalkrachtige banken nodig als de Amsterdamsche Bank,
de Rotterdamsche Bankvereniging of de Incassobank. Fusies zouden
er in dat bedrijf op den duur nodig zijn, maar voorlopig heerste hier
nog een grote versnippering. De banken gingen zich ook bezighouden
met het emissiebedrijf: het verkopen van aandelen aan beleggers.
Vóór 1890 hadden deze beleggers vooral belangstelling gehad voor
buitenlandse aandelen – Russische staatsleningen of Amerikaanse
spoorwegmaatschappijen – maar geleidelijk aan begonnen ze nu ook
vertrouwen te krijgen in Nederlandse ondernemingen. Zo nam de
betekenis van de effectenbeurs wat toe, en Amsterdam kreeg langzamerhand iets terug van zijn betekenis als internationaal financieel
centrum.

Wat betekenden al die economische ontwikkelingen voor het
dagelijks leven van de gewone mensen? We stipten al aan dat de
voeding en de medische verzorging verbeterden, de huisvesting ook,
hoewel de toestanden daarbij nog niet erg florissant waren. Volgens
de volkstelling van 1899 huisde nog drieëntwintig procent van de
bevolking in éénkamerwoningen, eenendertig procent in tweekamer-
woningen. Geleidelijk aan verbeterde de toestand ook door de
activiteiten van woningbouwverenigingen die hele blokken neerzet-
ten met voor arbeiders betaalbare huren. De woningwet van 1901
verplichtte bovendien alle gemeenten tot het vaststellen van een
woning- en bouwverordening. Die wet opende de mogelijkheid
van onbewoonbaarverklaring en van hulp aan woningbouwverenigingen door bijdragen en voorschotten. Mede als gevolg daarvan was
het aantal gezinnen dat in éénkamerwoningen huisde in 1908 behoorlijk minder. Er kwam nu ook ruimte voor ontspanning. In de
jaren na 1890 bloeiden music-hall en variété, opera en operette,
volkstoneel en zelfs al bioscoopvoorstellingen. Sport was tot nu
toe een privilege van de rijken geweest, maar begon na 1900 ook
voor de volksklassen bereikbaar te worden. De mensen waren verder
beter geïnformeerd en hoger ontwikkeld. De leerplichtwet van 1900
maakte het lager onderwijs verplicht, maar reeds voordien was het

analfabetisme in Nederland beperkt gebleven. Kranten werden goedkoper door de afschafing van het dagbladzegel in 1869. Kortom, de
mensen begonnen zich uit te werken boven het absolute bestaansminimum, waarbij het er alleen maar om ging in leven te blijven en er
geen gelegenheid was zich met andere zaken bezig te houden. Nu was
het moment gekomen van de bewustwording van degenen die door
de Internationale de 'verworpenen der aarde' genoemd werden, en in
hun kielzog eisten ook de kleine luiden van confessionelen huize hun
plaats onder de zon op.

Degenen die op een bestaansminimum zitten hebben namelijk
niet de fut zich te organiseren en naar verbetering van hun maatschappelijke positie te streven. Dat blijkt in Nederland uit de geschiedenis van de vakvereniging en de socialistische partijen. Het
diakenhuismannetje Keesje uit de *Camera obscura* zou er niet aan
denken zijn eisen kracht bij te zetten door een organisatie of een
werkstaking. Hij moest dulden dat de heren regenten zijn twaalf
gulden, moeizaam gespaard voor een behoorlijke begrafenis, in
bewaring namen. Maar de Amsterdamse diamantbewerkers die
gouden jaren hadden beleefd in de zogenaamde Kaapse tijd na
1870 en die als geschoolde vaklieden een goed loon verdienden,
lieten zich niet zo ringeloren. Ze hadden al in 1866 een vakbond
van diamantslijpers opgericht en in 1894 stichtten ze de Algemene
Nederlandse Diamantbewerkersbond. Er waren veel misstanden
waartegen zij terecht protesteerden en waarvoor op den duur soelaas
kwam, maar ze waren niet de meest misdeelden uit de Nederlandse
samenleving. Hetzelfde treedt duidelijk aan de dag bij de socialisten
van het eerste uur. Ook zij werden gerecruteerd uit een elite onder
de arbeiders, terwijl leiders als Troelstra of Domela Nieuwenhuis tot
de intellectuele klasse behoorden.

Reeds lang vóór 1890 hadden sommige arbeiders zich georganiseerd en was het socialisme in Nederland geïntroduceerd. Al in 1869
hadden zes jonge arbeiders, waaronder de smid Willem Ansing en een
paar typografen, een Nederlandse sectie van de Internationale Arbeiders Organisatie gesticht met het hoofdkwartier te Londen, waarin
Karl Marx veel invloed had. Dat betekende niet dat de Nederlandse
leden ook alle ideeën van Marx over de onafwendbare komst van de
wereldrevolutie accepteerden, maar ze bewogen zich uiteraard wel in
links vaarwater. H. Gerhard bijvoorbeeld, een kleermakersgezel die al

gauw een invloedrijk lid werd, had veel contacten met buitenlandse socialisten en was lid van de vrijdenkersvereniging De Dageraad. De eerste arbeidersorganisaties stelden zich lang niet allemaal militant op. Echte vakverenigingen van mensen die allen hetzelfde beroep uitoefenden ontstonden nog wel eens naar aanleiding van een werkstaking, maar er waren daarnaast ook verbanden die op een wijdere kring van leden mikten. Zo een was de progressief-liberale federatie van vakverenigingen, genaamd het Algemeen Nederlandsch Werkliedenverbond, waarin B.H. Heldt de grote man was, of het protestantse Patrimonium, opgericht in 1876, waarvan ook patroons lid konden worden en dat werkstakingen afwees. Wel ijverden de leden voor de bijzondere school. Mensen die zelf geen arbeider waren konden ook toetreden tot de Sociaal Democratische Bond, opgericht in 1878 door Willem Ansing. De gewezen dominee Ferdinand Domela Nieuwenhuis werd bijvoorbeeld in 1879 lid. De SDB voerde propaganda voor algemeen kiesrecht, herbergde een tijd lang ook een stel burgerlijke feministische vrouwen en gaf een blad uit, *Recht voor Allen*, dat toch wel duidelijk marxistische ideeen verkondigde. In 1888 werd de voorman Domela Nieuwenhuis zelfs in de Tweede Kamer gekozen, waarbij de liberale vakbondsleider Heldt in het kiesdistrict zijn tegenstander was.

In de jaren 1888-1890 waren er een paar stakingen in Twente, en in die jaren verplaatsten de activiteiten van de SDB zich ook naar het Friese en Groningse platteland. De leden daar zagen weinig heil in parlementaire actie en ook Domela had een kater overgehouden van zijn kamerlidmaatschap. In 1893 nam de bond een resolutie aan 'onder geen voorwaarde hoegenaamd, ook niet als agitatiemiddel, mee te doen aan verkiezingen'. Dit anarchisme werd een aantal leden te gortig en in 1894 stichtten deze twaalf apostelen onder leiding van de Friese jurist P.J. Troelstra de Sociaal Democratische Arbeiders Partij. Zij achtten parlementaire actie wel raadzaam, maar hingen overigens het marxisme aan. In 1897 kwamen de eerste twee leden in de Kamer en ook in de gemeenteraden kregen weldra SDAP'ers zitting. En voor deze leden rees weldra een dilemma dat voor Domela en zijn vrije socialisten niet bestond. Moesten zij meehelpen om kleine voordelen binnen te halen voor de arbeiders, of moesten zij alleen het oog gericht houden op de grote rode revolutie die na de dictatuur van het proletariaat de communistische heilstaat zou verwezenlijken? In het buitenland bestond daarover ook discussie. In Frankrijk was een socialist al minister geworden, de Duitser Eduard Bernstein betoogde dat de socialisten beter konden streven naar concrete hervormingen en zich niet te buiten moesten gaan aan revolutionaire fraseologie. Zijn tegenstanders braken de staf over dit revisionisme, deze herziening of revisie van de leer van Marx, maar in de praktijk hebben de Nederlandse sociaal-democraten wel degelijk gestreefd naar de verwezenlijking van hun minimumprogram: algemeen kiesrecht, achturige werkdag en dergelijke. Voor een aantal intellectuele scherpslijpers was dit standpunt niet te verteren. Mensen als Wijnkoop, de dichter Herman Gorter, de hoogleraren Pannekoek en Mannoury vonden een spreekbuis in het blad *De Tribune* om het zuivere onvervalste marxisme uit te dragen. Zij beschuldigden Troelstra, Schaper en andere leiders van verraad aan de oorspronkelijke beginselen. Het partijcongres van 1909 te Deventer royeerde de *Tribune*-groep, die daarop de Socialistische Democratische Partij stichtte. Na de Eerste Wereldoorlog zouden ze de naam communisten aannemen.

Ferdinand Domela Nieuwenhuis

Het opkomend socialisme en de arbeidersbeweging hebben veel te danken aan de theoretische kennis en het organisatietalent van een aantal intellectuelen, die zich uit schuldgevoel, uit mededogen of misschien ook wel eens uit minder humanitaire overwegingen als geldingsdrang of verongelijktheid, hebben ingespannen voor de zaak van de misdeelde medemens. Ferdinand Domela Nieuwenhuis (1846-1919) was zo iemand. Hij was de zoon van een hoogleraar aan het Luthers Seminarium te Amsterdam en zelf eveneens opgeleid tot dominee. Van 1870 tot 1879 heeft hij te Harlingen, Beverwijk en 's-Gravenhage dat beroep ook uitgeoefend, maar met steeds meer tegenzin. Zijn eerste en zijn tweede vrouw stierven in die tijd. Hij ging hoe langer hoe meer twijfelen aan het bestaan van een albestierende God. De lectuur van nieuwe vrijzinnige theologen als Strauss en Renan nam het geloof bij hem weg. Zelfs de in 1878 opgerichte 'vrije gemeente' te Amsterdam was hem nog te leerstellig. In 1879 werd hij door een erfenis financieel onafhankelijk en verbrandde hij alle kerkelijke schepen achter zich door een geruchtmakende brochure, *Mijn afscheid van de kerk*.

In hetzelfde jaar 1879 had hij echter al een nieuw ideaal gevonden, namelijk de bevrijding van de arbeider. Hij richtte een weekblad op, *Recht voor Allen*, en trad toe tot de Sociaal-Democratische Vereniging (later Bond) van Willem Ansing, waarvan hij weldra de erkende leider werd. Hij verwierf zich nu ook een goede theoretische kennis van de denkbeelden van Proudhon, Marx, Engels en andere socialisten en begon het land in te trekken om overal spreekbeurten te houden ten einde zijn nieuw gevonden ideaal uit te dragen. Domela Nieuwenhuis was een middelmatig schrijver, maar hij moet een overrompelend en fascinerend spreker geweest zijn. Bij de landarbeiders en kleine zwoegende boeren van Friesland en Groningen, die getroffen waren door de landbouwcrisis, moet hij als een tweede Christus zijn verschenen. 'Uus verlosser komt,' zei een Friese arbeider toen hij hoorde dat Domela in aantocht was. Hijzelf cultiveerde dat imago bewust. Door haar- en baardgroei schiep hij zich een Jezuskop en hij sprak in profetische taal met bijbelse beelden die de mensen, zojuist van de kerk vervreemd, zeer moet hebben aangesproken. Het socialisme was niet alleen maar de rationele analyse dat de ontwikkeling van het kapitalisme noodzakelijk in de richting zou gaan van een socialistische maatschappij en het verdwijnen van het privaatbezit – het had ook veel weg van een extatische verwachting van een hemel op aarde die in de plaats gekomen was van het christelijk paradijs boven de wolken dat de dominees en de pastoors hadden beloofd. De geladen woorden van het lied *De Internationale*, de socialistische retoriek en de verzen der socialistische dichters zijn daarvoor een duidelijke aanwijzing. Domela Nieuwenhuis werd zelfs martelaar. In het onrustige jaar 1886 verscheen in *Recht voor Allen* het artikel 'De Koning komt', dat de dwaze Oranjeverering aan de kaak wilde stellen. Domela had het niet geschreven, maar hij was als hoofdredacteur wel verantwoordelijk en hij werd beschuldigd van majesteitsschennis. Het proces is tot de Hoge Raad toe voortgezet. Een vooraanstaand liberaal als Sam van Houten trad als verdediger op, maar Domela kreeg desondanks een jaar gevangenisstraf. En het volk zong het fraaie lied 'Domela moet zakkies plakken, hihaho'. Na een half jaar kreeg hij gratie, en omstraald door de glans van het martelaarschap werd hij in 1888 in het Friese district Schoterland in de Kamer gekozen. De kleine boeren daar voelden wel voor de nieuwe idealen en zij bezaten stemrecht, aangezien de census niet hoog meer was in 1888. Er was wel een herstemming nodig: in het districtenstelsel van vóór 1917 moest een kandidaat vijftig procent van de stemmen halen. Haalde niemand dat percentage, dan kwam er een tweede ronde tussen de twee kandidaten die de meeste stemmen hadden behaald. In Schoterland waren dat de liberale arbeidersleider Heldt en Domela Nieuwenhuis. De laatste won omdat

Abraham Kuyper zijn aanhangers had aangeraden om liever een socialist dan een liberaal te stemmen.

Domela Nieuwenhuis is niet gelukkig geweest in de Kamer. Hij deugde niet voor het geduldige parlementaire werk van iedere dag. In 1891 had hij herkozen kunnen worden, omdat mr. Treub bereid was voor hem terug te treden, maar hij wilde zijn zetel niet te danken hebben aan een liberaal en weigerde. Zo kwam hij hoe langer hoe meer in anarchistisch en revolutionair vaarwater terecht. Aanvankelijk volgden de leden van de SDB hem daarin. Het congres van 1892 nam de resolutie aan 'dat voor het proletariaat duurzame verbetering op grondslag van de tegenwoordige maatschappij niet mogelijk is'. 'Revolutie en omverwerping der bestaande maatschappelijke orde met alle wettelijke en onwettelijke middelen' was het doel. Deze laatste zin kwam het SDB overigens op een kwalificatie als verboden vereniging te staan – reden waarom zij een paar jaar later zich aandiende als 'Socialistenbond'. Toen overigens had de SDAP, die wel parlementaire actie wilde en partiële hervormingen wel de moeite waard vond, zich al afgescheiden.

Ook de socialistenbond werd voor Domela op den duur een knellend keurslijf. Hij ontwikkelde zich tot volbloed anarchist, die niemands gezag erkende: niet dat van de koning, niet dat van Marx en ook niet dat van enige organisatie. Vrije socialisten, zo noemde zich zijn slinkend getal aanhangers. Hij vertaalde een werk van Kropotkin, hield nog talrijke spreekbeurten overal in den lande en bleef een gewaardeerde bezoeker op internationale congressen, maar zijn invloed in Nederland begon te tanen. Slechts bij de syndicalistische arbeiders te Amsterdam, verenigd in het Nederlands Arbeiders Syndicaat, vond hij weerklank en waardering. Tweemaal heeft Domela gedacht dat zijn idealen toch nog in vervulling konden gaan: bij de spoorwegstakingen van 1903 en bij Troelstra's revolutiepoging in november 1918. Algemene werkstakingen zijn immers voor anarchisten het werkzaamste middel om de oude staat te vernietigen. In 1903 was hij lid van het coördinerende Comité van Verweer en hij zal zich de mislukking hebben aangetrokken, hoewel daarvan niets blijkt uit zijn memoires *Van christen tot anarchist*. Daarin staat slechts te lezen over de geëxalteerde opwinding die zich van hem meester maakte toen aanvankelijk de grote dag van de wereldrevolutie leek te gloren. Ook in 1918 was hij nog aanwezig bij enkele vergaderingen, maar zijn einde was toen al nabij. Op 18 november 1919 stierf de profeet van de Nederlandse 'verworpenen der aarde'. De tocht van de rouwstoet door Amsterdam, op weg naar het crematorium in Westerveld, was een onverwachte manifestatie. Duizenden mensen omzoomden de straten in een soort nostalgische herinnering aan de tijd waarin de arbeidersbeweging nog jong en compromisloos was geweest.

De SDAP behield nauwe contacten met de socialistische vakverenigingen, die in 1906 een overkoepelende organisatie kregen in het NVV. De modernen heetten zij, omdat ze samenwerking van patroons en arbeiders afwezen, weerstandskassen vormden voor stakingen en ook vrijgestelden kenden die hun hele dagtaak aan werk voor de arbeiders konden besteden. Er was dan ook een vrij hoge contributie nodig en de leden waren minder geïnteresseerd in revolutionaire idealen dan in zeer concrete verbeteringen. Ze steunden in het algemeen de revisionistische tendensen in de SDAP. De protestantse en katholieke arbeidersorganisaties waren natuurlijk per definitie niet revolutionair gezind. Wel waren zij best bereid voor de belangen van hun leden op te komen en wezen daarvoor werkstakingen niet onverbiddelijk af. De katholieken wisten zich daarbij gesteund door de pauselijke encycliek van 1891, *Rerum Novarum*, waarin de rechten van de arbeiders nadrukkelijk werden erkend. De priester Alfons Ariëns organiseerde de katholieke arbeiders in Twente, ook met het doel hen te vrijwaren voor marxistische smetten, want uiteraard appelleerde het socialisme vooral aan die steeds groeiende groep van arbeiders die zich van de kerken begonnen af te keren.

Van 1891 tot 1901 regeerden liberale kabinetten over Nederland, maar die waren niet blind voor het sociale vraagstuk. Bismarck had hun geleerd dat het mogelijk was het socialisme door sociale wetten de wind uit de zeilen te nemen. Onder hen kwamen hoe langer hoe meer mensen naar voren die het een daad van simpele rechtvaardigheid vonden om aan iedereen zoveel mogelijk een menswaardig bestaan te garanderen en om voor de werknemers de gevolgen van ziekte, invaliditeit en ouderdom zoveel mogelijk te verzachten. Dat vond bijvoorbeeld een groepering die zich radicalen noemde en onder leiding stond van de latere Amsterdamse wethouder en minister Treub. Hij en zijn geestverwanten vonden elkaar in 1901 in de Vrijzinnig Democratische Bond, die wel de liberale beginselen aanvaardde, maar tevens pleitte voor sociale rechtvaardigheid, staatspensioen en algemeen kiesrecht. Dat algemeen kiesrecht was namelijk nog steeds niet bereikt. De grondwetsherziening van 1887 had het kiesrecht gebonden aan 'kentekenen van geschiktheid en maatschappelijke welstand'. De gewone wetgever moest vervolgens maar bepalen wat die kentekenen precies inhielden. In 1894 maakte minister Tak van Poortvliet een genereus wetsvoorstel: geschikt was de man die kon lezen en schrijven; wie in eigen onderhoud kon voorzien bezat voldoende maatschappelijke welstand. Vrouwen kregen geen kiesrecht, de grondwet sloot dat uit. Over het wetsontwerp-Tak van Poortvliet barstte vervolgens een felle strijd binnen de partijen los, die tot gevolg had dat de vrijzinnig-democraten zich afscheidden van de Liberale Unie en de protestanten zich splitsten in antirevolutionairen onder leiding van Abraham Kuyper en christelijk-historischen onder De Savornin Lohmann. Alleen de katholieke leider Schaepman wist met grote inspanning zijn schapen bijeen te houden. Bij de protestanten speelde bovendien nog een godsdienstige tegenstelling. Abraham Kuyper en zijn geestverwanten hadden zich al lang geërgerd aan het slappe gedoe binnen de grote Nederlands-Hervormde Kerk, waar vrijzinnige dominees het simpele kerkvolk in verwarring brachten met hun nieuwlichterijen. Kuyper en de zijnen wilden weer terugkeren tot de strenge geest van de synode van Dordrecht en voelden zich veel meer verwant met een groep protestanten die zich al in 1834 hadden afgescheiden en zich christelijk gereformeerden noemden. Eerst bleven Kuyper en de zijnen nog formeel in de kerk, maar ze noemden zich dolerenden, dat wil zeggen treurenden over de toestanden aldaar. In 1892 verenigden zij zich met de afgescheidenen van 1834 tot de Gereformeerde Kerken in Nederland. Enkele jaren later volgde daarop de politieke splitsing in de ARP en CHU. Zo was het Nederlands partijwezen al zeer veelvormig geworden – en dat nog onder het districtenstelsel dat in het algemeen werkte in de richting van een tweepartijenstelsel.

De Graal

Al in 1921 schreef Koos Vorrink, sinds kort voorzitter van de socialistische AJC (Arbeiders Jeugd Centrale), dat het voor de latere historieschrijver 'ondoenlijk zou zijn de geschiedenis onzer dagen te behandelen zonder te spreken over de Jeugdbeweging'. Hij had gelijk. Veel jonge mannen en vrouwen zijn in de jaren tussen 1918 en 1940 lid geweest van een der talloze organisaties voor de jeugd van die dagen, en de denkbeelden en idealen daar geleerd moeten hun latere leven sterk beïnvloed hebben. De dictatoriale regeringen van die tijd zagen duidelijk het belang in van de steun der jeugd en deden veel moeite om die te organiseren: Sovjet-Rusland had zijn Komsomol, Mussolini had zijn paramilitaire Balilla en Giovani Italiane voor meisjes, Hitler-Duitsland had de Hitler Jugend en de Bund Deutscher Mädel. De Nederlandse jeugdbeweging had af en toe wel bewondering voor de methoden van deze efficiënte organisaties. De Nederlandse jeugdbeweging was sterk verzuild in katholieke, protestants-christelijke en neutrale of socialistische organisaties. Zelfs de padvinderij, schepping van de Engelse imperialist Baden Powell, bestond uit drie afzonderlijke groepen. Maar ook zo voldeden al die clubs aan een behoefte. De jeugd had meer vrije tijd dan vroeger, jonge vrouwen en meisjes raakten geëmancipeerd en allen moesten in de gewijzigde omstandigheden een nieuw patroon vinden voor hoe ze als seksen met elkaar om moesten gaan. Uit voorzichtigheid zal daarom sterk de nadruk gelegd zijn op rein leven, op idealisme en offervaardigheid.

Vooral de AJC deed dat sterk. AJC'ers hadden veel overgenomen van de Duitse Wandervögel, die de zuivere natuur introkken. Ze dronken geen alcohol, ze rookten niet, marcheerden en zongen veel en voerden volksdansen uit rond de meiboom.

In het bisdom Haarlem ontstond in het jaar 1929 de Graalbeweging, voor rooms-katholieke jonge meisjes, die in korte tijd zeer zichtbaar en invloedrijk werd. Het initiatief ging uit van bisschop Aengenent. Deze vond dat de katholieke meisjes in de grote steden door een organisatie voor het geloof behouden konden worden en benaderde daarvoor de Vrouwen van Nazareth, een zeer idealistische groepering van jonge intellectuele vrouwen, een stichting van de Nijmeegse hoogleraar J. van Ginneken. Dat was een zeer naïef en in sommige opzichten geniaal man, een taalgeleerde van internationale reputatie, die Nederland wilde herkerstenen met behulp van kruisvaarders, Lidwina's lotgenoten en een massa andere hel klinkende, romantische rimram meer. De Graal was de schaal waarin Josef van Arimathea Christus' bloed aan het kruis zou hebben opgevangen. De speurtocht daarnaar was het onderwerp van middeleeuwse legenden. Het was een goed symbool voor katholieke meisjes die kwiek en kleurig opofferend en idealistisch moesten zijn. Het uniform loog er niet om: fel geel, rood en groen met wijde capes en hoeden. Massaspelen met duizenden deelneemsters waren een goed propagandamiddel. Het Pinksterspel in het stadion te Amsterdam in 1932, met zijn vele taferelen vol spreekkoren, reidansen en ritmische bewegingen, was daarbij een hoogtepunt. En het werkte. In korte tijd kreeg de Graal, alleen al in het bisdom Haarlem, meer dan tienduizend leden. Zoveel heeft de AJC tussen 1918 en 1940 er in het hele land nooit gehad. In 1935 kwam er een nieuwe bisschop van Haarlem en die heeft de exuberantie van de Graal afgeremd. De Vrouwen van Nazareth werden te invloedrijk, ze moesten voortaan de controle van de parochie-geestelijkheid aanvaarden. Daarmee was de grote tijd voorbij. Van een afstand lijken dergelijke jeugdbewegingen nogal geëxalteerd en soms wat anti-democratisch, met hun uniformen en rituelen die soms van de fascisten lijken te zijn afgekeken. Maar men zal moeten erkennen dat ze heel veel jonge mensen een houvast en een kijk op het leven hebben gegeven in een tijd vol veranderingen – na 1930 ook een tijd van toenemende werkloosheid en gebrek aan perspectief.

In 1901 behaalden katholieken en protestanten weer een meerderheid in de Kamer en Kuyper mocht een coalitiekabinet vormen. Hij kreeg in 1903 te maken met de grootste confrontatie met de groeiende arbeidersbeweging in Nederland tot dan toe, door de spoorwegsta-kingen die de beperkingen van de nieuwe verhoudingen zowel voor de regering als voor de vakverenigingen duidelijk aan het licht lieten treden. De arbeidsomstandigheden voor het spoorwegpersoneel waren niet zo kwaad. Terwijl een wet voor de andere werknemers de maximumarbeidsduur op elf uur bepaalde, gold voor hen een tienurige werkdag. Uit solidariteit steunden zij echter een staking bij het Amsterdamse Blauwhoedenveem, en dat desorganiseerde de verbindingen dusdanig dat de directie inbond en de havenarbeiders tegemoet kwam. Kuyper was des duivels over het stilleggen van een dergelijk vitaal bedrijf als de spoorwegen en diende haastig een wetsvoorstel in dat stakingen voor ambtenaren en werkers in ver-gelijkbare bedrijven verbood. Tegen deze 'worgwetten' riepen de vakverenigingen een algemene staking uit, maar deze mislukte. De worgwetten werden aangenomen, de arbeidersbeweging was zwaar gedesorganiseerd en Kuyper had het voorgoed verbruid bij de kleine luiden die niet van christelijken huize waren.

In 1905 en 1913 deed zich na de verkiezingen de situatie voor dat liberalen en socialisten wel samen de meerderheid in de Kamer hadden, maar de socialisten wilden nog geen regeringsverantwoorde-lijkheid dragen en er kwam dus een extra-parlementair kabinet, dat intussen wel rekening moest houden met de stemmen van de SDAP-afgevaardigden. Toen in 1914 de Eerste Wereldoorlog uitbrak en

Nederland aanvankelijk ook zwaar bedreigd leek, volgde de SDAP het voorbeeld van de Duitse en Franse zusterpartijen, die hun internationale solidariteit vergaten bij het nationalistische strovuur van het ogenblik. Ook Troelstra en de zijnen stemden voor de oorlogsbegroting, hoewel de mobilisatie achteraf niet nodig bleek, want Nederland bleef neutraal. Desondanks bleef het leger vier jaar lang op oorlogssterkte de grenzen bewaken en het land schakelde over op een oorlogseconomie met distributie en controle op de export. Het is eigenlijk verwonderlijk dat Nederland economisch niet meer van zijn neutraliteit heeft kunnen profiteren. Voor heel veel mensen betekende de oorlog juist voedselschaarste en daling van koopkracht. Alleen een aantal ow'ers (oorlogswinstmakers) konden profiteren, bijvoorbeeld van smokkel of van legale uitvoer naar de oorlogvoerende partijen. In het najaar van 1914 stroomden ongeveer één miljoen Belgische vluchtelingen Nederland binnen na de val van Antwerpen, waarvan ongeveer honderdduizend de gehele duur van de oorlog hier zijn gebleven. Tegenover hen kon Nederland zijn humanitaire idealen nog eens uitleven, hoewel de organisatorische missers ook hier niet uitbleven.

De socialisten kregen de beloning voor hun vaderlandslievende houding bij de grondwetsherziening van 1917. Er kwam algemeen kiesrecht voor mannen, terwijl de gewone wetgever de vrijheid kreeg ook vrouwenkiesrecht in te voeren, wat in 1918 gebeurde. In plaats van het districtenstelsel kwam er evenredige vertegenwoordiging. Dat werkte ten nadele van de liberalen en maakte het aantal partijen in de Kamer groter. De confessionelen kregen in 1917 een andere concessie, namelijk de gelijkstelling van het openbaar en het bijzonder lager onderwijs. Voortaan zouden beide per leerling evenveel subsidie van de overheid krijgen. Zo leek alles in der minne geregeld en alle conflictstof verwijderd. En toch deden de socialisten een jaar later, in november 1918, een heuse revolutiepoging. De oorlog was voorbij, de Duitse keizer had asiel gevraagd in Nederland. In Berlijn, in Beieren en het Ruhrgebied en in diverse steden van de Donau-monarchie waren arbeiders en soldaten in het geweer gekomen om de macht te grijpen, zoals de bolsjewieken een jaar tevoren in Rusland hadden gedaan. Troelstra moet gedacht hebben dat Marx toch gelijk had dat de wereldrevolutie voor de deur stond en dat het proletariaat ook in Nederland de dictatuur moest vestigen. Op 11 november spoorde

Troelstra tijdens een meeting in Rotterdam de arbeidersklasse aan om de macht te grijpen. Er kwamen enkele demonstraties. De bezittende klassen in Nederland hebben wel even gesidderd, maar de situatie was niet revolutionair. Protestantse en katholieke arbeiders en soldaten bleken zeer gezagsgetrouw en ook veel socialisten aarzelden om wat zij bereikt hadden in de waagschaal te stellen. Enkele dagen later moest Troelstra toegeven dat hij zich vergist had. Het kabinet-Ruys de Beerenbrouck stelde snel een keur van sociale wetten op om de arbeiders tevreden te stellen, zelfs zo genereus dat het later enige wetten heeft moeten terugdraaien. Maar voor de rest was de economie van het land sterk genoeg om de nieuwe wetten te bekostigen.

De economische en politieke machthebbers zijn flink geschrokken van Troelstra's revolutiepoging in november 1918. Er kwamen wel zeer forse loonsverhogingen. Als men het gemiddelde dagloon in 1913 op 100 stelt, dan bedroeg dit in 1918 139 en in 1919 niet minder dan 200, waarbij wel moet worden bedacht dat de kosten van levensonderhoud in de oorlog behoorlijk gestegen waren en in 1919 ook nog niet daalden. De regering van haar kant bleef niet achter. In het programma van de SDAP had al lang de achturige werkdag gestaan. De arbeiders konden dan in een etmaal acht uur besteden aan werken, acht uur aan slapen en dan bleef er nog acht uur over voor ontspanning en ontwikkeling. Voor de oorlog leek dat een onbereikbaar ideaal, de mensen waren al blij met de wettelijk voorgeschreven elfurige werkdag, maar in 1919 verbood minister Aalberse inderdaad aan patroons om hun werknemers langer te laten werken dan acht uur per dag of vijfenveertig uur per week. Het leek economisch haalbaar. Onmiddellijk na de oorlog openbaarde zich overal in het buitenland een belustheid op goederen. Nederland had geen oorlogsschade en was als handelsland best in staat die goederen aan te voeren. Maar eind 1920 was het strovuur van die naoorlogse hoogconjunctuur uitgebrand en er kwam een kleine recessie in het economisch leven. De regering meende dat zij te ver was gegaan met de sociale wetten en de concurrentiepositie van het Nederlands bedrijfsleven tegenover het buitenland te ongunstig had gemaakt. In 1922 voerde zij een achtenveertigurige werkweek in en een werkdag van maximaal acht en een half uur. Tijdens deze recessie van 1921 tot 1923 nam ook de werkloosheid toe en in verband daarmee is een maatregel genomen die zeer belangrijk zou blijken tijdens de zoveel grotere crisis van de jaren dertig. Werkloze arbeiders die lid waren van een vakvereniging, konden doorgaans een tijd lang een uitkering krijgen uit de kas daarvan, die zij zelf met hun contributies hadden gevuld. Weldra waren echter die kassen leeg. Wat nu? De meeste leden van de regering meenden dat werklozen dan maar moesten aankloppen bij de particuliere liefdadigheid, zoals dat altijd gebeurd was. Maar Aalberse, de minister van arbeid, wist zijn collega's ervan te overtuigen dat de tijden veranderd waren en dat ze niet een herhaling van de revolutiepoging van 1918 moesten riskeren. Hij kreeg ten slotte toestemming de werklozenkassen te hulp te komen. Daarmee waren de ongeorganiseerden nog niet geholpen, maar het principe was tenminste erkend dat de overheid slachtoffers van de economische nood niet in de kou mocht laten staan. In 1923 trok de conjunctuur echter weer enigszins aan en de jaren 1925-1930 zijn door de econoom W.J. van de Woestijne zelfs 'de goede jaren die aan de depressie voorafgingen' genoemd. In 1925 herstelde Nederland zelfs weer net als Engeland de gouden standaard die in het begin van de Eerste Wereldoorlog was losgelaten. Dat betekende dat het gouden tientje weer de Nederlandse basismunt werd, dat guldens ongelimiteerd in te wisselen waren voor goud en dat de waarde van de gulden dus direct afhankelijk was van de internationale goudprijs. Dit is een ideaal monetair systeem in de ogen van liberale economen, want de overheid heeft daarbij nauwelijks gelegenheid de geldomloop te beïnvloeden en kan bijvoorbeeld de conjunctuur niet stimuleren door meer geld te scheppen. Dat zou blijken tijdens de crisis van de jaren dertig.

Voorlopig had iedereen wel vrede met deze liberale economische politiek, want het ging vrij goed in Nederland. De wereldoorlog had de ontwikkeling van het moderne kapitalisme, die in 1890 eerst goed had doorgezet, wel even onderbroken, maar niet noemenswaard geremd. De oorlog had ons misschien op lange termijn ook wel voordelen gebracht, want we hadden geleerd om bepaalde zaken zelf aan te schaffen die vroeger werden geïmporteerd. De oorlog heeft bijvoorbeeld de Limburgse kolenmijnen zeer gestimuleerd. In 1918 werden de zoutlagen van Boekelo in exploitatie genomen. Hoe langer hoe meer kwam elektriciteit in gebruik als aandrijfkracht, zowel in het bedrijfsleven als in de huishoudens. Philips profiteerde daarvan. Het concern was overigens niet meer aangewezen op de produktie van gloeilampen, maar nam bijtijds ook radio's en andere apparaten in zijn assortiment op. Nederland kon des te flexibeler reageren op de nieuwe ontwikkelingen omdat Nederlandse geleerden daaraan nu

zelf weer gingen bijdragen. In de negentiende eeuw had het bedrijfsleven helemaal moeten draaien op uitvindingen die in het buitenland
waren gedaan. Nu begon de eigen research wat op te leveren. Steeds
meer academici kregen een betrekking in de industrie, iets wat in de
negentiende eeuw praktisch niet voorkwam. En Nederland hield
natuurlijk als pluspunt zijn gunstige ligging. Ook daardoor konden
de Hoogovens in IJmuiden, opgezet in 1918-1919, gemakkelijk met het
buitenland concurreren, hoewel bijna alle grondstoffen uit het
buitenland moesten worden aangevoerd. En als verkeersland stond
Nederland vooraan bij de ontwikkeling van de luchtvaart als nieuwe
vervoerstak. De Koninklijke Luchtvaart Maatschappij is al in 1919
gesticht en is daarmee de oudste nog bestaande luchtvaartmaat-
schappij. De Nederlandse bevolking had in deze jaren ook een soort
naïeve trots op de prestaties van het bedrijfsleven en leefde mee met
pioniersvluchten van 'de Pelikaan' of 'de Uiver' alsof het voetbal-
wedstrijden waren. Er was tot 1930 een tevreden en geborgen stemming. Iedereen was wel lid van de een of andere organisatie van
gelijkgezinden, netjes gesplitst in neutraal, socialistisch, protestants of
rooms-katholiek. Het inkomen per hoofd van de bevolking steeg
trouwens tussen 1920 en 1930 met niet minder dan vijfentwintig
procent.

En toch ging het in enkele sectoren niet zo erg goed, ook al vóór
1930. Bijvoorbeeld in de landbouw. De prijzen daalden en men had
moeite zich op de exportmarkten te handhaven. De produktiekosten
daalden niet en dat betekende dat de winstmarges versmalden.
Minister Lely had wel het ambitieuze plan opgevat de Zuiderzee
gedeeltelijk droog te malen, maar dat geschiedde onder druk van een
overstromingsramp in 1916. In 1930 kwam de Wieringermeer droog
en echt nodig was die nieuwe landbouwgrond niet, maar het was
natuurlijk wel mooi dat jonge boeren daar een eigen bedrijf konden
stichten, want het geboortenoverschot in Nederland bleef hoog,
vooral bij de confessionele gezinnen. Dat is zelfs in de crisistijd zo
gebleven. In de periode 1936-1940 lag het geboortencijfer op 20,5
promille. Dat was voor Nederlandse verhoudingen behoorlijk laag,
lager dan het ooit geweest is vóór 1965, maar wel een stuk hoger dan
bijvoorbeeld in België. Daar was het in 1936 15,2 promille en dat getal
werd alleen maar bereikt omdat de katholieke Vlamingen nog heel
wat kroostrijke gezinnen hadden. In Wallonië dreigden de sterfte-

cijfers de geboortencijfers te gaan overtreffen.

De grote crisis werd ingeleid door de beurskrach in Wall Street in oktober 1929. In Nederland waren de gevolgen niet direct merkbaar. Er is op de Nederlandse beurzen niet zo'n dramatische dag geweest als de zwarte donderdag, 24 oktober 1929, in New York. De aandelen-koersen begonnen geleidelijk te dalen, de positie van het bedrijfsleven werd wat moeilijker in 1930 en de werkloosheid nam wat toe, maar nog niet alarmerend. In 1929 waren er over het hele jaar gerekend gemiddeld 50.000 werklozen geweest, in 1930 waren dat er gemiddeld 73.600. Weldra werd het beeld grimmiger. In 1936 waren er over het hele jaar gerekend gemiddeld 414.500 geregistreerde werklozen, zowel mannen als vrouwen, daarbij inbegrepen degenen die in werkver-schaffingsprojecten bezig waren.

Het lot van de werklozen is de meest schrijnende herinnering aan de depressie van de jaren dertig. Dankzij het principe dat Aalberse in 1921 had doorgedrukt, kregen zij gelukkig wel een uitkering of steun van de regering, ook als ze niet georganiseerd waren in een vakbond, of als wel-georganiseerden waren 'uitgetrokken'. Het steunbedrag verschilde van gemeente tot gemeente, maar was uiteraard niet hoog. Het totale wekelijkse steunbedrag mocht niet hoger zijn dan vijfen-zestig procent van het loon dat nog werkende arbeiders verdienden in de bedrijfstak waarin de werkloze vroeger gewerkt had. Ongeorga-niseerden kregen steeds vijftig cent per week minder dan georgani-seerden. Daarnaast waren er toeslagen, bijvoorbeeld voor brand-stoffen of voor de huur. Echte honger zal in de werkloze gezinnen niet zijn voorgekomen, maar het meeste geld ging wel naar voedsel en er was weinig gelegenheid voor iets extra's. In Amsterdam is in de wintermaanden 1934-1935 een aantal werkloze gezinnen vergeleken met die van nog werkende arbeiders. De werklozen daar gaven gemiddeld ƒ 19,30 per week uit, en het meeste daarvan kwam uit de steun. De huishuur slokte 30 procent van de uitgaven op, 41 procent was voor voedsel bestemd. Werkenden konden gemiddeld ƒ 35,48 per week besteden. Hun voedselpakket was gevarieerder en rijker: 3178 calorieën per dag per persoon tegen 2711 calorieën voor werklozen, die daarvan dus wel het leven konden houden. Het ergste was waarschijnlijk voor hen de betutteling en de controle. Wie werklozensteun ontving, kreeg een kaart en moest die een of twee maal per dag laten afstempelen om te voorkomen dat men in het geheim toch ergens ging werken. Bovendien waren er controleurs, die steunfraude op het spoor moesten komen en met argusogen speurden naar extra uitgaven die op verzwegen inkomsten zouden duiden. Het is achteraf eigenaardig dat in de rijen voor de stempellokalen niet de revolutie geboren is, maar het Nederlandse volk toonde zich onderdanig en gehoorzaam. Er zijn wel eens wat relletjes geweest, maar gevaarlijk is de situatie nooit geworden.

Het is een tijd lang onder politici, economen en historici de gewoonte geweest om de regering aansprakelijk te stellen voor de rampen die het land tijdens de depressie getroffen hebben. De laatste tijd wordt dat minder, omdat dieper gaand onderzoek heeft aangetoond dat er wel degelijk verstandige maatregelen zijn genomen, en omdat niemand kan aangeven wat er dan precies wel had moeten gebeuren. Op grond van een groot aantal vergelijkingen is met behulp van een computer berekend wat het effect geweest zou zijn als de regering veel meer geïnvesteerd had en veel meer openbare werken had uitgevoerd en daarvoor de staatsschuld had laten groeien; of als de werklozenuitkeringen veel hoger geweest zouden zijn om de koopkracht op peil te houden. Op korte termijn zou dit soelaas geboden hebben, maar op lange termijn zouden de effecten teniet gedaan zijn door het financieringstekort in de staatsuitgaven, vooral omdat Nederland nu eenmaal afhankelijk was van de ontwikkelingen op de internationale markt. Slechts één duidelijke fout heeft de regering gemaakt, en dat is het vasthouden aan de gouden standaard: het 'handhaven van de gave gulden'. 'Wij zijn geen geldvervalsers,' zei mr. Trip, de president van de Nederlandse Bank, en hij bedoelde het goed, maar de crisis was waarschijnlijk minder hard aangekomen als Nederland al in 1931, tegelijk met Engeland, de gouden standaard had losgelaten en niet pas in 1936. Nu konden de Nederlandse produkten en de Nederlandse vervoerstarieven niet concurreren met buitenlandse, omdat de gulden zo'n hoge waarde had tegenover buitenlandse valuta. De regering probeerde daaraan wat te doen door de kosten voor het bedrijfsleven te verlagen, en dat betekende dan verlaging van de lonen, verlaging van de prijzen, verlaging van de rijksuitgaven om de belastingen te kunnen verlagen. De Zuiderzeewerken werden vertraagd, en dat was toch een prima werkverschaffingsobject. En zo waren er meer redenen waarom de aanpassingspolitiek moest mislukken. Bovendien nam de regering allerlei maatregelen die de vrijhandel inperkten en daardoor kostenverhogend werkten. Er kwam bijvoorbeeld een menggebod: buitenlands graan moest met Nederlandse tarwe gemengd worden ter bescherming van de eigen boeren. Maar dat gebod maakte het brood niet goedkoper. De vrachten werden gelijkmatig verdeeld over de binnenschippers, zodat iedereen met een halfgeladen schip voer, wat ook prijsverhogend werkte. De regering hield in theorie vast aan de liberale economische beginselen, meende dat de crisis vanzelf wel zou uitzieken en dat dan de groei wel weer zou starten. Ondertussen nam zij toch heel wat maatregelen die met die beginselen in strijd waren. Zo werden collectieve arbeidsovereenkomsten (cao's) verbindend verklaard, de belastingen stegen en van 1929 tot 1939 is er steeds een tekort geweest op de staatsbegroting. De grondwetsherziening van 1938 schiep de mogelijkheid om een hele publiekrechtelijke bedrijfsorganisatie in het leven te roepen, waardoor aan het onvervalste kapitalisme heel wat beperkingen werden opgelegd. De gevoerde financiële politiek liep aardig in de pas met wat de Engelse econoom Keynes voorschreef. Hij was de held van de economen van de jaren 1950-1970, omdat ze dachten dat hij het recept bezat om crises effectief te bestrijden. Maar sinds de wereldeconomie sinds 1974 met nieuwe crises heeft geworsteld, zijn de tegenwoordige economen aan Keynes' voorschriften gaan twijfelen.

Op 27 september 1936 verliet Nederland de gouden standaard, min of meer daartoe gedwongen omdat ook Frankrijk en Zwitserland ertoe overgingen. De gulden daalde ten opzichte van buitenlandse valuta als pond en dollar ongeveer twintig procent in waarde. De gunstige effecten waren onmiddellijk zichtbaar. Het aantal werklozen daalde in 1937 behoorlijk, de cijfers van invoer en uitvoer stegen fors, de groothandelsprijzen trokken weer wat aan, het raderwerk van het economisch leven kwam langzaam weer op gang. Misschien is niet alles het gevolg geweest van de devaluatie van de gulden, want overal in de wereld, en vooral in Duitsland, gingen de regeringen zich op een oorlog voorbereiden. Ze gingen wapens aankopen, vliegtuigen of uniformjassen bestellen en ze riepen grotere contingenten dienstplichtigen dan vroeger onder de wapenen. En een bewapeningswedloop is nog altijd een prima middel om een economische crisis te bestrijden. De ellende is alleen dat deze werkelijk geresulteerd heeft in de Tweede Wereldoorlog van 1939 tot 1945, en niemand zal willen ontkennen dat die prijs veel te hoog is geweest. 'Gelukkig kwam toen de oorlog,' zou een werkloze achteraf gezegd hebben, maar dat lijkt toch een wel erg drastisch middel om aan de ellende van de crisisjaren te ontkomen.

Hoe diep de depressie ook ingegrepen heeft in veler leven, toch worden de jaren 1918-1940 misschien nog meer gekenmerkt door de toen allerwegen optredende verzuiling. Daaronder verstaan we het verschijnsel dat de scheidslijnen in de maatschappij niet zozeer bepaald zijn door ieders economische positie, maar vooral getrokken zijn naar de onderscheiden levensbeschouwing der mensen. Vier daarvan waren van belang: de rooms-katholieke, de protestantse, de socialistische en de neutraal-liberale. De protestanten hadden soms de neiging zich nog verder te splitsen, bijvoorbeeld in politieke partijen van hervormde CHU'ers en gereformeerde antirevolutionairen. Doorgaans bleef de verdeeldheid tot vier zuilen beperkt, maar daarin waren de aanhangers dan ook zeer consequent en op alle mogelijke terreinen zetten zij zich af tegen anderen. Het sterkste nog bij het onderwijs. De mogelijkheid tot verzuiling was geboden door de gelijkstelling van openbaar en bijzonder onderwijs bij de grondwetsherziening van 1917, die nader werd uitgewerkt in de wet-De Visser van 1920. Sindsdien was het gewoonte dat katholieke kinderen naar hun eigen scholen gingen, protestantse naar een school met de bijbel of vergelijkbare onderwijsinrichting, en socialisten en liberalen bezochten de openbare school, voor zover de laatsten niet een bijzondere neutrale school stichtten. En de ouders konden dat zonder grote bezwaren doen, want de overheid betaalde en zij hadden onbeperkte zeggenschap in eigen huis. Die soevereiniteit in eigen kring moet in die jaren een diep gevoelde behoefte van het Nederlandse volk geweest zijn. Toen de radio binnen het bereik van grotere volksmassa's kwam, organiseerden zich spontaan vier omroepverenigingen: KRO voor katholieken, NCRV voor protestanten, VARA voor socialisten en AVRO voor de neutralen. Dus weer netjes vier zuilen, met alleen een klein zuiltje, een stokje meer, voor de vrijzinnig protestanten in de VPRO. De vakverenigingen hadden hun katholieke, protestantse en socialistische centrales. Huisvrouwen, boeren en onderwijzers waren volgens dezelfde scheidslijnen georganiseerd. De tijdgenoten begonnen zelfs te spotten over de rooms-katholieke geitenfokkersverenigingen, maar die bestonden werkelijk en ze kwamen kennelijk tegemoet aan een diep gevoelde behoefte.

Hoe is dit zo gekomen? Nederland was namelijk in deze verzuiling vrij uniek. In Duitsland en de USA, waar eveneens grote groepen protestanten en katholieken naast elkaar leefden, kwamen deze groepen veel gemakkelijker tot samenwerking. In die landen tilden de mensen ook niet zo zwaar aan gemengde huwelijken als in Nederland. Waarschijnlijk is het voorbeeld gegeven door het katholieke volksdeel. 'In het isolement ligt onze kracht' proclameerden de katholieken al vroeg, en de bisschoppen hebben die opvatting uit alle macht gesteund. In Twente bijvoorbeeld bestond een interconfessionele christelijke katoenbewerkersbond Unitas, waarin katholieken en protestanten goed samenwerkten, want van oudsher bestond er tussen hen weinig animositeit in dit gewest. In 1912 verbood de bisschop deze bond echter voor rooms-katholieken en gehoorzaam sjokten haast alle katholieke arbeiders naar een eigen verzuilde organisatie. En als afweermechanisme moesten de anderen dit voorbeeld wel volgen. Het gevaar bestond natuurlijk dat op die manier het land onregeerbaar werd, omdat samenwerking onmogelijk werd tussen zuilen die zich tegen elkaar afzetten en elkaar tegenwerkten. Maar de grondwetsherziening van 1917 is doorgevoerd in naam van de pacificatie en dit principe is sindsdien het politieke leven blijven beheersen. Aan de basis mochten de trouwe leden van de verzuilde organisaties wel star en strak blijven vasthouden aan hun principes, de elites aan de top waren best bereid tot samenwerking, verdraagzaamheid en compromissen ten bate van een efficiënt bestuur. Alleen de socialisten mochten tot 1939 nog niet als ministers in kabinetten hun intrede doen. Op het gemeentelijke vlak kregen ze wel kansen. Confessionele ministers van binnenlandse zaken adviseerden meer dan eens tot de benoeming van een rode burgemeester en vaak was het college van wethouders een afspiegelingscollege, dat wil zeggen dat alle partijen met een noemenswaardig aantal leden in de gemeenteraad daarin een vertegenwoordiger kregen. De euforie van de jaren 1918-1930 openbaarde zich ook in de buitenlandse politiek. Nederland dacht werkelijk dat de oorlog nu voorgoed was uitgebannen; het nam enthousiast deel aan allerlei activiteiten van de Volkenbond en sloot links en rechts arbitrageverdragen, die bepaalden dat toekomstige kwesties tussen de twee landen op vreedzame wijze uit de wereld zouden worden geholpen. De stemming in het land was erg pacifistisch, met leuzen als 'geen man en geen cent' (dat wil zeggen voor het leger) en met insignes als dat van het gebroken geweertje. Vooral bij socialisten leefden deze gevoelens, maar bij de confessionelen toch ook, getuige een instituut als Kerk en Vrede. Een voorgestelde uitbreiding van de oorlogsmarine, de zogenaamde vlootwet van 1923, werd in de Kamer verworpen onder druk van een petitionnement met niet minder dan 1,3 miljoen handtekeningen. Nog nooit had het Nederlandse volk zo massaal geprotesteerd.

In het jaar 1925 heeft het er even naar uitgezien dat de socialisten al in de regering zouden komen. De pacificatiepolitiek die de noodzakelijke voorwaarde was om zich de verzuiling aan de basis te kunnen veroorloven, haperde namelijk omdat de Kamer toen de gelden voor het Nederlandse gezantschap bij het Vaticaan uit de begroting schrapte. Dat was op zich wel logisch, want de paus was geen soeverein meer, maar aan de andere kant nodeloos grievend voor de katholieken. Er ontstond een langdurige regeringscrisis. Het was op zich best te verdedigen geweest als de katholieke kamerleden nu met de socialisten hadden samengewerkt om een parlementaire meerderheid voor een rooms-rood kabinet te krijgen. Maar de leider van de rooms-katholieke staatspartij, Mgr. Nolens, verklaarde dat hij daartoe slechts in uiterste noodzaak zou overgaan.

De hongerwinter 1944-1945

Tijdens de Eerste Wereldoorlog was er vooral op het eind in Nederland voedselschaarste, zodat de regering besloot tot distributie van levensmiddelen. De gemeenten moesten daar toen voor zorgen en de organisatie was slecht. Het kwam vaak voor dat er bonnen werden aangewezen waarop men bepaalde waren kon krijgen die niet in de winkels te vinden waren. De distributiedienst in de Tweede Wereldoorlog werkte veel beter en was landelijk opgezet. Er was een gigantische organisatie geschapen met een centraal distributiekantoor in Den Haag, met vijfhonderd distributiekringen in het gehele land en meer dan duizend gemeentelijke distributiediensten. Iedere inwoner kreeg een stamkaart waarop bonkaarten werden verstrekt. Al vóór mei 1940 waren erwten en suiker op de bon gekomen, vooral om te zien of het systeem werkte. Dat deed het. Tienduizenden ambtenaren waren nodig. Naarmate meer goederen op de bon kwamen, moesten de winkeliers, de consumenten en de groothandel een ontzagwekkende papierwinkel voor lief nemen. Maar tot aan september 1944 heeft in Nederland nergens echt hongersnood geheerst. Dat kwam ook omdat er een vrij efficiënte prijsbeheersing bestond, zodat haast iedereen zich kon verschaffen waar hij recht op had. Blijkens een onderzoek onder 98 Haagse gezinnen over het hele jaar 1943 kregen die gemiddeld per persoon en per dag voedsel met een waarde van 3090 calorieën. Daarmee was best het leven te houden.

In september 1944 ging het echter mis voor de stadsbewoners in de drie westelijke provincies Utrecht, Noord-Holland en Zuid-Holland. Drie redenen zijn daarvoor aan te voeren. Op 14 september werd Maastricht bevrijd door de geallieerde troepen, enkele dagen later gevolgd door het grootste deel van het overige Zuid-Limburg. Daardoor viel de kolenaanvoer weg en moesten in oktober en november de gasfabrieken en elektriciteitscentrales hun werk staken. Er hadden steenkolen uit het Duitse Ruhrgebied kunnen worden aangevoerd, maar juist op 17 september proclameerde minister Gerbrandy in een radiorede vanuit Londen een staking onder het spoorwegpersoneel, ter ondersteuning van de luchtlandingsoperaties bij Arnhem die op dezelfde dag begonnen. Het stakingsparool werd vrij algemeen opgevolgd, iedereen verwachtte dat de oorlog binnen enkele weken voorbij zou zijn en in dat geval zou de staking zinvol geweest zijn. Op 25 september echter bleek de poging om bij Arnhem de overgang over de grote rivieren te forceren een pijnlijke mislukking. De Londense regering had beter de spoorwegstaking kunnen opheffen. Maar Londen heeft van 1940 tot 1945 nooit uitgemunt door kennis van de toestanden in de bezette gebieden en de staking moest doorgaan. De belangrijkste reden van de hongerwinter is misschien toch wel dat de Duitse autoriteiten, uit woede over de spoorwegstaking, gedurende zes weken de aanvoer van alle voedsel uit Oost-Nederland naar het westen eenvoudig verboden. Daarna was er nog veel te redden geweest. Er was ten oosten en ten noorden van de IJssel voedsel genoeg, maar de binnenschippers durfden niet uit te varen uit angst voor beschietingen door Engelse vliegtuigen of confiscatie van hun schepen door de Duitsers. Dr. H.M. Hirschfeld, de secretaris-generaal van handel, nijverheid en scheepvaart, nam toen een belangrijk initiatief. Met verlof van rijkscommissaris Seyss-Inquart richtte hij een overheidsrederij op die de schippers in ieder geval kon garanderen dat de Duitsers hun schepen met rust zouden laten. De aanvoer van aardappelen en graan over het IJsselmeer begon net weer een beetje op gang te komen, toen op 23 december strenge vorst inviel en alle scheepvaartverkeer voor anderhalve maand onmogelijk werd.

De gevolgen in de steden van het westen waren catastrofaal. De rantsoenen daalden schrikbarend. Begin oktober was op de aangewezen bonnen nog voedsel met een waarde van 1300 calorieën per persoon per dag te krijgen, in december was dat nog slechts 550, en in februari, het absolute dieptepunt, 340 calorieën. Dat betekende acute hongersnood die het leven van velen in gevaar bracht. Inderdaad zijn zeker 10.000 mensen tussen november 1944 en mei 1945 direct van honger gestorven. Vergelijkt men het sterftecijfer in de steden met dat van de voorgaande jaren, dan is het veel hoger, zodat de conclusie juist lijkt dat 22.000 slachtoffers direct of indirect door de hongersnood overleden zijn. Allerlei ziekteverschijnselen die voordien alleen uit beschrijvingen van belegerde steden of Chinese hongersnoden bekend waren, werden nu zichtbaar. Bij extreem voedselgebrek raakt bijvoorbeeld soms de vochthuishouding van het lichaam in de war, het water blijft in de weefsels zitten en er komen zwellingen in de benen of elders: het zogenaamde hongeroedeem. Historici hadden maar slecht raad geweten met oude beschrijvingen van door de honger opgezwollen lichamen; nu zagen ze dat in hun naaste omgeving. Het economisch leven kwam tot stilstand, omdat velen maar niet meer naar hun werk gingen. De reinigingsdiensten in de steden lieten het afweten, schurft en luizen werden normale verschijnselen. Op de Zuidhollandse eilanden heeft een tyfusepidemie gewoed. Gelukkig heeft die zich niet uitgebreid en zijn ook geen andere besmettelijke ziekten uitgebroken, anders was de ellende niet te overzien geweest.

Maar de mens is vindingrijk. Toen de overheid verstek moest laten gaan begon het particuliere initiatief op gang te komen. Zodra de gasleverantie uitviel, waren opeens noodkacheltjes te krijgen die met minieme hoeveelheden brandstof toch een kookgelegenheid gaven. Bedrijven gingen in Oost-Nederland, met krakkemikkige vrachtwagens, rijdend op houtgas, voedsel halen voor hun eigen employés. Diverse confessies werkten eendrachtig samen in de interkerkelijke bureaus die zich voedsel wisten te verschaffen voor de ergste noodgevallen. En de mensen maakten hongertochten met alles wat rijden kon om zelf het voedsel bij de boeren te gaan kopen of ruilen, nu het normale vervoer was uitgevallen. Er is in de hongerwinter veel egoïsme en harteloosheid geweest. De zinloze acties van de Duitsers, die in de herfst van 1944 alle aanvoer stopzetten en op 1 maart 1945 het passeren van de IJsselbruggen verboden, hebben de honger mede veroorzaakt. Maar daarnaast was er toch ook veel altruïsme en solidariteit. De boeren hebben over het algemeen hun voedsel tegen redelijke prijzen verkocht aan de hongerende stedelingen, de bewoners van de oostelijke provincies hebben minstens vijftigduizend kinderen en talloze andere evacués liefderijk opgenomen, en soms leken de scheidslijnen binnen het Nederlandse volk door de nood geslecht.

Februari was wel het dieptepunt. In maart 1945 waren de rantsoenen ook niet hoog, maar toen kwam er Zweeds wittebrood beschikbaar, dat mensen die het genoten hebben nog tot tranen kan roeren. Begin april stootten de geallieerde legers in hun laatste offensief door en bezetten ze het oosten van Nederland. Holland en Utrecht leken nu helemaal geïsoleerd, maar de Engelse voedseldroppings brachten hier uitkomst. Op 5 mei 1945 volgde ten slotte de Duitse capitulatie.

Sindsdien kwamen er extraparlementaire coalitiekabinetten, met soms wat bijmenging van liberalen. Dat was jammer, want tijdens de depressie hadden de socialisten in de regering misschien nuttig werk kunnen doen. De machtigste minister was van 1933 tot 1939 Hendrik Colijn, een antirevolutionair die sterke banden had met het bedrijfsleven en overtuigd was van de waarde van de liberale economische ideeën. Hij gold als de 'sterke man' en genoot een groot gezag. Achteraf is hij zwaar verguisd, maar het is allerminst zeker dat een ander beleid meer succes had gehad.

De socialisten kwamen tijdens de crisis toen maar met hun eigen oplossing, het Plan van de Arbeid. Dat hield in dat de regering in drie jaar tijd met 600 miljoen gulden geleend geld grote openbare werken zou laten uitvoeren, de werkweek tot veertig uur zou beperken en in het algemeen de economie veel meer zou gaan leiden dan met de liberale beginselen te verenigen was. Het Plan van de Arbeid werd ontvouwd in 1935 en wekte groot enthousiasme bij de eigen aanhangers, maar Colijn en zijn mannen wilden er niet aan. Het Plan is echter een mijlpaal geweest in de geschiedenis van het socialisme in Nederland. Het betekende een definitieve breuk met de orthodoxe marxistische beginselen. Volgens Marx' crisistheorie zou de grote depressie van de jaren dertig immers het al zo lang voorspelde bankroet van het kapitalisme moeten betekenen. De arbeidersklasse was erbij gebaat om dat noodzakelijke ontbindingsproces wat te versnellen en te intensifiëren. Dan zou spontaan de wereldrevolutie volgen. Met het Plan van de Arbeid probeerde de sdap echter de crisis te bezweren. Dat was tegen haar beginselen, maar de partij moest wel, want de kiezers lieten haar in de steek. Bij de verkiezingen van 1933 had de SDAP een nederlaag geleden juist vanwege de indolente houding tegenover de crisis. Het Plan van de Arbeid, dat veel had overgenomen van soortgelijke ideeën van de Belgische socialist Hendrik de Man, was het antwoord. Maar dit plan wees vooruit naar het jaar 1939, waarin twee socialisten minister werden, en vooral naar de naoorlogse situatie, waarin de Partij van de Arbeid het marxistisch sectarisme afzwoer en een brede, linkse volkspartij wilde worden.

Er kwam niet alleen twijfel bij de aanhangers aan het marxisme, anderen begonnen zelfs de democratische beginselen aan te vechten. Dit was mede het gevolg van de successen die Mussolini sinds 1922 in Italië en Adolf Hitler sinds 1933 in Duitsland leken te behalen. De opvattingen van veel Nederlandse intellectuelen waren vrij antiparlementair. Ze beschouwden de kiezers als stemvee, waren overtuigd van de duistere machinaties van het gros der politici en meenden dat een eerlijk man zich niet met politiek kon inlaten. Er was een rechtsautoritair antiparlementarisme. Er was een wanhoop van kleine boeren en middenstanders, die bereid waren een 'sterke man' te volgen die verlossing zou kunnen bieden. Er waren naar verhouding betrekkelijk weinigen die warm liepen voor linkse dictatoren. De communistische aanhang is in de crisistijd niet merkbaar gegroeid. Er waren wel sinds 1922 wat kleine fascistische partijtjes geweest, die bij de stembus geen gewicht in de schaal legden. En ten slotte was daar de Nationaal Socialistische Beweging van Mussert, de NSB, opgericht in 1931, die bij de verkiezingen voor de Provinciale Staten in 1935 bijna acht procent van de stemmen kreeg. In den lande werd het gevaar spoedig ingezien. Het kan zijn dat veel NSB'ers honorabele bedoelingen hadden en niet alle consequenties van het partijprogramma doorzagen. In ieder geval paste het nationaal-socialisme niet in de Nederlandse pacificatiedemocratie en onmiddellijk ontstonden de verenigingen 'Eenheid door democratie' en het 'Comité van waakzaamheid van Nederlandse intellectuelen tegen het nationaal-socialisme' om deze antidemocratische stroming te bestrijden. In 1937 viel de NSB bij de Kamerverkiezingen terug tot vier procent van de stemmen.

Binnenlandse ontwikkelingen beslisten overigens niet over het lot der Nederlanders. De storm der internationale ontwikkelingen raasde steeds sneller over de wereld en Nederland kon alleen maar de illusie koesteren dat de traditionele neutraliteitspolitiek het land wel weer buiten de conflicten zou kunnen houden. Tijdens de crisis van München, eind september 1938, werd het leger al in een staat van paraatheid gebracht. Een voormobilisatie bleek nog net niet nodig. Op 28 augustus 1939 bleek oorlog onvermijdelijk. Er kwam een algemene mobilisatie, de lichtingen 1924-1939 moesten in hun geheel opkomen, een drastisch middel om de werkloosheid te verminderen. Het Nederlandse antimilitarisme en pacifisme waren sterk in betekenis geslonken, ook bij de socialisten die twee ministers in het nieuwe kabinet-De Geer hadden zitten en hun oppositie tegen het Oranjehuis hadden opgegeven. Op 1 september viel het Duitse leger Polen binnen en begon de Tweede Wereldoorlog. Weldra werd duidelijk dat als er een einde zou komen aan de schemeroorlog en de rust aan het westelijk front, Nederland ook gevechtsterrein zou worden. De militaire attaché in Berlijn majoor Sas kreeg enkele malen van kolonel Oster van de Abwehr, de Duitse contraspionage, de waarschuwing door dat een inval ophanden was. Achteraf is gebleken dat deze waarschuwingen op goede gronden geschiedden, maar dat Hitler op het laatste moment telkens weer zijn plannen moest opgeven. Op 10 mei 1940 was het dan zover. Het Duitse 18de leger opende de aanval op Nederland in de nacht. Numeriek was dit wel zwakker dan de troepen van generaal Winkelman, de Nederlandse opperbevelhebber, maar de Duitse soldaten waren veel beter getraind en uitgerust. En toch mislukten de Duitse plannen in zoverre dat zo'n 18.500 man luchtlandingstroepen en parachutisten er niet in slaagden de Hollandse vliegvelden te bezetten en de koningin en de regering in Den Haag gevangen te nemen. Toch moest de vesting Holland na vier dagen capituleren, gedwongen door het terreurbombardement op Rotterdam. Een week later capituleerden de troepen in Zeeland. In het algemeen is er door het Nederlandse leger hard gevochten: daarop wijst het aantal gesneuvelde militairen van 2200. Toch, wie gevoelig is voor krijgsroem vindt in de meidagen van 1940 weinig aanleiding om zijn nationale trots te stimuleren. Slechts bij Kornwerderzand op de Afsluitdijk wisten de Nederlandse soldaten stand te houden.

Het koninklijke gezin en de regering weken uit naar Londen. Achteraf gezien is dat een verstandig besluit geweest, want de Belgische koning Leopold, die bij zijn troepen verkoos te blijven, heeft daardoor mede gezorgd voor de naoorlogse koningskwestie. Maar het Nederlandse volk, dat de Fransen in 1795 zelf met vreugde had binnengehaald en daarvoor eigenlijk nooit een bezetting had gekend, was moedeloos en onzeker geworden. In de zomer van 1940 kende de Nederlandse Unie, die met rood-wit-blauwe vlaggen zwaaide en een zeker nationaal elan scheen te vertegenwoordigen, een groot succes. Het was nog nauwelijks duidelijk dat zulk soort activiteiten alleen maar mogelijk waren met verlof van de Duitse bezettende macht. Oud-minister Colijn begreep dit wel. Hij schreef de brochure *Tussen twee werelden*, waarin hij de Nederlanders aanspoorde de consequenties van de Duitse overwinning onder ogen te zien. Hij had beter kunnen zwijgen.

Het grootste deel van het Nederlandse volk beschouwde de Duitsers als vijanden. Vergelijkingen met de Spaanse troepen uit de zestiende eeuw en de Franse sansculotten uit 1795 gaan mank. De Spaanse troepen waren in dienst van de wettige overheid en een groot deel van de bevolking haalde de Fransen als bevrijders binnen. Maar NSB'ers die met de Duitsers heulden, werden in 1940 veracht. Van echt verzet was echter nauwelijks sprake. Dat kwam los toen in februari 1941 in Amsterdam en de Zaanstreek een haast algemene staking was uitgebroken tegen de beginnende deportaties van joden. De staking duurde niet lang, slechts een kleine minderheid der Nederlanders heeft daadwerkelijk aan het verzet deelgenomen, vóór september 1944 misschien vijfentwintigduizend personen. Maar na 1941 was de hoop van de Duitsers vervlogen dat zij het Nederlandse Germaanse broedervolk tot samenwerking zouden kunnen brengen.

De bevolkingsexplosie van 1945 tot 1965

In 1946 bedroeg het geboortecijfer in Nederland 30,2 levend geborenen per duizend inwoners, dat wil zeggen ongeveer evenveel als in het begin van de negentiende eeuw, toen er nauwelijks een mogelijkheid was om de geboorten kunstmatig te beperken. In 1800 was zo'n hoog geboortecijfer nodig om de bevolking op peil te houden, want het sterftecijfer was daarmee in evenwicht. In de loop van de negentiende en twintigste eeuw is het sterftecijfer in Nederland tot onder de tien promille gedaald. Vandaar dat er in 1946 een geweldig geboortenoverschot geboekt werd. Nu is dit niets bijzonders onmiddellijk na een oorlog. Veel huwelijken waren in de jaren daarvoor uitgesteld, echtgenoten waren van elkaar gescheiden of om een andere reden waren concepties uitgebleven. Nu werd dat ingehaald. In 1945 en 1946 zijn enorm veel huwelijken gesloten waaruit een jaar later een eerste kind is geboren. Ook tweede en volgende kinderen waren in 1946 zeer frequent. Dat is zonder meer te begrijpen. Het is echter opmerkelijk dat het geboortencijfer in Nederland hoog bleef: over de hele vijfjaarlijke periode van 1946 tot 1950 niet minder dan zesentwintig promille. Tot aan 1960 is het nooit onder de twintig promille gedaald, in tegenstelling tot België en andere Europese geïndustrialiseerde landen, waar vóór 1960 geboorten-cijfers van vijftien promille normaal waren.

De verklaring van deze Nederlandse afwijking is niet eenvoudig. Uit de statistieken blijkt dat de Nederlanders, en speciaal de vrouwen, na 1945 op steeds jeugdiger leeftijd zijn gaan trouwen. En dit ondanks de woningnood en andere remmende factoren. Dit is overigens niet verwonderlijk, want jonge huwelijken zijn kenmerkend voor een geïndustrialiseerde samen-leving van loontrekkers. Te lang had in Nederland nog een traditioneel agrarisch huwelijkspatroon bestaan, met een hoge leeftijd van beide partners en veel mensen die helemaal niet aan het huwelijk toekwamen. In een traditionele agrarische samenleving trouwde men pas als men een eigen boerderij kon krijgen. Dit patroon was heel duidelijk in Noord-Brabant en Limburg. En was er eenmaal getrouwd, dan was de huwelijksvruchtbaarheid ook hoog, ondanks de leeftijd van de vrouw. In Nederland zien we na de oorlog echter een modern huwelijkspatroon, met in zekere zin een handhaving van de vruchtbaarheid uit de voorgaande periode. De bevol-king groeide dan ook enorm en prognoses voorspelden voor het jaar 2000 een bevolking van minstens twintig miljoen. Deze Nederlandse afwijking is misschien ook te verklaren uit de verzuiling. Katholieken en gerefor-meerden wezen kunstmatige geboortenbeperking af. Het gezag van de kerkelijke leiders in eigen kring was zo groot dat hun directieven over het algemeen gehoor vonden. Van de weeromstuit waren de leden van de andere zuilen dan ook maar gesteld op een groot kinderaantal.

Na 1960 is daarin verandering gekomen. In 1956 hebben de Amerikanen Pincus en Rock de 'pil' voor gebruik vrijgegeven, een beter en betrouw-baarder anticonceptiemiddel dan voorheen beschikbaar was. Deze heeft na 1960 al vrij vlug Nederland veroverd en bleek ook voor confessionelen aanvaardbaar, ondanks reserves van wat Romeinse katholieke prelaten. Maar dat kan toch niet de enige reden zijn. Deze zal vooral gelegen zijn in de juist na 1960 beginnende ontzuiling, waardoor de Nederlanders op maatschappelijk terrein de ontwikkelingen zijn gaan volgen die passen bij hun economische positie. In 1975 was het geboorteoverschot tot 4,7 promille gedaald en in de toekomst zal het waarschijnlijk teruglopen tot nul. In de jaren negentig heeft de Nederlandse bevolking de vijftien miljoen gepasseerd. Misschien zal die nog iets stijgen, maar de twintig miljoen zal zij in het jaar 2000 niet halen en misschien wel nooit.

Veel hebben de Nederlanders ook niet bijgedragen aan de Duitse nederlaag in mei 1945. Honderdduizenden mannen gingen, al of niet vrijwillig, in Duitsland werken. De deportatie der joden kon na februari 1941 ongehinderd voortgaan, al hebben velen toch niet geaarzeld joodse onderduikers in huis te nemen. Maar niet voor iedereen was een dergelijk adres beschikbaar. Beter georganiseerd was de hulp aan onderduikers die zich aan werken in Duitsland wilden onttrekken. De LO-LKP heeft tallozen op het platteland bij boeren kunnen onderbrengen. Bestuur en distributie van levensmiddelen waren goed geregeld. Onder een toplaag van Duitse bezettingsautoriteiten bleven de Nederlandse ambtenaren en politiefunctionarissen aan het werk, zoals hun was opgedragen. Pas in september 1944 begon chaos te dreigen. De oorlog leek voorbij, de geallieerden waren in Normandië geland en de troepen leken na een doorbraak ongehinderd naar het centrum van Duitsland door te stoten. Een grote luchtlandingsoperatie bij Arnhem moest de rivierovergang forceren, maar deze mislukte op lamentabele wijze. Het zuiden van Nederland werd nog bevrijd, maar bij de grote rivieren kwamen de legers tot stilstand. Toen brak in West-Nederland de hongerwinter uit – die kan leren dat er niet zoveel hoeft te gebeuren of ook in onze moderne maatschappij wordt weer honger geleden, zoals onze voorvaderen zo vaak hebben ervaren.

Het einde van de Tweede Wereldoorlog stortte Nederland in een delirium van vreugde, met hysterische toejuichingen voor de binnentrekkende Canadezen en andere geallieerde soldaten, met straatfeesten en massaspelen, met veel gezwaai van vlaggen. Maar het land was economisch wel in een slechte positie. 220.000 mensen waren door oorlogshandelingen gedood, waaronder ongeveer 100.000 joden in de Duitse vernietigingskampen. De Wieringermeer, Walcheren en andere gebieden stonden onder water. De haveninstallaties van Amsterdam en Rotterdam waren vernietigd. Bijna al het rollend materieel van de spoorwegen was naar Duitsland gevoerd. Nederland leek voor een faillissement te staan. De staatsschuld was van 4 miljard gulden voor de oorlog gestegen tot 13 miljard. De directe schade door de oorlog is becijferd op 26 miljard gulden, terwijl de waarde van het totale nationale vermogen in 1938 28,7 miljard gulden had bedragen. Buitenlands vermogen van Nederlanders was weggesmolten. Herstel of wederopbouw, zoals het toen heette, was misschien mogelijk, maar zou moeilijk zijn. Er moest eerst in ieder geval een regering komen om de zaken te leiden.

De eerste naoorlogse regering was het noodkabinet-Schermerhorn-Drees, dat zonder controle van een parlement aan de slag kon gaan. De nieuwe ministers waren onvervalste democraten, maar misschien hadden ze toch nog wel iets van de autoritaire houding van vóór 1940 overgehouden. Ze zullen het in ieder geval wel rustig gevonden hebben dat ze ongehinderd de pijnlijke maatregelen konden nemen die nodig waren. P. Lieftinck, de minister van financiën, voerde in december 1945 een geldzuivering door, die het model is geworden voor veel van dergelijke operaties in het buitenland. Hij schroefde de belastingen op tot hoogten die voorheen ondenkbaar geweest waren. De distributie bleef voorlopig in volle strengheid gehandhaafd en de regering hield toezicht op de lonen. Er was in het land wel een grote vernieuwingswil, maar welke richting de vernieuwing uit zou gaan, was nog niet te zien. Tijdens de oorlog hadden verscheidene intellectuelen plannen uitgedokterd voor de maatschappij na de oorlog, maar die stonden vaak op gespannen voet met de democratie. Discussies waren bijvoorbeeld gevoerd in het kamp te Sint-Michielsgestel, waar een aantal politici en andere leiders geïnterneerd hadden gezeten, maar ook daar was geen bruikbare blauwdruk voor het toekomstige Nederland uitgekomen. Personalistisch was een term die opgeld deed na de oorlog, al of niet in combinatie met socialisme. De bedoeling was kennelijk om wel de sociale rechtvaardigheid na te streven, maar met handhaving van ieders individuele vrijheid. Mensen als Schermerhorn hanteerden deze begrippen. Hij was lid van de Nederlandse Volksbeweging die de oude vooroorlogse partijen moest vervangen. Een crisis als in de jaren dertig mocht nooit meer terugkomen en om dat te voorkomen moest het kapitalisme van vóór de oorlog gebreideld worden. De verzuiling en de hokjesgeest moesten eveneens plaats maken voor samenwerking en begrip. Er is weinig gerealiseerd van deze vage idealen. De katholieke bisschoppen voelden niets voor de Nederlandse Volksbeweging. In december 1945 werd de Katholieke Volkspartij opgericht, eigenlijk een herleving van de Rooms-Katholieke Staatspartij. De andere politieke partijen volgden. In februari 1946 vond de stichting plaats van de Partij van de Arbeid, die een brede volkspartij wilde zijn, open stond voor liberalen en confessionelen en daarom het marxisme opgaf. Alleen de Vrijzinnig-Democraten traden massaal toe en daarnaast wat splintergroepjes van katholieken en protestanten, maar eigenlijk was de PvdA een herleving van de SDAP. Dat bleek bij de oprichtingsvergadering. Garmt Stuiveling had een lied geschreven over de 'Werkers van Nederland', maar luid klinkend toonden de aanwezigen dat zij beter *de Internationale* konden zingen. Bij de eerste naoorlogse verkiezingen op 17 mei 1946 behaalden de partijen ongeveer hetzelfde aantal zetels als hun voorgangers in 1937 hadden gedaan. Slechts de communisten hadden een uitschieter en kwamen op tien zetels. Maar weldra zou blijken dat zij dit hoge aantal slechts dankten aan een tijdelijke populariteit van Rusland als gevolg van de Tweede Wereldoorlog.

Bij de grote problemen die Nederland in 1945-1949 toch al had, kwam ook nog eens de Indonesische kwestie. Op 9 maart 1942 had het

Koninklijk Nederlands-Indisch Leger op Java moeten capituleren voor de Japanners. De soldaten waren gevangen genomen, en de blanke burgerbevolking was grotendeels in kampen geïnterneerd. In de ruim drie jaar van de heerschappij der Japanners in de archipel evolueerden de gedachten van de Indonesische nationalisten verder. Mensen als Soekarno en Hatta hadden geen scrupules om met de Japanners samen te werken. De Londense regering had weinig begrip van wat in Indonesië gebeurde. Wel heeft koningin Wilhelmina in een radiorede op 7 december 1942 beloofd dat er na de oorlog een rijksconferentie zou komen waarop de zelfstandigheid van Indonesië binnen het koninkrijk zou worden geregeld. Let wel, zij sprak slechts over zelfstandigheid en niet over onafhankelijkheid. Zij ging ervan uit dat alles zeer ordelijk zou verlopen. Maar het eind van de oorlog kwam allerminst ordelijk in Indonesië. Op 6 augustus 1945 viel een atoombom op Hirosjima, op 7 augustus 1945 proclameerde het Japanse hoofdkwartier in Saigon de Indonesische onafhankelijkheid, zoals al eerder in vage termen in het vooruitzicht was gesteld. Op 15 augustus capituleerde Japan en twee dagen later verklaarden Soekarno en Hatta, min of meer gedwongen door heetgebakerde jongeren, dat Indonesië vrij was en onafhankelijk van Nederland. Het land zat nog vol Japanners, zouden die zich rustig laten wegvoeren? Konden de nieuwe leiders alle taken aan? Wat zouden de Nederlanders in de kampen doen? Soekarno, Hatta en de andere leiders hadden reden de toekomst met zorg tegemoet te zien. Maar ze moesten wel initiatieven ontplooien. Er waren geen geallieerde troepen aanwezig.

Pas eind september kwamen er wat Engelse soldaten, die opdracht hadden zich niet te mengen in interne kwesties en de republiek Indonesië de facto erkenden. Later kwamen de Nederlandse troepen. Eén ding stond voor de Nederlandse regering toen vast: Soekarno had gecollaboreerd met de Japanners. Met hem viel niet te praten. Eerst zouden orde en rust hersteld moeten worden, en dan kon de zelfstandigheid van Indonesië misschien ter sprake komen – maar alleen in overleg met onverdachte Indonesische leiders, die niet aangepapt hadden met de Japanners. Dat was een illusie. Soekarno had zich ontpopt als het onbetwiste, charismatische symbool van het nieuwe Indonesië. Nederlandse legerafdelingen traden wel op in de buurt van de grote steden; ze bestreden daar Indonesiërs die zij voor het gemak extremisten noemden en herstelden het Nederlandse gezag in de buitengewesten. Maar in het grootste deel van Java en Sumatra heerste de Republiek. Op den duur moest er toch gepraat worden met Soekarno, en het resultaat was het akkoord van Linggadjati van eind 1946. Op zich was dat geen onverstandige regeling. Nederland deed grote concessies: het erkende de Republiek de facto op Java en Sumatra en stelde een regeling op voor een federalistische staat Indonesië, met deelstaten waarvan de Republiek er een zou zijn. Daar had het conflict kunnen eindigen. Maar er kwamen van beide zijden klachten over de uitvoering van het akkoord, en Nederland nam in de zomer 1947 en in december 1948 het heilloze besluit tot het voeren van twee politionele acties. Militair waren deze krijgstochten wel een succes, maar internationaal kwam Nederland geïsoleerd te staan. Met name in de USA, waar Soekarno poseerde als de George Washington van de Indonesiërs, bestond weinig begrip voor deze koloniale oorlog. Nederland moest terugtreden. Eind 1949 droeg het de soevereiniteit in Amsterdam en Batavia over aan de federatieve statenbond van Indonesië. Alleen Nieuw-Guinea bleef erbuiten. Het volgend jaar schond Indonesië het akkoord door de deelstaten één voor één in te lijven, waartegen alleen de Ambonezen uit de Republiek der Zuid-Molukken zich verzetten. Nederland protesteerde en deed in 1950 geen afstand van de soevereiniteit over Nieuw-Guinea, zoals de bedoeling was geweest. Dat gebeurde pas in 1962 onder Amerikaanse druk.

De naoorlogse dekolonisatie van Indonesië is een grievende, pijnlijke, beschamende ervaring. Achteraf was het natuurlijk beter geweest om zonder reserves en onbekrompen de Indonesische onafhankelijkheid direct te erkennen, maar zo lagen de verhoudingen niet. Waarschijnlijk heerste ook het besef dat Nederland in zijn berooide toestand de voordelen van de relatie met Indonesië niet kon missen. 'Indië verloren – rampspoed geboren' was een leus uit die dagen. En toch is Nederland de haast wanhopige toestand van 1945 te boven gekomen, ook al heeft het een paar jaar lang enkele honderdduizenden jongemannen in Indonesië laten optreden – wat alleen maar heeft geleid tot voortgaande verslechtering van de verhoudingen – en moest het de eerste jaren doorkomen met een verarmd Duitsland als achterland. De eerste jaren waren weliswaar niet best: de strenge winters van 1946 en 1947 hebben heel wat leed gebracht.

Maar in juni 1947 kwam de aankondiging van de Marshall-hulp. De USA besloot het verarmde Europa economisch weer in het zadel te helpen, mede uit angst dat het anders tot het communisme zou overgaan. In tien jaar tijd heeft Nederland voor ongeveer één miljard dollar Amerikaanse steun gehad, en het heeft er wel van geprofiteerd. Maar tevens waren de Nederlandse arbeiders bereid genoegen te nemen met matige lonen en een sober levenspeil in vergelijking met het buitenland. Dat was natuurlijk niet mogelijk bij een ongebreideld kapitalisme, en vanaf 1945 was er in Nederland een geleide economie. Al in 1945 kwam er een Planbureau onder leiding van de socialist ir. Hein Vos. Jaarlijks publiceerde dit een economisch plan dat de investeringen moest sturen, de hoogte van de loonsom regelde en de prijzen zoveel mogelijk vaststelde. Bij dit dirigisme moesten er natuurlijk geen stakingen roet in het eten gooien. Om de arbeidsvrede te waarborgen was de Stichting van de Arbeid opgericht, waarin werkgevers en werknemers elkaar konden ontmoeten en tot een compromis komen. Het Planbureau was in overeenstemming met de nieuwe inzichten van de socialisten; een paradepaardje van de katholieken was de publiekrechtelijke bedrijfsorganisatie. De bedoeling was dat de diverse bedrijfstakken zelf bindende regels konden maken om uitwassen van de concurrentie te bezweren, om gemeenschappelijke fondsen te stichten en dingen te doen die bureaucraten doorgaans nuttig vinden. De PBO was niet op alle terreinen een groot succes. Alleen het Landbouwschap kreeg grote macht, al vonden veel boeren dat dit te ver ging. Verder kreeg ook de Sociaal Economische Raad veel gezag, maar in de industrie hadden de 'schappen' weinig te betekenen. Toch, ondanks veel nodeloze bureaucratie, ondanks vergunningenstelsels en andere papierwinkels, kwam het Nederlands bedrijfsleven er bovenop. Industrialiseren was het parool. Op de koloniën moest niemand meer rekenen, en de handel was een onzekere factor. Nederland moest produceren, investeren en hard werken. Blijkens verschillende opiniepeilingen uit de jaren 1945-1950 zag het Nederlandse volk de noodzaak van hard werken in en was het daartoe bereid tegen matige lonen. En zo kwam de export aardig op gang en kon deze op de buitenlandse markten succesvol concurreren. In 1949 publiceerde minister Van den Brink zijn eerste industrialisatienota, maar toen was het proces al lang op gang gekomen.

Natuurlijk moest er iets tegenover staan dat de Nederlandse arbeider zich zo volgzaam tevreden stelde met een karig loon. Dat waren goede sociale wetten. In 1946 adverteerde de PvdA met de leus: 'Doe als Tommy (de Engelse soldaat). Hij stemde Labour.' En in Engeland waren de socialisten bezig de *Wellfare-state* op te richten, uiteraard niet te vertalen als welvaartsstaat, maar als verzorgingsstaat. Dat was ook het ideaal van de gerespecteerde socialistische voorman Willem Drees. Hij wilde iedereen beschermen tegen de risico's van ouderdom, werkloosheid, ziekte en invaliditeit 'van de wieg tot het graf'. In 1947 kwam de noodwet-Drees tot stand, die een basispensioen gaf voor iedereen boven de vijfenzestig. Op den duur zijn ook alle andere genoemde risico's gedekt. De noodwet-Drees haalde de benodigde gelden uit de staatsbegroting, maar de andere voorzieningen moesten echte verzekeringen zijn, waarbij de uitkeringen betaald werden uit de premies die op de loonsom geheven werden. Zolang de lonen laag waren, vielen ook de premies wel mee. De uitkeringen waren echter aan de lonen gekoppeld: toen de lonen begonnen te stijgen, gingen ook de premies mee, en op den duur begon de hoogte van de sociale lasten economisch bezwaarlijk te worden.

Ook op politiek gebied heerste grote harmonie. Van 1946 tot 1958 voerde Drees onafgebroken rooms-rode kabinetten aan, met soms wat bijmenging van protestanten of zelfs wel liberalen. Met de oude politieke partijen was ook de verzuiling in het onderwijs, de organisaties, de pers, de radio, de vakverenigingen en op nog wat andere terreinen teruggekeerd. Het leek eigenlijk wel rustig en toch was er iets veranderd. In 1954 publiceerden de bisschoppen in Nederland een mandement, *De Katholieken in het openbare leven van deze tijd*. Alle traditionele standpunten werden daarin nog eens aangescherpt. De katholieken moesten lid worden van hun eigen organisaties, hun eigen vakvereniging, hun eigen politieke partij, hoewel de PvdA niet zonder meer verboden werd, ze moesten liever ook niet naar de vara-radio luisteren. De bisschoppen hadden hun hand daarmee wat overspeeld. De tijden waren toch een beetje veranderd. Heel wat katholieken stonden niet zo grif meer klaar om zonder discussie te gehoorzamen, vooral de niet-katholieken waren verontwaardigd. Er kwam zelfs een breuk in de raad van vakcentrales. Met zulke exclusieve zonderlingen konden socialisten en protestanten niet meer samenwerken. Het mandement van 1954 is nooit ingetrokken, maar na een paar jaar toch wel als een vergissing vergeten. Een traditioneel gezagsgetrouw weekblad, *De Linie*, begon in zijn kolommen af en toe openlijk te twijfelen aan de aloude roomse standpunten op politiek en maatschappelijk gebied. De zuilen begonnen nog niet te wankelen, maar wel te trillen, omdat diep in de ondergrond van het Nederlandse leven wat aardverschuivingen stonden te gebeuren. Het eerste teken was de loonronde van 1954. Tot nog toe had de regering op gezette tijden verlof gegeven de lonen enkele procenten te laten stijgen om ze gelijke tred te laten houden met de prijzen. Maar in 1954 kwam de eerste welvaartsronde, waarbij de lonen meer stegen dan in verband met de verhoogde prijzen nodig was. Het was de voorbode van ingrijpende veranderingen.

Vanaf 1955 namen de welvaart en het inkomen van de Nederlanders geweldig toe. Als men het reële nationale inkomen per hoofd van de bevolking in 1970 stelt op 100, dan had dit in 1948 slechts het indexcijfer 46; in 1954 was het gestegen tot 55 maar daarna ging het hard. 1970 betekende een verdubbeling en in 1973 kwam het cijfer zelfs op 110. Dit was niet het gevolg van de stijging van het particuliere inkomen of van de winsten. Nee, vooral de lonen van arbeiders, van winkelpersoneel en lagere ambtenaren waren fors omhoog gegaan. Zo kwamen veel zaken die het leven veraangenamen nu voor het eerst binnen het bereik van praktisch het hele Nederlandse volk: vakanties in het buitenland, auto's, televisietoestellen, film- en theaterbezoek en zoveel meer zaken die niet direct nodig zijn om in leven te blijven, maar die wel de fleur aan het leven kunnen geven. De geleide loonpolitiek werd wat afgezwakt, de verzorgingsstaat bleef. Maar het bedrijfsleven scheen de extra kosten gemakkelijk te kunnen opbrengen. De soberheid en de investeringen van de jaren 1945-1954 begonnen nu hun rendement op te brengen. De industrialisatie was gelukt. In de buurt van IJmuiden breidden de Hoogovens voortdurend uit, en langs het hele Noordzeekanaal kwam een zone waarin bedrijven goed konden gedijen. Bij Rotterdam verrees een gigantische petrochemische industrie op de in zee aangeplempte Maasvlakte. In Eindhoven schakelden de Philipsfabrieken over op de fabricage van televisietoestellen, en daarnaast maakte het concern nog veel andere produkten, tot geneesmiddelen toe. Trouwens, de elektronische en de chemische industrie waren op massa's andere plaatsen vertegenwoordigd. Toegegeven: in andere bedrijfstakken ging het minder. In 1966 besloot de regering de mijnen in Zuid-

Limburg te sluiten, omdat de dure steenkolen niet meer konden concurreren met de goedkope olie en het bij Slochteren gevonden aardgas. De textielindustrie had het moeilijk en moest voortdurend inkrimpen. De ateliers voor confectiekleding, die vooral in Amsterdam talloze meisjes werk boden, verplaatsten de een na de ander hun activiteiten naar zogenaamde lage-lonenlanden als het toenmalige Joegoslavië, Noord-Afrika en zelfs Taiwan. Maar dat was geen ramp. Er was werk genoeg en de ondernemers klaagden over krapte op de arbeidsmarkt, vooral na de invoering van de vijfdaagse werkweek. Deze werd op 1 juli 1961 van kracht voor het overheidspersoneel. In het bedrijfsleven was de vijfdaagse werkweek van maximaal veertig uur soms al eerder gebruikelijk. Voor zwaar of onaangenaam werk was al helemaal geen belangstelling en daarvoor werden buitenlanders aangeworven, aanvankelijk vooral Italianen en Spanjaarden, weldra ook Turken en Marokkanen. De Nederlanders zelf kregen in toenemende mate banen bij de overheid of in de dienstensector en de scholingsgraad nam toe. Middelbare scholen en universiteiten zagen hun aantallen leerlingen en studenten ieder jaar met vele procenten stijgen. En alles scheen gunstig voor de bevordering van de Nederlandse welvaart. De boeren profiteerden van de subsidies en prijsregelingen van de Europese Economische Gemeenschap, opgericht door de verdragen van Rome in 1957. In 1959 bleken bij Slochteren ten oosten van Groningen grote hoeveelheden aardgas in de grond te zitten. De regering besloot dit aardgas maar zo gauw mogelijk te verkopen en naar het buitenland te exporteren, omdat weldra kerncentrales de energie nog goedkoper zouden maken.

In 'de jaren van tucht en ascese' onmiddellijk na de oorlog waren de arbeiders tevreden geweest met hun lage lonen. De arbeidsvrede was bewaard, de oude politieke partijen waren teruggekeerd en de autoriteiten werden gehoorzaamd. Ieder had zich teruggetrokken op zijn eigen zuil en niets leek het bouwsel van de Nederlandse staat te kunnen schokken. In de weelde en de welvaart van de jaren zestig, toen door de sociale zekerheid van de welvaartsstaat ook vroegere rampen als ouderdom of werkloosheid veel van hun dreiging verloren hadden, begonnen de broodkruimels te steken. Dat was geen exclusief Nederlands verschijnsel: het deed zich in alle blanke kapitalistische landen voor. Het uitte zich in Frankrijk in de meirevolte van 1968 en in de USA in alle mogelijke protestbewegingen. Maar in Nederland waren de uitingen wel vroeg en origineel en daarbij moet de provo-beweging met name genoemd worden. Dat was een groep anarchistische jongeren in Amsterdam, die oorspronkelijk rond een tijdschrift gegroepeerd waren, maar in 1965 naar buiten traden en op speelse wijze de aandacht wisten te trekken en de autoriteiten te provoceren. Zij smaalden op de regenten, hielden manifestaties rond 'Het lieverdje', een tuttig beeldje op het Spui in Amsterdam, en kregen hun grote kans bij het huwelijk van prinses Beatrix met een Duitser, prins Claus van Amsberg, in maart 1966. Het is onwaarschijnlijk dat deze jonge anarchisten veel herinneringen hadden aan de Tweede Wereldoorlog, maar door de rijtoer van het bruidspaar met rookbommen te verstoren trokken zij de aandacht van de hele wereld. En hun optreden vond navolging. De zo hoog geroemde arbeidsrust in Nederland was al lang niet meer zoals vroeger. In de zomer van 1966 leerde een bouwvakarbeidersopstand in Amsterdam dat men voortaan alle illusies daarover wel kon vergeten. Een ogenschijnlijk futiel conflict over niet-betaalde vakantiebonnen, waarbij een demonstrant overleed – naar later bleek aan een hartverlamming –, was de aanleiding tot massale vernielingen in de binnenstad van Amsterdam, die later zouden leiden tot het ontslag van burgemeester Van Hall. Een paar jaar later meenden de studenten aan de universiteiten niet achter te mogen blijven. In Amsterdam bezetten zij in 1969 het Maagdenhuis, het universitaire bestuurscentrum, en overal in den lande eisten zij luidruchtig medezeggenschap en inspraak in het bestuur. De autoriteiten werden er zenuwachtig van en durfden nauwelijks op te treden, want ook zij begrepen vagelijk dat de vroegere dagen van tucht en volgzaamheid door de nieuwe welvaart verdwenen waren.

Dat uitte zich nog het duidelijkst in de politiek en de godsdienst, en deze ontwikkeling heeft Nederland de ontzuiling gebracht. Hierboven bleek hoe het mandement van 1954 al op weerstand stuitte. De katholieken van Nederland schenen nog wel gezagsgetrouw te zijn, maar dat dit slechts schijn was bleek tijdens het Tweede Vaticaans Concilie van 1962 tot 1965. Nederlandse afgevaardigden verkondigden daar de meest extreme standpunten. In het vaderland bleek de geestelijkheid vol twijfels te steken, en trouw aan de eigen KVP werd al helemaal een overwonnen standpunt. Het gelovige kerkvolk had eerst wat moeite met die plotselinge frontverandering van een aantal van hun herders, maar ging weldra mee overstag. En toen de katholieke zuil begon te wankelen, had het niet zoveel zin meer de andere te handhaven. De AJC, de grootse jeugdbeweging van taaie rode rakkers, werd zelfs opgeheven. Een aantal jongeren in de PvdA meende dat de verzorgingsstaat van vader Drees onvoldoende inspiratie kon bieden en wilde weer terugkeren naar een vorm van marxisme met schimmige idealen van een rode socialistische revolutie, zoals neergelegd in hun brochure *Tien over Rood*. En door dit alles begon ook het bouwsel van de traditionele politieke partijen te kraken. Bij de verkiezingen voor de Tweede Kamer van 1967 leed de KVP gevoelige verliezen en dat verlies zette zich daarna voort, evenals bij andere confessionele partijen. De winst ging naar nieuwkomers in de politiek, in 1967 bijvoorbeeld naar de Boerenpartij, een rechtse protestbeweging tegen het landbouwschap, die de onlustgevoelens van veel stedelingen eveneens wist te bespelen. Interessanter was eigenlijk nog de winst van zeven zetels, ook in 1967, die een gloednieuwe partij, de Democraten-1966, plotseling wist te behalen. Zij wilden vernieuwing in de politiek, ze meenden dat Amerikaanse toestanden met een gekozen minister-president en een districtenstelsel Nederland beter regeerbaar zouden maken en de kiezer meer invloed konden geven. Het kan zijn dat zij gelijk hadden, maar hun ideeën zijn niet verwezenlijkt. D66 is sindsdien een nogal onberekenbare factor in de Nederlandse politiek gebleven met nogal wisselende denkbeelden. Het optreden van deze partij is vooral voor de historicus een aanwijzing dat de ontzuiling op gang was gekomen.

De naoorlogse revolutie door de toeneming van het particuliere autobezit
In 1875 construeerde de Duitser Karl Benz de eerste enigszins bruikbare auto met benzinemotor. Daarna volgden de uitvinders uit andere landen dit voorbeeld na, en in 1896 schafte de eerste Nederlander zich een particuliere auto aan. Dit was A. Zimmermans, hoffotograaf in de residentiestad Den Haag. In de volgende halve eeuw kwamen er heel wat verbeteringen aan de auto. In de USA werd het gebruikelijk dat een gezin van normale welstand een dergelijk voertuig bezat dankzij de massaproduktie door Henry Ford en zijn concurrenten. De zuinige Nederlanders gingen doorgaans nog niet tot aanschaf over. Autobussen en vrachtauto's leken wel nuttig, maar daarbij moest het maar blijven. In 1920 waren er in Nederland 10.000 particuliere auto's, in 1940 100.000. Daarvan heeft zelfs een aantal van 30.000 in 1945 het

eind van de oorlog gehaald. In de jaren tussen de twee wereldoorlogen was een fiets een vervoermiddel dat binnen het bereik van iedere Nederlander lag, en dit paste ook bij de geest van die dagen. De fiets werd gebruikt voor het verkeer naar het werk en voor recreatie. In die dagen waren de mensen daarmee tevreden.

Na de Tweede Wereldoorlog konden weinig Nederlanders zich de eerste vijf sobere jaren een eigen auto veroorloven. Aanschaf was tot 1947 trouwens aan een vergunning gebonden, en alleen mensen die voor hun beroep absoluut een wagen nodig hadden kregen er één. Nederland kon zijn schaarse dollars wel beter gebruiken. Maar daarna ging het hard en iedere vijf jaar verdubbelde het particuliere autobezit: in 1950 was het 139.000, in 1955 268.000, in 1960 522.000, in 1965 1277.000, in 1970 2258.000. Daarna begon de groei wat terug te lopen: in 1975 3399.000 en in 1977 3950.000. In 1980 daalde de auto-afzet zelfs met 21 procent, omdat de economische recessie was ingetreden en ook omdat het land zo ongeveer verzadigd was met één auto per 3,5 inwoner.

Van een luxe voor enkelen is de particuliere auto een normaal vervoermiddel voor praktisch iedereen geworden. De Nederlanders kunnen er niet meer buiten. Bij teruglopende inkomsten zijn ze bereid op alles te bezuinigen, maar ze willen zo lang mogelijk de auto voor de deur handhaven. En vooral in de jaren zestig werd de eigen wagen vertroeteld alsof het een bezield wezen was. In het weekend werd hij gewassen en gepoetst, alle mogelijke accessoires en versieringen kwamen op de markt. Zeker onder mannen was de auto het meest geliefde onderwerp van conversatie. Het slagen voor het rijbewijs werd één van de hoogtepunten van het leven, als was het een initiatierite bij een primitieve stam. In 1959 begon DAF in Eindhoven een eigen Nederlandse personenauto te fabriceren, na reeds jaren ervaring opgedaan te hebben met vrachtwagens. Een netwerk van garages, dealers, benzinepompen en importeurs gaf duizenden mensen in het land werk. Wegenbouw werd een van de populairste regeringstaken. De invloed van de auto op het levenspatroon van de Nederlanders kan moeilijk overschat worden. Buitenlandse vakanties werden nu voor velen mogelijk en betaalbaar. Vakantie was vroeger een privilege geweest voor enkelen, nu werd het een recht voor allen. In 1920 gingen 120.000 van de toen 6,9 miljoen Nederlanders op vakantie, in 1966 was dat aantal gestegen tot 7,3 miljoen van de 11,5 miljoen. In 1977 gingen 10 miljoen mensen in ieder geval één keer op een aaneengesloten vakantie van minstens een week, en daarvan ging de helft naar het buitenland. Het merendeel ging kamperen, en dan niet zoals de AJC'ers en de trekkers van vóór 1940 dat hadden gedaan: primitief en in een klein tentje. De gemotoriseerde kampeerders zochten campings op met douches, winkels en restaurants. Ze hadden grote bungalowtenten of caravans om maar zoveel mogelijk comfort te behouden. Men kan daarover wel smalen en zeggen dat zo de mooie natuur niet genoten moet worden, maar dat is dan ook een vorm van betutteling en moralisme. Het miskent het gevoel van vrijheid en individualisme dat de eigen personenwagen heeft gebracht. Bermtoerisme heeft eveneens een slechte naam, maar is in wezen een onschuldige liefhebberij. Het is een getuigenis dat de mens het best gedijt in een gemeenschap; hij ziet graag anderen.

Het is de vloek van alle massificatie dat daardoor de bezwaren van alles zo duidelijk aan het licht treden. Uit een autotelling van 1908 blijkt dat er toen tussen Amsterdam en Haarlem twaalf auto's per dag passeerden, in onze tijd zijn files op de grote wegen een dagelijkse ergernis geworden. Toen in 1908 moet het niet moeilijk geweest zijn een parkeerplaats te vinden, thans zijn de grote steden verstopt door de blikken bouwsels van de gemotoriseerde medemens. De uitlaatgassen vormen een gevaar voor astmalijders. De hoeveelheden koolmonoxide en zwavel die de benzinemotors in de atmosfeer uitbraken zijn voor niemand gezond. De meer dan drieduizend verkeersdoden per jaar en de vele gewonden moet men maar gelaten accepteren, en men moet zelf ook het risico van een ongeluk accepteren als men in een auto stapt. Op het moment dat iedereen zich een auto kon veroorloven, begonnen milieuorganisaties de bezitters daarvan een schuldcomplex aan te praten. Waarschijnlijk zal dit in de toekomst geen groot effect hebben. De auto is er nu eenmaal en zal er wel blijven. Toch zijn de actievoerders tegen de auto net zo goed een produkt van de naoorlogse revolutie die het particuliere autobezit heeft teweeggebracht. Acties tegen de aanleg van wegen, tegen de aantasting van het bos Amelisweerd door het doortrekken van een autoweg, horen net zozeer bij de naoorlogse cultuur als bermrecreatie en bungalowtenten.

En toen er eenmaal twijfel was gekomen aan de zuilen, twijfel aan de politiek en aan de godsdienst, toen was ook de tijd gekomen dat verschillende mensen zich gingen afvragen of de ongeremde economische groei, de welvaart en de massale industrialisatie nog wenselijk en goed waren. Een stimulans voor hen was de publikatie in 1972 van het rapport van de club van Rome, *Grenzen aan de groei*. Twee Amerikaanse economen, Forrester en Meadows, hebben daarin het resultaat neergelegd van hun berekeningen op grond van een model van de wereldeconomie. Zij kwamen tot de conclusie dat als de groei van de wereldbevolking, van de industrialisatie en de daarmee verbonden vervuiling van het milieu in hetzelfde tempo zouden blijven toenemen, de wereld binnen honderd jaar onleefbaar zou zijn en dat veel essentiële grondstoffen al eerder uitgeput zouden raken. De conclusie was onmiskenbaar dat er gematigd moest worden. Ook in Nederland was verder gaande industrialisatie niet wenselijk. Het verkwistende gebruik van kunstmest en insecticiden leverde in de landbouw gevaren op. De bevolking moest ter wille van de toekomst met minder welvaart genoegen nemen. De discussies daarover duurden nog voort toen in 1973 van buitenaf een steen in de vijver van de Nederlandse welvaart werd gesmeten. De Arabische olie-exporterende landen, kwaad over de steun die hun vijand Israël tijdens een oorlog had gekregen, besloten de prijs van aardolie rigoureus te verhogen en zelfs de aanvoer naar de USA en Nederland geheel te verbieden. Dat laatste bleek moeilijk uit te voeren, omdat het olietransport geheel in handen was van de grote multinationale concerns. Er kwamen in Nederland een paar autoloze zondagen en de benzine kwam een paar weken op de bon, maar die maatregelen bleken eigenlijk overbodig. De verhoging van de aardolieprijzen op de wereldmarkt was evenwel goed merkbaar. Het was of de economische hoogconjunctuur op een dergelijke aanleiding had gewacht om fiks in te zakken. Er kwam een wereldwijde recessie die in de zomer van 1974 ook in Nederland te voelen was door dalende winsten en toenemende werkloosheid. Wel bleef de betalingsbalans met het buitenland voorlopig nog positief door de verkoop van aardgas, maar bezorgde geesten begonnen zich af te vragen hoe het verder zou moeten als het aardgas eens uitgeput zou raken.

Het Nederlandse volk was echter aan de welvaart gewend en niet bereid om terug te keren tot het sobere peil van de jaren 1945-1954, of zelfs maar een geringere stap terug te doen. De consumptieve bestedingen bleven versneld doorgaan en de lonen bleven stijgen. Juist in het jaar 1974, het jaar van de grootste recessie sinds 1945, werd de wet op het minimumjeugdloon van kracht die een opwaartse druk op de lonen uitoefende. Aangezien er meer loon werd uitgekeerd dan de verdiensten van de bedrijven veroorloofden, daalde de koopkracht. Sinds 1971 kende Nederland een inflatie die in veel jaren de tien procent benaderde. De werknemers hadden daarvan, door de automatische prijscompensatie, niet zo veel schade. De lonen stegen in ieder geval met hetzelfde percentage als de prijzen. Doorgaans kwam daar bovenop nog eens een som die als een reële loonsverbetering diende, want daaraan was men zo langzamerhand gewend geraakt. En de andere lonen en uitkeringen stegen automatisch mee. De salarissen van de ambtenaren waren gebaseerd op het zogenaamde trendbeleid: ieder jaar werd berekend wat de gemiddelde loonstijging in het bedrijfsleven was geweest en deze trend werd ook gevolgd door de ambtenarensalarissen tot in tienden van procenten. Iets dergelijks gold voor de sociale uitkeringen. De minimumuitkeringen waren gekoppeld aan het minimumloon, en daarmee was de waardevastheid van alle uitkeringen gegeven. De overheid had gigantische sommen nodig voor salarisbetalingen van de ambtenaren en de begrotingen begonnen grote tekorten te vertonen, waardoor de staatsschuld steeg. De sociale lasten, de premies waaruit alle uitkeringen betaald moesten worden, rezen de pan uit. De winsten van het bedrijfsleven daalden, en investeringen waren niet meer mogelijk. De economische ontwikkeling is sinds 1974 niet gunstig geweest.

De verantwoordelijke autoriteiten zagen dit maar al te goed in. De socialist Den Uyl, die van 1973 tot 1977 een kabinet van linkse signatuur leidde, waarschuwde ervoor dat 'de bomen niet tot in de hemel groeiden' en dat de schone dagen van weleer niet zouden terugkeren. Zijn partijgenoot Duisenberg formuleerde in 1975 bij de debatten over de begroting, die een tekort van vijftien miljard gulden vertoonde, de éénpercentsnorm, dat wil zeggen dat per jaar het beslag van de collectieve sector, vooral de sociale uitkeringen, niet meer dan met één procent van het nationale inkomen per jaar zou mogen stijgen. Het liberaal-confessionele kabinet-Van Agt publiceerde in 1978 *Bestek-'81*, een plan om door loonmatiging en daardoor verbetering van de winsten in het bedrijfsleven de inflatie terug te dringen, de werkgelegenheid te verbeteren en de begrotingstekorten te verminderen. Het waren fraaie plannen, maar er kwam niets van terecht omdat inmiddels in 1979 een tweede en ernstiger recessie begonnen was, mede als gevolg van een nieuwe verhoging van de aardolieprijs. Het aantal werklozen steeg in 1982 tot boven een half miljoen, dat wil zeggen in absolute cijfers meer dan tijdens de zwartste periode van de crisis der jaren dertig, waarbij dan nog opgeteld moeten worden de honderdduizenden arbeidsongeschikten en degenen die van een bijstandsuitkering moesten leven. Misschien is werkloosheid inherent aan het uitgegroeide kapitalisme, waarin de meeste werkzaamheden door machines worden uitgevoerd.

Het politieke klimaat van na 1970 hielp evenmin om de economie te verbeteren en daardoor de werkloosheid terug te dringen. In de jaren tot 1945 hadden de Nederlandse werknemers zich niet alleen geschikt in een sober leven met lage lonen, ze hadden bovendien blindelings vertrouwd in de benevolente houding van vader Drees en zijn ploeg van competente ministers. De verzuiling kon slechts werken als iedereen ervan uitging dat de regeerders wisten wat ze deden, en dat de compromissen die de hoge heren sloten in het belang van het land waren. Zo ontstond dat merkwaardige samengaan van verzuiling en pacificatie. Toen de zuilen verdwenen, kwam daarmee ook de polarisatie het land binnen. Werknemers en werkgevers kwamen nu tegenover elkaar te staan. De oude drie vakcentrales hadden over het algemeen redelijk onderhandeld. In 1975 kwam er een fusie tussen de katholieke en socialistische vakcentrale: NKV en NVV gingen samenwerken in het FNV, de Federatie van Nederlandse Vakverenigingen, en dat heeft de verhoudingen verhard en verbitterd. In 1972 pleitte het congres van de Partij van de Arbeid voor polarisatie in het politieke leven. De socialisten verenigden zich met de linkse Politieke Partij Radikalen en D66 op een gemeenschappelijk programma genaamd *Keerpunt-1972*. Daartegenover kwamen ook de confessionele partijen tot nauwere samenwerking. In 1976 werd het Christen Democratisch Appel opgericht, het CDA, dat bij de verkiezingen met een gezamenlijke lijst uitkwam. Dat heeft de vrede in het politieke leven en de eensgezindheid in de kabinetten niet bevorderd.

Polarisatie kwam er ook in het sociale leven. Nog steeds bestond er woningnood in Nederland, omdat geen van de naoorlogse kabinetten de huren geheel vrij heeft durven geven. Groepen militante jongeren hebben daarop het recht in eigen hand genomen en leegstaande panden 'gekraakt'. Doorgaans hebben de autoriteiten deze mensen rustig laten zitten. Soms ging de politie tot gewelddadige ontruiming over en dat droeg uiteraard niet bij tot de indruk van vreedzaamheid, rust en samenwerking, die volgens buitenlanders zo kenmerkend zou zijn voor Nederland. Demonstraties moesten op meer gebieden het politiek bedrijf in 's lands vergaderzalen beïnvloeden of vervangen.

Degenen die het oneens waren met de bouw van kerncentrales plachten hun overtuiging door grootse optochten en bezettingen uit te dragen. De inhuldiging van koningin Beatrix op 30 april 1980 in Amsterdam was de aanleiding tot weer andere rellen. En zo begon de Nederlandse samenleving een wat grimmig karakter te krijgen. Zelfs vreemdelingenhaat en racisme waren niet zeldzaam meer, terwijl de moralistische Nederlanders altijd hebben gedacht dat zoiets bij hen niet voorkwam. Zuidmolukse soldaten waren na de soevereiniteits-overdracht naar Nederland gekomen en hadden zich vrij rustig opgesteld, hoewel velen hoopten dat de terugkeer naar een vrije Republiek van de Zuid-Molukken eens mogelijk zou zijn. Hun zonen waren militanter en voerden in december 1975, in een trein bij Wijster en in het Indonesisch consulaat te Amsterdam, een gijzelingsactie uit om de aandacht op hun eisen te vestigen. Anderhalf jaar later, in mei 1977, kaapten zij opnieuw een trein, ditmaal bij De Punt ten zuiden van Groningen. Ze gijzelden een aantal schoolkinderen in Boven-smilde. Aandacht kregen zij daardoor wel, maar er werd ook haat en afkeer gewekt ten opzichte van een groep mensen die zich niet wilde aanpassen aan de Nederlandse samenleving. Dit soort terrorisme werd gewoon in Nederland, net als het gebruik van verdovende middelen. Surinamers werden ook een gediscrimineerde groep. In 1975 kreeg Suriname onafhankelijkheid, maar veel inwoners hadden daarin kennelijk weinig fiducie. Als rijksgenoten konden zij zich vrijelijk in Nederland vestigen, en in 1975 had een derde van de totale bevolking van Suriname dat gedaan. Toen de werkgelegenheid ver-krapte, kwamen er al gauw verwijten dat al die vreemdelingen de situatie alleen maar erger maakten. Dezelfde verwijten kregen de gastarbeiders, die in de jaren zestig voor het werk dat de Nederlanders te min was, waren binnengehaald.

Zo is het klimaat in Nederland anno nu toch niet zo sereen en hoopgevend als verwacht mocht worden na de grootse prestaties van de vorige geslachten. Het Nederlandse volk geniet nog steeds een vroeger ongekende welvaart, maar het denkbeeld dat die zou kunnen verminderen, benauwt velen. Ook in dat geval echter zal de huidige generatie veel minder moeite hebben het leven te houden dan onze voorvaderen, die grote moeite hadden om aan hun brood te komen. Toch mag de vraag gesteld worden of de Nederlandse bevolking heden ten dage zoveel gelukkiger is dan in de laat-Romeinse tijd, de zeventiende eeuw of in de jaren tussen 1920 en 1930. Het staat in ieder geval vast dat de Nederlanders van vandaag beter gevoed zijn, beter gehuisvest en beter gekleed dan welke generatie ook van hun voorvaderen. Zij genieten een betere medische verzorging en zijn beter gevrijwaard tegen de geldelijke gevolgen van ziekte, ouderdom of invaliditeit. Dat is het resultaat van een gezamenlijke inspanning, maar ook het resultaat van het kapitalistische produktiesysteem. Daarmee heeft de huidige Nederlander ook de potentie om gelukkiger te zijn dan zijn voorgangers. Of hij die kans ook grijpt, hangt in laatste instantie van ieder persoonlijk af.

REGISTER